Hermenêutica e Aplicação do Direito

O GEN | Grupo Editorial Nacional – maior plataforma editorial brasileira no segmento científico, técnico e profissional – publica conteúdos nas áreas de concursos, ciências jurídicas, humanas, exatas, da saúde e sociais aplicadas, além de prover serviços direcionados à educação continuada.

As editoras que integram o GEN, das mais respeitadas no mercado editorial, construíram catálogos inigualáveis, com obras decisivas para a formação acadêmica e o aperfeiçoamento de várias gerações de profissionais e estudantes, tendo se tornado sinônimo de qualidade e seriedade.

A missão do GEN e dos núcleos de conteúdo que o compõem é prover a melhor informação científica e distribuí-la de maneira flexível e conveniente, a preços justos, gerando benefícios e servindo a autores, docentes, livreiros, funcionários, colaboradores e acionistas.

Nosso comportamento ético incondicional e nossa responsabilidade social e ambiental são reforçados pela natureza educacional de nossa atividade e dão sustentabilidade ao crescimento contínuo e à rentabilidade do grupo.

FORA DE SÉRIE

Carlos Maximiliano

Hermenêutica e Aplicação do Direito

APRESENTAÇÃO
ALYSSON MASCARO

23ª EDIÇÃO Revista e atualizada

- O autor deste livro e a editora empenharam seus melhores esforços para assegurar que as informações e os procedimentos apresentados no texto estejam em acordo com os padrões aceitos à época da publicação, e todos os dados foram atualizados pelo autor até a data de fechamento do livro. Entretanto, tendo em conta a evolução das ciências, as atualizações legislativas, as mudanças regulamentares governamentais e o constante fluxo de novas informações sobre os temas que constam do livro, recomendamos enfaticamente que os leitores consultem sempre outras fontes fidedignas, de modo a se certificarem de que as informações contidas no texto estão corretas e de que não houve alterações nas recomendações ou na legislação regulamentadora.

- Fechamento desta edição: *09.09.2021*

- O Autor e a editora se empenharam para citar adequadamente e dar o devido crédito a todos os detentores de direitos autorais de qualquer material utilizado neste livro, dispondo-se a possíveis acertos posteriores caso, inadvertida e involuntariamente, a identificação de algum deles tenha sido omitida.

- **Atendimento ao cliente:** (11) 5080-0751 | faleconosco@grupogen.com.br

- Direitos exclusivos para a língua portuguesa
  Copyright © 2022 by
  Editora Forense Ltda.
  Uma editora integrante do GEN | Grupo Editorial Nacional
  Travessa do Ouvidor, 11 – Térreo e 6º andar
  Rio de Janeiro – RJ – 20040-040
  www.grupogen.com.br

- Reservados todos os direitos. É proibida a duplicação ou reprodução deste volume, no todo ou em parte, em quaisquer formas ou por quaisquer meios (eletrônico, mecânico, gravação, fotocópia, distribuição pela Internet ou outros), sem permissão, por escrito, da Editora Forense Ltda.

- Capa: Aurélio Corrêa

- **CIP – BRASIL. CATALOGAÇÃO NA FONTE.**
  SINDICATO NACIONAL DOS EDITORES DE LIVROS, RJ.

  M419h
  Maximiliano, Carlos, 1873-1960

  Hermenêutica e aplicação do direito/Carlos Maximiliano; Alysson Mascaro. (Fora de série) – 23. ed. – [2. Reimp.] – Rio de Janeiro: Forense, 2025.

  Inclui bibliografia e índice
  ISBN 978-65-596-4213-7

  1. Hermenêutica (Direito). I. Mascaro, Alysson Leandro. II. Título. III. Série.

  21-73149 CDU: 340.132.6

  Camila Donis Hartmann - Bibliotecária - CRB-7/6472

SOBRE O AUTOR

Carlos Maximiliano
- Advogado (1898-1914 e 1918-1934).
- Deputado Federal (1911-1914 e 1919-1923).
- Ministro da Justiça e Negócios Interiores (1914-1918).
- Consultor-Geral da República (1932-1934).
- Deputado da Assembleia Nacional Constituinte (1933-1934).
- Procurador-Geral da República (1934-1936).
- Ministro da Corte Suprema (nomeado em 1936, aposentado em 1941).

APRESENTAÇÃO DA EDITORA

O Grupo Editorial Nacional – Editora Forense tem a honra de apresentar a série "Fora de série", que tem por objetivo disponibilizar ao leitor livros fundamentais para a formação do pensamento contemporâneo com uma roupagem moderna e um projeto gráfico diferenciado.

A "Fora de série" traz desde grandes clássicos da antiguidade até importantes pensadores da atualidade, reunindo sob um mesmo selo textos essenciais às Ciências Sociais e Sociais Aplicadas.

As obras selecionadas são parte da base do conhecimento na área de humanidades, sendo leitura indispensável para disciplinas propedêuticas nas Ciências Humanas.

Com um *layout* inovador, a série demonstra e enfatiza que seu conteúdo, mesmo com o passar do tempo, continua vivo e atual.

Boa leitura!

APRESENTAÇÃO

Historicamente, as variadas normatividades sociais sempre formularam questões atinentes à sua teorização e ao seu controle. No passado, as religiões, muitas delas fundadas em legalismos, buscavam atrelar suas normas a interpretações consideradas verdadeiras ou corretas, na medida em que vários desses conjuntos de regras eram tidos por palavras divinas. No entanto, no plano da vida social, havia algum descompasso entre norma e Hermenêutica, porque, no fundamental, as relações escravistas e feudais tinham no mando senhorial uma interpretação última, de poder, que não necessitava de explicação ou de coerência. O Absolutismo foi o último de tais regimes de concentração de poder decisório para além de limites normativos.

Com as sociedades capitalistas, o poder político é separado do poder econômico. Uma miríade de agentes em concorrência se orienta para a acumulação. Sobre essa dinâmica econômica da sociedade, o Estado passa a se firmar, detendo o monopólio da violência, da produção das leis e da decisão a seu respeito. Surgem, disso, poderes legislativos e judiciários. Também em mãos estatais está o controle de como se interpretam as normas jurídicas. Desde faculdades de Direito, que concentram oficialmente a formação dos juristas e o modo pelo qual entenderão o fenômeno jurídico, até chegar às múltiplas instâncias e tribunais que fazem da decisão um sistema, a norma jurídica será balizada a partir da "correta", "verdadeira" ou "melhor" Hermenêutica, quando não – como fora o caso da França napoleônica –, proibindo mesmo, para o arrepio de qualquer bom senso intelectivo sobre tal fenômeno, a própria Hermenêutica.

Desde o século XIX, começam a surgir teorias especificamente jurídicas sobre a Hermenêutica. Múltiplas e em disputa entre si, podem ser vistas em correntes que buscam interpretar a lei em sentidos externos a ela mesma – espírito do povo, bons costumes etc. – e, ainda e até, aquelas que pretendem se fixar apenas em aspectos gramaticais ou de coerência lógica interna sistemática,

X | Hermenêutica e Aplicação do Direito · *Carlos Maximiliano*

fazendo daí ressaltar o juspositivismo. Já no século XX, a pretensão de um controle científico da Hermenêutica jurídica cai por terra. Com Kelsen, a interpretação jurídica não é mais tratada como verdadeira ou falsa, e sim como autêntica (quando feita pelo poder estatal) ou doutrinária (quando obra de intelecção sem poder jurídico decisório).

Mas, em especial, será a filosofia que abrirá os horizontes – e, mesmo, deslocará o problema – da Hermenêutica jurídica. Passam por essa ruptura com o modelo burguês-iluminista de controle racional da argumentação e da decisão estatal pensadores notoriamente ocupados da questão, como Hans-Georg Gadamer, ao tratar da pré-compreensão existencial, mas também Freud, com a descoberta do inconsciente e de sua natureza determinante do sentido, Marx e Althusser, ao desvendarem a ideologia como horizonte de constituição da intelecção de mundo dos sujeitos, e Foucault, com a perspectiva de uma estruturação das relações de compreensão a partir da microfísica do poder – autores de que me tenho ocupado nas reflexões sobre Hermenêutica jurídica que desenvolvo em meu *Introdução ao Estudo do Direito*, publicado pela Editora Atlas.

Carlos Maximiliano, no começo do século XX, foi o destacado brasileiro que buscou sistematizar a questão da Hermenêutica jurídica. Se é verdade que é um pensador de um mundo teórico ainda de tempos pré-kelsenianos, no entanto, em sua época, é um dos responsáveis por estabelecer os cânones dos assuntos e problemas hermenêuticos, dialogando com a melhor doutrina estrangeira a respeito, avançando mesmo para a crítica da pretensão de controle total sobre a interpretação. *Hermenêutica e Aplicação do Direito* tornou-se a referência brasileira sobre o assunto, em especial porque tratou com exaustão dos quadrantes do problema da Hermenêutica jurídica, dos seus métodos e tipos e, ainda, de sua manifestação nos variados ramos do Direito. Além disso, estende sua reflexão ao problema imediatamente correlato ao da Hermenêutica jurídica: a aplicação do Direito. Tal conjunto delineia, mesmo, a formação de uma unidade em torno de grandes assuntos da teoria geral do Direito.

Na história do pensamento jurídico no Brasil, a obra de Maximiliano é certamente a mais extensa e vigorosa a respeito da Hermenêutica jurídica. É um clássico que dialoga com os demais clássicos do tema. Domat, Thibaut, Windscheid, Jhering, Jellinek, Enneccerus, Degni, Ferrara, Demolombe, Geny, Roscoe Pound são alguns dos nomes mundiais referenciais sistematizados em seu texto. Entre nós, seu pensamento avança sobre as considerações de um grande arco de teóricos do Direito, de Paula Batista ao Conselheiro Ribas até chegar a seus contemporâneos, como Clóvis Beviláqua.

Destaco, em especial, em Maximiliano, sua peculiar posição teórica, situada entre guardar e sistematizar a tradição e ter de abrir-se às injunções de alteração ou inovação do Direito e da sociedade em transformação. Tendo vivido ativamente a história política do Brasil da primeira metade do século passado – de advogado a deputado federal, de Ministro da Justiça de Venceslau Braz a Ministro do Supremo Tribunal Federal de Getúlio Vargas –, Maximiliano se deparou com os conflitos, as contradições e os antagonismos das instituições políticas e jurídicas do tempo. Mais que tudo, estando em ávido diálogo com o pensamento jurídico do final do século XIX e do início do século XX, pôde perceber que o velho mundo do formalismo jurídico, que imagina o Direito a partir do modelo ideal da subsunção empreendida por juízes serenamente imbuídos de espírito liberal-legalista, ainda se mantinha parcialmente como explicação do Direito, mas estava prestes a ruir. Exatamente no diapasão dessa tensão está seu pensamento teórico.

Ler *Hermenêutica e Aplicação do Direito* hoje é, além de incorporar um vigoroso estudo sistemático sobre a Hermenêutica jurídica, também compreender o processo de mudança histórica do Direito e do pensamento jurídico por meio de uma de suas reflexões centrais.

Alysson Leandro Mascaro

PREFÁCIO DA TERCEIRA EDIÇÃO

Afigurou-se-me urgente abandonar, de súbito, labores intelectuais em vias de conclusão, para cuidar de reimprimir a *Hermenêutica e Aplicação do Direito*; porque juristas de valor, residentes em cidades diversas do Brasil, me concitavam por escrito ou exortavam de viva voz, calorosa e gentilmente, a promover o advento da terceira edição. Asseveraram, em impressionante unanimidade, que o meu livro se tornara clássico e, por isto, lhes parecia desprimor não o manter sempre, nas livrarias, ao alcance dos consulentes. Este e outro fato, que em seguida narrarei, fizeram-me jubilar com a certeza de haver bem-servido as letras jurídicas em minha terra com a publicação desta obra: na excelente monografia – *Una Revolución en la Lógica del Derecho*, o Professor Joaquim Dualde, Catedrático de Direito Civil na Universidade de Barcelona, apresentou em 1933, como esplendentes novidades, as doutrinas joeiradas por mim nove anos antes, na primeira edição da *Hermenêutica* n°s 51-54, 70-89 e 167-171.

Rareiam, no Brasil, os estudiosos da língua de Cícero; levando em conta esta notória inópia de cultura clássica e a fim de ainda mais opulentar de subsídios eruditos e práticos o meu livro predileto, inseri na terceira edição o sentido, em vernáculo, das numerosas frases latinas que, por motivos de boa técnica, eu transcrevera na obra propositadamente sintética. À semelhança do possuidor zeloso de um colar de preço, que se compraz em ensartar pérolas novas e rútilas; outrossim, ensanchei o trabalho primitivo com a intercalação de uma centena de pequenas digressões sobre matérias úteis e oportunas, e, até, um capítulo integralmente inédito. Com lapidar, assim, amorosamente, a produção original, correspondo, com desvanecimento, à cativante acolhida dispensada à minha obra nos centros culturais do País.

Rio de Janeiro, dezembro de 1940

Carlos Maximiliano Pereira dos Santos

PREFÁCIO DA PRIMEIRA EDIÇÃO

Afronto, de novo, as contingências da publicidade e os rigores da crítica; pela segunda vez condenso em livro o fruto de estudo prolongado e cuidadosa pesquisa no campo da ciência que elegi para objeto do meu labor profissional.

Oriento a minha atividade intelectiva no sentido das necessidades palpitantes do *momento*; investigo e escrevo, impelido pelo desejo de ser útil ao Brasil. Bosquejei um tratado de *Direito das Sucessões*, por observar que no Foro de todo o País, tanto nos pretórios modestos como nos de grande movimento, dia a dia se litiga e discorre acerca daquele ramo da ciência jurídica. Precisamente quando me afanava em concatenar os subsídios que deveriam constituir o arcabouço do meu projeto, encaminharam o preparo final do Código Civil, cuja promulgação prejudicaria bastante o trabalho vazado no Direito anterior. Por outro lado, conviria dar tempo ao abrolhar das controvérsias e à formação da jurisprudência em torno das prescrições do novo repositório, antes de sistematizar a doutrina cristalizada nos seus preceitos.

Mais urgente me pareceu, no momento, um livro sobre o assunto em que se revelara a mestria de Barbalho, cuja obra não fora reimpressa depois da morte do brilhante jurisconsulto, e era já deficiente para a época. Os erros de interpretação constitucional perturbavam a vida do País, suscitavam dissídios entre os poderes públicos e comprometiam o prestígio das instituições. Depois do passamento daquele exegeta do estatuto supremo, quase tudo o que aparecera sobre o assunto era antes obra de crítica e combate, do que de construção e doutrina orgânica. Elaborei os *Comentários à Constituição Brasileira*, e a excepcional acolhida que teve o meu trabalho, cuja primeira edição se esgotou em dois anos, atribuo à falta de um livro nos moldes daquele e aos generosos louvores que lhe prodigalizaram os luminares da crítica e das letras jurídicas, no Brasil e na República Argentina, visto não valer como penhor de êxito de proporções tais a escassa nomeada do autor.

No dia 1º de janeiro de 1917 entrou em vigor o Código Civil. Ainda não houve tempo de se fazer, para os aplicadores dele, o travesseiro ilusório e cômodo da jurisprudência. Existem comentários relativamente valiosos, porém feitos à pressa, resumidos talvez em demasia. Só depois do transcurso de vários lustros haverá elementos para se elaborarem as grandes construções sistematizadas. Acha-se o aplicador do Direito obrigado a interpretar por conta própria, com o auxílio exclusivo das suas luzes individuais, o texto recente. Cada um observa, mais por necessidade do que por preferência, o sábio brocardo – *Non exemplis sed legibus judicandum est.*

Desde que todo juiz ou causídico é exegeta à força, valorizam-se os ensinamentos da Hermenêutica. Entretanto sobre esta disciplina apenas se encontram capítulos muito breves, resumos de dez a doze páginas em livros concernentes à Teoria Geral do Direito Civil.

Obra especial sobre Interpretação não se conhece, em português, nenhuma posterior à de Paula Batista, publicada há meio século. É um compêndio claro, conciso, digno do prestígio rapidamente granjeado na sua época. Em relação à atualidade, além de falho, está atrasadíssimo. Nas sucessivas tiragens que mereceu, não o enriqueceram com ampliações e retoques. Demais, o professor da Faculdade de Direito do Recife preferiu filiar-se à corrente *tradicionalista*: resistiu ao influxo avassalador de um sol que esplendia já no céu da juridicidade – Frederico Carlos de Savigny. Não obstante isso e talvez por ser o compêndio único, o livrinho de Paula Batista ainda hoje goza de bastante autoridade no foro e nas corporações legislativas; graças ao ascendente por ele exercido, ouvem-se, a cada passo, brocardos que a Dogmática prestigiava e a ciência moderna abateu: – *In claris cessat interpretatio*; – *Fiat justitia, pereat mundus*; e assim por diante.

Quantos erros legislativos e judiciários decorrem da orientação retrógrada da exegese!

Na Europa, depois da doutrina que o professor do Recife cristalizou no seu compêndio, surgiu, prevaleceu e entrou em declínio, pelo menos parcial, a *Escola Histórica*. Depois de imperar por alguns decênios, sofreu modificações até na própria essência: adaptou-se às idéias correntes: foi-se transformando gradativamente no Sistema *Histórico-Evolutivo*, ou só *Evolutivo afinal*, graças ao influxo do credo, jurídico-filosófico evangelizado por Jhering e difundido pelos mestres contemporâneos mais preclaros. Despontou ainda, audaciosa e irresistivelmente sedutora, a corrente da *livre-indagação proeter legem*, talvez o evangelho do futuro. Enfim abrolhou, no mais formidável laboratório de filosofia jurídica destes últimos cem anos, na erudita Alemanha, a arrojada concepção da *freie rechtsfindung, livre-pesquisa do direito, proeter e contra legem*[1].

---

[1] É um fato incontrastável a supremacia intelectual da Alemanha no campo teórico do Direito, a partir da segunda metade do século dezenove. No Brasil, onde culmina a admiração e se evidencia a preferência por tudo o que fazem e escrevem na Gália moderna,

PREFÁCIO DA PRIMEIRA EDIÇÃO | **XVII**

Desse movimento evolucional, de proporções vastíssimas, não se apercebe quem apenas compulsa a vetusta cartilha nacional de Hermenêutica.

Julguei prestar serviço ao País com escrever uma obra vazada nos moldes da doutrina vigente, e dar conta de todas as tentativas renovadoras dos processos de interpretação. Mais necessário se me antolha esse esforço vulgarizador onde os partidários da Dogmática tradicional, embora não formem na vanguarda, todavia não constituem a coorte retardatária por excelência: atrás ainda resistem, altaneiros, os vexilários do processo *verbal*, os que discutem Direito com exclusivas citações de gramáticas e dicionários das línguas neolatinas[2].

Versa a presente obra acerca da interpretação do *Direito Civil*, escrito ou consuetudinário. Completam-na sínteses dos preceitos que especialmente regem a exegese de *Atos Jurídicos, Direito Constitucional, Comercial, Criminal* e *Fiscal*.

Planejei trabalho sobre *Hermenêutica*. Os expositores da matéria sentem-se obrigados a tratar da *Analogia*, que os *tradicionalistas* incluíam na esfera da *Interpretação*, e os contemporâneos classificam em outro ramo do saber jurídico. Demais não se conseguem noções completas de Hermenêutica, sem penetrar no terreno mais amplo da Aplicação, por guardarem vários assuntos íntima conexidade com um e outro departamento científico: é o que sucede relativamente ao *Direito Excepcional*, ao estudo das *antinomias*, bem como ao das *leis imperativas* ou *proibitivas* e de *ordem pública*. Por todos esses motivos, também eu fui forçado a expor, ao lado da Hermenêutica, alguns temas referentes à *Aplicação do Direito* propriamente dita, porém relacionados intimamente com a ciência do intérprete.

Alvejei objetivo duplo – destruir idéias radicadas no meio forense, porém expungidas da doutrina triunfante no mundo civilizado, e propiciar um guia para as lides do pretório e a prática da administração. Por isso me não pareceu de bom aviso manter invariável a preocupação de resumir, observada quando elaborei os *Comentários* ao estatuto fundamental.

Como no Brasil, em toda parte o foro é demasiado conservador; o que a doutrina há muito varreu das cogitações dos estudiosos, ainda os causídicos repetem e juízes numerosos prestigiam com os seus arestos. Constituem exce-

---

se tem estudado filosofia jurídica em traduções francesas de obras alemãs: de Henrique Ahres, outrora; Savigny, depois; Jhering, enfim. Os dois últimos foram chefes de escola *universal*: aquele, da *História*; este, da *Evolucionista* ou *Monismo jurídico-teleológico*, ainda predominante na atualidade. Na própria França elevam o prestígio de renovadores do Direito, pontífices da doutrina moderna, exatamente os que se distinguem pela cultura germânica em cada página revelada em abundância: como exemplos basta mencionar Geny e Saleilles.

2   Sobretudo nos ramos em geral menos cultivados da ciência jurídica se torna evidente a ilusória preferência pelo processo *filológico*: por exemplo, – quando ventilam, no foro, na imprensa, ou nas Câmaras, teses de Direito Constitucional, ou Administrativo. Se abandonam excepcionalmente o terreno *gramatical*, não vão além do elemento *histórico*.

ções os tribunais ingleses, a Corte Suprema, de Washington, e, até certo ponto, a Corte de Cassação, de Paris, no desapego ao formalismo, na visão larga, liberal, construtora, com que interpretam e aplicam o Direito Positivo.

Pareceu-me obra de civismo concatenar argumentos contra as sobrevivências de preconceitos e credos vetustos: ligar o passado ao presente, e descortinar a estrada ampla e iluminada para os ideais do futuro. Eis por que este trabalho ficou mais longo do que no Brasil e em Portugal costumam ser os tratados de Hermenêutica[3].

Como prefiro realizar obra de utilidade prática, expus as doutrinas avançadas, porém adotei, em cada especialidade, a definitivamente vitoriosa, a medianeira entre as estreitezas do passado e as audácias do futuro. Nas linhas gerais, fui muito além da *Dogmática Tradicional*; passei pela *Escola Histórica*; detive-me na órbita luminosa e segura do *Evolucionismo Teleológico*. Descrevi apenas, em rápida síntese, o esforço de Ehrlich e Geny, assim como a bravura semirrevolucionária de Kantorowicz e Stammler. Para usar de uma expressão feliz e limitadora, inserta no adiantado Código Civil Helvético: esposei a doutrina *consagrada*, vigente, aceita pela maioria dos juristas contemporâneos.

Neste particular, mantive a mesma orientação dos *Comentários à Constituição Brasileira*; não pretendi inovar: com escrúpulo e sinceridade procurei nos meandros das divergências a teoria vitoriosa, o postulado estabelecido, a ciência jurídica *atual*: nem retrocesso, nem arroubo revolucionário.

Exaustivo o labor, diuturna a pesquisa, a fim de coligir os materiais esparsos nas eminências transcendentais da doutrina e no terreno acidentado da prática. Entretanto, se aos estudiosos e aos competentes parecer que não fiquei distante do objetivo colimado, bendirei a tarefa matinal, contínua, ininterrupta no decurso de quatro anos.

Santa Maria (Rio Grande do Sul), novembro de 1924

Carlos Maximiliano Pereira dos Santos

---

[3] Com intuito igual, e só no campo doutrinário, Geny produziu dois fortes volumes em quatro; Bierling ocupou o tomo 4º do seu tratado profundo e monumental sobre a sistematização dos princípios jurídicos, e Rodolfo Stammler escreveu duas obras de mais de seiscentas páginas cada uma. O próprio compêndio teórico e prático do italiano Francisco Degni estende-se por 350 páginas em 4º, tipo miúdo e, entretanto, abrange matéria menos vasta do que a da presente obra; por outro lado, o belga Vander Eycken preencheu 430 páginas, de grande brilho, somente para defender a supremacia da Escola *Teleológica* em Hermenêutica a doutrina da *finalidade*, já exposta, em toda a sua amplitude, para os vários ramos do Direito, pelo egrégio Rodolfo Von Jhering, nos quatro volumes do *Espírito do Direito Romano* e nos dois da *Finalidade no Direito* (Zweck im Recht).

OBRAS DO MESMO AUTOR

Comentários à Constituição Brasileira, 6ª edição.

Direito das Sucessões, 5ª edição. Pela publicação da 3ª edição desta obra, o Instituto dos Advogados Brasileiros concedeu ao Autor o Prêmio Teixeira de Freitas, de 1953.

Condomínio – Terras, Apartamentos e Andares perante o Direito, 5ª edição.

Direito Intertemporal ou Teoria da Retroatividade das Leis, 3ª edição.

Duque de Caxias (*Oração pronunciada, em nome do Exército, no "Dia do Soldado"*, 25-8-1940).

ÍNDICE DA MATÉRIA

INTRODUÇÃO	1
APLICAÇÃO DO DIREITO	6
INTERPRETAÇÃO E CONSTRUÇÃO	36
SISTEMAS DE HERMENÊUTICA E APLICAÇÃO DO DIREITO	40
O JUIZ E A APLICAÇÃO DO DIREITO – CÓDIGO CIVIL: NOVA LEI DE INTRODUÇÃO, ART. 4º	47
EDITO DO PRETOR – INTÉRPRETES E COMENTADORES	49
AMPLAS ATRIBUIÇÕES DO JUIZ MODERNO	53
JUIZ INGLÊS	60
CONTRA LEGEM	67
JURISPRUDÊNCIA SENTIMENTAL	76
INTERPRETAÇÃO AUTÊNTICA E DOUTRINAL	80
DISPOSIÇÕES LEGISLATIVAS SOBRE INTERPRETAÇÃO	88
QUALIDADES DE HERMENEUTA – CAUSAS DE INTERPRETAÇÃO VICIOSA E INCORRETA – APLICAÇÃO DO DIREITO	92
PROCESSOS DE INTERPRETAÇÃO	97
DIREITO COMPARADO	118
DISPOSIÇÕES CONTRADITÓRIAS	121
ELEMENTO HISTÓRICO	124
OCCASIO LEGIS	134
ELEMENTO TELEOLÓGICO	137
FATORES SOCIAIS	143

Hermenêutica e Aplicação do Direito • Carlos Maximiliano

APRECIAÇÃO DO RESULTADO 150

FIAT JUSTITIA, PEREAT MUNDUS 153

EQUIDADE 157

JURISPRUDÊNCIA 161

COSTUME 172

CIÊNCIA – CIÊNCIA DO DIREITO 178

ANALOGIA 188

LEIS DE ORDEM PÚBLICA: IMPERATIVAS OU PROIBITIVAS 197

DIREITO EXCEPCIONAL 205

BROCARDOS E OUTRAS REGRAS DE HERMENÊUTICA E APLICAÇÃO DO DIREITO 218

PRINCÍPIOS GERAIS DE DIREITO 267

VARIA A INTERPRETAÇÃO CONFORME O RAMO DO DIREITO 274

DIREITO CONSTITUCIONAL 275

DIREITO COMERCIAL 285

LEIS PENAIS 289

PROCESSO CRIMINAL 297

LEIS FISCAIS 298

INTERPRETAÇÃO DE ATOS JURÍDICOS 303

REVOGAÇÃO DO DIREITO 321

APÊNDICE

SUPREMO TRIBUNAL FEDERAL 334

LEIS DE INTRODUÇÃO AO CÓDIGO CIVIL BRASILEIRO 355

DECRETO-LEI Nº 4.657, DE 04 DE SETEMBRO DE 1942 358

ÍNDICE ALFABÉTICO 365

INTRODUÇÃO

1 – A Hermenêutica Jurídica tem por objeto o estudo e a sistematização dos processos aplicáveis para determinar o sentido e o alcance das expressões do Direito.

As leis positivas são formuladas em termos gerais; fixam regras, consolidam princípios, estabelecem normas, em linguagem clara e precisa, porém ampla, sem descer a minúcias. É tarefa primordial do executor a pesquisa da relação entre o texto abstrato e o caso concreto, entre a norma jurídica e o fato social, isto é, aplicar o Direito. Para o conseguir, se faz mister um trabalho preliminar: descobrir e fixar o sentido verdadeiro da regra positiva; e, logo depois, o respectivo alcance, a sua extensão. Em resumo, o executor extrai da norma tudo o que na mesma se contém: é o que se chama interpretar, isto é, *determinar o sentido e o alcance das expressões do Direito*.

2 – A Interpretação, como as artes em geral, possui a sua técnica, os meios para chegar aos fins colimados. Foi orientada por princípios e regras que se desenvolveu e aperfeiçoou à medida que evoluiu a sociedade e desabrocharam as doutrinas jurídicas. A arte ficou subordinada, em seu desenvolvimento progressivo, a uma ciência geral, o Direito obediente, por sua vez, aos postulados da Sociologia; e a outra, especial, a Hermenêutica. Esta se aproveita das conclusões da Filosofia Jurídica; com o auxílio delas fixa novos processos de interpretação; enfeixa-os num sistema, e, assim areja com um sopro de saudável modernismo a arte, rejuvenescendo-a, aperfeiçoando-a, de modo que se conserve à altura do seu século, como elemento de progresso, propulsor da cultura profissional, auxiliar prestimosa dos pioneiros da civilização.

3 – Do exposto ressalta o erro dos que pretendem substituir uma palavra pela outra; almejam, em vez de Hermenêutica, Interpretação. Esta é aplicação daquela; a primeira descobre e fixa os princípios que regem a segunda. A Hermenêutica é a teoria científica da arte de interpretar.

Rumpf informa que na Alemanha se considera a Hermenêutica expressão antiquada[1]. Usavam-na, de preferência, os antigos romanistas germânicos. A língua alemã é mais precisa e opulenta que as neolatinas. Este fato, que constitui o desespero dos que a estudam, lhe dá indiscutível superioridade no terreno científico. Observaram bem essa verdade os redatores do moderno Código Civil Suíço. Como todas as leis da República Helvética, obrigatoriamente deveria ser promulgado em três línguas: alemã, francesa e italiana. Escrito na primeira, foi dificílimo verter para a segunda. Os juristas afirmam e demonstram que logo no primeiro artigo não ficou traduzido fielmente o pensamento contido no texto original[2].

O vocábulo *Auslegung*, por exemplo, abrange o conjunto das aplicações da Hermenêutica; resume os significados de dois termos técnicos ingleses – *Interpretation* e *Construction*; é mais amplo e ao mesmo tempo mais preciso do que a palavra portuguesa correspondente – *Interpretação*. Não é de admirar, portanto, que os alemães, como dispunham de um vocábulo completo para exprimir uma ideia, o adotassem de preferência. Demais, entre eles se tornou comum o emprego de *Hermeneutik* e *Auslegung*, como entre nós o de Hermenêutica e Interpretação, na qualidade de sinônimos.

4 – Confundir acepções é um grande mal em tecnologia. Os tudescos optaram pelas expressões exaradas na página de rosto do livro de Thibaut, que venceu em prestígio o de Zachariae[3] e se tornou clássico – *Theorie der Auslegung* (Teoria da Interpretação)[4].

Decerto recearam também que o vocábulo arrastasse à concepção romana e canônica de Hermenêutica – exegese quase mecânica dos textos[5], vantajosamente substituída hoje pela interpretação dos mesmos como fórmulas concretas do Direito científico. Temeram igualmente que se não tornasse clara a diferença

---

[1]   Dr. M. Rumpf – *Gesetz und Richter*, 1906, p. 29.

[2]   Dr. Max Gmür – *Die Anwendung des Rechts nach Art. I des schweizerischen Zivilgesetzbuches*, 1908, p. 2 e segs.

[3]   Zachariae – *Hermeneutik des Rechts*, 1805.

[4]   Thibaut – *Theorie der logischen Auslegung*, 1799. Cumpre observar que Zacharie, embora escrevesse depois de Thibaut, preferiu o vocábulo *Hermenêutica*.
       Schaffrath publicou em 1842 a Teoria da Interpretação das Leis Constitucionais (*Theorie der Auslegung konstitutioneller Gesetze*).

[5]   Vede nos 126 e segs.

INTRODUÇÃO | 3

entre a Hermenêutica científica e moderna, e a que se ocupava com a tradução e explicação dos livros escritos em idiomas estrangeiros, sobretudo em línguas mortas, como o latim, o hebraico, o sânscrito e o grego antigo.

5 – Em vez de abandonar um vocábulo clássico e preciso, é preferível esclarecer-lhe a significação, variável com a marcha evolutiva do Direito. Todos os termos técnicos suportam as acepções decorrentes do progresso da ciência a que se acham ligados[6].

Demais a palavra *Hermenêutica* resume o sentido de três outras, conjugadas – *Teoria da Interpretação (Theorie der Auslegung)*; a preferência por ela obedeceria à lei do menor esforço[7]. Entre nós se deve levar em conta, sobretudo, o fato de não ter significado completo e apropriado como *Auslegung* o termo português – Interpretação, o que também sucede com o vocábulo correspondente em inglês, francês espanhol e italiano[8].

6 – Granjeou a autoridade de livro clássico, entre ingleses e norte-americanos, a *Hermenêutica, Legal e Política (Legal and Political Hermeneutics)*, do jurisconsulto Lieber O Dicionário Jurídico, apreciadíssimo, de Bouvier, na sua mais recente edição, ainda reconhece o valor da palavra *Hermenêutica*, por abranger o sentido de duas outras *Interpretation* e *Construction*[9].

Em França, Berriat Saint-Prix[10] e Fabreguettes[11] definiram: *Hermenêutica é a teoria da interpretação das leis.*

---

[6]   Quanto difere da antiga a acepção moderna da própria palavra – Direito; bem como a de – Casamento, Obrigação, etc.!

[7]   Na própria Alemanha, o Professor Bierling não repele o vocábulo *Hermenêutica (Juristiche Prinzipienlehre*, 1911, vol. IV, n° 198). J. Blass também o aceita, no terreno científico em geral, e caracteriza-o como "Arte de compreender" (*Handbuch d. Klass. Altertumswissenschaft*, vol. I, p. 144). Encontra-se a expressão – *Hermenêutica Legal* num discurso de Géza Kiss, publicado no *Archiv für Rechts und Wirtschafts Philosophie*, vol. III, p. 536-550. Karl Gareis chama *Hermenêutica* ao – "conjunto de regras da arte de interpretar" (*Rechtsenzyklopaedie und Methodologie*, 5ª ed., 1920, p. 62). Adotam a denominação *Hermenêutica Jurídica*: o Professor sueco Reuterskioeld (*Über Rechtsauslegung*, 1899, p. 3); o austríaco Wurzel ("Das Juristiche Denken", na revista de Viena – *Zentrazblatt für die Juristische Praxis*, p. 673, set. de 1903) ; e o alemão Salomon (*Das Problem der Rechtsbegriffe*, 1907, p. 68).

[8]   Vede o capítulo – *Interpretação e Construção*; e C. Maximiliano – *Comentários à Constituição Brasileira*, 3ª ed., Prefácio.

[9]   Bouvier – *Law Dictionary*, revisto por Francis Rawle, 8ª ed., 1914, verb. *Interpretation*.

[10] Felix Berriat Saint-Prix – *Manuel de Logique Juridique*, 2ª ed., p. 21, n° 34.

[11] M. P. Fabreguettes – *La Logique Judiciaire et l'Art de Juger*, 1914, p. 366, nota 1. Português, 4ª ed., vol. I, p. 24, § 45.

Na Itália, Caldara e Degni não se ocuparam com a Hermenêutica, em geral. Adotaram, para os seus livros, o título de *Interpretação das Leis*, que dá ideia de quanto é restrita a matéria nos mesmos ventilada[12].

No mesmo país, um jurisconsulto de fama dilatada, Giorgio Giorgi, inseriu, na sua *Teoria das Obrigações*, um capítulo, subordinado à epígrafe *Hermenêutica Contratual*[13].

Os Estatutos da Universidade de Coimbra, publicados em 1772, impunham ao professor de Hermenêutica Jurídica deveres indispensáveis para tornar proveitoso o estudo daquela disciplina[14]. No Comentário da *Lei da Boa Razão* (Lei de 18 de agosto de 1769), Correia Teles recomenda que se guardem as regras da Hermenêutica, Gramática, Lógica e Jurídica[15]. Conselho igual deram Trigo de Loureiro e Coelho da Rocha a quem desejasse interpretar com acertos as leis[16]. *Hermenêutica Jurídica* era o título de livros adotados nas faculdades de Direito de Portugal e do Brasil[17]; e ainda hoje é a expressão preferida pelo autor e pelos comentadores do Código Civil[18].

7 – Não basta conhecer as regras aplicáveis para determinar o sentido e o alcance dos textos. Parece necessário reuni-las e, num todo harmônico, oferecê-las ao estudo, em um encadeamento lógico.

> "A memória retém com dificuldade o que é acidental; por outro lado, o intelecto desenvolve dia a dia o logicamente necessário, como consequência, evidente por si mesma, de um princípio superior. A abstração sistemática é a lógica da ciência do Direito. Ninguém pode tornar-se efetivo senhor de disposições particulares sem primeiro haver compreendido a milímoda variabilidade do assunto principal

---

[12] Emilio Caldara – *Interpretazione delle Leggi*, 1908; Francesco Degni – *L'Interpretazione della Legge*, 1909.
Degni alarga o conceito de Lei, fazendo-o abranger o Direito Consuetudinário; porém não contesta que a sua fórmula não compreende a interpretação dos atos jurídicos, exclui as convenções, privadas ou internacionais. Vede nº 22.

[13] Giorgio Giorgi – *Teoria delle Obbligazioni*, 7ª ed., 1908, vol. IV, p. 193, nº 179.

[14] Estatutos da Universidade, liv. II, tít. VI, cap. VI, § 10 e seguintes.

[15] Correia Teles – *Comentário crítico à Lei da Boa Razão*, p. 446, do *Auxiliar Jurídico*, de Cândido Mendes, que transcreveu, na íntegra, a obra do jurista português.

[16] Trigo de Loureiro – *Instituições de Direito Civil Brasileiro*, 1861, vol. I, p. 23; Coelho da Rocha – *Instituições de Direito Civil Português*, 4ª ed., vol. I, § 45, p. 24.

[17] Bernardino Carneiro – *Primeiras Linhas de Hermenêutica Jurídica e Diplomática*, 2ª ed., Paula Batista – *Compêndio de Hermenêutica*, 5ª ed.

[18] Clóvis Beviláqua – *Código Civil Comentado*, vol. I, 1916, p. 103, sobre o art. 59; Paulo de Lacerda – *Manual do Código Civil Brasileiro*, vol. I, 1918, p. 507.

na singeleza de ideias e conceitos da maior amplitude; ou, por outras palavras, na simples unidade sistemática"[19].

Descobertos os métodos de interpretação, examinados em separado, um por um; nada resultaria de orgânico, de construtor, se os não enfeixássemos em um todo lógico, em um complexo harmônico. A análise suceda a síntese. Intervenha a Hermenêutica, a fim de proceder à *sistematização* dos processos aplicáveis para determinar o sentido e o alcance das expressões do Direito.

---

[19] Heinrich Gerland, Prof. da Universidade de Jena *Zivilprozessrechtliche Forschung*, Heft 6, 1910, § 9.
Ernest Bruncken e Layton Register, com o intuito de tornar conhecidos na América do Norte os trabalhos de professores alemães, austríacos e franceses sobre as doutrinas modernas relativas à Interpretação e aplicação do Direito e à técnica legislativa, traduziram discursos acadêmicos, capítulos de tratados, ou monografias, de Ehrlich, Kiss, Gerland, Pound, Lambert, Alvarez e outros, e reuniram tudo em um volume, sob o título – Science of Legal Method, ao qual se fará referência todas as vezes que houverem sido colhidos nesse repositório conceitos dos mestres mencionados. Acha-se a p. 245-246 o dizer, transcrito, de Gerland.

APLICAÇÃO DO DIREITO

8 – A aplicação do Direito consiste no enquadrar um caso concreto em a norma jurídica adequada. Submete às prescrições da lei uma relação da vida real; procura e indica o dispositivo adaptável a um fato determinado. Por outras palavras: tem por objeto descobrir o modo e os meios de amparar juridicamente um interesse humano[1].

O direito precisa transformar-se em realidade eficiente, no interesse coletivo e também no individual. Isto se dá, ou mediante a atividade dos particulares no sentido de cumprir a lei, ou pela ação, espontânea ou provocada, dos tribunais contra as violações das normas expressas, e até mesmo contra as simples tentativas de iludir ou desrespeitar dispositivos escritos ou consuetudinários. Assim resulta a Aplicação, voluntária quase sempre; forçada muitas vezes[2].

---

[1] Gmür, Prof. da Universidade de Berne, op. cit. p. 34-35. Prescreviam os Estatutos da Universidade de Coimbra, de 1772, Liv. II, tít. III, cap. VIII:
"4. Distinguirá (o professor) as três diferentes Idades da Jurisprudência Forense; ou os três diversos caminhos e métodos de aplicação das Leis, que seguiram os Juristas Pragmáticos. E fará ver que foi a primeira a da *Autoridade da Glossa*; a segunda a da *Opinião Comum dos Doutores*; e a terceira a da *Observância*, ou a das Decisões, Casos Julgados e Arestos.
5. Mostrará os manifestos abusos, que em todas elas se tem cometido no exercício da Jurisprudência, e na aplicação das Leis aos casos ocorrentes no Foro; fazendo ver que o verdadeiro e legítimo meio da sólida e exata aplicação das Leis às causas forenses consiste precisamente na boa aplicação das Regras e Princípios do Direito aos fatos; depois de se terem bem explorado, e compreendido todas as circunstâncias específicas deles; depois de se haverem escrupulosamente confrontado com as circunstâncias das ditas Regras, e das Leis, de que elas foram deduzidas, e com todas as determinações individuais e específicas das mesmas Leis; e depois de se ter bem reconhecido a identidade de todas as ditas circunstâncias das Leis, e dos fatos por meio de um bom e exato raciocínio."

[2] Reuterskioeld, Prof. da Universidade de Upsala, na Suécia, op. cit., p. 61.

APLICAÇÃO DO DIREITO | 7

9 – Verificado o fato e todas as circunstâncias respectivas, indaga-se a que tipo jurídico pertence. Nas linhas gerais antolha-se fácil a classificação; porém, quando se desce às particularidades, à determinação da *espécie*, as dificuldades surgem à medida das semelhanças frequentes e embaraçadoras. Mais de um preceito parece adaptável à hipótese em apreço; entre as regras que se confundem, ou colidem, ao menos na aparência, de exclusão em exclusão se chegará, com o maior cuidado, à verdadeiramente aplicável, apropriada, preferível às demais.

Busca-se, em primeiro lugar, o grupo de tipos jurídicos que se parecem, de um modo geral, com o fato sujeito a exame; reduz-se depois a investigação aos que, revelam semelhança evidente, mais aproximada, por maior número de faces; o último na série gradativa, o que se equipara, mais ou menos, ao caso proposto, será o dispositivo colimado[3].

Portanto, depois de verificar em que ramo do Direito se encontra a solução do problema forense em foco, o aplicador desce às prescrições especiais[4]. Podem estas colidir no espaço, ou no tempo, o que determina o exame prévio de Direito Constitucional, no primeiro caso; outras relativas à irretroatividade das leis, no segundo[5].

Entre preceitos que promanam da mesma origem e se contradizem, cumpre verificar a data da publicação, a fim de saber qual o que revoga implicitamente o outro. Se os dois surgiram simultaneamente, ou pertencem ao mesmo repositório, procure-se conciliá-los, quanto possível. Se, ao contrário, são de natureza diferente, faça-se prevalecer o estatuto fundamental sobre todos os ramos do Direito positivo, a lei sobre o regulamento, costume, uso ou praxe[6].

10 – Para atingir, pois, o escopo de todo o Direito objetivo é força examinar: a) a norma em sua essência, conteúdo e alcance (*quoetio juris*, no sentido estrito); b) o caso concreto e suas circunstâncias (*quoestio facti*); c) a adaptação do preceito à hipótese em apreço[7].

---

[3]   Reuterskioeld, op. cit., p. 86; Karl Von Gareis, Prof. da Universidade de Munique, op. cit., p. 61-62.

[4]   Os Estatutos da Universidade de Coimbra, de 1772, exatamente no capítulo que tem por epígrafe – *Da Aplicação do Direito* (liv. II, tít. VI, cap. VIII), mandam, primeiro, compreender bem o caso proposto; depois procurar a frase jurídica aplicável ao mesmo. Deve-se indagar quais as leis que existem "para a regulação do referido negócio"; em seguida, "a que mais se chega para as circunstâncias do caso"; e, afinal, "considerar-se o que ela determina". Na última frase entra em função a Hermenêutica.

[5]   Clóvis Beviláqua – *Teoria Geral do Direito Civil*, 1908, p. 17-25; Reuterskioeld, op. cit., 33; Gareis, op. cit., p. 48 e 62.

[6]   Gareis, op. cit., p. 63-64.

[7]   Gareis, op. cit., p. 61-62.

8 | Hermenêutica e Aplicação do Direito · *Carlos Maximiliano*

As circunstâncias do fato são estabelecidas mediante o exame do mesmo, isolado, a princípio, considerado em relação ao ambiente social, depois: procede-se, também, ao estudo da Prova em sua grande variedade (depoimento das partes, testemunhos, instrumentos, etc.); não se olvidem sequer as presunções de Direito (*proesumptiones juris et de jure*)[8].

A adaptação de um preceito ao caso concreto pressupõe: *a)* a *Crítica*, a fim de apurar a autenticidade e, em seguida, a constitucionalidade da lei, regulamento ou ato jurídico[9]; *b)* a *Interpretação*, a fim de descobrir o sentido e o alcance do texto; *c)* o suprimento das *lacunas*, com o auxílio da analogia e dos princípios gerais do Direito; *d)* o exame das questões possíveis sobre ab-rogação, ou simples derrogação de preceitos, bem como acerca da autoridade das disposições expressas, relativamente ao espaço e ao tempo[10].

11 – A Aplicação não prescinde da Hermenêutica: a primeira pressupõe a segunda, como a medicação a diagnose[11]. Em erro também incorre quem confunde as duas disciplinas: uma, a Hermenêutica, tem um só objeto – a lei; a outra, dois – o Direito, no sentido objetivo, e o fato. Aquela é um meio para atingir a esta; é um momento da atividade do aplicador do Direito[12]. Pode a última ser o estudo preferido do teórico; a primeira, a Aplicação, revela o adaptador da doutrina à prática, da ciência à realidade: o verdadeiro jurisconsulto[13].

12 – A Aplicação, no sentido amplo, abrange a Crítica e a Hermenêutica; mas o termo é geralmente empregado para exprimir a atividade prática do juiz, ou administrador, o ato final, posterior ao exame da autenticidade, constituciona-

---

[8] Gareis, op. cit., p. 62.

[9] Bernhard Windscheid – *Lehrbuch des Pandektenrechts*, 8ª ed., vol. I, § 21, nota 1; Savigny – *Traité de Droit Romain*, trad Guenoux. vol. I, § 38; Sabino Jandoli – *Sulla Teoria della interpretazione delle Leggi con Speciale Riguardo alle Correnti Metodologiche*, 1921, p. 72: Gareis, op. cit., p. 62.

[10] Jandoli, op. cit., p. 72; Gareis, op. cit., p. 62-64; Reuterskioeld, op. cit., p. 33.

[11] Adelbert Düringer – *Richter und Rechtsprechung*, 1909, p. 88.

[12] (2) Brinz – *Pandekten*, vol. I, p. 123; Regelsberger – *Pandekten*, vol. I, p. 131 e segs.; Degni, op. cit., p. 2; Gmür, op. cit., p. 35; Reuterskioeld, op. cit., p. 61 e 34-35, em que reproduz o pensamento de Merkel: Roscoe Pound, Prof. da Universidade de Harvard – Courts and Legislation, *in Science of Legal Method*, de Bruncken & Register, p. 208-210.

[13] Já os Estatutos da Universidade de Coimbra revelavam conhecer-se em 1722 a diferença apontada acima: tratava de um e outro ramo da atividade judiciária no livro II, título VI; porém consagravam aos primeiros dois capítulos, e um especial ao último.
As epígrafes estavam assim distribuídas: Cap. VI – *Da Interpretação das Leis*; Cap. VII – *Das Prenoções, Subsídios, Presídios e Adminículos da Hermenêutica*; Cap. VII – *Da Aplicação do Direito.*

lidade e conteúdo da norma. Nesse caso, em vez daquela disciplina absorver as outras duas, completa-lhes a obra. É nesta acepção, particular, estrita, que figura aquele vocábulo técnico em o título do presente livro.

INTERPRETAÇÃO

13 – *Interpretar* é explicar, esclarecer; dar o significado de vocábulo, atitude ou gesto; reproduzir por outras palavras um pensamento exteriorizado; mostrar o sentido verdadeiro de uma expressão; extrair, de frase, sentença ou norma, tudo o que na mesma se contém.

Pode-se procurar e definir a significação de conceitos e intenções, fatos e indícios; porque tudo se interpreta; inclusive o silêncio[14].

O que se aceita como verdade, quando examinado de um modo geral, também se verifica em o caso especial a que este livro se refere direta e imediatamente, isto é, no campo da jurisprudência. Entretanto, ainda aí cumpre distinguir entre Interpretação no sentido amplo e a que se toma na acepção restrita. É da última que, em rigor, se ocupa a Hermenêutica; porquanto a primeira abrange a ciência do Direito, inteira; constitui "o grande e difícil problema cujo conhecimento faz o jurisconsulto verdadeiramente digno deste nome"[15].

14 – Graças ao conhecimento dos princípios que determinam a correlação entre as leis dos diferentes tempos e lugares, sabe-se qual o complexo de regras em que se enquadra um caso concreto. Estrema-se do conjunto a que parece aplicável ao fato. O trabalho não está ainda concluído. Toda lei é obra humana e aplicada por homens; portanto imperfeita na forma e no fundo, e dará duvidosos resultados práticos, se não verificarem, com esmero, o sentido e o alcance das suas prescrições[16].

Incumbe ao intérprete aquela difícil tarefa. Procede à análise e também à reconstrução ou síntese[17]. Examina o texto em si, o seu sentido, o significado de cada vocábulo. Faz depois obra de conjunto; compara-o com outros dispositivos da mesma lei, e com os de leis diversas, do país ou de fora. Inquire qual o fim da inclusão da regra no texto, e examina este tendo em vista o objetivo da

---

[14] Caldara, op. cit., p. 4.

[15] Demolombe – Cours de Code Napoléon, vol. I, p. 138. Demolombe – Cours de Code Napoléon, vol. I, p. 138.

[16] Korkounov – *Cours de Théorie Générale du Droit*, trad. Tchernoff, 1903, p. 525; Giuseppe Saredo – *Tratato delle Leggi*, 1866, nº 503.

[17] Reuterskioeld, op. cit., p. 58-59.

lei toda e do Direito em geral. Determina por este processo o *alcance* da norma jurídica, e, assim, realiza, de modo completo, a obra moderna do hermeneuta.

Interpretar uma expressão de Direito não é simplesmente *tornar claro* o respectivo dizer, abstratamente falando; é, sobretudo, revelar o sentido apropriado para a vida real, e conducente a uma decisão reta[18].

Não se trata de uma arte para simples deleite intelectual, para o gozo das pesquisas e o passatempo de analisar, comparar e explicar os textos; assume, antes, as proporções de uma disciplina eminentemente prática, útil na atividade diária, auxiliar e guia dos realizadores esclarecidos, preocupados em promover o progresso, dentro da ordem; bem como dos que ventilam nos pretórios os casos controvertidos, e dos que decidem os litígios e restabelecem o Direito postergado.

Pode toda regra jurídica ser considerada como uma proposição que subordina a certos elementos de fato uma consequência necessária; incumbe ao intérprete descobrir e aproximar da vida concreta, não só as condições implícitas no texto, como também a solução que este liga a elas[19].

15 – A atividade do exegeta é uma só, na essência, embora desdobrada em uma infinidade de formas diferentes. Entretanto, não prevalece quanto a ela nenhum preceito absoluto: pratica o hermeneuta uma verdadeira arte, guiada cientificamente, porém jamais substituída pela própria ciência. Esta elabora as regras, traça as diretrizes, condiciona o esforço, metodiza as lucubrações; porém, não dispensa o coeficiente pessoal, o valor subjetivo; não reduz a um autômato o investigador esclarecido[20].

Talvez constitua a Hermenêutica o capítulo menos seguro, mais impreciso da ciência do Direito; porque partilha da sorte da linguagem. Como esta, é usada milhares de vezes inconscientemente, por aqueles que não conhecem os seus preceitos, a sua estrutura orgânica. A dificuldade para a teoria reside no estofo, na matéria, no objeto do estudo; bem como em o número ilimitado dos meios auxiliares e na multiplicidade das aplicações[21]. Há desproporção entre a norma, legislativa ou consuetudinária, e o Direito propriamente dito, cuja natureza complexa não pode ser esgotada por uma regra abstrata. Cabe ao exegeta recompor o conjunto orgânico, do qual a lei oferece apenas uma das faces[22].

---

[18] Ludwig Enneccerus – *Lehrbuch des Bürgerlichen Rechts*, 8ª ed., 1921, vol. 1, § 48; Max Salomon, op. cit., p. 64.

[19] François Geny – Méthode d'Interprétation et Sources en Droit Privé Positif, 2ª ed., 1919, vol. I, p. 254. O dizer do Professor de Nancy foi transcrito quase literalmente.

[20] Reuterskioeld, op. cit., p. 85.

[21] Regelsberger – *Pandekten*, vol. I, p. 140; Reuterskioeld, op. cit., p. 3.

[22] Savigny, vol. I, p. 42.

APLICAÇÃO DO DIREITO | 11

A interpretação colima a clareza; porém não existe medida para determinar com precisão matemática o alcance de um texto; não se dispõe, sequer, de expressões absolutamente precisas e lúcidas, nem de definições infalíveis e completas. Embora clara a linguagem, força é contar com o que se oculta por detrás da letra da lei; deve esta ser encarada, como uma obra humana, com todas as suas deficiências e fraquezas, sem embargo de ser alguma coisa mais do que um alinhamento ocasional de palavras e sinais[23].

16 – Não é possível que algumas séries de normas, embora bem feitas, sintéticas, espelhem todas as faces da realidade: *neque leges, neque senatusconsulta ita scribi possunt, ut omnes casus qui quandoque inciderint comprehendantur* – "nem as leis nem os senátus-consultos podem ser escritos de tal maneira que em seu contexto fiquem compreendidos todos os casos em qualquer tempo ocorrentes"[24].

Por mais hábeis que sejam os elaboradores de um Código, logo depois de promulgado surgem dificuldades e dúvidas sobre a aplicação de dispositivos bem redigidos. Uma centena de homens cultos e experimentados seria incapaz de abranger em sua visão lúcida a infinita variedade dos conflitos de interesses entre os homens. Não perdura o acordo estabelecido, entre o texto expresso e as realidades objetivas. Fixou-se o Direito Positivo; porém a vida continua, evolve, desdobra-se em atividades diversas, manifesta-se sob aspectos múltiplos: morais, sociais, econômicos.

Transformam-se as situações, interesses e negócios que teve o Código em mira regular. Surgem fenômenos imprevistos, espalham-se novas ideias, a técnica revela coisas cuja existência ninguém poderia presumir quando o texto foi elaborado. Nem por isso se deve censurar o legislador, nem reformar a sua obra. A letra permanece: apenas o sentido se adapta às mudanças que a evolução opera na vida social[25].

O intérprete é o renovador inteligente e cauto, o sociólogo do Direito. O seu trabalho rejuvenesce e fecunda a fórmula prematuramente decrépita, e atua como elemento integrador e complementar da própria lei escrita. Esta é a estática, e a função interpretativa, a dinâmica do Direito[26].

---

23   Walter Jellinek – *Gesetz, Gesetzesanwendung und Zweck maessigkeitsewaegung*, 1913, p. 162-83.

24   Juliano, *apud Digesto*, liv. I, tít. 3, frag. 10.

25   Dr. Max Gmür, op. cit., p. 73; Gaston May – *Introduction à la Science du Droit*, 1920, p. 75-76.

26   Degni, op. cit., p. 50-51 (Vede nos 93 e 239).

Em França, as mais das vezes a jurisprudência criadora precedeu a legislação; daí o prestígio da frase de Celice, "o legislador é antes uma testemunha que afirma a existência do progresso do que um obreiro que o realiza"[27].

No Brasil aconteceu o mesmo: a Corte Suprema impediu, por meio de *habeas corpus*, durante o estado de sítio, o degredo para lugares sem sociabilidade; a Constituição de 1934 converteu as conclusões dos Acórdãos em regra suprema (artigos 175, § 1º; art. 209, III, da Constituição de 1946).

Não raro, a obra renovadora parte dos juízes inferiores[28], por isto mesmo, não há motivo para impor aos magistrados obediência compulsória à jurisprudência superior como faziam diversos tribunais locais mediante advertências e censuras.

Em França, o legislador inspirou-se nas inovações introduzidas pela jurisprudência, nos casos seguintes:

a) Seguro de Vida, sobretudo quanto ao abuso de direito dos seguradores; *b) Obrigações Naturais*, mormente quanto ao dever do pai de garantir o bem-estar e a independência econômica do filho que se casa; *c) Enriquecimento sem Causa*, especialmente com ampliar o alcance da ação *in rem verso* a todas as hipóteses em que um terceiro obtivesse vantagem de sacrifício ou esforço pessoal do autor; *d) Condições ilícitas*, atenuando os efeitos da diferença, fixada por lei, a esse respeito, entre atos a título oneroso e atos a título gratuito, e desenvolvendo a teoria da causa impulsiva e determinante; *e) Abuso de Direito*, além dos casos de seguro de vida, admitindo outros, com referência às relações jurídicas entre vizinhos, e entre patrão e empregado, bem como ao uso de chicana forense; *f) Aplicação do preceito – a respeito de móveis, a posse tem o valor de título*; a jurisprudência vai reduzindo ao mínimo o valor desta regra, deixa amplo arbítrio ao juiz para decidir se a posse é equívoca, e atribui em prol do possuidor presunção *simples*, apenas, isto é, que admite qualquer prova em contrário[29].

17 – Sem embargo das exigências novas, decorrentes da evolução posterior ao Código, vigora este como se tudo previsse, como se fora preparado para todas as eventualidades e encerrasse a solução para qualquer caso possível. Daí se não depreende que a lei é completa, de fato; conclui-se, apenas, dever a mesma ser encarada e aplicada como se fora sem falhas, sem deficiências impossíveis de preencher[30].

---

[27] A. Maurin – *Le Rôle Créateur du Juge dans les Jurisprudences Canadienne et Française Comparées*, 1938, p. 91 e 105.

[28] Maurin, op. cit., p. 91.

[29] Maurin, op. cit., p. 105-60 e 238-54. Vede C. Maximiliano – *Direito das Sucessões*, nº 731.

[30] Salomon, op. cit., p. 65-86.

APLICAÇÃO DO DIREITO | 13

Ante a impossibilidade de prever todos os casos particulares, o legislador prefere pairar nas alturas, fixar princípios, – estabelecer preceitos gerais, de largo alcance, embora precisos e claros. Deixa ao aplicador do Direito (juiz, autoridade administrativa, ou homem particular) a tarefa de enquadrar o fato humano em uma norma jurídica, para o que é indispensável compreendê-la bem, determinar-lhe o conteúdo. Ao passar do terreno das abstrações para o das realidades, pululam os embaraços; por isso a necessidade da Interpretação é permanente, por mais bem formuladas que sejam as prescrições legais[31].

O legislador assemelha-se ao generalíssimo de um grande exército. Um experimentado chefe militar não ordena as menores operações de tática: abstém-se de prescrever uma conduta para cada eventualidade. Dá instruções amplas: frisa *diretivas* gerais; delineia um plano de larga estratégia; deixa as minúcias de ocasião à iniciativa individual, ou aos subcomandantes. Também o legislador oferece preceitos abstratos; traça os lineamentos exteriores da ordem jurídica, dentro dos quais o intérprete acomoda o caso concreto, isolado e às vezes raro[32].

O jurista, esclarecido pela Hermenêutica, descobre, em Código, ou em um ato escrito, a frase implícita, mais diretamente aplicável a um fato do que o texto expresso. Multiplica as utilidades de uma obra; afirma o que o legislador decretaria, se previsse o incidente e o quisesse prevenir ou resolver; intervém como auxiliar prestimoso da realização do Direito. Granjeia especiais determinações, não por meio de novos dispositivos materializados, e, sim, pela concretização e desdobramento prático dos preceitos formais. Não perturba a harmonia do conjunto, nem altera as linhas arquitetônicas da obra; desce aos alicerces, e dali arranca tesouros de ideias, latentes até aquele dia, porém vivazes e lúcidos[33]. Explica a matéria, afasta as contradições aparentes, dissipa as obscuridades e faltas de precisão, põe em relevo todo o conteúdo do preceito legal, deduz das disposições isoladas o princípio que lhes forma a base, e desse princípio as consequências que do mesmo decorrem[34].

Todo ato jurídico, ou lei positiva, consta de duas partes – o sentido íntimo e a expressão visível. Partir desta para descobrir aquele, através dos vocábulos atingir a ideia, fazer passar pela própria consciência a norma concreta, compreender o texto em seu significado e alcance; em uma palavra, subjetivar a regra objetiva: eis a operação mental que o intérprete realiza[35].

---

31 F. Laurent – *Principes de Droit Civil*, 4ª ed., vol. I, nº 270.

32 Gaston May, Prof. da Universidade de Paris, op. cit., p. 75; Gmür, op. cit., p. 74-75.

33 Gmür, op. cit., p. 77-88 e 80.

34 R. Von Jhering – *L'Esprit du Droit Romain*, trad. Meulenaere, 3ª ed., vol. III, p. 51.O conceito do Professor de Goettingen foi trasladado quase literalmente.

35 De Filippis – *Corso Completo di Diritto Civile Italiano Comparato*, 1908-10, vol. I, p. 84.

14 | Hermenêutica e Aplicação do Direito · *Carlos Maximiliano*

18 – Força é assimilar bem as disposições de Direito: o que o jurisconsulto procura conseguir para recompor a ciência sob formas novas; o magistrado, para decidir os litígios; o cidadão, para regular a própria conduta. Trata-se de um trabalho intelectual, às vezes muito simples, porém revestido sempre de cunho científico: procura reconhecer a norma em sua verdade, a fim de aplicá-la, com acerto, à vida real[36].

19 – Examinada de perto, com especial esmero, uma simples frase não contém apenas a ideia na aparência objetivada; descobre ainda, na penumbra, e até na sombra, um pouco de luz, o brilho de um pensamento fecundo em aplicações práticas[37].

Vem a pelo resumir a *Teoria da Projeção*, formulada pelo Dr. Carlos Jorge Wurzel[38]. Afirma ele que, se pretendesse representar um conceito sob forma gráfica, decerto não optaria por figura geométrica, e, sim, por uma fotografia, com um núcleo em evidência e linhas exteriores gradualmente evanescentes. Com efeito, se contemplamos imagem fotográfica, à primeira vista se nos depara, nítida, distinta, a parte central ou, melhor, a que puseram diretamente em foco. Exame atento dos contornos faz ressaltar o que a princípio se nos ocultara. Apagam-se as linhas e as cores à proporção que demandam a periferia; porém é difícil determinar onde terminam as imagens e começa o fundo do quadro, o claro-escuro, vago, sem extremos precisos, perdido em penumbra cada vez mais espessa. Assim acontece relativamente ao conceito nas ciências empíricas. Oferece a imagem central, precípua, determinada, e em seguida a *zona de transição*, que fere menos vigorosamente a retentiva, abrange ideias menos nítidas, porém relacionadas todas com a principal. Provém isto da extrema complexidade dos fenômenos, do que resulta que alguns aspectos ou qualidades se oferecem com frequência maior e clareza notável; ao passo que outros pensamentos, abrangidos pelo mesmo conceito, são apreendidos apenas por um observador mais atento, experimentado, arguto.

No campo da Hermenêutica a teoria de Wurzel encontra aplicação direta. O elaborador de um Código moderno concentra em norma ampla, nítida, um princípio, uma regra geral. Circundam o núcleo, expresso, positivo, as ideias conexas, espalhadas na *zona de transição*, na penumbra legal. Parte o intérprete do princípio em foco e descobre, nos lineamentos na aparência imprecisos dos contornos,

---

[36] Gmür. op. cit., p. 80-81.

[37] Prof. Raymond Saleilles – Prefácio do livro de François Geny – *Méthode d'Interprétation*, 2ª ed., 1919; Gmür, op. cit. p. 72-73.

[38] Wurzel – *Das Juristiche Denken, in Oesterreichisches Zentralblatt* cit., Viena, vol. 21, p. 762-767 e 948-951.

APLICAÇÃO DO DIREITO | 15

verdades preciosas, que resolvem dúvidas, esclarecem situações, concorrem para a realização do objetivo supremo do Direito – a harmonia social, a ordem jurídica, alicerce, fundamento de todo progresso humano.

20 – A palavra, quer considerada isoladamente, quer em combinação com outra para formar a norma jurídica, ostenta apenas rigidez ilusória, exterior. É por sua natureza elástica e dúctil, varia de significação com o transcorrer do tempo e a marcha da civilização. Tem, por isso, a vantagem de traduzir as realidades jurídicas sucessivas. Possui, entretanto, os defeitos das suas qualidades; debaixo do invólucro fixo, inalterado, dissimula pensamentos diversos, infinitamente variegados e sem consistência real[39]. Por fora, o dizer preciso; dentro, uma policromia de ideias.

Traçar um rumo nesse mar revolto; numa torrente de vocábulos descobrir um conceito; entre acepções várias e hipóteses divergentes fixar a solução definitiva, lúcida, precisa; determinar o sentido exato e a extensão da fórmula legal – é a tarefa do intérprete.

Não lhe compete apenas procurar atrás das palavras os pensamentos possíveis, mas também entre os pensamentos possíveis o único apropriado, correto, jurídico[40].

21 – Para aplicar bem uma norma jurídica, é insuficiente o esforço adstrito ao propósito de lhe conhecer o sentido objetivo, a significação verdadeira. Há casos em que esta se adota com a maior amplitude; outros, em que se exigem restrições cautelosas. A Hermenêutica oferece os meios de resolver, na prática, as dificuldades todas, embora dentro da relatividade das soluções humanas; guia o executor para descobrir e determinar também o *alcance*, a *extensão* de um preceito legal, ou dos termos de ato de última vontade, ou de simples contrato.

22 – Alguns autores adotam o título *Interpretação das Leis* para os livros, ou capítulos, em que traçam regras de Hermenêutica. A preferência não se justifica. De fato, sobre as leis recai a maior atividade investigadora do exegeta esclarecer-lhes o significado e descobrir-lhes o conteúdo constituem para ele o objetivo principal, porém não – exclusivo. Já se expõe ao risco de forçar um pouco o sentido dos vocábulos aquele que inclui na denominação de *leis* o Direito Consuetudinário; decretos do Poder Executivo; regulamentos em geral; avisos e portarias ministeriais; instruções e circulares de autorida-

---

39   François Geny – *Science et Technique en Droit Privé Positif*, 1914, vol. I, p. 150-51.

40   Dr. Josef Kohler – *Lehrbuch des Bürgerlichen Rechts*, 1906-1915, vol. I, p. 125-126.

16 | Hermenêutica e Aplicação do Direito • *Carlos Maximiliano*

des administrativas[41]. Entretanto, ainda assim a epígrafe adotada varreria, implicitamente, do campo da Interpretação, materiais que ali deveriam ser colocados: usos, decisões judiciárias; contratos, testamentos e outros atos jurídicos; ajustes e tratados internacionais; convenções interestaduais ou intermunicipais. Discriminam-se as mencionadas ordens diferentes de prescrições conforme o agente de que emanam; conservam, todavia, uma essência comum; são fenômenos jurídicos; enquadram-se em uma denominação geral – *expressões do Direito*[42].

---

[41] Francesco Degni faz a inclusão mencionada; embora no mesmo livro, distinga da interpretação das leis a do Direito Consuetudinário (*l'Interpretazione della Legge*, 1909, p. 2 e 50-56).

[42] Paul Vander Eycken – *Méthode Positive de l'Interprétation Juridique*, 1907, p. 18.
Parecem elucidativas algumas definições formuladas por afamados jurisconsultos:
"Interpretação é a pesquisa e a explicação do sentido da lei" (Coviello – *Manuale di Diritto Civile Italiano*, 2ª ed., 1915, vol. I, nº 62).
Semelhante é o dizer de Ahrens – *Encyclopédie Juridique*, trad. Chauffard, vol. I, p. 104.
"Chama-se Interpretação a determinação do verdadeiro *significado* da norma jurídica" (Bierling, Professor da Universidade de Greifswald, vol. IV, p. 197). Pensam do mesmo modo Pacifici-Mazzoni (*Instituzioni di Diritto Civile Italiano*, 3ª ed., vol. I, p. 30, nº 16) e Caldara (op. cit., p. 5).
"Interpretação é a atividade científica dirigida para descobrir o *conteúdo* de uma norma jurídica" (Crome – *System des Deutschen Bürgerlichen Rechts*, 1900-1912, vol. I, p. 96). Pronunciaram-se de maneira quase igual Windscheid (*Lehrbuch des Pandektenrechts*, 8ª ed., vol. I, p. 81), Dernburg (*Pandette*, trad. Cicala, vol. I, p. 85), Gludice (*Enciclopedia Giuridica*, 2ª ed., p. 30), Ferrini (*Diritto Romano*, 1898, p. 7) e Savigny (op. e trad. cit., vol. I, p. 202).
"A Interpretação descobre o conteúdo de um texto legal e o exprime por outras palavras" (Gmür, op. cit. p. 35).
"Chama-se Interpretação a operação lógica efetuada para se compreender o que a lei prescreve, *a mens* ou *sententia legis* ou *legislatoris*" (Bonfante – *Instituzioni di Diritto Romano*, 2ª ed., p. 23).
"Interpretar a lei é revelar o pensamento que anima as suas palavras" (Clóvis Beviláqua – *Teoria Geral do Direito Civil*, p. 47).
"Prescreve-se a Interpretação, em geral, – para fixar a regra de determinada relação jurídica mediante a percepção clara e exata da norma sancionada pelo legislador" (Pasquale Fiore – *Delle Disposizioni Generali sulla Pubblicazione, Applicazione ed Interpretazione delle Leggi*, 1890, vol. II, p. 517).
"Interpretação é a declaração precisa do *conteúdo* e do verdadeiro *sentido das normas jurídicas*" (Espínola – *Sistema do Direito Civil Brasileiro*, 1908, vol. I, p. 125). Opinaram em termos mais ou menos idênticos Henri Capitant (*Introduction à l'Étude du Droit Civil*, 3ª ed., 72) e Degni (op. cit., p. 1).
"Explicar o *sentido* e o *alcance* da norma jurídica – eis a tarefa da Interpretação" (Korkounov, Prof. da Universidade de Petrogrado, op. e trad. cit., p. 525). Doutrinaram de acordo com o mestre russo: Baudry-Lacantinerie & Houques-Fourcade (*Traité théorique et pratique de Droit Civil, Des Personnes*, 2ª ed., vol., I, nº 240), Planiol (*Traité Élémentaire de Droit Civil*, 7ª ed., vol. I, nº 215) e Kohler, Prof. da Universidade de Berlim (vol. I, p. 122).

APLICAÇÃO DO DIREITO | **17**

VONTADE DO LEGISLADOR

23 – Preceituava a *Escola da Exegese em Direito Positivo*, a corrente tradicionalista por excelência, que o objetivo do intérprete seria descobrir, através da norma jurídica, e revelar – a vontade, a intenção, o pensamento do legislador[43].

Na verdade, os *sofistas* ensinavam, outrora, que a norma jurídica nascia de um acordo entre os cidadãos acerca do que se devia fazer ou deixar de fazer. O legislador criava o Direito; este surgia como produto de opiniões ou convicções individuais[44].

A vetusta *Escola Teológica* repeliu esse conceito; porque fez o Direito provir do céu, como ideia inata, inscrita nas almas pelo próprio Deus. Nenhum jurista à altura da sua época ousará hoje sustentar a doutrina dos sofistas atenienses. Em todo caso, predominou até o século XVIII a crença de que o Direito, a Moral e demais instituições humanas eram descobertas de sábios, dádivas dos fundadores de civilizações, ou verdades reveladas pelos profetas, videntes, magos.

Vico atribuiu tudo à coletividade; lançou as bases da psicologia social. Secundou-o a *Escola Histórica*. Hoje não mais se acredita na onipotência do legislador, não se interpreta o Direito como obra artificial do arbítrio de um homem, ou de um grupo reduzido, e, sim, elaboração espontânea da consciência jurídica nacional, fenômeno de psicologia coletiva, um dos produtos espirituais da comunidade[45].

Na verdade, em pleno século dezoito, a Escola de Vico proclamara vitoriosa – "não ser o Direito o produto de uma vontade que se imponha e opere exteriormente sobre a vida dos povos, mas a realização e a expressão do espírito da coletividade"[46]. Espelha o pensamento generalizado; não é criação original de poucos, à maioria, à própria *demos*, superiormente imposta.

Do confronto e da crítica das várias definições transcritas resultará talvez justificada a preferência pelo conceito seguinte, que é o transunto de todas elas, a Interpretação tem por objeto determinar o sentido e o alcance das expressões do Direito.

[43] Domat – *Teoria da Interpretação das Leis*, trad. de J. H. Correia Teles, reproduzida integralmente no *Código Filipino*, de Cândido Mendes, vol. III, p. 425, nº 4.

[44] Ferdinando Puglia, Prof. da Universidade de Messina – *Saggi di Filosofia Giuridica*, 2ª ed., p. 25.

[45] Icilio Vanni – *Lezioni di Filosofia del Diritto*, 4ª ed., 1920, p. 182-83; Sabino Jandoli – *Sulla Teoria della Interpretazione delle Leggi con Speciale Riguardo alle Correnti Metodologiche*, 1921, p. 22-23.

[46] Giacomo Perticone – *Teoria del Diritto dello Stato*, 1937, p. 5-6. Vede nº 16.

24 – A lei não brota do cérebro do seu elaborador, completa, perfeita, como um ato de vontade independente, espontâneo. Em primeiro lugar, a própria vontade humana é condicionada, *determinada*; livre na aparência apenas. O indivíduo inclina-se, num ou noutro sentido, de acordo com o seu temperamento, produto do meio, da hereditariedade e da educação. Crê exprimir o que pensa; mas esse próprio pensamento é socializado, é condicionado pelas relações sociais e exprime uma comunidade de propósitos. Por outro lado, as ideias emanam do ambiente; não surgem desordenadamente, segundo o capricho ou a fantasia do que lhes dá forma concreta. "São rítmicos os movimentos todos, inclusive os sociais e o das doutrinas que a estes acompanham"[47].

O pensamento não se mantém escravo da vontade; conserva a independência própria; não é apenas individual; eleva-se à altura de fenômeno sociológico; não representa o trabalho de uma inteligência apenas, e, sim, algo de ilimitado, infinito, o produto do esforço cerebral de séculos; no âmago encerra conceitos de que o próprio autor aparente se não apercebe às vezes. Por isso, não mais se apresenta, nem ensina a História como simples repositório de façanhas dos reis. Heróis não fundam nações. Eles são meros expoentes da bravura coletiva; órgãos da energia geral. A prova de que o indivíduo influi em escala reduzida no desenrolar dos fatos sociais ressalta de não se deter a marcha vitoriosa de um exército, nem retardar o progresso vertiginoso de um grande país, após o traspasse de um chefe aparentemente insubstituível. Por outro lado, o homicídio de um déspota não faz raiar a liberdade; o revolucionário sincero de hoje será o descontente de amanhã, pelo contraste entre as promessas de oposicionistas e as realizações de triunfadores. Também a ciência do Direito abrange um conjunto de fenômenos sociais; como a História, deve atender menos ao esforço do homem isolado do que à ação complexa da coletividade[48].

Em regra, o ideal é antes inconsciente do que consciente. Surge e avulta de modo lento e quase imperceptível; atua e toma expressão na realidade antes de ser formulado em palavras[49]. O indivíduo que legisla é mais ator do que autor; traduz apenas o pensar e o sentir alheios, reflexamente às vezes, usando meios inadequados de expressão quase sempre. Impelem-no forças irresistíveis, subterrâneas, mais profundas do que os antagonismos dos partidos. De outro modo se não explica o fato, verificado em todos os países, de adotar uma facção no

---

[47] Herbert Spencer – *Justice*, trad. de Castelot, 2ª ed., p. 44. No mesmo sentido doutrinaram Wurzel, *in Oesterreichisches Zentralblatt* cit., vol. 21, p. 766-767, e Roberto de Ruggiero, Prof. da Universidade de Roma – *Istituzioni di Diritto Civile*, 7ª ed., vol. I, § 17, b, p. 129-30.

[48] Kohler, Prof. da Universidade de Berlim, vol. I, p. 123.

[49] Jethro Brown – *The Underlying Principles of Modern Legislation*, 1915, p. 38.

APLICAÇÃO DO DIREITO | 19

poder as ideias, os projetos e as reformas sustentadas pelo adversário, dominador na véspera; um grupo realiza o programa dos contrários e, não raro, até as inovações que combatera[50].

25 – Entretanto, não se deve exagerar a importância do fator coletivo, social, sobre a legislação; ele predomina, porém não de modo exclusivo. Qualquer doutrina absoluta é falsa; tudo é relativo. De menor valia do que se pensou outrora, parece hoje o coeficiente individual, porém existe, atua, não pode ser desprezado[51]. Ora consciente, ora inconsciente, opera como encaminhador ou, pelo menos, propulsor da evolução legal. Descobre os meios para exprimir, de modo eficiente, a vontade coletiva. Não cria o Direito; porém revela-o, reduzindo-o a uma forma visível, apreciável, concreta. As contingências históricas e reais refletem-se no sentir individual; o homem objetiva em uma norma precisa o produto da consciência jurídica da coletividade.

O Direito Positivo é o resultado de ação lenta e reação oportuna. O ambiente age sobre a inteligência, moderando-a, imprimindo-lhe caracteres determinados; afinal o indivíduo reage sobre a natureza, dominando-a, por sua vez, com a sua atividade modificadora, transformadora, indiscutivelmente eficiente[52]. A natureza humana amolda as instituições jurídicas; por sua vez estas reagem sobre aquela; dessa influência recíproca afinal resulta o equilíbrio almejado, uma situação relativamente estável[53].

Enfim a ação do ambiente é decisiva nas linhas gerais do Direito; quanto mais este se especializa, mais se faz sentir o fator individual: entra o progresso,

---

[50] Brown, Prof. da Universidade de Adelaide, na Austrália, op. cit., p. 137 e 140.
No Império do Brasil havia dois partidos políticos: Liberal e Conservador. A Ideia mais sedutora e brilhante do primeiro, combatida pelo segundo em certa época, foi por este realizada parcialmente, a princípio; de modo definitivo, depois: Ministério e Câmara de *conservadores* elaboraram a lei de 28 de setembro de 1871, chamada — do *Ventre Livre*, porque declarava isentos da servidão os filhos de mulher escrava nascidos no Brasil; e concluíram a obra em 13 de maio de 1888, com a *Lei da Abolição*, assim denominada porque extinguia a escravidão no País.
Na política Inglesa e na dos Estados Unidos, Ostrogorski aponta inúmeros exemplos de falta de apego aos programas, semelhança nas atitudes, plano de um partido observado ou completado pelo outro, malgrado o antagonismo aparente dos ideais orgânicos (Ostrogorski – *La Démocratie et l'Organisation des Partis Politiques*, 1903, 2 vols.).

[51] Brown, op. cit., p. 129.

[52] Francesco Cosentini – *Filosofia del Diritto*, 1914, p. 52-53; Luigi Miraglia – *Filosofia del Diritto*, 2ª ed., vol. I, p. 252-253.

[53] Herbert Spencer, op. cit., p. 173.
O dizer do professor da Universidade de Roma foi reproduzido quase literalmente, quanto aos dois últimos períodos.

em todos os seus aspectos, a depender da consciência Jurídica, habilidade, tato, previdência e decisão do legislador. Aparece este como órgão coordenador e transmissor do pensamento da coletividade.

As condições fundamentais da vida em comum constituem a *justiça*; porém existe a possibilidade de não serem observadas espontaneamente; ora, a sociedade e a cooperação devem perdurar, a fim de atingir a humanidade os seus objetivos superiores; logo, não pode ficar abandonado ao arbítrio dos indivíduos o que é essencial à sua coexistência ordeira e promissora.

Foram, pois, traçadas regras de conduta irrefragavelmente obrigatórias e eventualmente coercitivas, para forçar à obediência as vontades recalcitrantes.

No meio-termo está a verdade: embora não prevaleça o evolucionismo mecânico em seu propósito de anular, de todo, o fator individual, nem por isso há de ser hoje restaurado o método antigo de exegese. As contingências sociais criaram a necessidade, a norma brotou quase espontânea, o fator subjetivo existiu, ativo, eficiente, porém, *menos original, poderoso, autônomo* do que o considerava a Filosofia antiga. O legislador não tira do nada, como se fora um Deus; é apenas o órgão da consciência nacional. Fotografa, objetiva a ideia triunfante; não inventa, reproduz; não cria, espelha, concretiza, consigna. O presente, outrora considerado como obra de um homem – "não é mais do que um momento nesse rio perene da vida", como observa Savigny. *Pode a lei ser mais sábia do que o legislador*[54]; porquanto abrange hipóteses que este não previu.

26 – Parece oportuno declarar, sem refolhos, não constituir privilégio dos adeptos da filosofia positiva contemporânea o combate ao sistema que se empenha na pesquisa da vontade do prolator de uma norma jurídica. De fato, comtistas e spenceristas oferecem um fundamento mais, para repelir a concepção estreita da exegese; porém não ficam isolados no seu modo de compreender a Hermenêutica. Por outras razões, adiante especificadas, racionalistas e teólogos também se insurgem contra a teoria decrépita[55].

---

[54] O conceito é de Wach, Thoel e numerosos outros jurisconsultos.

[55] Com ser deísta, Bismarck se não distanciava, no fundo, da concepção spenceriana, ou comtista, do homem de governo. Dizia ele:
"O estadista não pode inventar; nem criar coisa alguma; cabe-lhe apenas esperar e ficar à escuta até ouvir, através dos acontecimentos, o rumor dos passos do Eterno; e então saltar à frente deste e segurar-lhe as pontas do manto: isto é tudo" (Erwin Rose – *Bismarck der grosse Deutsche*, 6ª ed., p. 164).
A coexistência dos dois fatores, sociológico e individual, foi apreendida por Frederico, o Grande, que a concretizou na seguinte máxima: "Apanhar a ocasião e empreender quando ela é favorável; porém não a forçar, abandonando tudo ao acaso" (Albert Sorel – *L'Europe et la Révolution Française*, 1905, vol. I, p. 23).

APLICAÇÃO DO DIREITO | 21

Na verdade (seja qual for a orientação filosófica do jurista, não deixará ele de reconhecer ter sido menos difícil outrora aprender a *intenção* do legislador, quando este era o monarca absoluto. Contudo, já naquele tempo se contestava que simples trechos de um diário, notas pessoais, pudessem esclarecer o *pensamento* objetivado no texto. Em todo caso, em exposição de motivos anteposta aos repositórios de normas positivas, em leis posteriores ou simples soluções de consultas formuladas pelos juízes, o soberano explicava o seu próprio dizer.

Mudaram as circunstâncias em que se concretiza o fenômeno jurídico. A ação do legislador é real, eficiente, porém não clara, definida, expressiva. Há o impulso inicial e necessário de um; segue-se, entretanto, a colaboração milímoda, variadíssima, de muitos, sensível, verificável, no conjunto, porém inapreciável, às vezes até imperceptível, relativamente às minúcias.

Quantos fatores atuam até surgir o conceito definitivo! Em uma das forjas da lei, no parlamento, composto, em regra, de duas câmaras, fundem-se opiniões múltiplas, o conjunto resulta de frações de ideias, amalgamadas; cada representante do povo aceita por um motivo pessoal a inclusão de palavra ou frase, visando a um objetivo particular a que a mesma se presta; há o acordo aparente, resultado de profundas contradições. Bastas vezes a *redação final* resulta imprecisa, ambígua, revelando-se o produto da inelutável necessidade de transigir com exigências pequeninas a fim de conseguir a passagem da ideia principal.

Se descerem a exumar o *pensamento* do legislador, perder-se-ão em um báratro de dúvidas maiores ainda e mais inextricáveis do que as resultantes do contexto. Os motivos, que induziram alguém a propor a lei, podem não ser os mesmos que levaram outros a aceitá-la. Não parece decisivo o fato de haver um congressista expendido um argumento e não ter sido este combatido; a urgência, a preocupação de não irritar um orgulhoso cuja colaboração se deseja, ou cuja obstrução ao projeto se receia; uma indisposição individual, sobretudo um *leader* de câmara ou relator de Comissão Permanente; mil fatores ocasionais podem concorrer para um silêncio forçado; daí resultaria a falsa aparência de concretizar uma frase, emenda ou discurso as razões do voto no plenário, a *intenção* predominante, a diretriz real da vontade da maioria.

Quantas vezes um simples artigo de jornal influi mais nas deliberações de um congresso do que orações parlamentares!

O projeto peregrina pelos dois ramos do Poder Legislativo, em marchas e contramarchas, recebendo retoques de toda ordem, a ponto de o renegar afinal, espantado do aspecto definitivo da própria obra, o autor primitivo da medida. Como descobrir, naquele labirinto de ideias contraditórias e todas parcialmente vencedoras, a vontade, o pensamento, a intenção diretora e triunfante?

Afinal o Executivo sanciona, sem dar as razões do seu ato: talvez entre estas figurem o cansaço de vetar proposições más (o que faz tolerar as menos nocivas, a fim de não melindrar com demasiada frequência os representantes do povo); uma transação política, o receio de provocar desordens, a ânsia de fortalecer a receita ou diminuir a despesa, e mil outras eventualidades, que não influíram no propósito dos deputados e senadores[56].

27 – A vontade do legislador não será a da maioria dos que tomam parte na votação da norma positiva; porque bem poucos se informam, com antecedência, dos termos do projeto em debate; portanto, não podem querer o que não conhecem. Quando muito, desejam o principal: por exemplo, abaixar, ou elevar um imposto, cominar, ou abolir uma pena. Às vezes, nem isso; no momento dos sufrágios, perguntam do que se trata, ou acompanham, indiferentes, os *leaders*, que por sua vez prestigiam apenas o voto de determinados membros da Comissão Permanente que emitiu parecer sobre o projeto. Logo, em última análise, a vontade, do legislador é a da minoria; talvez de uma *elite* intelectual, dos competentes, que figuram nas assembleias políticas em menor número sempre, *rari nantes in gurgite vasto*.

Por outro lado, não só é difícil determinar aquela intenção volitiva, como, também, distingui-la do *sentido* da lei, ou ao menos mostrar quanto influi no significado de uma norma jurídica e como fora impelida pelos motivos geradores de um texto positivo[57].

28 – A base de todo o trabalho do exegeta seria uma ficção: buscaria uma vontade possível, agente, ativa no passado e as conclusões logicamente decorrentes desse intento primitivo[58]. Não se trata apenas dos tempos imediatamente posteriores à lei, quando é menos difícil estudar e compreender o *meio*, o ambiente em que foi o texto elaborado, as ideias dominantes, as divisões das assembleias, as vitórias parciais de um grupo, as transigências da maioria com este ou aquele pendor dos contrários. A tarefa, nesse caso, ainda seria pesada, porém em grande parte realizável. Entretanto, a letra perdura, e a vida continua; surgem novas ideias; aplicam-se os mesmos princípios a condições sociais diferentes; a lei enfrenta imprevistas criações econômicas, aspirações triunfantes, generalizadas no país, ou no mundo civilizado; há desejo mais veemente de autonomia por um lado, e maior necessidade de garantia por outro, em

---

[56] Kohler, vol. I, p. 129-141; Coviello, vol. I, p. 63-64.

[57] Prof. Wigmore – *The Judicial Function*, prefácio da *Science of Legal Method*, de Bruncken & Register, p. XXXIII.

[58] Fritz Berolzheimer – *Me Gefrahren einer Gefühlsjurisprudenz*, 1911, p. 7 e 19; R. Saleilles – Prefácio cit., p. XIV.

consequência da extensão das relações e das necessidades do crédito. Força é adaptar o Direito a esse mundo novo aos fenômenos sociais e econômicos em transformação constante, sob pena de não ser efetivamente justo, – *das richtige Recht*, na expressão feliz dos tudescos[59].

Portanto a doutrina e a jurisprudência, ora consciente, ora inconscientemente, avançam dia a dia, não se detêm nunca, acompanham o progresso, amparam novas atividades, sustentam as modernas conquistas, reprimem os inesperados abusos, dentro dos princípios antigos, evolutivamente interpretados, num esforço dinâmico inteligente, sem embargo de aludirem ainda muitos a uma vontade diretora, perdida nas trevas de passado remoto. Eis aí a ficção: presume-se o impossível; que o legislador de decênios atrás previsse as grandes transformações até hoje operadas, e deixasse, no texto elástico, a possibilidade para abrigar no futuro direitos periclitantes, oriundos de condições novíssimas. A sua visão profética atingiu não só os problemas jurídicos, mas o estado de coisas que os fez surgir; de sorte que, educado em velha escola filosófica ou econômica, ele atravessaria a História, esposando hoje os postulados de uma corrente intelectual, amanhã os de outra, e assim sucessivamente, sempre renovado, variando sempre, como um fenomenal Proteu.

Se fôssemos, a rigor, buscar a intenção ocasional, precípua do legislador, o encontraríamos visando horizonte estreito, um conjunto de fatos concretos bastante limitado. Quase sempre a lei tem por fundamento um abuso recente; os seus prolatores foram sugestionados por fatos isolados, nitidamente determinados, que impressionaram a opinião, embora a linguagem mantenha o tom de ideias gerais, preceito amplo. O legislador não suspeitou as múltiplas consequências lógicas que poderiam ser deduzidas de suas prescrições; não estiveram na sua vontade, nem se encontraram na sua intenção. Os tribunais apenas desenvolveram um princípio sólido, uma ideia precisa, sem embargo do pensamento gerador, primitivo, e às vezes até em possível, senão provável, divergência com este[60].

O aplicador moderno da lei antiga, se acaso se refere à intenção do legislador, obedece a um pendor *misoneísta*, age sob o impulso do hábito inveterado, empresta as cores da realidade a uma figura que não vem ao caso, não cogitou do presente, não poderia prever tudo; em suma, o exegeta simula buscar a força ativa primordial, porém, de fato, recorre a uma entidade inexistente, fantástica; braceja no desconhecido, e volta com ares de ter descoberto a verdade, quando

---

[59]   Francesco Ferrara – *Trattato di Diritto Civile Italiano*, vol. I, 1921, p. 210; Saleilles – Prefácio cit., p. XIV-XV.

[60]   Ferrara, Prof. da Universidade de Pisa, vol. I, p. 210 a 212; Saleilles – Prefácio cit., p. XV-XVII; Theodor Rittler – *Lehrbuch des Oesterreichischen Strafrechts*, vol. I, 1933, p. 23-24.

apenas se embala e se perde no mundo da ficção. Transplanta-se, em espírito, ao lugar e à época em que o legislador viveu, deliberou e agiu, e resolve hoje como se pensou ontem. Portanto, o Direito, segundo a doutrina, tradicionalista extremada, despreza as exigências mutáveis e sucessivas da vida prática e ergue barricadas contra a sua própria modernização[61].

29 – É um mal necessário a rigidez da forma; ao invés de o abrandarem com a interpretação evolutiva, agravam-no com a estreiteza da exegese presa à vontade criadora, primitiva, imutável. Se há proveito por um lado, avulta o prejuízo maior por outro: o que a lei ganha em segurança, perde em dutilidade; menos viável se torna o sofisma, porém fica excessivamente restrito o campo de aplicação da norma. Ora, incumbe à Hermenêutica precisamente buscar os meios de aplicar à riqueza, à infinita variedade dos casos da vida real à multiplicidade das relações humanas, a regra abstrata objetiva e rígida[62].

30 – A dificuldade em executar o processo tradicional antolha-se-nos formidável, quase irresolúvel, entre os povos democráticos: cumpre insistir sobre esta verdade. O legislador não tem personalidade física individual, cujo pensamento, pendores e vontades se apreendam sem custo. A lei é obra de numerosos espíritos, cujas ideias se fundem em um conglomerado difícil de decompor. Os próprios *trabalhos parlamentares* quase sempre concorrem mais para aumentar do que para diminuir a confusão. Além destas razões já desenvolvidas, outra avulta e impõe-se: por mais arguto que seja o juiz, não se liberta, de todo, da influência das ideias ambientes; de sorte que ele aquilata o valor dos *materiais legislativos* com uma medida diversa da que empregou o elaborador primitivo do texto, o coordenador de opiniões divergentes, relator de comissões parlamentares ou jurista pelas mesmas solicitado a prestar o auxílio técnico. O homem de hoje não vê os fatos do passado pelo mesmo prisma adotado pelos antecessores; decerto a uns impressionam mais certos argumentos que não prevaleceram no espírito de outros, diferentemente orientados; o que a este pareceria decisivo, à luz das ideias da sua época, àquele se antolharia desprezível, secundário, menos digno de apreço[63].

Foge-se do embaraço com substituir a realidade impalpável, inatingível, por uma ficção: o juiz recorre ao que se supõe que o legislador quis ou, pelo menos,

---

[61] Alfred Bozi – *Die Weltanschauung der Jurisprudenz*, 2ª ed., 1911, p. 88-89; Berolzheimer, op. cit., p. 5-6.

[62] Jandoli, op. cit., p. 19.

[63] Bozi, op., cit., p. 90-91.

APLICAÇÃO DO DIREITO | 25

deveria ter querido[64]. A última hipótese é a mais frequente; pois se refere aos casos em que não aparece claramente a intenção do autor de um texto positivo. Por isso, respondeu bem o célebre membro da *Court of Common Pleas*, no século quatorze, quando lhe perguntaram qual a vontade do legislador, ou, ao menos, a dos juízes, manifestada em várias decisões: "*Law is reason.*" "A lei é a razão", é obra do bom senso, aplicação lógica de um princípio superior às realidades sociais contemporâneas.

31 – O uso do condenado processo de exegese perdura como um caso de *misoneísmo*, prova da grande resistência das ideias tradicionais, documento da tendência obstinada para o retrocesso. Um passado morto transfigura-se para se impor e dominar ainda: a lei era outrora a vontade do rei; tentam hoje substituir apenas o soberano Rex pelo soberano *Demos*[65].

32 – Além de retrógrada, afigura-se-nos temerária empresa a de descobrir em um todo heterogêneo o fator *psicológico da intenção*. Emendas a projetos surgem nas câmaras e alcançam maioria de votos, embora desacompanhadas de palavras justificativas. A vontade do autor conserva-se obscura, difícil, senão impossível de deduzir. Esse fato, aliás frequente, comezinho na vida parlamentar, forçou os *tradicionalistas* a admitir, ao lado da intenção real, a *intenção suposta*. Demolombe foi mais longe; para ele, basta que o hermeneuta se abstenha de inventar; se limite a descobrir, elucidar, declarar, reconhecer, embora atribua ao legislador intenções que este não teve... melhores ou piores[66].

Na verdade, a ideia de indagar apenas qual o pensamento dos elaboradores de uma norma é de tal modo difícil de sustentar em toda a linha que até mesmo apologistas de largo prestígio científico preferem conciliá-la com a evolução, admitir que o espírito, o conteúdo da lei se altera sem ser modificada a forma. O juiz aplica, hoje, os preceitos anulatórios dos contratos incompatíveis com a Moral; porém toma por base esta como se entende no presente, e não a da época em que foi o texto promulgado.

Também as noções de ordem pública, higiene e outras variam com as ideias do *meio ambiente*, e assim *mutáveis* as compreende o hermeneuta[67].

---

[64] Berolzheimer, op. cit., p. 169-170; Wurzel, vol. 21 cit., p. 772.

[65] Roscoe Pound – Courts and Legislation, *in Sc. of Legal Method* cit., p. 227-228.

[66] Julien Bonnecase – *L'École de L'Exégèse en Droit Civil*, 1919, p. 22-23; Demolombe, Prof. da Faculdade de Direito de Paris, vol. 1, p. 136.
O conceito de Demolombe ajusta-se ao já citado, de Wach, Thoel e outros; "a lei é mais sábia do que o legislador".

[67] Paul Oertmann – *Gesetzeszwany und Richterfreiheit*, 1909, p. 35; Geny, vol. I, p. 264, 272-274.

A lei é a vontade transformada em palavras, uma força constante e vivaz, objetivada e independente do seu prolator; procura-se o sentido imanente no texto, e não o que o elaborador teve em mira[68].

O aplicador extrai da fórmula concreta tudo o que ela pode dar implícita ou explicitamente, não só a ideia direta, clara, evidente, mas também a indireta, ligada à primeira por mera semelhança, deduzida por analogia. Eis por que se diz que – "a lei é mais sábia que o legislador"; ela encerra em si um infinito conteúdo de cultura; por isso também, raras vezes o respectivo autor seria o seu melhor intérprete[69]. A própria escola tradicionalista procura compreender o elaborador da norma jurídica de modo mais profundo e amplo do que ele compreenderia a si próprio, abranger o que o mesmo realizou inconscientemente, pôr em evidência conceitos e perspectivas às quais o legislador permaneceu alheio, porém fáceis de enquadrar na fórmula concreta em que se objetivou o sentir subjetivo e restrito[70].

33 – A pesquisa da intenção ou do pensamento contido no texto arrasta o intérprete a um terreno movediço, pondo-o em risco de tresmalhar-se em inundações subjetivas. Demais restringe o campo da sua atividade: ao invés de a estender a toda a substância do Direito, limita ao elemento espiritual da norma jurídica, isto é, a uma *parte* do objeto da exegese e eventualmente um dos instrumentos desta[71]. Reduzir a interpretação à procura do intento do legislador é, na verdade, confundir o *todo* com a *parte*; seria útil, embora nem sempre realizável, aquela descoberta; constitui um dos *elementos* da Hermenêutica; mas, não o *único*; nem sequer o principal e o mais profícuo; existem outros, e de maior valia. Serve de base, como adiante se há de mostrar, ao processo *histórico*, de menor eficiência que o *sistemático* e o *teleológico*[72].

Procura-se, hoje, o sentido *objetivo*, e não se indaga do processo da respectiva formação, quer individual, no caso do absolutismo, quer coletiva, em havendo assembleia deliberante, – como fundamento de *todo* o labor do hermeneuta. Exige-se um texto vivo; tolerar-se-ia a ficção de um legislador que falasse atualmente, e não de pessoa morta, que houvesse fixado o seu ideal e *última vontade* no Direito escrito, como faz o particular no testamento[73].

---

68   Wach – *Handbuch des deutschen Civilprozessrechte*, 1885, vol. I, p. 254 e segs.; Reuterskioeld, op. cit., p. 23; Mario Rotondi, Prof. da Universidade Católica de Milão – Legge Unterpretazione della, monografia *in Nuovo Digesto Italiano*, 1937-1940, vol. VII, nº I.

69   Crome, Prof. da Universidade de Bonn, vol. I, p. 197; Kohler, vol. V, p. 124.

70   Bierling, vol. IV, p. 200.

71   Caldara, op. cit., p. 5-6.

72   Vede os capítulos – *Elemento Histórico*, *Processo Sistemático* e *Elemento Teleológico*.

73   Géza Kiss – Gesetzesaulegung und ungeschriebenes Recht, 1911, p. 19, nota 8; Filomusi Guelfi – Enciclopedia Giuridica, 6ª ed., p. 141.

APLICAÇÃO DO DIREITO | 27

34 – A ação do tempo é irresistível; não respeita a imobilidade aparente dos Códigos. Aplica-se a letra intata a figuras jurídicas diversas, resolve modernos conflitos de interesses, que o legislador não poderia prever. Só assim se explica a longevidade do Direito romano, incompatível esta com a teoria que se contenta com a descoberta de uma *vontade* inspiradora de preceitos legais[74]. Aplicam-se as prescrições coordenadas no tempo de Justiniano aos casos de contato tácito, dano, etc., verificados com instalações de eletricidade, captação de força motriz hidráulica, navegação a vapor, telegrafia, uso de automóveis, e mil outras eventualidades criadas pelo progresso e impossíveis de prever há quatorze séculos. Por esse processo dinâmico se eternizam as fórmulas primitivas, com lhes imprimir significado que os seus autores não vislumbraram.

Se de outra forma se agisse e se ativesse ao pensamento rígido, limitado, primordial, a uma vontade morta e, talvez sem objeto hoje, porquanto visara a um caso concreto que se não repete na atualidade; então o Direito positivo seria uma remora, obstáculo ao progresso, monólito inútil, firme duro, imóvel, a atravancar o caminho da civilização, ao invés de o cercar apenas de garantias[75] ... Por isso os próprios partidários da doutrina tradicionalista se veem forçados a reconhecer que o intérprete melhora o texto sem lhe alterar a forma; a fim de adaptar aos fatos a regra antiga, ele a subordina às imprevistas necessidades presentes, embora chegue a postergar o pensamento do elaborador prestigioso; deduz corretamente e aplica inovadores conceitos que o legislador não quis, não poderia ter querido exprimir[76].

35 – Com a promulgação, a lei adquire vida própria autonomia relativa; separa-se do legislador; contrapõe-se a ele como um produto novo; dilata e até substitui o conteúdo respectivo sem tocar nas palavras; mostra-se, na prática, mais previdente que o seu autor[77]. Consideram-na como "disposição mais ou menos imperativa, materializada num texto, a fim de realizar sob um ângulo determinado a harmonia social, objeto supremo do Direito". Logo, ao intérprete incumbe apenas determinar o sentido *objetivo* do texto, a *vis ac potestas legis*; deve ele olhar menos para o passado do que para o presente,

---

[74] Lorenz Brütt – *Die Kunst der Rechtsanwendung*, 1907, p. 62; Géza Kiss, Prof. da Universidade Húngara, de Grosswardein, op. cit., p. 19 e nota 7.

[75] Bozi, op. cit., p. 227-28.

[76] Johannes Biermann – Bürgerliches Recht, 1908, vol. I, p. 28-29; Capitant, Prof. da Universidade de Paris, op. cit., p. 77; Windscheid, Prof. da Universidade de Leipzig, vol. I, p. 85-86.

[77] Heinrich Thoel – *Das Handelsrecht*, 6ª ed., vol. I, § 21, nota 5; Bonnecase, Prof. da Universidade de Bordéus, op. cit., p. 79.

28 | Hermenêutica e Aplicação do Direito • *Carlos Maximiliano*

adaptar a norma à finalidade humana, sem inquirir da vontade inspiradora da elaboração primitiva[78].

> "A lei é a expressão da vontade do *Estado*, e esta persiste autônoma, independente do complexo de pensamentos e tendências que animaram as pessoas cooperantes na sua emanação. Deve o intérprete descobrir e revelar o conteúdo de vontade *expresso em forma constitucional*, e não as volições algures manifestadas, ou deixadas no campo intencional; pois que a lei não é o que o legislador quis, nem o que pretendeu exprimir, e, sim, o que *exprimiu de fato*"[79].

36 – Em resumo: sob qualquer dos seus aspectos, a interpretação é antes sociológica do que individual. Vai caindo em vertiginoso descrédito a doutrina oposta, que se empenha em descobrir e revelar a vontade, a intenção, o pensamento do legislador. Despreza os postulados da Psicologia moderna, reduz, em demasia, o campo da Hermenêutica, assenta antes em ficções do que em verdades demonstráveis, força a pesquisas quase sempre inúteis e, em regra, não atinge a certeza colimada.

37 – Cumpre, entretanto, investigar, ainda, como surgiu e por que se tornou tradicional aquele processo de Hermenêutica. Observa Carlos Wurzel que se não pode fundar em erros, apenas, uma teoria ou corpo de doutrina que perdurou e teve aplicação prática durante tanto tempo. Não há efeito sem causa. A vitalidade de um fenômeno provém do seu acordo com um estado social determinado. Pode o *misoneísmo* dificultar o surto de ideia nova, compatível com o alvorecer da cultura científica posterior à promulgação de um Código; porém seria utopia pretender provar não ter tido razão de ser, em tempo algum, a doutrina que dominou durante um século inteiro.

Concebia-se a norma positiva como ordem do soberano deliberação do rei absoluto, preposto de Deus; o Eterno fora o autor primacial do Direito; este era ideia inata, princípio imutável. O hábito adquirido e a *lei do menor esforço* fizeram não examinar os fundamentos, nem discutir as aplicações de uma teoria,

---

[78] Ferrara, vol. I, p. 210-211; Bonnecase, op. cit., p. 79-80; De Ruggiero, vol. I, § 17, 4, *d*, p. 133. Até mesmo no campo do Direito Criminal é de observar a orientação acima aconselhada (Hippel – *Deutsches Strafrecht*, vol. I, 1925-1930, p. 38; Theodor Rittler – *Lehrbuch des Oesterreichschen Strafrechts*, vol. I, 1933, p. 23-24).

[79] Ferrara, vol. I, p. 210.
Mostram-se contraditórios os corifeus da escola dogmática; porquanto, ao mesmo tempo que forçam o jurista a limitar-se a buscar e aplicar apenas o pensamento, a vontade do legislador, aceitam o que eles denominam – interpretação *por analogia*, isto é, a extensão da regra jurídica aos casos semelhantes, não previstos pelos autores do texto, nem incluídos verdadeiramente neste (Gareis, op. cit., p. 63).
Vede o capítulo – *Analogia*, nos 238-240.

que, ao menos entre os especialistas, os juristas profissionais, constituía dogma aceito, pacífico. Na verdade, o método tradicional resolvia os casos principais típicos. Só mais tarde, quando a Filosofia positiva abalou todo o edifício das ideias recebidas, assentes, dominadoras a dúvida invadiu também o terreno da Hermenêutica; descobriram quanto havia de ficção no esforço eterno para descobrir, através de um texto, a vontade geradora, antiquíssima, agente, em uma idade morta, às vezes impossível de reconhecer hoje.

Por que, entretanto, ainda agora falam profissionais – em intenção do legislador?

Depara-se-nos a resposta a esta pergunta na psicologia da administração da justiça. Quando a parte prejudicada recorre aos tribunais, não se lembra de que estes possam intervir por motivos econômicos, ou forçados pelos ditames da ética. Nem sequer espera que o juiz tenha excepcional sagacidade para persuadir os réprobos e esclarecer os justos, isto é, que se imponha pelo prestígio da clarividência comprovada, como um sábio oriental. Dirige-se ao magistrado somente porque ele encarna a vontade soberana do Estado, respeitada pelos bons, imposta aos maus. Não se fala, no pretório, em motivos econômicos, sentimentos morais, costumes populares. O juiz apenas colhe nos repositórios as ordens escritas do Estado, sob qualquer das suas formas; conclui com aparente rigor lógico, e profere a sentença, como se fora esta uma simples realização positiva da vontade do soberano *Rex*, ou do soberano *Demos*, isto é, do monarca, ou do povo representado pelas autoridades eleitas.

Eis por que o trabalho inicial, em face de um caso concreto, fora, durante séculos, a descoberta do que o Estado, ou o seu órgão primitivo, o legislador, determinara, ou pelo menos determinaria se houvesse previsto o caso ajuizado[80]. Afinal o estudo da Sociologia, mais ainda que o da História do Direito e o da Legislação Comparada, elevou os jurisconsultos a uma altura em que deixaram de ser meros adeptos da arte de obedecer; compreendem hoje a lei, não como um comando ríspido, e, sim, como um fenômeno social, cientificamente explicável dependente menos de volições individuais do que de ações sociológicas do *meio* sobre as inteligências e das reações das inteligências sobre o ambiente, estável na aparência, móvel, alterável, na realidade[81].

IN CLARIS CESSAT INTERPRETATIO

38 – *Disposições claras não comportam interpretação – Lei clara não carece de interpretação – Em sendo claro o texto, não se admite pesquisa da vontade – famo-*

---

80 Karl Wurzel – Das Juristiche Denken, *in Oesterreichiches Zentralblatt* cit., vol. 21, p. 955.

81 Wurzel, revista cit., vol. 21, p. 955.

30 | Hermenêutica e Aplicação do Direito • *Carlos Maximiliano*

so dogma axiomático, dominador absoluto dos pretórios há meio século; afirmativa sem nenhum valor científico, ante as ideias triunfantes na atualidade[82].

O brocardo – *In claris cessat interpretatio*, embora expresso em latim, não tem origem romana. Ulpiano ensinou o contrário: *Quamvis sit manifestissimum edictum proetoris, attamen non est negligenda interpretatio ejus* – "embora claríssimo o edito do pretor, contudo não se deve descurar da interpretação respectiva"[83].

A este conceito os tradicionalistas opõem o de Paulo: *Cum in verbis nulla ambiguitas est, non debet admitti voluntatis quoestio* – "Quando nas palavras não existe ambiguidade, não se deve admitir pesquisa acerca da vontade ou intenção"[84].

O mal de argumentar somente com adágios redunda nisto: tomam-nos a esmo, isolados do repositório em que regiam muitas vezes casos particulares, e, descuidadamente, generalizam disposição especial[85]. Quem abra o Digesto, logo observa que a máxima de Paulo só se refere a testamentos, revela um respeito, talvez exagerado, pela última vontade; evita que lhe modifiquem a essência, a pretexto de descobrir o verdadeiro sentido da fórmula verbal. Ao contrário, a parêmia de Ulpiano refere-se à exegese do que teve força de lei, ao Direito subsidiário, aos editos pretórios[86].

No campo legislativo, embora perfeita a forma, cumpre descer ao fundo, à ideia Prevalece ali o ensinamento de Celso: *Scire leges non hoc est, verba earurm tenere, sed vim ac potestatem* – "saber as leis não é conhecer-lhes as palavras, porém a sua força e poder"[87], isto é, o sentido e o alcance respectivos.

A exegese, em Roma, não se limitava aos textos obscuros, nem aos lacunosos; e foi graças a essa largueza de vistas dos jurisconsultos do Lácio que o *Digesto* atravessou os séculos e regeu institutos cuja existência Papiniano jamais pudera prever.

39 – Entretanto, com o transcorrer do tempo, um processo útil quando empregado com o necessário critério redundou em danoso abuso. A escolástica introduziu o acervo de distinções e subdistinções e com estas reduzia a Hermenêutica a casuística intricada; apelava em demasia para o argumento de autoridade, para a *communis opinio*; os pareceres dos doutores substituíam os textos;

---

[82] Vander Eycken, op. cit., p. 346-347; Jandoli, op. cit., p. 19.

[83] *Digesto*, liv. 25, tít. 4. frag. 1, § 11.

[84] *Digesto*, liv. 32, tít. 3, frag. 25, 1.

[85] Rudolf Stammler – *Die Lehre von dem Richtigen Rechte*, 1902, p. 499-500. Vede o capítulo – *Brocardos*.

[86] Kiss, op. cit., p. 17, nota 2; Degni, op. cit., p. 57.

[87] *Digesto*, liv. 1, tít. 3, frag. 17.

APLICAÇÃO DO DIREITO | 31

as glosas tomavam o lugar da lei; assim, de excesso em excesso, se chegou à deplorável decadência jurídica, ao domínio dos retóricos e pedantes, – *verbosi in re facili, in difficili muti, in angusta diffusi* – "verbosos em se tratando de coisas fáceis, mudos quanto às difíceis, difusos acerca de assuntos de estreitas proporções", – na frase cáustica do célebre Cujácio.

Era força tocar atrás, levar a magistratura a estudar as leis e guiar-se pelo próprio critério profissional de exegese, ao invés de compulsar exclusivamente as obras dos doutores e intérpretes, exagerados e infiéis. Sistematizaram as normas e limitaram o campo da Hermenêutica. Foi sob a influência desta reação necessária que abrolharam os aforismos conservadores: *In claris non fit interpretatio. – Lex clara non indiget interpretatione. – In claris non admittitur voluntatis quoestio.*

Para os grandes males os remédios enérgicos, violentos!

40 – Os escolásticos passaram, e, como sempre acontece, talvez em virtude da lei do menor esforço, ou em consequência do hábito adquirido, desapareceu a causa da coerção retrógrada; porém esta ficou. Em pleno século dezoito Richeri fazia do brocardo célebre a base da sua doutrina de Hermenêutica jurídica; e assim definia Interpretação: *Legis obscuraevel ambiguoe explicatio* – "explicação da lei obscura ou ambígua"[88].

Cem anos depois, na Faculdade de Direito do Recife, prelecionava pela mesma cartilha o Professor Paula Batista. Inscreveu os dogmas do seu credo num livro que, aliás, se tornou clássico e é excelente sob outros aspectos. Discorria o catedrático brasileiro: "Interpretação é a exposição do verdadeiro sentido de uma *lei obscura por defeitos de sua redação*, ou *duvidosa*, com relação aos fatos ocorrentes ou *silenciosa*. Por conseguinte, não tem lugar sempre que a lei, em relação aos fatos sujeitos ao seu domínio, é clara e precisa. *Interpretatio cessat in claris*"[89].

A nenhum jurista ficaria bem repetir hoje as definições de Richeri e Paula Batista. Os domínios da Hermenêutica se não estendem só aos textos defeituosos; jamais se limitam ao invólucro verbal: o objetivo daquela disciplina é descobrir o *conteúdo* da norma, o *sentido* e o *alcance* das expressões do Direito. Obscuras

---

[88]   Degni, op. cit., p. 58; Virgílio de Sá Pereira – *Dois Brocardos*, separata da *Rev. Geral de Direito, Legislação e Jurisprudência*, 1920, p. 16-18.

[89]   Paula Batista, op. cit., § 3 e nota 1.
Na mesma época o Conselheiro Ribas ensinava o contrário, precisamente a boa doutrina, em sua cátedra na Faculdade de Direito de São Paulo (Antônio Joaquim Ribas – *Curso de Direito Civil Brasileiro*, 2ª ed., 1880, vol. I, p. 283). Foi aliás, um Professor da Faculdade do Recife, Tobias Barreto, que introduziu no Brasil a moderna cultura jurídico-filosófica alemã.

32 | Hermenêutica e Aplicação do Direito • *Carlos Maximiliano*

ou claras, deficientes ou perfeitas, ambíguas ou isentas de controvérsia, todas as frases jurídicas aparecem aos modernos como suscetíveis de interpretação[90].

41 – A palavra é um mau veículo do pensamento; por isso, embora de aparência translúcida a forma, não revela todo o conteúdo da lei, resta sempre margem para conceitos e dúvidas; a própria letra nem sempre indica se deve ser entendida à risca, ou aplicada extensivamente; enfim, até mesmo a clareza exterior ilude; sob um só invólucro verbal se conchegam e escondem várias ideias, valores mais amplos e profundos do que os resultantes da simples apreciação literal do texto[91].

Não há fórmula que abranja as inúmeras relações eternamente variáveis da vida; cabe ao hermeneuta precisamente adaptar o texto rígido aos fatos, que dia a dia surgem e se desenvolvem sob aspectos imprevistos.

---

[90] Chironi & Abello – *Trattato di Diritto Civile italiano*, vol. I, 1904, p. 56; Emmanuele Gianturco – *Sistema di Diritto Civile Italiano*, 3ª ed., I, p. 114; Sá Pereira, op. cit., p. 8; Ribas, vol. I, p. 283; Paulo de Lacerda, vol. I, nos 243 e 262; Espínola, Prof. da Faculdade de Direito da Bahia – *Sistema* cit., vol. I, p. 126, 129 e nota 10; Miraglia, Prof. da Universidade de Nápoles, vol. 1, p. 249; De Filippis, Prof. da Universidade de Milão, vol. I, p. 85; Saredo, op. cit., nos 536-537; Giudice, Prof. da Universidade de Pavia, op. cit., p. 30; Filomusi Guelfi, Prof. da Universidade de Roma, op. cit., p. 145; Caldara, op. cit., nos 6-10; Degni, op. cit., p. 61-67; Coviello, Prof. da Universidade de Catania, vol. I, p. 63; Laurent, Prof. da Universidade de Gand, vol. I, nº 269; Planiol, Prof. da Universidade de Paris, vol. I, nº 216 (menos decisivo); Savigny, vol. I, p. 201; Windscheid, vol. I, p. 85; Biermann, Prof. da Universidade de Giessen, vol. I, p. 29 e nota 6; Kiss, op. cit., p. 17; Bierling, vol. IV, p. 198; Gmür, op. cit., p. 35-36; Aubry & Rau, Falcimaigne e Gault – *Cours de Droit Civil*, 5ª ed., vol. I, § 40, p. 193; Giovanni Lomonaco – *Istituzioni di Diritto Civile*, 2ª ed., vol. I, p. 83; Pacificimazzoni – *Istituzioni di Diritto Civile*, vol. I, nº 16; Nicola Stolfi – *Diritto Civile*, vol. I, nos 806-807; Manresa y Navarro – *Comentarios al Codigo Civil Español*, 2ª ed., vol. I, p. 77; Valverde y Valverde – *Tratado de Derecho Civil*, 3ª ed., vol. I, p. 89; J. Olegário Machado – *Exposición y Comentario del Código Civil Argentino*, vol. I, p. 49, nota ao art. 16; Egger, Oser, Escher e Habb – *Kommentar zum Schweizerischen Zivilgesetzbuch*, vol. I, p. 48; Staudingers – *Kommentar zum Bürgerlichen Gesetzbuch*, 9ª ed., 1925, vol. I, p. 18; Mário Rotondi, *in Nuovo Digesto Italiano*, vol. VII, *verbis – Legge (Interpretazione della)*, nº 1; Joaquim Dualde, Prof. da Universidade de Barcelona – *Una Revolución en la Lógica del Derecho*, 1933, p. 49-63; Giulio Battaglini, Prof. da Universidade de Bolonha – *Diritto Penale, Teorie Generali*, nº 14, p. 26. Vede nos 13-17 e 116-A.

[91] Walter Jellinek, op. cit., p. 161-162; Salomon, op. cit., p. 28; Dernburg, Prof. da Universidade de Berlim, vol. I, p. 89; Ferrara, vol. I, p. 206-207; Alves Moreira – *Instituições do Direito Civil Português*, vol. I, 1907, p. 37.
Os apologistas do – *in claris...* – são os apóstolos da supremacia da exegese verbal, os que só admitem o emprego dos elementos lógicos de interpretação quando falham os filológicos. Vede os capítulos – *Elemento filológico*, e segs.

APLICAÇÃO DO DIREITO | **33**

Nítida ou obscura a norma, o que lhe empresta elastério, alcance, dutilidade, é a interpretação. Há o desdobrar da fórmula no espaço e no tempo: multiplicando as relações no presente, sofrendo, no futuro, as transformações lentas, imperceptíveis, porém contínuas, da evolução[92].

42 – O conceito de clareza é relativo: o que a um parece evidente, antolha-se obscuro e dúbio a outro, por ser este menos atilado e culto, ou por examinar o texto sob um prisma diferente ou diversa orientação.

Basta, às vezes, passar do exame superficial para o rigoroso, sobretudo se jogar com o elemento histórico, o sistemático e os valores jurídico-sociais; logo se verificará ser menos translúcida a forma do que se julgava a princípio[93].

Dia a dia, no Foro e nas Câmaras, se acaloram os debates sobre textos de uma clareza meridiana, e os próprios juízes, em sua maioria tradicionalista, discutem e afinal decidem sobre a verdadeira exegese de normas aparentemente perfeitas[94]. O art. 60, letra *d*, da Constituição de 1891, por exemplo, atribuía competência à Justiça Federal para processar e julgar "os litígios entre um Estado e cidadãos de outros, ou entre cidadãos de Estados diversos, *diversificando as leis destes*". O texto era claríssimo; entretanto foi objeto de disputa, em que triunfou o parecer, baseado no elemento histórico, e tendente a eliminar as quatro últimas palavras, considerá-las como se não foram escritas, porque prevaleceram por engano: deveriam ter sido expungidas na *redação* final do Código supremo[95].

43 – O exame completo das leis defeituosas pressupõe o das bem feitas, e por todas as suas faces. É impossível aprofundar pesquisas científicas sobre o estado patológico, se não se toma por base o estado são, ao qual se devem reportar todos os desvios anômalos[96]. Não partem deste pressuposto sábio os apologistas do *in claris cessat interpretatio*, confundem a essência da interpretação com a *dificuldade* ou amplitude da mesma: nas disposições claras o trabalho é menor; mas existe sempre. É ele que dá vida ao texto morto, ilumina a fórmula rígida[97].

Quem adota a máxima da escolástica reduz o Código Civil a *strictum jus*, *lex barbarorum*, destinado a fixar determinados casos explicitamente contidos nas suas disposições, e mais nada[98].

---

92   Jandoli, op. cit., p. 20.

93   Coviello, vol. I, p. 63; Degni, op. cit., p. 64; Jandoli, op. cit., p. 20.

94   Paulo de Lacerda, vol. I, nº 262; Vander Eycken, op. cit., p. 347.

95   C. Maximiliano – *Comentários à Constituição Brasileira*, 2ª ed., nº 400.

96   Savigny, vol. I, p. 308; Jandoli, op. cit., p. 20.

97   Bierling, vol. IV, p. 198 (indiretamente); Caldara, op. cit., nº 6; Ferrara, vol. I, p. 206.

98   Gmür, op. cit., p. 36.

44 – Que é lei clara? É aquela cujo sentido é expresso pela letra do texto. Para saber se isto acontece, é força procurar conhecer o sentido, isto é, interpretar. A verificação da clareza, portanto, ao invés de dispensar a exegese, implica-a, pressupõe o uso preliminar da mesma[99]. Para se concluir que não existe atrás de um texto claro uma intenção efetiva desnaturada por expressões impróprias, é necessário realizar prévio labor interpretativo[100].

Demais, se às vezes à primeira vista se acha translúcido um dispositivo, é pura impressão pessoal, contingente, sem base sólida[101]. Basta recordar que o texto da regra geral quase nunca deixa de pressentir a existência de exceções[102]; logo o *alcance* de um artigo de lei se avalia confrontando-o com outros, isto é, com *aplicar* o processo sistemático de *interpretação*.

44-A – Em reforço das conclusões da doutrina, adveio com a elaboração do Código Civil Brasileiro [de 1916], o elemento histórico.

Ao discutir-se o Título Preliminar, cinco deputados pelo Rio Grande do Sul apresentaram à Câmara a seguinte emenda:

> "Acrescente-se:
>
> Art. 6-a. Ao interpretar a lei, observar-se-ão as seguintes regras:
>
> I. Quando o sentido da lei *for claro*, não se desprezará a letra da mesma para consultar seu espírito ou a história do seu estabelecimento.
>
> II. O contexto da lei servirá para esclarecer o sentido de cada uma de suas partes, de maneira que haja entre elas a devida correspondência e harmonia.
>
> Art. 6-b. Nos casos a que se não possam aplicar as regras precedentes, interpretar-se-ão as *passagens* obscuras ou contraditórias, de modo que pareça mais conforme ao espírito geral da legislação, à equidade, e sobretudo à liberdade."

O art. 6-a é reprodução fiel dos arts. 19 e 22 do Código do Chile[103].

Prescreve, na república andina, o mencionado repositório de normas:

> "Art. 19. Quando o sentido da lei é claro, não se desatenderá ao seu teor literal, a pretexto de consultar o seu espírito; mas bem se pode, para interpretar uma expressão *obscura* da lei (o grifo é do Código chileno), recorrer à sua intenção ou

---

[99] Vander Eycken, op. cit., p. 346.

[100] Dualde, op. cit., p. 62; De Ruggiero, vol. I, § 17, p. 120-121.

[101] Vander Eycken, op. cit., p. 346.

[102] Planiol, vol. I, nº 216.

[103] Trabalhos da Câmara sobre o Projeto de Código Civil, vol. I, p. 371-372; vol. IV, p. 124-125 e 131-133.

espírito, claramente manifestados nela própria, ou na história fidedigna do seu estabelecimento.

Art. 22. O contexto da lei servirá para ilustrar o sentido de cada uma das suas partes, de maneira que haja entre todas elas a devida correspondência e harmonia.

As passagens obscuras de uma lei podem ser ilustradas por meio de outras leis, particularmente se versam sobre o mesmo assunto."

Admitiram a debate a emenda, inspirada pelo Código chileno e pela filosofia de Augusto Comte; porém foi rejeitada afinal.

Não parece jurídico invocar a parêmia anticientífica, depois que o próprio legislador a repeliu: deliberadamente evitou o seu ingresso na *Introdução* do repositório de normas civis, a qual rege *todo* o Direito Nacional.

44-B – Sem dúvida, quando a frase não é precisa, lúcida, escorreita, aumenta a necessidade de exegese, e aí brilha em todo o seu fulgor o talento do hermeneuta; porém a parte mais nobre e mais fecunda de sua arte de investigar é a que examina as leis não defeituosas (não obscuras, nem ambíguas), estuda as normas em conjunto, na variedade das suas relações e na riqueza dos seus desenvolvimentos. É sobretudo com as regras positivas bem feitas que o intérprete desempenha o seu grande papel de renovador consciente, adaptador das fórmulas vetustas às contingências da hora presente, com apreçar e utilizar todos os valores jurídico-sociais, – verdadeiro sociólogo do Direito[104].

---

[104] Savigny, vol. I, p. 308; Degni, op. cit., p. 56-58.

INTERPRETAÇÃO E CONSTRUÇÃO

EXEGESE E CRÍTICA

45 – Os norte-americanos preferem ao trabalho analítico, ao exame da lei isolada, à *Interpretação* propriamente dita, o esforço sintético, a que apelidam *Construção*. Para eles, o jurista reúne e sistematiza o conjunto de normas; e com o seu espírito ou conteúdo forma um complexo orgânico. Ao invés de criticar a lei, procura compreendê-la e nas suas palavras, confrontadas com outras do mesmo ou de diferente repositório, achar o Direito Positivo, lógico, aplicável à vida real. A Interpretação atém-se ao texto, como a velha exegese; enquanto a Construção vai além, examina as normas jurídicas em seu conjunto e em relação à ciência, e do acordo geral deduz uma obra sistemática, um todo orgânico; uma estuda propriamente a lei, a outra conserva como principal objetivo descobrir e revelar o *Direito*; aquela presta atenção maior às palavras e ao sentido respectivo, esta ao alcance do texto; a primeira decompõe, a segunda recompõe, compreende, constrói[1].

---

[1] Sutherland – *Statutes and Statutory Construction*, 2ª ed., de Lewis, vol. II, § 365, p. 697-698; Campbell -Black – *Handbook on the Construction and Interpretation of the Laws*, 2ª ed., p. 1-5; John Bouvier – *Law Dictionary*, 1914, verb. *Construction* e *Interpretation*; Woodburn – *The American Republic and its Government*, p. 339-340.
É comum, na prática, e também nos compêndios; empregarem indiferentemente, como sinônimos, os dois vocábulos *Interpretação* e *Construção*, como sucede, entre nós, com *Interpretação* e *Exegese*.
Também na Alemanha se tem ideia da diferença de significado acima referida, embora a do termo *Construção (Konstruktion)* não seja ali absolutamente o mesmo que se adota nos Estados Unidos (Rumpf, op. cit., p. 84-87).

INTERPRETAÇÃO E CONSTRUÇÃO | 37

Não é raro fazerem os mais esclarecidos juristas obra de obstinados demolidores apenas, embora exerçam o papel de construtores de algum ramo de Direito. Quando adotam o processo exegético, isto é, seguindo a ordem das matérias estabelecidas pelos artigos de um repositório, limitam-se, às vezes, a criticar e condenar um dispositivo, ao invés de explicar a origem do mesmo, o objetivo colimado e a aplicação prática; de sorte que o estudioso fica habilitado a promover a reforma do texto, porém não a compreendê-lo e observá-lo. Poderia haver crítica, a princípio, como um trabalho preliminar, de análise; deveria seguir-se a síntese, a construção, a transformação de um texto morto em norma diretora de vida social[2].

A crítica seria útil para o *jus condendum*, o Direito futuro, a reforma da lei; o comentário, o esforço construtor, a exposição leal do sentido e alcance do texto, aproveitaria ao presente, ao *jus conditium,* ao Direito vigorante, ao que interessa ao aplicador desapaixonado dos códigos.

46 – Não se confunda a crítica, na acepção literária do vocábulo, com a que se usa no sentido técnico. Esta é sempre útil, e, às vezes, indispensável, como preliminar da Hermenêutica, da qual, entretanto, não se considera parte: é um pressuposto da aplicação geral do Direito; precede a interpretação[3].

A base de toda exegese é um texto que se precisa compreender, e a fixação da existência e da força obrigatória do mesmo chama-se *crítica*[4]. O primeiro trabalho desta consiste em verificar a autenticidade da norma positiva e a do *costume*[5]. A do último é mais difícil, posto que necessária; a da primeira conta hoje com uma base relativamente segura, porquanto o prazo da obrigatoriedade de atos das câmaras, ou do Executivo, conta-se da publicação dos mesmos na folha oficial. Pode constituir objeto de dúvida a própria existência do *costume;* ao passo que a lei, ou regulamento, decorre de um fato material facílimo de averiguar[6].

---

[2] Max Gmür, op. cit., p. 12; Maximiliano – *Comentários*, Prefácio.
Os expositores do Direito norte-americano abstêm-se de dizer mal de uma lei; explicam e justificam sempre, dispositivo por dispositivo, se adotam o método exegético: ensinam a aplicar o conjunto. Quando dissertam sob a forma sistemática. A crítica é feita em obras especiais, em livros de combate.

[3] Biermann, vol. I, p. 29, nota 5; Dernburg – *Pandette*, trad. Cicala, 1906, vol. 1, p. 86.

[4] Savigny, vol. I, p. 233.

[5] Korkounov, op. cit., p. 525.

[6] Biermann, vol. I, p. 29, nº 2, e p. 32, nº 7.

38 | Hermenêutica e Aplicação do Direito • *Carlos Maximiliano*

Entretanto, a crítica é sempre proveitosa; porquanto uma vírgula de mais ou de menos pode alterar o sentido; qualquer outro erro de cópia, ou de impressão, não raro conduz a alterações importantes na exegese[7].

Parece pouco aceitável que se oponha à *redação final* de um texto a palavra anterior do elaborador do mesmo; porquanto a base da exegese é a redação aprovada por uma das câmaras e publicada oficialmente; porém merece exame o contraste entre a letra votada pelo Congresso e a que apareceu depois da sanção. Releva ponderar que, se houver diferença entre a forma definitiva e a que prevaleceu no correr dos debates, opinam jurisconsultos pela conveniência de recorrer aos *trabalhos parlamentares* e dos mesmos deduzir a ideia triunfante, o ato autêntico, verdadeiro, do legislador[8].

A crítica descobre erros de redação, ou de simples impressão, alguns notáveis à primeira vista, outros dependentes de investigações acuradas; também denuncia referências de um artigo a outro que, entretanto, não se trata do assunto: o referido foi eliminado, ou mudou de número. Às vezes os *trabalhos parlamentares* publicados auxiliam a corrigir as falhas extrínsecas das normas jurídicas[9].

Pode haver dois textos sobre o mesmo assunto, dos quais um aperfeiçoe o outro; é possível tomar-se por base o primeiro apenas; nesse caso a crítica exumará o retoque expresso no segundo. A ela incumbe também verificar se a lei não foi implícita ou explicitamente revogada por outra posterior; ou se um ato do Congresso não é contrário ao *costume*, ou ao regulamento, que se pretende aplicar, e, portanto, tirou a este, ou àquele, toda a força obrigatória[10].

47 – No Brasil e nos países de regime semelhante ao dos Estados Unidos, é mais vasto o campo de ação da crítica: além da autenticidade, deve também a *constitucionalidade* do dispositivo ser objeto de exame preliminar[11]. Um preceito contrário ao estatuto supremo não necessita de exegese, porque não obriga a ninguém: é como se nunca tivesse existido.

Cumpre inquirir se foi prolator da norma o poder competente – Congresso, Presidente, Ministro etc.; se a mesma era da alçada federal, estadual ou munici-

---

7   Dernburg, vol. I, p. 86, § 35, nota 1.

8   Brütt, op. cit., p. 46; Savigny, vol. I, p. 234.

9   Rumpf, op. cit., p. 185-186; Brütt, op. cit., p. 46.

10   Jandoli, op. cit., p. 72.

11   Caldara, op. cit., p. 50 e 52; Jandoli, op. cit., p. 72.
     Na maioria dos países só se examina a constitucionalidade extrínseca ou formal do texto; no Brasil, como nos Estados Unidos no México e na República Argentina, a competência do juiz a esse respeito não sofre semelhante restrição. Vede o capítulo – Direito Constitucional, regra VI.

INTERPRETAÇÃO E CONSTRUÇÃO | **39**

pal; se constitui matéria de lei, ou de regulamento; se este se enquadra naquela, ou inova alguma coisa não autorizada implicitamente pelas câmaras; se o ato do Executivo emana de delegação e se esta foi concedida em termos toleráveis pelo Código fundamental. Desde que o elaborador ultrapassou os limites das próprias atribuições, o juiz nada interpreta; nega eficiência ao texto, porque não se trata de disposições válidas, e, sim, de um excesso de poder, a que se não deve acatamento; *nullus major defectus quam defectus potestatis*[12].

Doutos europeus discutem se incumbe ao juiz verificar se a marcha de um projeto foi regular até a sanção; ou se deve o aplicador apenas guiar-se pela publicação na folha oficial[13]. No Brasil, uma vez levantada a dúvida, impõe-se, o exame; porque ela envolve uma questão de constitucionalidade, que a magistratura tem atribuições para dirimir.

---

[12]   Brütt, op. cit., p. 44; Caldara, op. cit., p. 50-52.

[13]   Brütt, op. cit., p. 45.

SISTEMAS DE HERMENÊUTICA E APLICAÇÃO DO DIREITO

48 – Denominam alguns – *escolástica*[1], outros – *dogmática*[2], ao sistema tradicional, primitivo de Hermenêutica, ao que se obstina em jungir o Direito aos textos rígidos e aplicá-lo hoje de acordo com a vontade, verificada ou presumida, de um legislador há muito sepultado.

Em toda escola teórica há um fundo de verdade. Procurar o pensamento do autor de um dispositivo constitui um meio de esclarecer o sentido deste; o erro consiste em generalizar o processo, fazer do que é simplesmente um dentre muitos recursos da Hermenêutica – o objetivo único, o alvo geral; confundir o meio com o fim[3]. Da vontade primitiva, aparentemente criadora da norma, se deduziria, quando muito o *sentido* desta, e não o respectivo *alcance*, jamais preestabelecido e difícil de prever.

49 – Deve-se ao uso excessivo do Direito Romano entre os povos cultos, sobretudo no Foro civil, esse apego à formalística, a redução do aplicador dos Códigos a uma espécie de autômato, enquadrado em regras precisas e cheias de minúcias, em uma geometria pretensiosa, obcecado pela arte, enganadora, dos silogismos forçados, interpretando hoje um texto como se vivesse há cem anos, imobilizado, indiferente ao progresso, conforme os ditames da escola tradicional. Copia, aliás, as práticas de Roma dos piores tempos; não dos organizadores da incomparável nação, e, sim, dos epígonos sem o talento criador, que brilhava nos antepassados ricos de aspirações, ciosos de onipotência. Como

---

[1] Gmelin – *Quosque?*, 1910, p. 34 e 36.

[2] Jandoli, op. cit., p. 45-52; Gmelin, op. cit., p. 77.

[3] Caldara, op. cit., p. 5-6.

SISTEMAS DE HERMENÊUTICA E APLICAÇÃO DO DIREITO | 41

imitá-los imperfeitamente, agrava o mal, cristaliza preceitos outrora empregados com inteligência e dutilidade[4].

Os doutos apelidaram *Pandectologia* a esse apego demasiado aos métodos romanos, à preferência pelos comentadores das compilações justinianas, em contraste com o abandono dos excelentes repositórios de Direito moderno estrangeiro[5]. Merece o Digesto ser ainda aproveitado como meio de educação e instrução dos futuros magistrados, porém não *único*, ou principal sequer[6]. Mais valiosos do que ele parecem os tratados de Filosofia Jurídica e os de Direito dos povos cultos. Bem avisado proclamou o insuspeito Jhering a seguinte divisa do jurisconsulto: "Através do Direito Romano, mas também acima e além do mesmo"[7].

O mal vai sendo erradicado pouco a pouco. Em sua própria cidadela, no principal reduto seu na Europa, na Alemanha, a supremacia do Digesto sofreu golpe decisivo com a promulgação do Código Civil[8], embora daquele país saíssem os corifeus da doutrina, que teve "em Savigny o seu sol, e em Windscheid, a estrela da tarde"[9].

---

[4]   Gmelin, op. cit., p. 40, nota 3; Géza Kiss, op. cit., p. 33.

[5]   Düringer – *Richet und Rechtsprechung*, 1909, p. 76-77; Gmelin, op. cit., p. 2 e 82; Reuterskioeld, op. cit., p. 3-4; Roscoe Pound – *Courts and Legislation, in Science of Legal Method*, de Bruncken & Register, p. 206.

[6]   Düringer, op. cit., p. 77.
A preferência pelo Direito Romano, até ao exagero, proveio de Portugal. Apesar de ser aquele admirável repositório de normas jurídicas simples subsidiário do promulgado pelo legislador nacional, não havia em Coimbra, até a segunda metade do século dezoito, curso especial de Direito Civil pátrio; este era ensinado à margem do estudo do Direito Romano. Os Estatutos da Universidade de Coimbra puseram em realce, em 1772, o erro em que laboravam os antepassados, e criaram a cadeira de Direito pátrio. Eis, textualmente, o que se lê nos referidos Estatutos, liv. II, tít. III, cap. IX, § 8º. Mostrará (o professor) o abuso, com que em todas elas (Faculdades) se ensinou sempre, como principal, o *Direito Civil Romano*, que só era acessório e subsidiário: Não tendo havido até agora cadeira, nem professor privativo, o próprio para as lições das leis pátrias, que eram só as principais e dominantes no Foro.

[7]   "*Durch das roemische Recht, aber über dasselbe hinaus*" (apud Reuterskioeld, op. cit., p. 4).

[8]   Édouard Lambert – La Fonction du Droit Civil Comparé, *in Science of Leg. Method*, p. 255-256.

[9]   Max Gmür, op. cit., p. 9.
Depois da Guerra Mundial, de 1914-18, porfiaram em reduzir, na Alemanha, a estudo especial do Direito Romano, conforme se deduz da polêmica entre professores, travada em 1920, no "Deutsche Juristenzeitung".
Em França estudavam em dois anos, nas academias, o Direito Romano. Limitaram o tempo a três semestres. Ainda assim, no Terceiro Congresso Internacional de Ensino Superior, reunido em 1900 em Paris, o representante francês Villey, decano da Faculdade de Caen, sustentou a preferência pela redução a um ano. Os franceses acham deselegante, antiquado, *suranné*, invocar em trabalhos judiciários a legislação romana (Fabreguettes, p. 385).

42 | Hermenêutica e Aplicação do Direito • *Carlos Maximiliano*

50 – O sistema tradicional, levado ao exagero, deu em resultado o predomínio do método de *exegese* propriamente dita, o qual consistia em expor a matéria dos Códigos artigo por artigo. Assim se facilitava, em cada *espécie*, a investigação da vontade do legislador.

Prevalece hoje, em toda a linha, a exposição sistemática, sobretudo quanto ao Direito Civil, Comercial e Criminal. O jurisconsulto serve-se do conjunto das disposições no sentido de construir, com os materiais esparsos em centenas de artigos, um todo orgânico, metódico. Os Fuzier-Herman, Cattaneo & Borda e Planck cederam a primazia aos Demolombe, Aubry & Rau, Baudry-Lacantinerie, Planiol & Rippert, Chironi & Abello, De Filippis, Stolfi, Kohler, Enneccerus, Kipp & Wolff, Endemann e Ehrenzweig. O prestígio dos Tratados suplantou o dos Comentários[10].

Processo, aliás, menos meritório ainda é o da *compilação;* porque evita as laboriosas conclusões da síntese e, até, o nobre esforço do comentador erudito; copia, ao invés de resumir; embora sem malícia, de fato bate moeda com o trabalho alheio.

Na mais prestigiosa universidade dos Estados Unidos, na de Harvard, o curso de Direito Romano como que existe só no papel; não funciona durante anos consecutivos e ficam os alunos dispensados de fazer sobre ele exame especial (Dissertação de J. B. Scott, decano da Faculdade de Illinois, Estados Unidos, apud – Troisième Congrés International d'Enseignement Supérieur, par Picavet, Secrétaire, 1902, p. 394 e 408). Eis por que jurisconsultos da terra de Washington, membros do Congresso Pan-Americano, reunido no Rio de Janeiro, se declararam admirados de ainda se fazer tanto uso do Direito Justiniano nas lides forenses do Brasil. Revela advertir que nas academias brasileiras só se ensina, em um ano, o indispensável, ou, talvez, menos do que isso; e nos pretórios os que se atêm às lições de Savigny, Dernburg, Glück ou Windscheid, não constituem maioria. Esta é formada pelos que preferem a qualquer livro de prática orientada e doutrina sã, adiantada, moderna, os repositórios de Jurisprudência.

[10] O autor deste livro compenetrou-se da superioridade do método sistemático após o aparecimento dos seus *Comentários à Constituição Brasileira.* Pensou em refundi-los, para a segunda edição; porém, dada a preferência notória que em toda a América (sem excetuar os Estados Unidos) se dá ao processo oposto, nos domínios do Direito Público, teve receio de se entregar a um trabalho ingente, em pura perda. Correria o risco de comprometer o êxito na obra, o qual, na feitura exegética, excedera toda a expectativa; o livro granjeara o mais amplo acolhimento; era citado, a cada passo, nas cátedras acadêmicas, assembleias legislativas, lides forenses e Mensagens Presidenciais.

Os jurisconsultos portugueses compreenderam cedo a superioridade do método sintético, sistemático, ou científico, sobre o exegético, ou analítico. A preferência pelo primeiro foi imposta, aos professores, pelos Estatutos da Universidade de Coimbra, de 1772, liv. II, tít. III, cap. I, § 18. Entretanto a obra do Catedrático Marnoco e Sousa comenta, artigo por artigo, a Constituição da República.

51 – A velha escolástica cedeu o lugar ao sistema que se poderia denominar *histórico-evolutivo,* ou *evolutivo,* apenas[11]. Alguns mestres de Hermenêutica aceitaram a modernização da teoria, de fronte erguida, sem rebuço, nem subterfúgio; tentam outros conciliar o passado com o presente, admitir a exegese progressiva sobre a base da dogmática: insistem em inquirir da vontade geradora dos dispositivos, porém permitem que se observe não só o que o legislador *quis,* mas também o que ele *quereria,* se vivesse no *meio* atual, enfrentasse determinado caso concreto hodierno, ou se compenetrasse das necessidades contemporâneas de garantias, não suspeitadas pelos antepassados[12].

Os que disfarçam a sua conformidade com a doutrina da evolução e, sobretudo, os que aderem à mesma em tom sincero e franco realizam cada dia obra de justiça, de ciência, de progresso; amoldam-se às necessidades da prática; ante a impossibilidade de alterar com intervalos breves os textos positivos, seguem vereda segura: plasmado o Direito em uma forma ampla, dútil, adaptam-no, pela interpretação, às exigências sociais imprevistas, às variações sucessivas do *meio*[13].

Compete à exegese construtora "fecundar a letra da lei na sua imobilidade, de maneira que se torne esta a expressão real da vida do Direito"[14]. Mergulhe, profundamente, nas ondas do objetivo, participando da realidade[15].

O intérprete não cria prescrições, nem posterga as existentes; deduz a nova regra, para um caso concreto, do conjunto das disposições vigentes, consentâneas com o progresso geral; e assim obedece ao conceito de Paulo – *Non ex regula jus sumatur, sed ex jure, quod est, regula fiat* – "da regra se não extraia o Direito, ao contrário, com o Direito, tal qual na essência ele é, construa-se a regra"[16].

---

[11] Jandoli, op. cit., p. 64-71.

[12] Saleilles – Prefácio a *Méthode d'Interprétation,* de Geny p. XV, Planiol, vol. I, nº 221; Windscheid, vol. I, § 22, p. 86; Düringer, op. cit., p. 16; Capitant, op. cit., p. 75-77; Regelsberger – *Pandekten,* vol. I, § 35, VI, nº 2; Walter Jellinek, op. cit., p. 167; Holbach – *L'Interprétation de la Loi sur les Sociétés,* 1906, p. 100-102.

[13] Biagio Brugi – *Introduzione Enciclopedica alle Scienze Giuridiche e Sociali,* 3ª ed., § 41; Kohler, vol. I, p. 127-129; Coviello, vol. I, p. 64-65; Degni, op. cit., p. 51 e segs.; Paul Oertmann, Prof. de Direito em Lípsia *(Leipzig),* op. cit., p. 31-42; Reuterskioeld, op. cit., p. 73-74; Mario Rotondi, *in* "Nuovo Digesto Italiano", verbo *Legge (Interpretazione della),* nº 1.

[14] Jandoli, op. cit., p. 30.

[15] Dualde, op. cit., p. 215.

[16] *Digesto,* de *Justiniano,* liv. 50, tít. 17 – *De Regulis Juris Antiqui,* frag. 1: Jandoli, op. cit., p. 64-65.

52 – A tendência racional para reduzir o juiz a uma função puramente automática, apesar da infinita diversidade dos casos submetidos ao seu diagnóstico, tem sempre e por toda parte soçobrado ante a fecundidade persistente da prática judicial.

> "O juiz, esse *ente inanimado,* de que falava Montesquieu, tem sido na realidade a alma do progresso jurídico, o artífice laborioso do Direito novo contra as fórmulas caducas do Direito tradicional. Esta participação do juiz na renovação do Direito é, em certo grau, um fenômeno constante, podia-se dizer uma *lei natural da evolução jurídica*: nascido da jurisprudência, o Direito vive pela jurisprudência, e é pela jurisprudência que vemos muitas vezes o Direito evoluir sob uma legislação imóvel. É fácil dar a demonstração experimental deste asserto, por exemplos tirados das épocas mais diversas e dos países mais variados"[17].

Em tempos de anarquia, magistrados impolutos decidem, de preferência, pela autoridade; tranquilizados os espíritos, homens de igual inteireza de caráter interpretam os mesmos textos no sentido da liberdade. As oscilações verificadas retardam, porém não impedem a evolução jurídica da coletividade. Ao aplicar um Código, divergem, às vezes, as interpretações simultaneamente efetuadas em pretórios diferentes: revelam-se estes algo avançados; mais conservadores, ou moderados, permanecem aqueles, embora seja uma só a diretriz geral. Na verdade, ante disposições inalteradas varia a exegese, segundo as ideias dominantes, os pendores individuais, compenetrados todos de que agiram com exemplar retidão, em obediência exclusiva aos ditames da própria consciência; entretanto, a evolução existe, imperiosa, avassaladora, inelutável; domina e arrasta os próprios irredutíveis, a ponto de lhe obedecerem às exigências os que presumem resistir ainda; os adiantados correm mais e agem por alvedrio próprio; os outros marcham a passo tardo, porém não deixam de andar para a frente; a contradição é mais aparente do que real; todos seguem no mesmo rumo, uns adiante, outros atrás.

O bem, ora proclamado, não é moderno, vem de longe; a grande força criadora do Direito Romano foi menos o legislador do que a jurisprudência, outrora mais poderosa do que na atualidade[18].

53 – Não se viola o princípio da *divisão, dos poderes*; porque o sistema preconizado apenas "concilia as exigências da forma com as da vida social multímoda e continuamente envolvente"[19]. Assim como o químico põe em com-

---

[17]   Jean Cruet – *A Vida do Direito*, trad. portuguesa, p. 26-27.

[18]   Saleilles – Prefácio cit., p. XXII.

[19]   Jandoli, op. cit., p. 70.

SISTEMAS DE HERMENÊUTICA E APLICAÇÃO DO DIREITO | 45

binação elementos diversos e chega a uma resultante independente da sua vontade, assim, também, o juiz, ante certas relações de fatos e normas jurídicas gerais, obtém solução feliz, porém não filha do seu arbítrio[20]. Ele age mais como investigador do que criador; a sua argúcia revela-se em se não apegar a um texto, incompleto, para o caso, e recorrer inteligentemente a uma combinação; preferir o conjunto ao dispositivo isolado, o Direito à regra, a ciência revelada por um Código inteiro, ou por diversos, a um artigo só, distinto, com um raio de ação limitado, restrito.

Embora o princípio da divisão dos poderes, observado sem restrições, o que, aliás, se não pratica em país nenhum, extinga o antigo papel criador do Direito, atribuído à jurisprudência; o dever de decidir os litígios, sejam quais forem as deficiências da lei escrita, força a magistratura a reivindicar, em parte, a sua velha competência e assim tornar-se, de fato, uma dilatadora e aperfeiçoadora das normas rígidas[21].

54 – Assim como o sistema primitivo de interpretação teve denominações várias, sem se lhe alterar sensivelmente a essência (processo *tradicional, psicológico; dogmático; escolástico*), assim também a orientação contemporânea ostenta ora este, ora aquele dístico, indicador apenas do predomínio de um motivo propulsor da exegese no sentido de adaptar a norma imutável à vida real. Chamam *teleológico* ao processo que dirige a interpretação conforme o *fim* colimado pelo dispositivo, ou pelo Direito em geral; tem como corifeus dois professores belgas, Paul Vander Eycken e Edmond Picard, embora Rudolf von Jhering deva, talvez, ser considerado o mestre por excelência, verdadeiro chefe da escola. Apelidam de *sociológico* o sistema que obriga o juiz a aplicar o texto de acordo com as necessidades da sociedade *contemporânea,* a olhar menos para o passado do que para o futuro, a tornar-se um obreiro, *inconsciente ou consciente,* do progresso. Levado esse processo até às últimas consequências, vai ter ao *Direito Livre,* à *Libre Recherche* dos franceses e belgas; à *Freie Rechtsfindung* dos tudescos. Entretanto, o elemento moderado, conservador, se detém

---

[20] Kohler, *apud* Jandoli, op. cit., p. 22.

[21] Professor da Universidade Nova, de Bruxelas, emitiu, entre alguns exageros escusáveis, as seguintes verdades dignas de registro:
"A técnica intratável e escolástica, a dialética exagerada com as suas criações artificiais, as falsas manobras de ilogística excessiva, a mania funesta dos profissionais arrastados pela miragem das suas pelóticas ou prestidigitações cerebrais desviam das verdadeiras fontes do Direito. Cumpre desconfiar desses lógicos desatinados, desses geômetras jurídicos, desses jacobinos do Direito, bem como da Pedantocracia empenhada em fazer considerar como *fim* o que é apenas um meio, sacrificável todas as vezes que o exija a verdadeira utilidade humana" (Edmond Picard – *Le Droit Pur,* 1910, p. 267).

em um meio-termo discreto, tira todas as deduções exigidas pelo *meio* social, porém compatíveis com a letra da lei; evita os exageros dos revolucionários, mas também se não conforma com a imobilidade emperrada, produto lógico da dogmática. A escola sociológica, dotada por Josef Kohler, na Alemanha, Francesco Degni e Nicolao Coviello, na Itália, e C. A. Reuterskioeld, na Suécia, pode considerar-se, quando muito, um ramo, prolongamento algo indistinto, da doutrina hodierna, que ao impulso inicial de Vico e Savigny veio progredindo e *vencendo* o tradicionalismo, até atingir a concepção relativamente moderada, porém já adiantadíssima, do *evolucionismo* na Sociologia, no Direito geral, e especialmente no campo da Hermenêutica[22].

---

[22] Já os primitivos jurisconsultos romanos praticavam habilmente a Hermenêutica evolutiva, conforme se depreende do trecho seguinte de Jhering – *L'Esprit du Droit Romain*, trad. Meulenaere, vol. III, p. 156-157: "A exatidão no interpretar, quer os termos, quer o pensamento do legislador, não era só por si decisiva para se adotar ou rejeitar um parecer; a conveniência, a oportunidade prática eram o verdadeiro critério.

Seria limitada a perspicácia dos jurisconsultos antigos a ponto de não verem sobre que bases fracas repousava um tão grande número de suas explicações? Não; eles não *queriam* aperceber-se disso; era de propósito deliberado que se não mostravam difíceis na escolha dos motivos, quando a necessidade prática o demandava. As exigências da vida real, o interesse da arte jurídica, em uma palavra, considerações estranhas à exegese pura, considerada como tal, eram admitidas em linha de conta, a certeza moral do valor intrínseco do parecer emitido tranquilizava a consciência do hermeneuta relativamente à fraqueza dos motivos exteriores. Longe de o censurar por isso, eu julgo, ao contrário, que se deve considerar honroso para a jurisprudência antiga o se não haver submetido servilmente à lei e ter procurado adaptá-la às necessidades da vida e às exigências da época".

Cumpre lembrar que Jhering se refere à jurisprudência anterior aos *editos do pretor*, que emanados de juízes, tinham força de lei.

O JUIZ E A APLICAÇÃO DO DIREITO – CÓDIGO CIVIL: NOVA LEI DE INTRODUÇÃO, ART. 4º

55 – Tem o magistrado, nos países cultos, a obrigação peremptória de despachar e decidir todos os feitos que se enquadrem na sua jurisdição e competência e estejam processados em regra. Não é lícito abster-se de julgar, sob o pretexto, ou razão, de ser a lei ambígua, omissa ou obscura; não ter a mesma previsto as circunstâncias particulares do caso; ou serem incertos os fatos da causa. As normas positivas, direta e inteligentemente interpretadas, o Direito subsidiário e os princípios gerais da ciência de que o magistrado é órgão e aplicador fornecem os elementos para aquilatar a procedência ou improcedência do pedido[1].

Bem ameaçadas ficariam a tranquilidade pública e a ordem social, se ao juiz fosse lícito abster-se de julgar, ao invés de suprir as deficiências da lei com as próprias luzes e os ditames da razão e da equidade. Por isso, em se recusando a despachar, ou proferir sentença, responsabilizado será, por *denegação de justiça*, além de caber à parte recorrer, ou representar perante autoridades judiciárias superiores[2]. A obrigação é, no Brasil, imposta pelo Código Civil, como sucede

---

[1] Pasquale Fiore – *Delle Disposizione Generali sulla Publicazione, Aplicazione ed Interpretazione delle Leggi*, 1890, vol. II, nº 932; Théophile Huc – *Commentaire du Code Civil*, vol. I, nºs 180-182; Savigny – *Traité de Droit Romain*, trad. Guenoox, vol. I, p. 201.

[2] Raymundo Salvat – *Tratado de Derecho Civil Argentino, Parte General*, nº 93; Baudry-Lacantinerie & Houquesfourcade – *Traité de Droit Civil – Des Personnes*, 2ª ed., vol. I, nºs 234-237; Código Penal de 1890, art. 207, nº 4º, combinado com o art. 210; João Vieira de Araújo – *Código Penal Interpretado*, Parte Especial, vol. I, p. 156.

Hermenêutica e Aplicação do Direito • Carlos Maximiliano

em França; por leis penais e processuais, em quase toda parte[3]. Prevalece até mesmo onde não existe um texto explícito a tal respeito[4]; porque decorre da própria natureza do Poder Judiciário[5]; está implícita no ofício do magistrado[6].

56 – Entenda-se bem: na obrigação de decidir sempre, não se compreende a prerrogativa do juiz – de substituir o legislador, em parte, como pretende a escola de Kantorowicz. Se a lei não contém explícita, nem implícita decisão sobre o caso, o magistrado declara que, perante o Direito vigente, o litigante não tem ação, como, por exemplo, na hipótese de pedir que lhe indenizem dano moral[7]. Por outras palavras, o tribunal afirma que, no caso, o silêncio da lei importa em não reconhecer em ninguém o direito de pleitear por aquele motivo: a omissão equivale a um dispositivo expresso que negue o pretendido pelo autor, ou recorrente[8].

Nem sempre é fácil estabelecer a diferença entre o silêncio proposital, que significa recusa de ação, e a deficiência ocasional, que se deve suprir pelos meios regulares – analogia, Direito subsidiário, equidade. Em tal conjuntura, surge a oportunidade para se revelar toda a argúcia e demais recursos intelectuais do hermeneuta; seria precipitado pronunciar logo o juiz o *non possumus* fatal.

---

3   Cód. Civil, Introdução, art. 4º; Cód. Penal de 1890, arts. 207 e 210; Cód. Civil Francês, art. 4º; Cód. Penal Francês, art. 185; Cód. Pen. Italiano, art. 178; Cód. Civil Argentino, art. 15; Cód. Civil do Uruguai, art. 15; Carlos de Carvalho – *Direito Civil Brasileiro Recopilado*, art. 58.

4   F. Holbach – *L'Interprétation de La loi sur les Sociétés*, 1906, p. 5-6.

5   Savigny, vol. I, p. 201.

6   Fiore, Prof. da Universidade de Nápoles, vol. II, p. 934.

7   Concluíram não prescrever o Código Civil a indenização do dano moral os Acórdãos do Supremo Tribunal Federal, de 20 de agosto de 1919; 16 out., 11 e 29 dez. de 1920, e 16 jul. de 1921; *Rev. do Supremo Tribunal*, vol. 22, p. 39-40; vol. 9, p. 67 e 129; vol. 30, p. 207-208; vol. 36, p. 121.

8   Erich Danz – *Einführung in die Rechtsprechung*, 1912, p. 3; Demologue – *Cours de Code Napoléon*, vol. I, nº 113.

EDITO DO PRETOR
– INTÉRPRETES E
COMENTADORES

57 – O Direito propriamente nacional, o *jus civile*, aplicava-se, em Roma, exclusivamente aos cidadãos. Dilatado o domínio sobre toda a Itália e outras regiões, tornou-se necessário condicionar as relações jurídicas oriundas do novo estado de coisas. Ao lado do *jus civile*, de princípios rígidos e formas severas, emergiu um conjunto de verdades e normas gerais, reconhecidas pelos povos civilizados. Eis a origem do *jus gentium*, aplicável, a princípio, só aos estrangeiros *(peregrini)*; mais tarde, também aos litígios entre estes e os cidadãos romanos.

Entretanto, ainda ficou demasiado restrito o campo legislativo quanto às relações individuais; muito se cuidava do Direito Público; quase nada, do Privado[1]. O remédio surgiu pouco a pouco. Havia dois magistrados, na Cidade Eterna, eleitos por um ano: o Pretor Urbano *(Proetor Urbanus)*, que decidia as demandas entre cidadãos da República; e o Peregrino *(Proetor Peregrinus)*, juiz dos litígios entre estrangeiros, ou entre estes e os romanos: o primeiro teve sempre maior importância e prestígio que o segundo. A fim de evitarem a coima de parcialidade e arbítrio no exercício do cargo e assim se subtraírem às *intercessões dos tribunos da plebe*, publicavam os magistrados, ao assumir o exercício do cargo, minuciosa exposição do modo como aplicariam a lei aos casos ocorrentes, ou supririam as lacunas dos textos; fixavam regras sobre Direito Substantivo e outras relativas à marcha dos processos; esse *edito* era gravado em tabuinhas de

---

[1] Giovanni Pacchioni – *Corso de Diritto Romano* 2ª ed., 1918, vol. I, p. 176-177; Charles Maynz – *Cours de Droit Romain*, 5ª ed., vol. I, p. 221-222.

madeira pintadas de branco e exposto na praça pública, no *Forum,* a princípio; depois no local onde o magistrado dava audiência[2].

58 – Cresceu paulatinamente o número de editos: com eles os pretores abrandavam o rigor da lei; também a completavam e até *corrigiam*[3]. Fora costume, a princípio, darem à publicidade um só por ano, e dividido em títulos e rubricas; depois apareciam tantos quantos se tornavam necessários para atender à multiplicidade dos casos concretos, dificílimos de prever. O magistrado não ficava adstrito ao que estabelecera: poderia decidir diferentemente; e até publicar novas disposições derrogatórias da primeira.

Daí resultaram abusos e reclamações; pelo que se criou o *edito perpétuo,* nome que não indicava eternidade na duração, e, sim, inalterabilidade durante o exercício do cargo. Nem esta restrição foi sempre observada; posto que, em geral, os magistrados só se servissem do seu poder com o maior escrúpulo, sem objetivos pessoais, e muito atentos aos princípios universalmente consagrados, aos ditames da equidade e aos reclamos da opinião pública. Prolongava-se a eficácia anual dos bons dispositivos; porque o novo Pretor se apressava a consolidá-los, embora com alterações convenientes e oportunos, retoques, do que resultava o *jus translatitium,* ao lado dos *edicta nova,* originários da mente do magistrado em exercício[4]. Também se conhecia o *edito repentino (edictum repentinum),* sem o caráter geral e complexo do *perpétuo,* e provocado por uma circunstância isolada e imprevista.

O conjunto de tantas disposições formou um repositório opulento de normas utilíssimas, o *Direito Pretoriano,* que adquiriu, na prática, maior importância do que a própria *Lei das Doze Tábuas* e as que a esta se seguiram[5].

---

[2]   C. Accarias – *Précis de Droit Romain,* 4ª ed., vol. I, nº 19; Mackeldey – *Manuel de Droit Romain,* trad. Beving, 3ª ed., p. 14-15.

[3]   Pacchioni, Prof. da Universidade de Turim, vol. I, p. 175-176 e 185; Maynz, Prof. da Universidade de Liége, vol. I, nºs 120-121; Accarias, Prof. da Universidade de Paris, vol. I, nº 20. Ordenavam, em 1772, os Estatutos da Universidade de Coimbra, liv. II, tít. III, cap. VIII, § 1º:
"Mostrará (o professar) as alterações, que sobre esta matéria houve nas diferentes idades, e Estados do povo romano: Já pela mitigação do rigor das Leis, com que as aplicavam os Pretores romanos; pelas novas cores, que esses Magistrados davam aos negócios; e pelas ficções, que inventavam para iludir a força das Leis debaixo da aparência de quererem sempre conservá-la, e já por outros princípios, e causas, que também influíam nas decisões."

[4]   Pacchioni, vol. I, p. 185-186; Maynz, vol. I, nºs 120-122; Accarias, vol. I, nº 19.

[5]   Maynz, vol. I, nº 120; Accarias, vol. I, nº 19, p. 49.

EDITO DO PRETOR – INTÉRPRETES E COMENTADORES | 51

59 – O Código Civil francês consolidou, no art. 5°, a doutrina moderna, inspirada, aliás, pelo princípio de Montesquieu: "Não podem os juízes pronunciar-se, por meio de uma disposição geral e regulamentar, sobre as causas submetidas ao seu julgamento"[6]. Hoje, ainda se exige mais: o magistrado não prejulga, não declara de antemão como se pronunciará em determinado caso; guarda reserva discreta, só emite o seu parecer *em espécie*, isto é, quando a tese aparece no pretório concretizada num feito que se enquadra na sua jurisdição e competência.

60 – Na própria Roma o fenômeno jurídico acima referido desapareceu insensivelmente; tornou-se patente o seu eclipse desde a segunda metade do terceiro século da era cristã. A faculdade de expedir editos e o poder independente dos jurisconsultos pareceram incompatíveis com a desmedida irradiação da autoridade imperial. Constantino suprimiu, em termos expressos, a prerrogativa de mitigar, pela exegese, o rigor das leis[7]. Valentiniano e Marciano foram um pouco além. Afinal Justiniano, o grande codificador, pretendeu cortar toda a autonomia dos magistrados e jurisconsultos em face do Direito escrito: ao soberano, e só a ele, incumbia fazer e interpretar as leis[8]. O imperador julgava completo o *Corpus Juris*, capaz de oferecer solução pronta para todos os litígios possíveis no presente e no futuro; por isso não admitia os *Comentários*, nem outros quaisquer trabalhos elucidativos. Se acaso surgissem dúvidas na prática, deveriam os juízes dirigir-se ao soberano para que este ditasse a exegese competente; as regras de Hermenêutica, espalhadas pelo Digesto, deveriam apenas guiar o intérprete oficial e legislador, e não o aplicador, ou expositor, do Direito[9].

Justiniano logrou eliminar o *Edictio do Pretor*; porém não conseguiu, nem sequer durante o seu reinado, impedir toda a interpretação *doutrinal* e substituí-la pela *autêntica*, isto é, pela única permitida, emanada do próprio soberano[10].

---

[6]   Eis o texto francês: "Art. 59 – *Il est défendu aux juges de prononcer, par voie de disposition, générale et réglementaire, sur les causes qui leur sont soumises.*"

[7]   "*Inter oequitatem jusque interpositam interpretationem nobis solis et oportet et licet inspicere*" (Código liv., 1, tít. 14, frag. 1) – "somente a nós incumbe e é lícito apurar a interpretação interposta entre a equidade e o Direito".
      No frag. 9 está o que determinaram Valentiniano e Marciano.

[8]   Carl Schmitt – *Gesetz und Urteil*, 1912, p. 25; Savigny, vol. I, p. 289-292.

[9]   "*Si quid vero ut supradictum est ambiguum fuerit visum: hoc ad imperiale culmen per judices referatur, et auctoritate Augusta manifestetur, cui soli concessum, est leges, et condere et interpretari*" (Justiniano, *apud* Código, liv. 1, tít. 17, frag., ou Const. 2, § 21 *in fine*) – "se, em verdade, conforme acima foi exposto, algo parecer ambíguo, seja submetido pelos juízes ao trono imperial e esclarecido pela Augusta autoridade, só à qual é permitido estabelecer e interpretar as leis".

[10] Paul Oertmann – *Gesetzeswang und Richterfreiheit*, 1909, p. 32; Bernhard Windscheid – *Lehrbuch des PandeMenrechts*, 8ª ed., vol. I, p. 95.

52 | Hermenêutica e Aplicação do Direito • *Carlos Maximiliano*

Napoleão revelou também horror aos *comentadores* que ele julgava simples deformadores de códigos e estatutos fundamentais, como ainda hoje pensam ignaros zombadores da ciência do Direito[11].

61 – A prática de recorrer ao poder imperial para obter a exegese fixa dos textos perpetuou-se mais do que se deveria esperar do progresso da cultura política. A *Lei da Boa Razão* ordenava aos magistrados que, em surgindo controvérsia acerca da inteligência de um dispositivo, suspendessem o julgamento e levassem o caso ao conhecimento do Regedor, a fim de que este, observado um processo pelo mesmo propósito estabelecido, determinasse, por um Assento com força obrigatória, a interpretação definitiva[12]. No Brasil-Império, apesar de viger, segundo a letra do estatuto básico, a doutrina de Montesquieu, ao Governo pedia o Judiciário a exegese das disposições legais. O mal ameaçou prejudicar também a prática do regime republicano, apesar de serem neste mais pronunciadas a divisão e independência dos poderes; pelo que a Lei nº 23, de 30 de outubro de 1891, prescreveu, no art. 9º, § 2º. "Os Avisos não poderão versar sobre interpretação de lei ou regulamento, cuja execução estiver exclusivamente a cargo do Poder Judiciário."

Assim evitaram que se perpetuasse o uso imperial de intervir o Executivo nas deliberações dos tribunais, com fixar exegese por meio de Avisos do Ministro da Justiça[13].

---

[11] Edmond Picard – *Le Droit Pur*, 1910, p. 154.
Quando Bonaparte soube do aparecimento da primeira glosa doutrinal, exclamou: "Vão estragar o meu Código!"

[12] Lei de 18 de agosto de 1769, ou – da Boa Razão, §§ 3 a 6, *in "Auxiliar Jurídico"*, de Cândido Mendes de Almeida, 1869, p. 448-450.

[13] O Código Civil do Uruguai preceitua que, em surgindo dúvidas sobre a interpretação ou aplicação dos textos, o comuniquem os tribunais ao Poder Executivo, a fim de que este inicie perante as Câmaras uma exegese autêntica, ou novas disposições sobre o assunto; entretanto, nem por isso ficam os magistrados libertados do dever impreterível de decidir em matéria da sua competência, apesar do silêncio, obscuridade ou insuficiência das leis; representam, expõem a necessidade do remédio legislativo; mas não suspendem o julgamento (arts. 1º e 15).
Tem, no Brasil, atribuição semelhante o Procurador-Geral da República (Decreto nº 3.084, de 5 de nov. de 1898, Primeira Parte, art. 112, § 3º).

AMPLAS ATRIBUIÇÕES DO JUIZ MODERNO

62 – Uma sociedade policiada reage com energia, se alguém tenta fazer justiça pelas suas próprias mãos; assim procede porque vigora o princípio, generalizado hoje, do artigo 4º do Código Civil francês, o qual prescreve seja toda contestação pelos magistrados resolvida, malgrado o silêncio, a obscuridade ou a insuficiência dos textos[1]. Portanto se não pode restringir muito o papel do juiz em face dos Códigos. A sua função, como intérprete e aplicador do Direito, é necessariamente vasta e complexa; porque a lei deve regular os assuntos de um modo amplo, fixar princípios fecundos em consequências, e não estabelecer para cada relação da vida uma regra específica; não decide casos isolados, formula preceitos gerais[2]. Até mesmo nas hipóteses cada vez mais raras em que os textos se referem a exemplos particulares, intervém o intérprete, ou o aplicador, para generalizar a ideia, estendê-la a circunstâncias semelhantes, aos fatos análogos[3].

Não se consegue contornar o mal resultante dos erros judiciários, com especificar as aplicações práticas dos dispositivos.

Quanto mais pródiga em minúcias a lei, quanto mais particularista, maior o número de interrogações que levanta, de litígios que sugere. Deve procurar suprir as faltas dos Códigos, reveladas pela prática, ou corrigir as conclusões

---

[1] Demologue, vol. I, nº 111.
O Código Civil Brasileiro, Introdução, art. 59, preceituava: "Ninguém se escusa, alegando ignorar a lei; nem com o silêncio, a obscuridade ou a indecisão, dela, se exime o juiz de sentenciar ou despachar."

[2] Géza Kiss, *in "Sc. of Legal Method"* cit., p. 159-160; Baudry Lacantinerie & Houques-Fourcade, o primeiro, da Faculdade de Direito de Bordéus, o segundo, da de Tolosa, vol. I, p. 214.

[3] Kiss, op. cit., p. 180, nota 44.

54 | Hermenêutica e Aplicação do Direito · *Carlos Maximiliano*

prejudiciais a que chegou a jurisprudência; porém com a mais discreta reserva, evitando perder-se nos meandros da casuística, da qual resultaria multiplicar as causas de dúvidas e, portanto, agravar a insegurança jurídica[4].

63 – Na verdade, o magistrado não formula o Direito, *interpreta-o* apenas; e esta função ainda é exercida somente quando surge a dúvida, sobre a exegese, em um *caso forense*. Nem o juiz expõe o seu pensamento por meio de disposição geral e referente ao futuro, como o Pretor em Roma[5]; nem sequer se pronuncia em parecer solicitado por algum dos outros poderes constitucionais. Assim se pensa em todos os países cultos.

Nos Estados Unidos a boa doutrina foi afirmada por John Marshall, presidente da Corte Suprema. Washington desejou conhecer previamente o parecer dos membros do mais alto pretório da República acerca de diversas dúvidas suscitadas por um tratado com a França; o grande jurista respondeu em nome dos colegas; "Por se considerarem meramente como constituindo um tribunal regular para decidir controvérsias perante eles trazidas sob uma forma preestabelecida em lei, acharam estes cavalheiros fora de propósito penetrar no campo da política, em declarando suas opiniões sobre questões não oriundas de casos judiciários submetidos ao seu *vereditum*"[6].

64 – Entretanto, apesar das limitações decorrentes da divisão e independência dos poderes, ainda resta aos magistrados um campo vastíssimo de atividade autonômica, em consequência do dever inelutável de despachar, ou decidir, todos os feitos compreendidos na sua jurisdição e competência, sejam quais forem as deficiências dos textos positivos.

Insensivelmente se foi tornando, nos países cultos, sobretudo nos últimos anos, cada vez mais livre e independente a Aplicação do Direito[7]. Nem podia ser de outro modo. Sem uma certa amplitude de autoridade em face das normas estritas, a magistratura ficaria "impotente contra as resistências brutais da realidade das coisas". Por isso, todas as escolas lhe reconhecem o direito de

---

4   Adelbert Düringer – *Richter und Rechtsprechung*, 1909, p. 15.

5   Cód. Civil francês, art. 5º.

6   Haines – *The American Doctrine of Judicial Supremacy*, 1911, p. 174-176.
     "Deve o tribunal esperar até que determinada ação de um funcionário dê origem a uma causa, que se enquadre na sua competência. Não pode, antecipadamente e por meio de um parecer ou *veredictum*, procurar contribuir para que se faça, deste ou daquele modo, a futura execução de uma lei, ou impedir inteiramente que se realize semelhante ato" (Willoughby – *The Supreme Court of the United States*, 1890, p. 79).

7   *Rumpf – Gesetz und Richter*, 1906, p. 7.

AMPLAS ATRIBUIÇÕES DO JUIZ MODERNO | 55

abrandar a rigidez das fórmulas legais, esforço este em que influi e transparece o coeficiente pessoal[8].

Existe entre o legislador e o juiz a mesma relação que entre o dramaturgo e o ator. Deve este atender às palavras da peça e inspirar-se no seu conteúdo; porém, se é verdadeiro artista, não se limita a uma reprodução pálida e servil: dá vida ao papel, encarna de modo particular a personagem, imprime um traço pessoal à representação, empresta às cenas um certo colorido, variações de matiz quase imperceptíveis; e de tudo faz ressaltarem aos olhos dos espectadores maravilhados belezas inesperadas, imprevistas. Assim o magistrado: não procede como insensível e frio aplicador mecânico de dispositivos; porém como órgão de aperfeiçoamento destes, intermediário entre a letra morta dos Códigos e a vida real, apto a plasmar, com a matéria-prima da lei, uma obra de elegância moral e útil à sociedade. Não o consideram autômato; e, sim, árbitro da adaptação dos textos às *espécies* ocorrentes, mediador esclarecido entre o direito individual e o social[9].

65 – A praxe, o ensino e a ciência não se limitam a procurar o *sentido* de uma regra e aplicá-lo ao fato provado; mas também, e principalmente, se esmeram em ampliar o pensamento contido em a norma legal à medida das necessidades da vida prática[10]. Além do significado de uma frase jurídica, inquirem também de seu *alcance*.

Toda ciência legal é, consciente ou inconscientemente, criadora; em outras palavras, propende para o progresso da regra formulada, até muito além do que a mesma em rigor estatui[11]. Os próprios *tradicionalistas* irredutíveis atribuem ao juiz um poder imenso; acham natural que, observe o preceito de Portalis, inserto no seu *Discurso Preliminar*, anexo ao Projeto de Código Civil francês: "Estenda os princípios dos textos às hipóteses particulares, por uma aplicação prudente e racionada; apodere-se dos interesses que a *lei não satisfez*, proteja-os e, por meio de tentativas contínuas, faça-os predominar"[12].

Não pode um povo imobilizar-se dentro de uma fórmula hierática por ele próprio promulgada; ela indicará de modo geral o caminho, a senda, a diretriz;

---

[8] François Geny – *Méthode d'Interprétation et Sources en Droit Privé Positif*, 2ª ed., 1919, vol. II, p. 182 e 187.

[9] Max Gmür – *Die Anwendung des Rechts nach Art. I des schweizerischen Zivilgesetzbuches*, 1908, p. 139 e 141.

[10] Géza Kiss – *Gesetzesauslegung und ungeschriebenes Recht*, 1911, p. 47-48. Cita um trabalho de Regelsberger.

[11] Ehrlich – Freie *Rechtsfindung und freie Rechtswissenchaft*, in "Sc. of Legal Method", cit., p. 73.

[12] Maynz – *Cours de Droit Romain*, 5ª ed., vol. I, p. 221, nº 122.

valerá como um guia, jamais como um laço que prenda, um grilhão que encadeie[13]. Dilata-se a regra severa, com imprimir elasticidade relativa por meio de interpretação.

Os juízes, oriundos do povo, devem ficar ao lado dele, e ter inteligência e coração atentos aos seus interesses e necessidades. A atividade dos pretórios não é meramente intelectual e abstrata; deve ter um cunho prático e humano; revelar a existência de bons sentimentos, tato, conhecimento exato das realidades duras da vida[14].

Em resumo: é o magistrado, em escala reduzida, um sociólogo em ação, um moralista em exercício; pois a ele incumbe vigiar pela observância das normas reguladoras da coexistência humana, prevenir e punir as transgressões das mesmas[15].

66 – Com a engrenagem legislativa que temos, complicada e de ação lenta, não haveria justiça na terra, se fosse mister aguardar a reforma ou complemento dos textos, obscuros ou deficientes, para decidir só então os litígios pendentes. Os romanos compreenderam a dificuldade e tentaram resolvê-la, a princípio, com o *Edito do Pretor;* depois, mediante a consolidação de opulento complexo de normas; enfim prevaleceu o remédio racional e eficiente – a amplitude da interpretação, realizada por um poder juridicamente esclarecido, responsável, desapaixonado e discreto.

Quanto melhor souber a jurisprudência adaptar o Direito vigente às circunstâncias mutáveis da vida, tanto menos necessário se tornará pôr em movimento a máquina de legislar. Até mesmo a norma defeituosa pode atingir os seus fins, desde que seja inteligentemente aplicada[16].

Exemplo moderno e brilhante da relativa amplitude da autonomia judicial, em face dos textos, é o que a Corte de Cassação de Paris oferece, com infundir ideias novas no Direito Civil escrito, atribuir com frequência a dispositivos sentido

---

[13] Saleilles – *Livre du Centenaire (du Code Civil),* vol. I, p. 103; Gmür, op. cit., p. 141, nota 3.

[14] Düringer, op. cit., p. 81; Planiol – *Droit Civil*, vol. I, p. 224.

[15] Story assim conclui o seu ensinamento sobre as regras para interpretar o estatuto fundamental:
"O governo é uma coisa prática, feita para a felicidade do homem, e não – destinada a propiciar um espetáculo de uniformidade que satisfaça os planos de políticos visionários. A tarefa dos que são chamados a exercê-lo, é dispor, providenciar, decidir, e não – debater. Seria pobre compensação haver alguém triunfado em uma disputa enquanto perdíamos um império; termos reduzido a migalhas um poder, e ao mesmo tempo destruído a República (Joseph Story – *Comentaries on the Constitution of the United States*, 5ª ed., vol. I, § 456).

[16] Düringer, op. cit., p. 18; Baudry-Lacantinerie & Houques-Fourcade, vol. I, nº 239.

AMPLAS ATRIBUIÇÕES DO JUIZ MODERNO | **57**

independente da intenção do legislador. O mesmo têm feito os altos tribunais do Império e dos Estados confederados da Alemanha; bem como os pretórios severos da Bélgica[17].

67 – Com prescrever ao juiz, ora implícita, ora explicitamente (Código Civil, antiga Introdução, arts. 5º e 7º, hoje 3º e 4º), que, em determinados casos, recorra à equidade, ou aos princípios gerais do Direito, de certo modo o elevam às funções de legislador; o mal possível, daí resultante, seria menor do que o anterior, causado pela antiga prática de sobrestar no julgamento do feito e esperar, em França – pelo *réferé* às câmaras, no Brasil – pela interpretação autêntica, ou, o que era mais usual, e pior, pelo Aviso de um Ministro. Antes o arbítrio regulado, circunspecto e tímido, de magistrados, sujeito à revisão por um tribunal superior, do que o apelo a um poder independente, político, e mais ou menos apaixonado[18]. A autonomia do pretório, no aplicar a lei, prevaleceu como um penhor de celeridade e retitude na distribuição da justiça.

68 – Os próprios Códigos revelam ter sido reconhecida a impossibilidade de tudo especificar e prescrever; porquanto deixam ao alvedrio do julgador o apreciar inúmeros motivos de demanda, ou de escusa; por exemplo, quando se referem a boa ou má-fé; equidade; força maior; moral; bons costumes, ingratidão; imprudência, ou imperícia; objeto ilícito, ou impossível; fim ilícito, ou imoral; injúria *grave;* dolo, no civil e no crime; bem como ao usarem das expressões – quando *exequível; sempre que for possível;* ou mandarem graduar a pena conforme as circunstâncias agravantes e atenuantes; e falarem de haver, sobre a pessoa do cônjuge, caído em erro que, descoberto, *torne insuportável a vida em comum; justo motivo* para não admitir que outrem pague a sua dívida; indenizar, além do que o credor perdeu, o que *razoavelmente* deixou de lucrar; tratar o imóvel alheio *como se fosse seu;* empregar, no exercício do mandato, a diligência *habitual;* provar que guardava *com o cuidado preciso* o animal danificador; restituir, na falta da própria coisa, o equivalente estimado pelo seu preço ordinário e *pelo de afeição;* e assim por diante[19].

---

17   Ehrlich, Prof. da Universidade de Czernowitz, op. cit., p. 69-70; Geny, vol. II, p. 214 e 246-248; Fabreguettes – *La Logique Judiciaire et L'Art. de Juger*, 1914, p. 367-373; Discurso de Ballot-Beaupré, 1º Presidente da Corte de Cassação, *apud* Fabreguettes, p. 368, nota 1; Raul de La Grasserie – *De La Justice en France et à tranger au XXe Siècle*, 1914, vol. I, p. 225-227.

18   Portalis – *Discours Préliminaire* cit.; Baudry-Lacantinerie & Houques-Fourcade, vol. I, nº 239.

19   Géza Kiss – Gesetzesauslegung cit., p. 50-52; Rudolf Stammler – *Die Lehre von dem Richtigen Rechte*, 1902, p. 316-434; Hermann Kantorowicz – *Zur Lehre vom Dichtigen Recht*, 1909, p. 9; Karl Gareis – *Vom Begrif Gerechtigkeit*, 1907, p. 31-32; Oertmann, op. cit., p. 19-20; *Código*

Até mesmo o texto, sobretudo nas leis processuais, confia muita coisa ao – "prudente arbítrio do juiz".

Os repositórios modernos ainda se revelam mais dadivosos de autonomia que os antigos. Assim é que o Código Civil alemão, como o suíço, principalmente no Livro sobre *obrigações*, abrange e especifica inúmeros casos de *Treu ond Glaoben, de boa-fé e lealdade*, e outros requisitos, cuja existência e extensão devem ser apreciadas segundo o critério pessoal do julgador.

69 – A liberdade de exegese, atribuída aos magistrados, não surgiu recentemente; sustentaram-na acatados romanistas e a corte mais adiantada dentre os que interpretavam a lei com inquirir qual a vontade, ou intenção, do respectivo prolator: uns e outros se não limitavam a aplicar o que o legislador *quis*, mas também o que ele *quereria*, se tivesse previsto o caso em apreço[20]. Deixavam, assim, um campo vastíssimo reservado ao alvedrio judiciário.

A jurisprudência contemporânea é, por sua vez, e nem poderia deixar de ser, fortemente impressionada pelo movimento progressista e renovador que se generaliza entre os estudiosos do Direito, sem distinção de escolas; o sopro de modernismo saudável insinua-se por toda parte, e da cátedra dimana até o pretório. O que o Professor Geny observou no ensino superior de dois povos europeus verifica-se no Brasil, para honra nossa, e em todos os países cultos[21].

"Ao considerar o conjunto da doutrina civilista, francesa e belga, tal qual continuou a desenvolver-se desde o começo do presente século, é o observador tentado a crer que nada mudou fundamentalmente, no seu método de interpretar o Direito Positivo. De fato, o quadro geral, das questões e discussões, ficou em essência, o mesmo que prevalecia no século precedente; porém, se penetra além da casca exterior, se dissipa as aparências para escrutar o fundo e alcançar o espírito da atual dogmática do Direito, as impressões não tardam a modificar-se. Na verdade, a grande maioria dos juristas e escritores não só mantém o esquema de exposição, um pouco artificial, que os antigos haviam constituído, mas também põe em relevo, ainda, os mesmos processos de dialética, as mesmas oposições de sistemas, as mesmas variedades de provas e argumentos; porém, no jogo da interpretação, assim constituída, os mestres atuais têm, quase todos, introduzido combinações de maneiras de ver e como que destruições de valores, que levam a modificar a diretriz geral, com a inclinar para um Direito, igualmente seguro menos abstrato e mais verdadeiramente humano. Aumento do interesse e cuidado trazidos à des-

---

Civil, arts. 145, II; 219; I; 317, III; 932; 935; 958; 971; 1.002; 1.059; 1.060; 1.183, III; 1.192, I; 1.300; 1.527 e 1.543.

[20] Marcel Planiol – *Traité Élémentaire de Droit Civil*, 7ª ed., 1915-1918, vol. I, nos 204 e 221.

[21] Na Inglaterra, Alemanha e Áustria o mesmo fato se nos depara, e em escala muito mais larga do que na Bélgica e na França. Ehrlich, *in* "Sc. of Legal Method", p. 69-70, Geny, vol. II, p. 214.

crição dos fatos (precisão das circunstâncias, análises das vontades); restrição das discussões de palavras ou dos argumentos lógicos, em proveito das considerações morais, econômicas, sociais, penetradas de uma intuição simpática; prevalência das ideias legislativas de fundo sobre as pesquisas de textos ou de *trabalhos preparatórios*; sacrifício dos conceitos à utilidade; apreciação dos interesses, justaposta, senão substituída, à construção teórica; consulta constante da prática e da jurisprudência, com a mira de uma crítica objetiva; intervenção acessória do Direito Comparado, para o desenvolvimento intrínseco do Direito Nacional: tais são os principais traços que distinguem uma doutrina jurídica largamente professada e *aplicada*, na França e na Bélgica, no decorrer dos últimos vinte anos"[22].

---

[22] Geny, vol. II, p. 246-248. Cita, em apoio do que aduziu, os livros, de êxito rápido e forte, publicados por Planiol, Colin & Capitant e Thaler, todos orientados pela corrente conservadora adiantada.

JUIZ INGLÊS

70 – Revivescência moderna, embora não uma simples imitação, do Pretor da antiga Roma, é o juiz da Inglaterra.

A Grã-Bretanha possui a melhor magistratura do mundo. Remunera generosamente o trabalho dos membros dos tribunais superiores[1]; confia a investidura, como uma honraria, a um advogado de nomeada, que mais nada espera do Governo, porque não há *promoções* na organização judiciária: depois do breve tirocínio, pode retirar-se o serventuário togado, com uma esplêndida pensão[2].

A Inglaterra possui o juiz grão-senhor, com instalação pomposa, e no gozo de acatamento e prestígio; homem independente, com experiência da vida e um nome brilhante a zelar, ele tem poder maior do que o dos seus pares do Continente. Estes abrandam o rigor das disposições positivas, sob o pretexto de as interpretar; o britânico encara de frente a dificuldade; reconhece, em termos expressos, o conflito entre a letra da lei e a equidade, e pronuncia-se por esta *contra aquela*[3]. Realiza o ideal do *Richtiges Recht*, do *Direito justo*, dos es-

---

[1] O membro de qualquer dos tribunais superiores percebe 5.000 libras por ano; pagam 10.000 ao Lorde Alto Chanceler, Presidente do *Chancery Division*; 8.000, ao *Lord Chief Justice of England*, Presidente da *King's Bench Division*; 6.000, ao *Master of the Rolls* (dados não atualizados nesta edição).

[2] O membro da Suprema Corte ou de qualquer dos tribunais superiores pode retirar-se à inatividade, depois de quinze anos de serviço e com uma pensão de três mil libras anuais.

[3] Raoul de La Grasserie – *De la Justice en France et a L'Étranger* au XXe Siècle, 1914, vol. I, p. 118-120; vol. II, p. 418 e 451; William Anson – *Loit et Pratique Constitutionelles de L'Ingleterre – La Couronne*, trad. Gandilhon, 1905, p. 527; Sabino – Jandoli – *Sulla Teoria della Interpretazione delle Leggi con speciale Riguardo alle Correnti Metodologiche*, 1921, p. 33 e 34.

"Quando a lei fala em termos gerais e sucede alguma coisa que, não está de acordo com o curso comum dos acontecimentos é direito que seja a lei modificada na sua aplicação

critores tudescos; posterga as prescrições dos textos desde que, ante o caso concreto, concluam em desacordo com os princípios gerais da ciência de que é órgão. Não faz, como o Pretor, um Edito, de aplicação futura; porém, como ele, prefere a ideia à forma, a noção superior e abstrata à regra positiva imperfeita.

LIVRE-INDAGAÇÃO

71 – Na última década do século XIX, surgiu uma teoria de aplicação do Direito mais arrojada do que a doutrina, vitoriosa, da *escola histórico-evolutiva*; porquanto se não contentava com interpretar amplamente os textos; ia muito além, *criava Direito novo*, tanto quanto é possível ao homem a iniciativa e a colaboração no desdobramento evolutivo das ideias.

A corrente ultra-adiantada tomou em França por divisa, ou lema, a *Livre-Indagação (Libre Recherche);* na Suíça, Áustria e Alemanha, *Direito Justo (Richtiges Recht), ou Livre-Pesquisa do Direito (Freie Rechtsfindung).* Chamavam-lhe escola do *Direito Livre (Freies Recht)* os adversários; e alguns adeptos repetiam, tolerantes, a denominação.

O movimento inovador foi iniciado pelo francês Geny, segundo uns; pelo alemão Ehrlich, segundo outros. O primeiro foi por excelência um sistematizador da doutrina audaciosa; teve, porém, o outro maior séquito de apologistas e continuadores, entre os quais se distinguiu Stammler, por imprimir à escola uma orientação filosófica[4].

72 – Os primeiros apóstolos do novo credo ainda respeitavam a lei escrita e o Direito Consuetudinário; porém dividiram-se em duas correntes. Uma, chefiada por Ehrlich, desprezava a Hermenêutica, ou, pelo menos, lhe atribuía importância secundária; desde que do exame dos textos não ressaltasse claramente a solução colimada, começaria para o juiz a prerrogativa de criar para o caso um dispositivo específico. A tanto o autorizava o outro grupo, de Geny, Gmür,

---

àquele particular, como o próprio legislador teria feito, se o caso se houvesse apresentado ao seu espírito" (E. Robertson, *in* "Enciclopédia Britânica", vol. VIII, verb. *Equity).*

[4]   O próprio Geny reconhece que o proselitismo se fez com Intensidade maior na Alemanha do que em qualquer outro país *(Méthode d'Interprétation,* 2ª ed., vol. I, Advertência, p. VIII). Com o advento do Nacional-Socialismo a doutrina do *Direito Livre* progrediu bastante entre a magistratura tudesca, pelo menos no tocante à aplicação do Direito Privado promulgado antes da instituição do novo regime (Lueben Dikow, Prof. da Universidade de Sofia – *Die Neugestaltung des Deutschen Buergerlichen Rechts,* p. 29-34; Marcel Cot – *La Conception Hitiérienne du Droit,* p. 198-208). Vede nº 76, nota de rodapé nº 5.

62 | Hermenêutica e Aplicação do Direito · *Carlos Maximiliano*

Hompell e Brutt, porém depois de esgotados, sem êxito, os recursos tradicionais da interpretação[5].

Esta corrente obteve ruidosa vitória com a solene consagração dos seus ensinamentos em um repositório legislativo muito apreciado na Europa: o Código Civil suíço, obra do jurisconsulto Huber. Reza o art. 1º:

> "Aplica-se a lei a todas as questões de Direito para as quais ela, segundo a sua letra ou interpretação, contém um dispositivo específico.
>
> Deve o juiz, quando se lhe não depara preceito legal apropriado, decidir de acordo com o Direito Consuetudinário, e, na falta deste, segundo a regra que ele próprio estabeleceria se fora legislador.
>
> Inspira-se na doutrina e na jurisprudência consagradas"[6].

Procura-se a solução dentro dos textos positivos, compreendidos à luz da Hermenêutica; e, quando por este meio se não encontra, recorre-se ao *Costume*. Só em último caso, observada a graduação *obrigatória*, iniludível[7], age o magistrado como se fora investido, por um momento, dos altos poderes atribuídos às assembleias, subordinado, todavia, a uma reserva, a de tomar como fanais a doutrina vitoriosa e a jurisprudência firmada, no país ou entre os povos cultos[8]. O campo do Direito Consuetudinário começa ali onde acaba o da lei positiva, e

---

[5] Rudolf Stammler – *Die Lehre von dem Richtigen Rechte*, 102, p. 273-275; Ehrlich – *Freie Reichtsfindung und Freie Rechtswissenschaft*, in "Sc. of Legal Method", p. 76-78; Roscoe Pound – *Courts and Legislation*, in "Sc. of Legal Method", p. 210-211; J. G. Gmelin – *Quousque?*, 1910, p. 54-55; Lorenz Brütt – *Die Kunst der Rechtsanwend ung*, 1907, p. 148; Adolf Ten Hompell – *Der Werstandigunsweck im Recht*, 1908, p. 105-108; Géza Kiss, op. cit., p. 54-56; Düringer, op. cit., p. 19; Gareis, op. cit., p. 31 e nota 41; Geny, vol. II, p. 144-148; Gmür, op. cit., p. 20-21, 103, 128-131.

[6] "*Art. I. Das Gesetz findet aul alle Rechtsfragen Anwendung für die es nach Worthaut oder Austegung eine Bestimmung enthaelt.*

Kann dem Gesetze keine Worschrift entnommen werden, so soll der Reichter nach Gewohnheitsrecht und, wo auch ein solches fehlt nach der Regel entscheiden, die er als Gesetzgeber aufstellen würde.

Er folgt dabei bevahrter Lehre und Ueberlieferung."

Transcreve-se o texto alemão, não só por haver sido o *original*, como também porque os próprias elaboradores do Código encontraram a maior dificuldade em verter as disposições para dois idiomas pobres, o francês e o italiano, a fim de ser observada a regra suprema que manda publicar todas as leis federais nas três línguas oficiais da Suíça (Gmür, op. cit., p. 2-3). Logo no art. I ressalta a impropriedade dos vocábulos: alude o texto francês a letra e *espírito*, quando o original e o sentido colimado pelos prolatores do repositório abrangem a *interpretação* na acepção ampla, integral (*Auslegung* e não – *Sinn*, espírito, sentido), conforme esclarecem os comentadores (Eugen Curti Forrer – *Schweizerisches Zivilgesetsbuch mit Erlaeuterungen*, 1911, p. 3 nº 5; Gmür, op. cit., p. 42 e segs.).

[7] Gmür, op. cit., p. 20-21.

[8] Curti-Forrer, op. cit., p. 4, nº 10.

onde ele termina é que se defronta o da Livre-Indagação. O Código não deixou ao arbítrio do juiz a escolha do momento de agir com liberdade; está obrigado a seguir uma gradação preestabelecida[9].

73 – Em verdade este sistema, que autoriza a dilatar a autonomia somente na falta de preceito existente, e, ainda assim, atento à jurisprudência e à doutrina consagradas, não se distingue da escola histórico-evolutiva, nem sequer da tradicional, senão em grau, ou, melhor, em *audácia de expressão*. Os aplicadores do Direito, seja qual for a sua orientação teórica, excetuados apenas os retardatários, fanáticos da exegese filológica, esmeram-se em compreender e também completar o texto; suprem-lhe as deficiências, preenchem as lacunas[10].

Fabreguettes, membro da Corte de Cassação, de Paris, dá o seu testemunho no sentido de assinalar o perfeito acordo entre a jurisprudência constante e uniforme daquele tribunal e o que a muitos pareceu absoluta novidade quando estabelecida pelo art. 1º do Código Civil suíço[11]. Embora o repositório helvético haja sido inspirado pela ciência alemã[12], de fato consolidou prática judicial genuinamente gaulesa. Fuchs, professor tudesco, exalta a justiça francesa, porque admitiu, ante o silêncio do Código Civil, a indenização do dano moral sofrido pelo pai com a morte do filho; e declara preferir, apesar de conservador, a jurisprudência *criadora* à de *eunuco*[13]. Outros proclamam que os alemães tomaram a dianteira dos contrários como sistema obstinado em considerar os textos positivos como integrais, sem lacunas, em condições de dispensarem o esforço, complementar e livre, da interpretação[14].

Em suma, os observadores do que se passa além e aquém do Reno concordam num ponto: a magistratura, há um século pelo menos, preenche as deficiências dos Códigos, sobretudo depois de que se generalizou na Europa a regra do art. 4º do repositório francês, a fonte dos arts. 4º e 5º da Lei de Introdução brasileira[15].

---

[9]   Gmür, op. cit., p. 20-21, 103, 128-131.

[10]   Fritz Berolzheimer – *Die Gefahren einer Gefühlslurisprudenz in der Gegewart*, 1911, p. 5-6.

[11]   M. P. Fabreguettes – *La Logique Judiciaire et L' Art de Juger*, 1914, p. 368-73, sobretudo p. 372.

[12]   Gmür, op. cit., p. 30-31, 58 e, sobretudo, 152.
       Em fontes germânicas se abebera, de preferência, a cultura jurídica da Suíça.

[13]   *Apud* Gmelin – *Quousque?*, p. 45, nota 1.

[14]   Gmür, Prof. da Universidade de Berna, op. cit., p. 100-101; Rumpf, op. cit., p. 22-23.
       Rumpf lembra ter sido na Alemanha onde, primeiro, se indagou, e observou, além do que o legislador *quis*, o que ele *quereria*, se vivesse na atualidade e tomasse conhecimento do caso concreto.

[15]   "A jurisprudência é um perpétuo comentário, que se afasta dos textos ainda mais porque é, malgrado seu, atraída pela vida" (João Cruet – *A Vida do Direito*, cap. II, in fine).

74 – Todos acham natural o conselho de Portalis, inserto no *Discurso Preliminar* do Projeto de Código Napoleão: "Apodere-se, a jurisprudência, dos interesses que a lei não satisfez, proteja-os e, por meio de ensaios contínuos, faça-os prevalecer"[16].

O juiz, até certo ponto, exerce função relativamente criadora, como as câmaras, desde que se não pode abster de decidir, com alegar obscuridade ou silêncio da lei. Objeta-se que ele, nesse caso, formula apenas uma regra *ad hoc*, e não permanente como a que procede das assembleias. Entretanto, há uma tendência para aplicar aos processos novos a solução achada, o que forma a jurisprudência, guia dos estudiosos e magistrados, fonte habitual de consulta. Logo hoje, de fato, arrastado pelo art. 4º da Lei de Introdução às Normas do Direito Brasileiro, o magistrado preenche as lacunas dos repositórios de normas, é, até certo ponto, legislador[17].

Talvez se obtempere que o juiz atual não *cria* o Direito; inspirado pelos princípios gerais estabelecidos (art. 4º da Introdução às Normas de Direito Brasileiro), deduz a regra em forma de sentença, para o caso concreto. O mesmo sucederia sob o império da Livre-Indagação, embora autorizassem o magistrado a agir como se fora legislador; porque também este, ou seja, assembleia, ou rei absoluto, não *cria* a ideia, não inventa coisa alguma; é apenas, segundo os espiritualistas, "o órgão dessa justiça universal que tem o seu princípio em Deus"[18]; ou, no entender dos filósofos modernos, apreende e formula em preceitos distintos as noções que irrompem, espontâneas, evolutivamente, do ambiente social. Câmaras e pretórios, livres na aparência, são instrumentos do *meio*; pensam e resolvem conforme os pendores da coletividade; não tiram do nada; concretizam, aplicam os princípios gerais, estratificados, estabelecidos pouco a pouco.

Em verdade, o juiz crê apenas *aplicar*, e o legislador *produzir*. A diferença entre os dois é somente em grau e em método: um atende à *espécie*, o outro generaliza; olha este para o futuro, aquele para o passado. A própria *Equidade* foi desde o tempo de Aristóteles compreendida como no desempenho do papel de dilatar e melhorar o Direito vigente[19].

Não menos *criadora*, em termos, é a escola tradicional de Hermenêutica ao fazer observar, não só o que o legislador *quis*, mas também o que ele *quereria* se previsse o caso em apreço. Por outro lado, a própria dogmática proíbe que se interprete um dispositivo como se pretendesse o seu prolator um absurdo; ora

---

[16]   Charles Maynz – *Cours de Droit Romain*, 5ª edição, vol. I, p. 221.

[17]   F. Laurent – *Principes de Droit Civil*, 4ª ed., vol. I, nº 257.

[18]   Laurent, vol. I, nº 256.

[19]   "Enciclopédia Britânica", vol. VIII, verb, *Equity*; Kiss, op. cit., p. 15-16.

o critério para aquilatar o que é ou não absurdo, varia, e muito; de sorte que de fato se autoriza o magistrado a melhorar o texto, com inutilizar neste o que lhe não pareça defensável na época atual[20].

75 – Portanto, a doutrina da Livre-indagação, quando moderada, quase se não distingue da preferida pela corrente histórico-evolutiva, embora se não confunda com o processo da analogia, que apenas conclui de semelhante a semelhante[21]. Todavia, como todas as palavras têm significação, não deixa de ser perigoso autorizar *expressamente* o juiz a transpor as raias da sua competência de simples aplicador do Direito. Se o fazem também *criador,* embora com restrições severas, ele pouco a pouco as irá solapando e suprimindo; já Montesquieu observara que todos os poderes constitucionais tendem a exagerar as próprias atribuições e invalidar o campo da alheia jurisdição. No Brasil, sobretudo, em que o Judiciário é o juiz supremo da sua competência, se fora autorizado a legislar em parte, não tardaria a fazê-lo em larga escala. Há inúmeros exemplos de tentativas desse poder para se sobrepor aos outros em todos os sentidos, até mesmo na esfera política; e a ditadura judiciária não é menos nociva que a do Executivo, nem do que a onipotência parlamentar[22].

Basta que, acompanhando Gmelin, se introduzam os fatores sociais na exegese; a interpretação seja não somente dogmática e, sim, também sociológica; porém sempre e só – *interpretação.*

Geny, inspirado por uma frase célebre de Jhering, adotou a divisa, que é a da Livre-Indagação, moderada, – *Pelo Código Civil, mas além do Código Civil*, Saleilles com acerto indiscutível, prefere inverter a fórmula, e proclamar – *Além do Código Civil, mas pelo Código Civil*[23]! A luz da Aplicação do Direito deve lançar os seus raios através da lei, e não acima da mesma; ressalva-se, deste modo, a hipótese de se tornar necessário preencher as lacunas do texto por meio da analogia e de outros recursos defensáveis em toda a linha[24].

Os próprios corifeus da nova escola receiam o perigo e limitam o campo de aplicação dos seus ensinamentos. Não admitem que se formule regra específica em qualquer hipótese e em todas as instâncias, acerca de minúcias e perante

---

[20] Heinrich Gerland – *O Exercício da Função Judicial perante a Lei Inglesa, in* "Sc. of Legal Method", p. 238. Vede nº 358.

[21] Kiss, op. cit., p. 55-56.

[22] Em regra, os latinos desconhecem o meio-termo, vão logo aos extremos; por isso, entre nós, ou se exagera a competência e transpõem as raias legais, ou se atém cada um à letra fria dos dispositivos.

[23] R. Saleilles – Prefácio a *Méthode d'Interprétation* de Geny, p. XXV.

[24] Hompell, op. cit. p. 106.

juiz de pouca importância e não provada cultura geral; reservam a prerrogativa para os casos sérios, decididos por magistrados de responsabilidade e longa experiência da vida. Não se recorre à Livre-Indagação nos litígios que nascem e morrem perante os juízes de distrito ou paróquia, ou nos pretórios em regra destinados ao desempenho das funções de preparadores e só decisores em um número restrito de espécies forenses[25].

Nem mesmo com as restrições assinaladas, o sistema novíssimo seria adaptável ao estado atual da cultura jurídica dos povos sul-americanos. Alcançou, na Europa Central, vitória esplêndida, verdadeira consagração, resultante, não só do art. 1º do Código Civil suíço, de 10 de dezembro de 1907, como também de dispositivo semelhante inserto na Ordenação Processual da Áustria[26]. Será talvez, entre os povos cultos, a doutrina do futuro...

---

[25] Brütt, op. cit., p. 199-200.
    No Brasil a atribuição *criadora se* não estenderia aos Pretores na Capital da República, aos Juízes Municipais, segundo o modelo imperial; nem aos Juízes Distritais, ou de Paz.

[26] Düringer, op. cit., p. 88.

CONTRA LEGEM

76 – Lançada a escola da Livre-Indagação por François Geny, com alguma timidez, e Eugen Ehrlich, com desembaraço maior, eis que em 1906 reboa na Europa, estridente e sensacional como um toque de clarim, a voz de Armínio Kantorowicz. Em vigorosa monografia – *A Luta pela Ciência do Direito (Der Kampf um die Rechtswissenschaft)*, e disfarçado no pseudônimo de Gnaeus Flavius[1], o docente de Friburgo, em Brisgóvia, atira a barra muito longe. Ehrlich e Geny atribuem ao juiz liberdade ampla, relativamente criadora, *em falta de disposição escrita ou costumeira*; portanto, autorizam-no a agir *proeter legem*. Kantorowicz, embora filiado à mesma escola, induz o magistrado a buscar o ideal jurídico, o *Direito justo (richtiges Recht)*, onde quer que se encontre, *dentro ou fora da lei*, na ausência desta ou – *a despeito* da mesma, isto é, a decidir *proeter* e também *contra legem*: não se preocupe com os textos; despreze qualquer interpretação, construção, ficção ou analogia; inspire-se, de preferência, nos dados sociológicos e siga o determinismo dos fenômenos, atenha-se à observação e à experiência, tome como guias os ditames imediatos do seu sentimento, do seu tato profissional, da sua consciência jurídica. A doutrina revolucionária olha demasiado para o foro íntimo, quando deveria, como os moderados e a escola histórico-evolutiva, tomar por ponto de partida a lei, interpretada e compreendida não somente à luz dos preceitos lógicos, mas também de acordo com as ideias, aspirações e interesses legítimos da coletividade[2].

---

[1] Gnaeus Flavius foi o *Callidus vir et facundus* ("varão eloquente e hábil"), do IV século antes de Cristo; atingiu, em Roma, às mais altas honras, e revelou o *jus civile repositum in penetralibus pontificum ut quomodo lege agi possit sciretur* ("o Direito Civil guardado nos recintos pontificiais, a fim de que se pudesse saber como agir em observância da lei").

[2] Gareis, op. cit., p. 28-30; Geny, vol. II, p. 252.

Hermenêutica e Aplicação do Direito · Carlos Maximiliano

A monografia foi seguida de outra – *Pela Teoria do Direito Justo (Zur Lehre vom, Richtigen Recht)*, em que o mestre apareceu com o seu próprio nome; produziu, a primeira, funda impressão no mundo jurídico; porque pôs a nu, em linguagem precisa e vibrante, as falhas e estreitezas da prática judiciária contemporânea, bem como do preparo profissional dos futuros magistrados. Estes, no parecer do mestre panfletário, só se ocupam com as fórmulas e deduções silogísticas das regras aplicáveis aos fatos; não estudam a vida, nem as ciências que preparam para a compreender bem. Por outro lado, os técnicos atuais, no pretório, revelam-se apenas pelo conhecimento das falhas e erros dos repositórios legislativos; assemelham-se aos vermes que vivem nos paus podres e se afastam dos sãos; folgam, agitam-se, empregam toda a sua atividade só nos troncos doentes, estragados, avariados. Os profissionais não examinam, não dissecam, nem criticam o texto claro, explícito[3], embora em um caso concreto venha a ter eficácia antissocial, injusta, retrógrada. Portanto só excepcionalmente a ciência oficia como sacerdotisa da verdade; é antes uma ancila do acaso, do erro, da paixão, da irreflexão, "Do éter dos céus despenha-se até à lama da terra"[4].

A doutrina audaciosa que posterga a própria lei *(contra legem)* despertou largo exame e brilhante polêmica. Difundiu-se logo o seu conhecimento, graças à edição italiana e autorizada, do Juiz Majetti, na qual, entretanto, houve alguns retoques, ligeiro recuo no sentido da escola de Ehrlich. Ainda Stampe e Schmitt palmilharam a trilha de Kantorowicz, e tiraram largo proveito das apóstrofes de Bülow, aliás contrário apenas à jurisprudência meramente casuística e formalista, cultora exclusiva de preceitos e brocardos, *pandectológica*, indiferente ao exame dos fatores sociais dos fenômenos jurídicos[5].

77 – Alguma semelhança com os ideais da Livre-Indagação tinham os da Escola Criminal Positiva, que propugnava também maior liberdade para o juiz ao punir os réus, porém o sistema era diverso: os próprios Códigos deveriam ser menos casuísticos, deixar margens largas, sobretudo quanto às dirimentes, agra-

---

3   A jaça encontra-se na dogmática tradicional, a escola evolutiva interpreta até mesmo as disposições claras.

4   Theodor Sternberg – *J. H. v. Kirchmann und seine Kritik der Rechtswissenschalt*, 1908, p. 10.

5   A obra de Bülow – *Lei e Magistratura (Gesetz und Richteramt)* é de 1885, anterior à de Geny, cuja primeira edição surgiu em 1899, e também ao primeiro trabalho de Ehrlich – *Sobre as Lacunas no Direito (Über Lücken im Rechte)*, publicado em "Juristiche Blaetter", em 1888, e resumido no Prefácio da monografia – *Livre-Pesquisa do Direito e Livre Ciência do Direito (Freie Rechtsfindung und freie Rechtswissenschaft)*, de 1903. Geny confessa que os alemães o precederam (vol. II, notas a p. 349-351).
Também aproveitaram a Kantorowicz as críticas do Unger; porém este se alistou na corrente moderada da Livre-Indagação *(Deutsche Juristen-Zeitung*, 1906, vol. XI, p. 748-787; Geny, vol. II, p. 376).

vantes e atenuantes, e o magistrado, imbuído de profundos conhecimentos de psicologia e sociologia, teria um campo vasto para fazer verdadeira justiça e graduar o afastamento do convívio social conforme a temibilidade do delinquente Não julgaria *contra legem*: os próprios textos, pelos termos da sua redação, permitiriam amplo alvedrio aos tribunais ao defender a coletividade contra o crime.

Releva advertir que até os apologistas da Livre-Indagação moderada não a estendem à órbita da Criminologia; enquadram-na somente no Direito Privado[6].

78 – Não foi possível aos corifeus da doutrina extremada preestabelecerem um critério para se saber quando é lícito abandonar os textos e formular nova regra, e quais os litígios cuja valia não justifica a saída dos limites das disposições expressas. Por isso a escola pressupõe a existência de magistratura bem escolhida entre homens de valor intelectual. Para se justificar de semelhante necessidade, esmerou-se em pôr em realce os defeitos das organizações atuais, e demonstrou, até à evidência, que também a corrente histórico-evolutiva não atingirá o seu ideal sem a colaboração oportuna de um corpo de julgadores bem preparados. Na personalidade do juiz está o único perigo no exercício do Direito, mas também na mesma se encerra a garantia real da verdadeira justiça – proclama Ehrlich, o chefe tudesco do grupo moderado.

O magistrado moderno, libertado das estreitezas da dogmática, investido da prerrogativa de melhorar a lei e supri-lhe as lacunas, guiado pela finalidade humana, atento aos fatores sociológicos dos fenômenos jurídicos, não pode ter apenas a tradicional cultura romanista e clássica; necessita de um preparo menos especializado, mais amplo e completo. Homens de tanto valor se não encontram comumente nos pretórios; porque o atual processo de seleção é antiquado e deficiente, e os vencimentos não atraem as capacidades excepcionais.

Têm razão, neste particular, os apóstolos da ideia nova. A justiça das decisões depende sempre do coeficiente pessoal: da cultura e perspicácia do magistrado, suas preferências filosóficas, pendores jurídicos, orientação sociológica, bondade, retidão[7]. Urge adaptar às novas exigências o ensino superior[8] e as leis

---

[6]   Gmür, op. cit., p. 134.

[7]   "Dai-nos homens! Dai-nos juízes de gênio! É o que precisamos!" (Gerland, Prof. da Universidade de Jena – O *Exercício da Função Judicial, segundo a Lei Inglesa, in* "Sc. of Legal Method", p. 231).

[8]   No Brasil é bastante insistir sobre a preferência pelos métodos modernos de expor as disciplinas, sobretudo no ensino do Direito Privado e do Judiciário; porque a distribuição das matérias já é adiantada; não se prolonga em demasia o estudo do Direito Romano, como sucede na Europa Central, e voltou a ser obrigatório o curso da Filosofia do Direito, bem como o das Ciências Sociais, para o bacharelado que dá acesso aos primeiros cargos da magistratura.

de organização judiciária, bem como dignificar, à moda britânica, e estipendiar generosamente os membros dos tribunais. "Quanto mais o Governo economiza com a magistratura, mais despende o povo com advogados"[9].

79 – A escola ultra-adiantada liberta de todo o limite ou critério objetivo o aplicador do Direito, o que parece perigosíssimo e destoante da concepção do Estado moderno, sobretudo inconciliável com o regime de freios e contrapesos adotado pelo Brasil, Estados Unidos e República Argentina[10].

Defendem-se, moderados e revolucionários, com alegar que, em observância da doutrina da Livre-Indagação, como na vigência da Hermenêutica tradicional, o magistrado julga *em espécie;* para esta ele descobre uma regra, sem aplicação futura; olha para o passado; *jus facit inter partes;* e o que caracteriza o ato legislativo e o dispositivo costumeiro é a generalidade e o efeito permanente, sobre os casos vindouros[11]. O conceito novo, pela magistratura estabelecido, seria, na frase de Kantorowicz, transitório e frágil como as próprias estrelas. A lei é uma norma jurídica geral; a regra firmada pelo juiz, uma norma jurídica individual[12].

As câmaras dispõem em abstrato; no pretório ordenam para o caso concreto[13].

Os argumentos procedem, em parte; mas não bastam para justificar as audácias dos novos evangelizadores. A maior parte dos trabalhos legislativos envolve casos pessoais[14], e, não raro, decidem sobre o passado, como na anistia, na dispensa de entrar com a quantia em que ficou alcançado com a Fazenda Nacional o funcionário etc. A própria disposição geral é quase sempre sugerida por um fato isolado[15]. Demais, também às vezes o magistrado ordena para o futuro, como sucede nos interditos proibitórios[16].

---

[9] Ehrlich – *Freie Rechtsfindung und freie Rechtswissenschaft, in* "Sc. of Legal Method", p. 65-66; Rumpf, op. cit., p. 78; Gmelin, op. cit., p. 20 e 81-82; Gmür, op. cit., p. 142-143 e 146. A frase literalmente transcrita é de Gmür, p. 146, nota 2.

[10] Jandoli, op. cit., p. 63.

[11] Geny, vol. II, pág. 322; Kiss, op. cit., p. 55.

[12] Unger, *apud* Kiss, p. 55.

[13] Brütt, op cit., p. 180.

[14] Durante uma legislatura, a 59ª, o Congresso Norte-Americano votou 6.940 leis sobre assuntos particulares, e apenas 692 sobre interesses gerais (Charles Beard – *American Government and Politics*, 39 ed., 1920, p. 271).

[15] Oertmann, op. cit., p. 16.

[16] O Código Civil autoriza o juiz a prescrever para o futuro nos arts. 501, 529 e 582, última parte.

80 – Há outros argumentos, que aproveitam em parte porém só aos moderados: *A)* O juiz apenas completa e melhora a lei; portanto, entre o Legislativo e o Judiciário só se verifica uma verdadeira cooperação em funções públicas, e não absorção, por um poder, das atribuições de outro. Demais, a doutrina de Montesquieu não torna cada um dos três ramos da autoridade soberana absolutamente independente; apenas conserva distintas as funções[17]. *B)* Nenhum poder tem uma função *toda*, completa; e cada um acumula partes de diversas. O Executivo colabora com o Legislativo por meio de sanção e *veto*, bem como dos Regulamentos e Instruções; o Judiciário, com os Regimentos Internos dos Tribunais, em que ordena trâmites dos processos, e também com a interpretação larga e moderna, que completa e melhora as disposições escritas[18]. Portanto, no domínio da Livre-Indagação sucederia como se as câmaras prescrevessem *em geral*, e a judicatura regulasse o caso *especial*, assim completado o texto[19].

De fato, a Suíça, república presidencial, goza da divisão dos poderes[20]; e adota a *Freie Rechtsfindung*, de Ehrlich; em toda parte a faculdade de legislar se não acha toda nas assembleias Entretanto os argumentos ora reproduzidos poderiam aproveitar, até certo ponto, à escola moderada, muito próxima do sistema histórico-evolutivo de exegese e aplicação do Direito; não à que se não contenta com investir o magistrado de autoridade discricionária em falta de dispositivo expresso, *proeter legem*, mas também o convida a passar por cima dos Códigos, decidir em flagrante contraste com as prescrições escritas, agir *contra legem*. Nenhum ato, de qualquer dos outros poderes, Executivo ou Judiciário, prevalece contra a lei expressa: é nisto, sobretudo, que consiste o grande valor da doutrina de Montesquieu, fora da qual só existe arbítrio, ditadura, absolutismo. Os inovadores partem de uma verdade, aliás descoberta e proclamada pelos elementos menos ferrenhos da escola tradicional, – o ser toda lei incompleta, não haver Código sem lacunas –; porém conduzem a um erro – a invasão de alheia competência[21]. O jurisperito ultra-adiantado não examina as fraquezas dos repositórios de normas, desdenha tirar das mesmas algo de estável, útil, construtor; passa além, altivo, como um soberano colocado acima dos textos positivos. "Assume a atitude de um super-homem a manejar o superdireito"[22].

---

[17]   C. Alexandre Alvarez – *Une nouvelle Conception des Études Juridiques et de la Codification du Droit Civil, in* "Sc of Legal Method", p. 474-475; Düringer, op. cit., p. 14.

[18]   Brütt, op. cit., p. 180; C. Maximiliano – *Comentários à Constituição Brasileira*, 5ª ed., nos 258-259.

[19]   Alvarez, op. cit., p. 476.

[20]   Constituição Federal da Suíça, arts. 84, 85, 95, 102, 106 e 111-114 combinados.

[21]   Jandoli, op. cit., p. 53.

[22]   Adolf Ten Hompell – *Der Verstaendigungsweck im Recht* 198, p. 108.

Objetam que o eventual proceder despótico de um magistrado seria corrigido pela pluralidade dos pretórios, pela duplicidade das instâncias[23].

Também o Poder Legislativo em França e no Brasil-Império era partilhado entre a Câmara, o Senado e o Executivo, o que não impediu um mal, a tirania das maiorias, a onipotência parlamentar. Seria, talvez, mais perigosa e detestável a ditadura judiciária, o absolutismo da toga, fruto infalível da Livre-Indagação, entre povos que se não distinguem pela frieza de raciocínio e espírito conservador, predominantes nos indivíduos que povoam a Suíça e a Inglaterra[24].

81 – Substituir a lei (vontade geral) pelo juiz (critério individual), conforme pretende a corte chefiada pelo Professor Kantorowicz, seria retrogradar; a evolução realizou-se no sentido inverso, no de sobrepor a vontade coletiva à de um só. Ora a da maioria acha-se resumida no texto; a de um só homem estaria expressa na sentença proferida segundo os ditames da escola extremada. No campo do Direito Penal, donde, aliás, os corifeus da doutrina pretendem afastar-se, como se fora possível conter a corrente revolucionária depois de desencadeada; ali o *nullum crimen sine lege* foi uma conquista; não existia antes; de fato, castigavam os maus, sem invocar a lei, pelo menos até à metade do século XVI, na Europa Central. Também os reis de outrora puniam ou perdoavam segundo lhes parecia justo. Portanto hoje se planeja elevar o magistrado à altura do soberano absoluto, pelo menos na órbita do Direito Privado[25].

O texto oferece dupla vantagem: é útil para o povo e protege o juiz. Constitui, para este, um vínculo, grilhão, limite ao seu império; outrora o julgador deliberava de acordo com a sua consciência; a desconfiança popular cobriu-o com a lei; serve esta de couraça, para ele, contra a maledicência, mas também o amarra e imobiliza de modo que lhe não permite o anseio de onipotência[26]. Em verdade, o próprio magistrado precisa de um apoio moral perante a opinião e os superiores, de um meio de provar que aplicou honestamente o Direito; ora, neste caso, o seu ponto de referência há de ser a lei, cuja interpretação será fácil justificar, desde que agiu com inteligência e sinceridade[27].

---

[23] Galdi, *apud* Jandoli, p. 59.

[24] Oertmann, op. cit., p. 42-43; Düringer, op. cit., p. 19-20.

[25] Gareis, op. cit., p. 30.
"Substituem a impessoalidade e a objetividade da norma pela ação da individualidade, pela obra pessoal e arbitrária do juiz: manifestação nova de irracionalismo e super-humanismo estético" (Bartolomei – *Filosofia del Diritto*, p. 160 e segs.).

[26] Mendelssohn-Bartholdy – Das *Imperium des Richters*, 1908, p. 153.

[27] Berolzheimer – *Die Gefahren einer Gefühlsjurisprudenz*, p. 12.

CONTRA LEGEM | 73

82 – Em geral, a função do juiz, quanto aos textos, é dilatar, completar e compreender; porém não alterar, corrigir, substituir[28]. Pode melhorar o dispositivo, graças à interpretação larga e hábil; porém não – *negar* a lei, decidir o contrário do que a mesma estabelece[29]. A jurisprudência desenvolve e aperfeiçoa o Direito, porém como que inconscientemente, com o intuito de o compreender e bem aplicar. Não cria, *reconhece* o que existe; não formula, descobre e revela o preceito em vigor e adaptável à espécie. Examina o Código, perquirindo das circunstâncias culturais e psicológicas em que ele surgiu e se desenvolveu o seu espírito; faz a crítica dos dispositivos em face da ética e das ciências sociais; interpreta a regra com a preocupação de fazer prevalecer a justiça ideal *(richtiges Recht)*; porém tudo procura achar e resolver *com a lei*; jamais com a intenção descoberta de agir por conta própria, *proeter* ou *contra legem*[30].

Todo Direito escrito encerra uma parcela de injustiça. Parece justa a regra somente quando as diferenças entre ela e o fato são insignificantes, insensíveis. Preceitua de um modo geral; é impossível adaptá-la, em absoluto, às mil circunstâncias várias dos casos particulares. Permitir abandoná-la então, sob o pretexto de buscar atingir o ideal de justiça, importaria em criar mal maior; porque a vantagem precípua das codificações consiste na certeza, na relativa estabilidade do Direito[31].

A norma positiva não é um conjunto de preceitos rijos, cadavéricos, e criados pela vontade humana; é uma força viva, operante, suscetível de desenvolvimento; mas o progresso e a adaptação à realidade efetuam-se de acordo, aproximado, ou pelo menos aparente, com o texto; não em contraste com este[32].

83 – O Direito, fórmula asseguradora das condições fundamentais da coexistência humana, ou prevalece em virtude dos fatores psicológicos – educação, respeito da opinião pública, etc.; ou por meio da coação[33], que se opera com

---

[28] Géza Kiss, op. cit., p. 55-56; Brütt, op. cit., p. 83.

[29] Geny, vol. I, p. 299-300.

[30] Max Salomon – *Das Problem der Rechtsbegriffe*, 1907, p. 63-64; Oertmann, op. cit., p. 41; Berolzheimer, op. cit., p. 11.

[31] Fritz Berolzheimer – System *der Rechts und Wirtsehaftsphilosophie*, 1906, vol. III, p. 91-92. "A pretensa *liberdade na aplicação do Direito constitui*, de fato, além de um paralogismo teórico, um perigo permanente contra a liberdade jurídica dos cidadãos, a qual tem exatamente uma das suas principais condições na certeza do Direito e, sobretudo, na soberania inconcussa da lei" (Del Vecchio – *Sulla Positività come Carattere del Diritto*, 1917, p. 17).

[32] Salomon, op. cit., p. 69.

[33] Icilio Vanni – *Lezioni di Filosofia del Diritto*, p. 69-70.

74 | Hermenêutica e Aplicação do Direito • *Carlos Maximiliano*

exigir a observância dos preceitos vigentes. Se o próprio juiz lhes não obedece, não os aplica aos casos ocorrentes, como os prestigiar e impor à massa ignara, descuidosa ou rebelde?

Deve o magistrado decidir de acordo, não somente com os parágrafos formulados, mas também com outros elementos de Direito. Entretanto, daí se não deduz que se lhe permita o desprezo da *Lei, ou* que possa um indivíduo superpor-se ao *Estado; pois* deste e daquela emana a autoridade toda do juiz; goza ele da liberdade condicionada, dentro dos limites do conteúdo de Direito que se encontra nos textos. Lembram os corifeus da escola extremada que também eles assim procedem[34]. A verdade é que exageram; não recorrem aos princípios gerais, ou à equidade, somente para compreender e completar o texto; mas também para lhe corrigir as disposições, injustas segundo o critério pessoal do julgador.

Alegam os guias da corrente revolucionária que o juiz não é um executor cego e, sim, um artista da aplicação do Direito. Deveriam saber que também o artista obedece a normas; toda arte tem os seus preceitos e quem dos mesmos se afasta, corre o risco de produzir obra imperfeita, e talvez ridícula, salvo exceções geniais; e se não criam doutrinas, ou métodos, para uso exclusivo de iluminados e super-homens. Comparável seria o magistrado ao violinista de talento, que procura compreender bem a partitura, imprime à execução cunho pessoal, um brilho particular, decorrente da própria virtuosidade; porém não se afasta dos sinais impressos; *interpreta-os com* inteligência e invejável mestria; não inventa coisa alguma[35].

84 – Com atribuir ao juiz a faculdade de abandonar o texto quando lhe não parecer suscetível de se adaptar, com justiça, à espécie, concedem-lhe, de fato, a prerrogativa de criar *exceções* ao preceito escrito, isto é, fazem o contrário do que toda a evolução do Direito concluiu: justamente as exceções é que não se deixam ao arbítrio do intérprete; devem ser *expressas,* e, ainda assim, compreendidas e aplicadas estritamente[36].

85 – Enfim, ilógica se mostra a escola que, no dizer de Michaelis, pretende emancipar o juiz do legislador[37]; porquanto a própria existência das normas

---

[34]   Rudolf Stammler – *Theorie der Rechtswissenschaff*, 1911, p. 729.

[35]   Walter Jellinek – *Gesetz, Gesetzsanwendung und Zweckmaessig Keitserwalgung*, 1913, p. 169.

[36]   F. Benrolzheimer – Die *Gefohren einer Gefühlsjurisprudenz*, p. 10; Código Civil, Introdução, art. 2º, § 2º. Vede o capítulo – *Direito excepcional.*

[37]   *Die Emanzipation des Richters von Gesetzgeber* – e a própria epígrafe do artigo de Michaelis, na "Deutsche Juristenzeitung", 1906, p. 394 e segs.; Rumpf, op. cit., p. 113, nota 1.

jurídicas importa "no reconhecimento oficial da necessidade de uma direção, em proclamar que a vida social não pode prescindir de regras obrigatórias, isto é, de um elemento de autoridade"[38].

86 – Serviço indireto presta, entretanto, a corrente ultra-adiantada com a sua crítica panfletária e incisiva; coroa a obra da maioria histórico-evolutiva na repulsa da exegese meramente lógica ou dogmática dos repositórios de normas, e no clamor para que se aquilatem e equilibrem os interesses legítimos e se dê grande importância aos valores sociais ao interpretar e aplicar o Direito[39]. É lamentável o exagero em que incide: com pretender o uso menos imperfeito das regras jurídicas, chega ao perigoso despropósito de admitir que as desprezem; "despeja a criança com a água do banho"[40].

---

[38]   Paul Vander Eycken – *Méthode Positive de L'Interprétation Juridique*, 1907, p. 3.

[39]   Oertmann, op. cit., p. 41.

[40]   Düringer, op. cit., p. 87.

JURISPRUDÊNCIA SENTIMENTAL

87 – Uma forma original do Direito Livre, anterior aliás, ao primeiro surto desta doutrina, encontra-se nos julgamentos do Tribunal de primeira instância, de Château-Thierry, presidido e dominado pelo *bom juiz* Magnaud (1889-1904). Imbuído de ideias humanitárias avançadas, o magistrado francês redigiu sentenças em estilo escorreito, lapidar, porém afastadas dos moldes comuns. Mostrava-se clemente e atencioso para com os fracos e humildes, enérgico e severo com opulentos e poderosos. Nas suas mãos a lei variava segundo a classe mentalidade religiosa ou inclinações políticas das pessoas submetidas à sua jurisdição.

Na esfera criminal e correcional, e em parte na civil, sobressaiu o *Bom Juiz*, com exculpar os pequenos furtos, amparar a mulher e os menores, profligar erros administrativos atacar privilégios, proteger o plebeu contra o potentado. Não jogava com a Hermenêutica, em que nem falava sequer. Tomava atitudes de tribuno; usava de linguagem de orador ou panfletário; empregava apenas argumentos humanos sociais, e concluía do alto, dando razão a este ou àquele sem se preocupar com os textos.

Era um vidente, apóstolo, evangelizador temerário, deslocado no pretório. Achou depois o seu lugar – a Câmara dos Deputados; teve a natural corte de admiradores incondicionais – os teóricos da anarquia. Os socialistas não iam tão longe; seguiam-no a distância, com as necessárias reservas expressas.

88 – O fenômeno Magnaud foi apenas "retumbante manifestação de ideologia pessoal"; atravessou o firmamento jurídico da Europa como um meteoro; da sua trajetória curta e brilhante não ficaram vestígios. Quando o magistrado se deixa guiar pelo sentimento, a lide degenera em loteria ninguém sabe como cumprir a lei a coberto de condenações forenses[1].

---

[1] João Cruet – A *Vida do Direito*, ed. portuguesa, p. 82-83; Geny, vol. I, advertência, p. IX; vol., II. p. 289-293.

JURISPRUDÊNCIA SENTIMENTAL | 77

Ao invés do movimento subjetivo, deve prevalecer o instinto social: o primeiro levaria a absolver o pequeno, roubador de milionário; o segundo, a puni-lo como indivíduo perigoso para a comunidade[2]. O papel da judicatura não é guiar-se pelo sentimentalismo; e sim, manter o equilíbrio dos interesses, e dentre estes distinguir os legítimos dos ilegítimos[3]. Longe de atender só ao lado material, ou só ao moral, funde os dados econômicos e os eminentemente sociais a fim de assegurar o progresso dentro da ordem, a marcha evolutiva da coletividade, mantidas as condições jurídicas da coexistência humana. Jamais poderá o juiz transpor os limites estabelecidos pelo Código – *ultra quos citraque nequit consistere rectum* ("além e aquém dos quais não pode o justo existir")[4]. Não considera a lei como rígida, sem lacunas e sem elastério, inadaptável às circunstâncias; completa o texto; porém não lhe corrige a essência, nem o substitui jamais.

FRUTOS DA CRÍTICA

89 – Desde 1885 Bülow profligara, com veemência e grande cópia de argumentos colhidos na prática forense, as estreitezas da exegese meramente lógica, silogística; chegou a ser tomado como precursor, a princípio partidário depois, da *Livre-Pesquisa do Direito*, o que ele contestou[5]. Permaneceu onde estivera sempre: entre os que pretendiam preencher as lacunas dos Códigos por meio de uma interpretação larga, orientada pelos fatores sociológicos e pela finalidade humana, e manejada por juízes instruídos à moderna e investidos de ampla autonomia para aplicar o Direito dentro das normas positivas[6].

---

[2]   Gareis, op. cit., p. 33.

[3]   O proceder do juiz deve ser o adotado e assim exposto pelo vienense Unger: "Quando se me apresenta um caso forense para decidir, eu tiro a sentença, primeira e imediatamente, do próprio senso ou consciência jurídica; e procuro a princípio a base legal e a justificação teórica do meu prejulgamento; porém, se verifico, enfim, que um preceito positivo se contrapõe àquela decisão provisória, considero um dever profissional subordinar à lei a minha convicção espontânea de jurista, (Deutsche Juristen-Zeitung, 1906, nº 14. p. 789). De pleno acordo: Gareis, op. cit., p. 33.

[4]   Berolzheimer – *Die Gefahren einer Gefühlsjurisprudenz*, p. 17.

[5]   Geny, vol. II, p. 376.
       Unger trilhou a mesma senda e foi alvo da mesma suspeita; apressou-se também a demonstrar que não pretendera admitir o julgamento *contra legem* (*Deutsche Juristen-Zeitung*, 1906, nº 14, p. 784-787). Klein. Ministro da Justiça da Áustria, ficou impressionado com a onda que se avolumava, e julgou necessário protestar em nome do Direito e do Estado em um artigo de revista (1906), contra a ideia de arrastar os juízes a emanciparem-se do legislador (Geny, vol. II, p. 377).

[6]   Bülow – *Gesetz und Richteramt*, 1885, p. 2-40.

A Livre-Indagação moderada aclimou-se em algumas regiões, e possui elementos de vitalidade apreciável; parece destinada a brilhante futuro. Os extremados tiveram a rutilância fugaz de estrelas cadentes.

Entretanto, uma e outra corrente prestaram às letras jurídicas inestimáveis serviços. O furacão revolucionário, ou leva por diante as instituições vigentes, ou passa, deixando sempre, entre os males transitórios que suscita, alguma semente útil, para germinar depois. O próprio vencedor não volta às práticas viciosas e, retrógradas. O visionário de talento não derriba o edifício; porém obriga os defensores deste a tirar as teias de aranha, reparar as brechas, preencher as falhas reveladas com estrépito.

Sim, o demolidor impressiona, granjeia simpatia e abala o prestígio da teoria dominante, com escalpelizar erros, cobrir de ridículo os preconceitos, esvurmar chagas sociais mais ou menos ocultas ou toleradas; porque ele descobre os males; engana-se apenas quanto aos remédios: parte da verdade clamorosa e irritante para o devaneio doido, ou plano sinistro. Por isso, embora não triunfe, obriga os fiéis à doutrina atacada a prestarem maior atenção às lacunas do catecismo comum, às fraquezas, exageros ou incongruências dos apóstolos, e à estreiteza de vista dos chefes. Lutero não solapou o edifício maravilhoso do catolicismo; porém pôs a nu abusos deploráveis. Os Papas extirparam-nos, e ficaram vigilantes para que não abrolhassem de novo. No campo da aplicação do Direito se verificou fenômeno semelhante: os revolucionários pelo menos precipitaram a consolidação da vitória do grupo mais liberal entre os dominadores intelectuais dos pretórios.

Já a escola histórico-evolutiva levara os tradicionalistas a admitirem e observarem não só o que o legislador *quis*, mas também o que ele *quereria*, se vivesse na atualidade e tomasse conhecimento do caso em apreço; a da Livre-Indagação completou essa obra e forçou os conservadores a irem além. Conseguiu: *A)* generalizar o método teleológico, a preocupação com os fins sociais nos trabalhos de Hermenêutica, e conciliar com aquele processo a rígida dogmática[7]; *B)* matar, de vez, a preferência pelo método gramatical, ou filológico, de interpretação, já combatida por Jhering e seus discípulos; *C)* selar o túmulo do – *In claris cessat interpretatio*; *D)* acabar com o – *Fiat justitia, pereat mundus*[8]; *E)* reduzir aos limites do razoável o uso das Pandectas, das Institutas e do Código de Justiniano, em todos os pretórios, e valorizar o moderno Direito Comparado; *F)* combater, vantajosamente, o excesso de erudição clássica e o desprezo pelos fatos econômicos, na educação profissional dos juristas[9]; *G)* deixar clara a ne-

---

[7]   Gmelin – *Quoisque?*, p. 38-39.

[8]   Vede nos 38-40 e 180-182.

[9]   Oertmann, op. cit., p. 40.

cessidade, reconhecida, aliás, por vários povos cultos, de atribuir algum *poder discricionário* ao juiz, tantos nos feitos civis, como ao aplicar a pena dentro dos limites máximo e mínimo fixados pelo Código[10]; *H)* dar o golpe de graça, definitivo, na Escola de Exegese em Direito Privado Positivo, já abalada, em França, pelos trabalhos sistemáticos de Bufnoir e Aubry & Rau, e na Alemanha, por Josef Kohler e Carl Crome[11].

---

[10] Gareis, op. cit., p. 31-32.

[11] Julien Bonnecase – *L' École de L'Exégèse en Droit Civil*, 1919, p. 9.

INTERPRETAÇÃO AUTÊNTICA E DOUTRINAL

90 – A interpretação é uma só. Entretanto se lhe atribuem várias denominações conforme o órgão de que procede; ou se origina em uma fonte jurídica, o que lhe dá força coativa; ou se apresenta como um produto livre da reflexão. Chamam-lhe *autêntica,* no primeiro caso; *doutrinal* no segundo[1]. Aquela domina pela autoridade, esta pelo convencimento; uma vincula o juiz, tem a outra um valor persuasivo[2].

---

[1] Paula Batista, op. cit., § 4º; Pimenta Bueno – *Direito Público Brasileiro,* nº 84; Coelho da Rocha – *Instituições de Direito Civil Português,* § 44; Trigo de Loureiro, *Instituições de Direito Civil Brasileiro, Introdução,* § XLIII; Eduardo Espínola – *Sistema do Direito Civil Brasileiro,* 1908, vol. I, p. 135; Guilherme Alves Moreira – *Instituições do Direito Civil Português,* vol. I, 1907, p. 38-39; Dernburg – *Pandekten,* vol. I, § 34; Carl. Crome – *System, des Deutschen Bürgerlichen Rechts,* 1900-1912, vol. I, § 20; Ludwig Ennecerus – *Lehrbuch des Bürgerlichen Rechts,* 1921, vol. I, § 48; Pacifici-Mazzoni – *Instituzioni di Diritto Civile Italiano,* 3ª ed., vol. I, nº 17; Henri Capitant – *Introduction à l'Étude du Droit Civil,* 1912, p. 72.

[2] Alguns autores dividem a Interpretação em *legal* e *doutrinal.* Subdividem a primeira em *autêntica* e *usual*: refere-se aquela às leis escritas; esta, aos *costumes.* Outros fazem a *legal* abranger a *autêntica* e a *judiciária,* realizada a primeira pelas câmaras, a segunda pelos tribunais.
O texto manteve o sistema prestigiado pela tradição, brasileira e portuguesa; distinguiu entre dois tipos: o livre e o compulsório. A exegese *judiciária* obedece aos mesmos princípios da *doutrinal* propriamente dita, e só obriga às partes litigantes. O próprio juiz pode mudar de parecer, e este apenas vale, nos outros casos, como ensinamento; não estão adstritos a observá-lo nem sequer os tribunais inferiores.
Muitos escritores preferem fazer da interpretação *judiciária* uma categoria especial. Não deixam de ter alguma razão; porque ela participa dos característicos das outras duas: é, em parte, obrigatória, como a *autêntica*; e, em geral, livre, só prestigiada pelo valor dos próprios argumentos, como a *doutrinal.*

INTERPRETAÇÃO AUTÊNTICA E DOUTRINAL | **81**

Denomina-se *autêntica* a interpretação, quando emana do próprio poder que fez o ato cujo sentido e alcance ela declara. Portanto, só uma Assembleia Constituinte fornece a exegese obrigatória do estatuto supremo; as Câmaras, a da lei em geral, e o Executivo, dos regulamentos, avisos, instruções e portarias. O regulamento pode esclarecer o sentido da lei e completá-lo; mas não tem o valor de interpretação *autêntica* a oferecida por aquele, ou por qualquer outro ato ministerial[3]: os tribunais tomam conhecimento das dúvidas levantadas sobre a correção da exegese constante de um regulamento, e, se lhes parecem procedentes, fulminam o mesmo, consideram-no írrito e nulo, por incompatível com a lei a que se refere[4].

91 – O ato interpretativo segue o mesmo rito processual exigido para o interpretado: em se tratando da Constituição, a marcha será a prevista para a reforma do texto supremo (art. 217 da Constituição de 1946); na hipótese de exegese de lei ordinária, haverá o pronunciamento normal da Câmara e do Senado, e sanção, ou *veto*, por parte do Executivo; somente nos casos e segundo as regras estabelecidas para expedir regulamentos em geral, será lícito formular os destinados a fixar o sentido e alcance de atos oficiais semelhantes anteriores[5].

92 – Opera-se a exegese *autêntica*, em regra, por meio de disposição geral, e, ainda que defeituosa, injusta, em desacordo com o verdadeiro espírito do texto primitivo, prevalece enquanto não a revoga o Poder Legislativo; é obrigatória, deve ser observada por autoridades e particulares[6]. Entretanto só se aplica aos casos futuros, não vigora *desde a data do ato interpretado, respeita* os direitos adquiridos em consequência da maneira de entender um dispositivo por parte do Judiciário, ou do Executivo. Nos países onde o princípio – fulminador da retroatividade das leis se acha inserto na Constituição, ele adquire excepcional amplitude, expunge as restrições comuns entre os povos que adotam a mesma regra como doutrina para ser observada pelos tribunais, ou preceito positivo, porém *ordinário*, sem força para vincular o parlamento. No Brasil e nos Estados

---

3   Pimenta Bueno, op. cit., nº 85; Ferrara, vol. I, p. 209-210; Baudry-Lacantinerie & Houques--Fourcade, vol. I, nº 255.

4   Chironi & Abello – *Trattato di Diritto Civile Italiano*, 1904, vol. I, p. 58-59; Carlos Maximiliano – *Comentários à Constituição Brasileira*, 5ª ed., nos 88-89 e 382.

5   Pimenta Bueno, op. cit., nº 85; C. Maximiliano, op. cit., nº 88; Constituição de 1891, arts. 16 e 36-40; de 1946, arts. 37 e 67-72; de 1969, arts. 46-59.

6   Crome, vol. I, p. 104; Nicola Coviello – *Manuale di Diritto Civile Italiano*, 2ª ed., 1915, vol. I, p. 65.

Unidos nem as próprias Câmaras se isentam do dever imperioso de não entender texto algum em sentido retroativo[7].

O assunto ficou esclarecido, e de modo completo, quando se elaborou o Código Civil, de 1916. O Projeto de Clóvis Beviláqua era precedido de uma Lei de Introdução, cujo art. 6º preceituava: "Salvante a disposição do artigo antecedente (a que mandava respeitar o direito adquirido, o ato jurídico perfeito e a coisa julgada), a lei interpretativa se considera da mesma data da interpretada." O jurisconsulto Andrade Figueira, que auxiliava a Comissão Especial da Câmara dos Deputados no estudo e melhoria do Projeto, impugnou o art. 6º, da forma seguinte: "Isso é um princípio muito velho em jurisprudência, mas, infelizmente, *muito falso*."

Acrescentou haver o autor implicitamente reconhecido os defeitos da doutrina, com antepor uma ressalva que inutilizava o dispositivo: a dos direitos adquiridos, da coisa julgada e dos atos consumados ou perfeitos.

A estes argumentos Clóvis, também presente aos trabalhos da Comissão, após a escusa consistente em alegar que, exatamente por existir aquela *ficção* de se atribuir a uma norma jurídica a data de outra, ele a consagrou, porém com a defesa expressa dos direitos adquiridos[8]. O Congresso preferiu o parecer de Andrade Figueira, eliminou todo o dispositivo. Portanto do debate resultou triunfante o princípio que nega efeito retroativo às leis, *sem excetuar a interpretativa;* só se aplica esta aos casos futuros, e não desde a data da regra interpretada[9]. Prevaleceu, aliás, a boa doutrina, desde o tempo do Império sustentada pelas mais altas autoridades científicas, e vitoriosa também nos países onde vigora um regime semelhante ao brasileiro[10].

93 – A interpretação *autêntica* foi outrora a de maior prestígio, talvez única em certas épocas. O Imperador Justiniano repelia qualquer outra exegese, isto é, a que não procedesse dele próprio. Generalizou-se o preceito seguinte: "In-

---

[7] Duarte de Azevedo – *Controvérsias Jurídicas*, 1907, p. 2, Clóvis Beviláqua, – *Código Civil Comentado*, vol. I, 1916, p. 93; C. Maximiliano, op. cit., nº 511. A Constituição de 1937 reduziu à esfera penal a garantia ampla exarada nas leis básicas anteriores; a de 1946 restabeleceu o acatamento aos direitos adquiridos.

[8] "Projeto do Código Civil Brasileiro" *Trabalhos da Comissão Especial da Câmara dos Deputados*, vol. IV, p. 6.

[9] Paulo de Lacerda – *Manual do Código Civil Brasileiro*, vol. I, 1918, p. 260-262; C. Maximiliano, op. cit., nº 511.

[10] Pimenta Bueno, op. cit., nº 86; Dias Ferreira – *Código Civil Português Anotado*, vol. I, p. 23-25, nota ao art. 8º; Edwin Countryman – *The Supreme Court of the United States*, 1913, p. 73; James; Kent – *Commentaires on American Law*, 12ª ed., vol. I, nº 456, nota *c*; Thomas Cooley – *A Theatise on the Constitutional Limitation*, 7ª ed., p. 137; Willoughby – *The Constitutional Law of the United States*, 1910, vol. II, p. 1.265; Bouvier – *Law Dictionary* verb. "States".

INTERPRETAÇÃO AUTÊNTICA E DOUTRINAL | 83

terpretar incumbe àquele a quem compete fazer a lei." *Ejus est interpretari legem cujus est condere*[11]. Entretanto, na própria compilação do grande monarca se nos deparam preceitos autorizadores da *analogia*, abrindo margem, portanto, a faculdade mais ampla do que a de *interpretar*, ao poder algo criador da jurisprudência, ao de extrair dos textos não a simples exegese, mas uma nova norma, coligada, por semelhança, da promulgada pelo legislador[12]. *O Digesto* exara as duas regras seguintes, atribuída a Juliano a primeira; a Ulpiano a segunda: 1) *Non possunt omnes articuli singillatim aut legibus, aut senatus consulti comprehendi: sede cum in aliqua causa sententia eorum manifesta est, is, qui jurisdictioni praeest, ad simila procedere, atque ita jus dicere debet* – "não podem ser todas as questões compreendidas pelos *senatus consultos* e leis; porém, quando sobre outro assunto a solução propiciada pelos textos referidos é manifesta, aquele que preside ao julgamento deve estendê-la aos casos semelhantes e assim ministrar justiça"[13]. 2) *Nam, ut ait Pedius, quotiens lege aliquid, unum vel alterum introductum est, bona occasio est coetera, quae tendut ad eandem utilitatem, vel interpretatione, vel certe jurisdictione suppleri* – "pois, conforme diz Pédio, toda vez que é por lei algo estabelecido, um só ou diversos; boa oportunidade se nos antolha para serem acrescentados, por meio da interpretação ou de competente administração da justiça, outros mais, tendentes à mesma utilidade"[14].

Malgrado o sábio ensinamento romano, o Código das Sete Partidas (Partida I, tít. I, lei 14) vedara, ainda a interpretação das regras peremptórias. Tanto na Alemanha, como na Áustria, antes da promulgação dos respectivos Códigos civis, como outrora no Piemonte, nas Duas Sicílias, na Toscana e no Estado Pontifício, deviam os juízes abster-se de decidir em casos duvidosos, e provocar a propiciação de exegese autêntica[15].

Em França existia o apelo, obrigado, ao legislador, para resolver as dúvidas ocorrentes na prática *(référé au législateur),* interrompido, para aquele fim, o andamento da causa. A Lei de 1º de abril de 1837 aboliu a consulta forçada e restabeleceu a autonomia da magistratura no interpretar e aplicar o Direito[16]. Prosseguiu a evolução no mesmo sentido, de dilatar dia a dia o campo da exegese *doutrinal* e restringir o da *autêntica;* esta "filha do absolutismo" é hoje uma

---

[11]   Vede *Código*, liv. I, tít. 44, Constit. ou frag. 1 e 12, de Constantino e Justiniano.O brocardo, acima transcrito, regula, hoje, só a interpretação *autêntica*.

[12]   Dualde, op. cit., p. 28.

[13]   *Digesto*, liv. I, tít. III – *de legibus, senatusque consultis et longa consuetudine*, frag. 12.

[14]   *Digesto*, liv. e tít. cit., frag. 13. Vede nº 239.

[15]   Dualde, op. cit., p. 28-29.

[16]   Aubry & Rau – *Cours de Droit Civil Français*, 5ª ed., vol. I, p. 188; Huc, vol. I, nº 178; Código Civil francês, art. 4º, correspondente ao art. 5º da Introdução do Código Civil Brasileiro.

84 | Hermenêutica e Aplicação do Direito • *Carlos Maximiliano*

exceção, rara e antipática exceção, *em todos os países cultos:* assim declara a torrente unânime dos civilistas[17].

94 – Justifica-se esse desprestígio crescente. Compõem-se mais de políticos do que de jurisconsultos as Câmaras de senadores e deputados; raramente os propósitos de justiça orientam as suas deliberações; quando se empenham em dar o sentido a um texto, não observam as regras de Hermenêutica, atendem antes a sugestões do interesse regional, ou pessoal. Os próprios hábitos do Poder Legislativo predispõem-no mais para atender a considerações gerais do que para buscar a verdade em sua essência[18]. A política intervém em todos os atos e pensamentos dos parlamentares; por isso as disposições interpretativas quase sempre se originam do propósito de melhorar a situação de concessionários de obras, contratantes de serviços públicos, funcionários ou operárias do Estado. Resulta um trabalho cheio de defeitos, sem utilidade geral, e prejudicialíssimo, quase sempre, ao Tesouro, do país, estado ou município.

95 – Não há propriamente interpretação autêntica; se o Poder Legislativo declara o sentido e alcance de um texto, o seu ato, embora reprodutivo e explicativo de outro anterior, é uma verdadeira norma jurídica, e só por isso tem força obrigatória, ainda que ofereça exegese incorreta, em desacordo com os preceitos basilares da Hermenêutica[19].

É feita a lei, seja qual for a sua espécie, a fim de concretizar o Direito, torná-lo claro, expressivo, visível, positivo; se o não consegue por defeito de redação, falta-lhe o seu primeiro requisito, e a que lhe explica o conteúdo é a que realiza o objetivo colimado; portanto constitui uma lei nova, mais do que a precedente, que resultara quase inútil, falha na prática[20].

Por outro lado, é quase impossível fazer uma norma exclusivamente interpretativa, simples declaração do sentido e alcance de outra; em verdade, o que se apresenta com esse caráter, é uma nova regra, semelhante à primeira e desta modificadora de modo quase imperceptível. "É, de fato, o estabelecimento de direito novo, com o acréscimo de determinar que seja considerado como con-

---

[17] Lukas – Zur *Lehre vom Willen des Gesetzgebers*, 1908, p. 405 e segs.; Windscheid, vol. I, p. 82, Jandoli, op. cit., p. 40.
    Com elegante propriedade, um catedrático de Barcelona assim crismou a interpretação autêntica: "logomaquia, de natureza abortiva, mas de superveniência reiterada" (Dualde, op. cit., p. 24).

[18] Laurent, vol. I, nº 284.

[19] Coviello, vol. I, p. 65.

[20] Conselheiro Antônio Luis de Seabra, *apud* Dias Ferreira, vol. I, p. 23.

INTERPRETAÇÃO AUTÊNTICA E DOUTRINAL | 85

tido já em um texto anterior"[21]. Nada mais difícil do que caracterizar as normas simplesmente explicativas, isto é, distinguir a mera interpretação da verdadeira inovação, no campo do Direito[22].

96 – A própria dúvida sobre se a lei rege apenas os casos futuros, ou se se aplica desde a data de outra anterior (escola italiana precipitadamente aceita por alguns juristas brasileiros), essa divergência torna contraproducente a tentativa de exegese autêntica, por aumentar, ao invés de diminuir, a incerteza reinante, as causas de disputas e litígios. Demais, não é de presumir que três entidades, Câmara, Senado e Executivo, não especializadas em jurisprudência e desvairadas por prevenções e pendores diversos, cheguem a acordo no sentido da verdade científica, da explicação correta de um texto[23].

97 – Quando projetam exprimir por meio de uma lei o conteúdo de outra, restringem a atividade do hermeneuta, produzem menos uma espécie de interpretação do que o contraste, a exclusão desta, que deve ser um ato livre da inteligência orientada cientificamente, e não uma ordem irretorquível dos poderes políticos[24].

98 – O ideal do Direito, como de toda ciência, é a certeza, embora relativa; pois bem, a forma autêntica de exegese oferece um grave inconveniente – a sua constitucionalidade posta em dúvida por escritores de grande prestígio. Ela positivamente arranha o princípio de Montesquieu; ao Congresso incumbe fazer leis; ao aplicador (Executivo e Judiciário) – interpretá-las. A exegese autêntica transforma o legislador em juiz; aquele toma conhecimento de casos concretos e procura resolvê-los por meio de uma disposição geral[25].

---

[21] Emilio Caldara – *Interpretazione delle Leggi*, 1908, nº 85; Windscheid, vol. I, p. 82.

[22] Dias Ferreira, Prof. da Universidade de Coimbra, vol. I, p. 24.

[23] Prof. Emmanuelle Gianturco – *Sistema di Diritto Civile Italiano*, 3ª ed., 1909, vol. I, p. 115, nota 2.

[24] Savigny, vol. I, p. 202-203.

[25] Certos jurisconsultos entendem que a interpretação autêntica merece alguma consideração, exame respeitoso por parte dos tribunais; porém os não obriga; tem apenas o valor científico dos próprios argumentos (Black – *Handbook on the Construction and Interpretation of the Laws*, 2ª ed., p. 306-307; Sutherland – *Statutes and Statutory Construction*, 2ª ed., vol. II, § 476). Muitos outros avançam mais; repelem-na, como inconstitucional (Salis – *Le Droit Fédéral Suisse*, trad. Borel, 2ª ed., vol. II, p. 202-203; Lisandro Segovia – *El Código Civil de la República Argentina*, vol. I, nota 3 à p. 2; Kent – vol. I, nº 456, nota *c*; *Countryman*, op. cit., p. 73). Merece especial menção um argumento de Segovia: o estatuto federal não atribuiu ao Congresso o poder, *expresso*, de fazer leis e *interpretá-las*, como estipularam as Constituições de algumas províncias argentinas (e o Código supremo do Império do Cruzeiro); e

86 | Hermenêutica e Aplicação do Direito • *Carlos Maximiliano*

Amplifica-se, deste modo, a autoridade da legislatura, num regime de freios e contrapesos; revela-se desamor pelo dogma da divisão dos poderes, pedra angular das instituições vigentes[26].

Em resumo: se a lei tem defeitos de forma, é obscura, imprecisa, faça-se outra com o caráter franco de disposição nova. Evite-se o expediente perigoso e retrógrado, a exegese por via de autoridade, irretorquível, obrigatória para os próprios juízes; não tem mais razão de ser; coube-lhe um papel preponderante outrora, evanescente hoje[27].

99 – Rigorosamente só a *doutrinal* merece o nome de interpretação, no sentido técnico do vocábulo; porque esta deve ser, na essência, um ato livre do intelecto humano[28]. Divide-se em *judiciária* ou usual, e *doutrinal* propriamente dita, privada ou científica, ambas obtidas pelos mesmos processos e resultantes da aplicação das mesmas regras. A primeira origina-se nos tribunais, a segunda é o produto das lucubrações dos particulares, das pesquisas dos eruditos – *communis opinio doctorum*. Uma e outra adquirem grande prestígio quando uniformes, duradouras, e confirmadas ou defendidas por jurisconsultos de valor, com assento no pretório, ou brilhantes advogados, catedráticos, escritores.

Também os *precedentes parlamentares*, isto é, a maneira uniforme de ser pelo Congresso entendido e aplicado um dispositivo, constituem um elemento de interpretação *doutrinal*[29].

99-A – Predominando em certa época na Itália, como sucedeu no Brasil, o anseio pela interpretação uniforme da lei, várias sugestões foram ali apresentadas. Um grupo, tendo à frente Filangieri e Romagnosi, propôs instituir-se um censor supremo ou uma suprema consulta, como repartição governativa de conservação e exegese obrigatória das normas positivas. Caiu a proposta, que oferecia todos os inconvenientes da tradicional *interpretação autêntica*. Outra corrente aventara a ideia de tornar as decisões da Corte Suprema compulsoria-

---

a competência não se presume, as disposições que a estabelecem entendem-se e aplicam-se estritamente.A Constituição brasileira de 1824 prescrevia: "Art. 15. É da atribuição da Assembleia Geral: VIII – Fazer leis, *interpretá-las*, suspendê-las e revogá-las."

[26] Dias Ferreira, vol. I, p. 24; Piola Caselli, *apud* Jandoli, p. 41; Caldara, op. cit., p. 72-73; Laurent, vol. I, nos 282 e 284; Cooley, op. cit., p. 137; Kent, vol. I, no 456, nota *c*; *Segovia*, vol. I, p. 2, nota 3.

[27] Lukas, op. cit., p. 405 e segs.; Laurent, vol. I, no 271.

[28] Windscheid, vol. I, § 20; Savigny, vol. I, p. 202-203; Jandoli, op. cit., p. 43. Geny e muitos outros autores nem se ocupam com a interpretação autêntica.

[29] Vede nos 204 e 322.

INTERPRETAÇÃO AUTÊNTICA E DOUTRINAL | **87**

mente aplicáveis a todos os casos semelhantes, em todos os tribunais do país. Isto contrariaria o princípio universal consubstanciado na parêmia – *res inter alios acta vel judicata aliis non nocet nec podest*; demais, mudando, com o tempo, os componentes da consulta, ou da Corte de Cassação, seria de esperar que se modificasse também a orientação interpretativa dos textos peremptórios. Terceira providência aproximava-se do pensamento de Bonaparte é partira de Ambrosoli, Procurador do Rei: consistia num comentário oficial e obrigatório de todas as leis. Aos competentes a ideia se deparou como ineficiente sob o aspecto técnico, desaconselhável sob o prisma político, e contrário aos fins da justiça[30].

As três sugestões envolviam um grande inconveniente: a ossificação do Direito. É incompatível com este a imobilidade; ele é essencialmente dinâmico, acompanha a sociedade, que não para, e, portanto, não pode ficar tolhido por fórmulas petrificadas.

No Brasil, o propósito unificador da exegese teve consagração na Reforma Constitucional de 1925-1926 e nos estatutos fundamentais posteriores, com admitir o Recurso Extraordinário para a Corte Suprema, quando ocorresse diversidade de interpretação definitiva de lei federal entre tribunais locais superiores.

---

[30] Giulio Battaglini – Diritto Penale, Teorie Generali, nº 14, p. 26-27. Vede nº 313, J.

DISPOSIÇÕES LEGISLATIVAS SOBRE INTERPRETAÇÃO

100 – Parece constituírem maioria os jurisconsultos, que não acham bem colocados num Código os preceitos de Hermenêutica[1]. O assunto é exclusivamente doutrinal, científico; enquadra-se, à maravilha, em um compêndio; fica deslocado em um repositório de normas obrigatórias[2].

Não é possível fazer regras gerais para o que é, na essência, contingente e relativo. Só mesmo no campo da doutrina se realiza bem a interpretação, sem o caráter de preceito universal e imutável no tempo; só ali atinge a sua alta, delicada e complexa finalidade; porque deve variar conforme o ramo do Direito e as condições sociais em perpétuo evolucionar[3]. Demais o legislador não pode fazer obra completa, e da especificação resultará a dúvida sobre a aplicabilidade dos preceitos não compreendidos na norma positiva[4]. A ele compete apenas concretizar uma regra; a maneira de a compreender é condicionada e dirigida pelas leis sociais, lógicas, psicológicas, linguísticas e outras[5]. Enfim, as

---

[1] Geny, vol. I, p. 224.

[2] Giuseppe Saredo – *Trattato delle Leggi*, nos 526-535; Ehrlich, *in* "Sc. of Legal Method", p. 67; Walter Jellinek, op. cit., p. 158; Crome, vol. I, p. 97 e nota 1; Giorgi, vol. IV, nº 181.

[3] Jandoli, op. cit., p. 30; Degni, op. cit., p. 44-46.

[4] Saredo, op. cit., nº 533.

[5] Wurzel *in* revista cit., vol. 21, p. 674. "A chave para entender um Código deve ser procurada antes em qualquer outro lugar do que nele próprio" (Unger – Prefácio do *System, des Oesterreichischen Rechts*).

DISPOSIÇÕES LEGISLATIVAS SOBRE INTERPRETAÇÃO | **89**

disposições sobre exegese encerram princípios gerais por todos aceitos; pelo que parece ociosa a sua inclusão em uma norma coercitiva[6].

Os argumentos resumidos aqui levaram a expungir da parte preliminar dos Códigos Civis francês e germânico as disposições reguladoras da interpretação, e foram inutilmente vulgarizados quando se elaborou o repositório italiano[7].

101 – Defende-se a minoria divergente com alegar, por sua vez, que a inserção de um preceito num código dá àquele maior prestígio e força a especial acatamento no pretório[8]. Por outro lado, a eiva mais visível e temida desaparece, desde que o legislador não pretenda substituir-se ao homem de ciência, não edite as suas regras como únicas; limite-se a apresentá-las como principais, diretas, precisas, generalizadas, sem prejuízo de outras porventura obtidas pela pesquisa livre e proteiforme da doutrina[9]. É o que sucede no Brasil, República Argentina e Itália: ao lado da norma legal pululam os frutos da indagação científica, excelentes e variados; a ideia concretizada em preceito obrigatório não impede o surto espontâneo de muitas outras, igualmente dominantes graças ao prestígio dos seus autores ou à irradiação da verdade que encerram[10].

---

[6]   Comissário Niutta, *apud* De Filippis, *Corso Completo di Diritto Civile Italiano Comparato*, 1908-1910, vol. I, p. 68.

[7]   Tanto o Projeto alemão como o francês continham regras de Hermenêutica. O Código japonês seguiu os modelos francês e alemão; o argentino e o brasileiro preferiram o italiano. O suíço também se refere a exegese, porém num dispositivo destinado, sobretudo, a adotar um sistema novo de Aplicação do Direito (Vede nº 72).

[8]   Laurent, vol. I, nº 268; Caldara, op. cit., p. 33-39.

[9]   Geny, vol. I, p. 232-233.

[10]   Quando traçam regras sobre interpretação e aplicação do Direito, fazem-no os Códigos modernos em tom discreto, a fim de reservar à doutrina o campo mais vasto. O brasileiro contém as disposições seguintes:
Art. 6º (da antiga Introdução) – A lei que abre exceções a regras gerais, ou restringe direitos, só abrange os casos que especifica.
Art. 7º (da antiga Introdução) – Aplicam-se nos casos omissos as disposições concernentes aos casos análogos, e, não as havendo, os princípios gerais de Direito.
Art. 85 – Nas declarações de vontade se atenderá mais à sua intenção que ao sentido literal da linguagem.
Art. 1.090 – Os contratos benéficos interpretar-se – não estritamente.
Art. 1.666 – Quando a cláusula testamentária for suscetível de interpretações diferentes, prevalecerá a que melhor assegure a observância da vontade do testador.
Há outros dispositivos sobre interpretação de atos ou contratos; porém à mesma se não referem direta e explicitamente, como os cinco transcritos.
Vede nº 289-B, onde são feitos comentários à nova Lei de Introdução.

102 – Nos países, como a França, onde prevaleceu a doutrina de não tornar compulsórias as regras de Hermenêutica e as expungiram do livro preliminar do Código Civil, escritores de nomeada apresentam as disposições escritas, referentes à interpretação das *Obrigações*, como simples conselhos dados ao juiz, desprovidas de caráter imperativo[11]. Este modo de pensar encontra, ali mesmo, opositores, talvez em maioria[12]; entre os povos que se orientaram diversamente, aquele estranho parecer não encontra o menor ponto de apoio. Não é possível confundir um repositório de normas legislativas com um livro de instrução; a este, e não àquele, incumbe fornecer conselhos, enunciar oportunas advertências, indicar o rumo a seguir, sem revestir de caráter obrigatório as suas prescrições[13].

As regras de Hermenêutica incluídas em um Código têm a mesma força compulsória que os outros preceitos ali consolidados, isto é, variável segundo a evolução; porquanto devem ser interpretadas também de acordo com as condições sociais. Obrigatórias em teoria, sofre alterações sutis a sua aplicabilidade, à medida das necessidades e conjunturas imprevistas e multímodas da prática e conforme a índole dos dispositivos em cuja exegese se empregam[14].

103 – Resta liquidar uma dúvida: os preceitos antepostos a um Código aplicam-se exclusivamente ao repositório junto ao qual se acham?

Portalis resolveu a dificuldade já levantada a propósito do *Livro Preliminar* do Projeto de Código Napoleão. Se determinadas circunstâncias históricas levaram a formular certas regras legais a propósito de um repositório, como poderiam ter feito ao elaborar outro qualquer, nem por isso a simples circunstância da colocação e data obriga a tomar os preceitos como incorporados ao Código referido. Constituem uma lei à parte, com objetivo distinto, espécie de *lex legum*, destinada a regular a aplicação de todas as outras. Ficaram melhor ao lado do Código Civil, porque este abrange um campo jurídico incomparavelmente mais vasto do que qualquer outro conjunto de preceitos sistematizados[15].

---

[11] Huc, vol. VII, nº 175; Aubry & Rau, Conselheiros da Corte de Cassação, de França, vol. IV, § 347, nota I; Ehrlich, *in* "Sc. of Legal Method", p. 67.

[12] Geny, vol. I, p. 226-229.

[13] Giorgi, vol. IV, nº 181.
Na própria França as regras formuladas para a exegese das convenções aplicam-se, por analogia, à interpretação das leis (Aubry & Rau, vol. I, § 40).

[14] Ernst R. Bierling – *Juristiche Prinzipienlehre*, 1911, vol. IV, p. 226-227; Walter Jellinek, op. cit., p. 158; Degni, op. cit., p. 48-49; Coviello, vol. I, p. 68-69.

[15] Caldara, op. cit., nºs 40-41; Coviello, vol. I, p. 69.
Em Coimbra chamam oficialmente Direito Pátrio ao só Direito Civil.

DISPOSIÇÕES LEGISLATIVAS SOBRE INTERPRETAÇÃO | 91

Os discordantes deste parecer objetam que o art. 6º da Introdução de 1916 se não aplica ao Direito Penal[16]. O argumento não procede; porque também não empregam o mencionado dispositivo em muitos casos de Direito Civil; e o art. 4º do Título Preliminar do Código Civil Italiano de 1865, correspondente ao 6º do brasileiro, referiu-se *explicitamente* às leis penais, mandou interpretá-las do mesmo modo que as excepcionais.

No Brasil, as considerações sob números 6 e 7 acham-se num conjunto de 21 artigos; a lei não fez a menor distinção quanto à aplicabilidade dos mesmos; logo não pode fazê-la tampouco o juiz. Na prática se tem entendido assim; por exemplo: o prazo para entrar em vigor qualquer ato do Congresso ou do Executivo é o fixado pelo art. 2º; o mesmo se dirá dos arts. 1º, 4º, 11, 12, 15, 16, 17, 18, 19 e 21, obrigatórios tanto no cível como no crime, todos da Lei de Introdução de 1916[17-18].

Do que se necessita para o uso conveniente dos arts. 6º e 7º da Introdução é de os interpretar *inteligentemente*; porém este preceito não se refere só ao Direito Civil...

---

[16] Raymundo Salvat – *Tratado de Derecho Civil Argentino*, vol. I, 1917, nº 94, b. Aliás o Código argentino contém, sobre interpretação, apenas o art. 18, muito semelhante ao 7º brasileiro. A nova *Lei de Introdução* suprime a matéria do art. 6º; mas contém a do 7º, e manda, no seu art. 5º, atender aos fins sociais do Direito positivo.

[17] Os artigos acima referidos aplicam-se habitualmente às disposições de Direito Civil, Comercial, Criminal, Judiciário e Administrativo.

[18] Será oportuno o estudo comparativo entre os artigos da Lei de Introdução de 1916 e de 1942, para tanto transcreve-se no final do Apêndice os textos de ambas lado a lado (Nota da Editora).

QUALIDADES DE HERMENEUTA – CAUSAS DE INTERPRETAÇÃO VICIOSA E INCORRETA – APLICAÇÃO DO DIREITO

104 – Nenhuma escola de Hermenêutica ousa confiar exclusivamente na excelência dos seus postulados para a exegese e aplicação correta do Direito. Nenhum repositório paira sobranceiro aos dislates dos ineptos, às fantasias dos apaixonados e subterrâneas torpezas dos ímprobos. Não há sistema capaz de prescindir do coeficiente pessoal. A justiça depende, sobretudo, daqueles que a distribuem. O texto é a essência, a matéria-prima, que deve ser plasmada e vivificada pela inteligência ao serviço de um caráter íntegro.

A própria dogmática exige no intérprete a posse de três atributos cuja concomitância no mesmo cérebro não é vulgar – probidade, ilustração e critério. O primeiro leva ao esforço tenaz e sincero para achar o sentido e alcance da lei segundo os ditames da verdadeira justiça; o segundo auxilia, com uma grande soma de conhecimentos, a surpreender todas as dúvidas possíveis e a atingir os vários motivos de uma decisão reta; o terceiro conduz "a discernir o certo do provável, o aparente do real, o verdadeiro do falso, o essencial do acidental"[1].

Para ser hermeneuta completo, é mister entesourar "profundo conhecimento de todo o organismo do Direito e cognição sólida, não só da história dos

---

[1]   Paula Batista, op. cit., § 7º.

QUALIDADES DE HERMENEUTA – INTERPRETAÇÃO VICIOSA E INCORRETA | 93

institutos, mas também das condições de vida em que as relações jurídicas se formam"[2].

"A interpretação das leis é obra de raciocínio e de lógica, mas também de discernimento e bom senso, de sabedoria e experiência"[3]. Um Código, porventura teoricamente ótimo, sempre exige, para a sua perfeita observância, aplicadores exornados de grandes dotes intelectuais[4]. É notório que a mesma norma positiva adquire acepções e aplicações várias em diferentes países, ou em épocas diversas, e a causa da divergência acha-se no temperamento, na orientação do espírito e na posição social, ou política, dos que têm assento nos tribunais[5].

105 – Dia a dia avulta em importância e complexidade a tarefa do hermeneuta. "A interpretação, que outrora parecia água plácida, estagnada, é hoje um mar assaz agitado." Precisa o exegeta possuir um intelecto respeitoso da lei, porém ao mesmo tempo inclinado a quebrar-lhe a rigidez lógica; apto a apreender os interesses individuais, porém conciliando-os com o interesse social, que é superior; capaz de reunir em uma síntese considerações variadíssimas e manter-se no difícil meio-termo – nem rastejar pelo solo, nem voar em vertiginosa altura[6].

Sobretudo a escola dominante em quase todo o universo, a *histórico-evolutiva*, que atende aos fatores sociais da elaboração e interpretação do Direito, reclama julgadores esclarecidos, à altura da sua época, bem familiarizados com as ciências econômicas e com as *instituições* jurídicas dos povos cultos. Passou a hegemonia intelectual dos praxistas, adstritos ao velho formalismo, simples compulsadores de coleções de arestos e de trabalhos de estreita exegese dos textos[7].

Não basta a elaboração lógica dos materiais jurídicos que se encontram num processo, para atingir o ideal de justiça baseada nos preceitos codificados. Força é compreender bem os fatos e ser inspirado pelo nobre interesse pelos destinos humanos; compenetrar-se dos sofrimentos e aspirações das partes, e lhes não oferecer "uma pedra de simples raciocínio, e, sim, o pão de amparadora simpatia". O juiz, embora se não deixe arrastar pelo sentimento, adapta o texto à vida

---

2   Roberto di Ruggiero, Prof. da Universidade de Roma – *Instituzioni di Diritto Civile*, 7ª ed., vol. I, § 17, 4, p. 125.

3   Demolombe, vol. I, nº 116.

4   Adickes, *in Deutsche Juristen-Zeitung*, 1906, p. 501; "Ehrlich-Freie Rechtsfindung", p. 21; Rumpf, op. cit., p. 198-199.

5   Ehrlich, *in* "Sc. of Legal Method", p. 48.

6   Biagio Brugi, Prof. da Universidade de Pádua – Prefácio de *L'Interpretazione della Legge*, de F. Degni, 2ª ed., 1909, p. VII.

7   Gmelin – *Quousque?*, p. 20; Jandoli, op. cit., p. 76.

94 | Hermenêutica e Aplicação do Direito • *Carlos Maximiliano*

real e faz do Direito o que ele deve ser, uma condição da coexistência humana, um auxiliar da ideia, hoje vitoriosa, da solidariedade social[8]. Por isso, o magistrado ficará abaixo do seu ministério sublime, se lhe faltar algum dos requisitos seguintes: "inteligência suficiente por natureza, estudo e exercício; ânimo simples e imparcial por estar livre de preconceitos, paixões e interesses; intenção de conhecer a verdade; estudo diligente; minuciosa e contínua observação das mais insignificantes circunstâncias de fato"[9].

106 – Ninguém ousará dizer que a música escrita, ou o drama impresso, dispensem o talento e o preparo do intérprete. Este não se afasta da letra, porém dá ao seu trabalho cunho pessoal, e faz ressaltarem belezas imprevistas. Assim o juiz: introduz pequenas e oportunas graduações, matizes vários no texto expresso, e, sob a aparência de o observar à risca, em verdade o melhora, adapta às circunstâncias do fato concreto, aproxima do ideal do verdadeiro Direito. Deste modo ele desempenha, à maravilha, o seu papel de intermediário inteligente entre a lei e a vida[10].

No pretório contemporâneo não pode haver lugar para os leigos, nem para os falsos letrados; para os incompetentes, em suma[11]. Cumpre escolher os magistrados entre os que mais bem conhecem as paixões humanas, as causas próximas e remotas dos fenômenos jurídicos, a finalidade dos institutos e dispositivos, os fatores sociológicos que influíram na elaboração, ou na exegese dos textos. Devem ter aprendido a substituir o egoísmo, cultivado outrora nos ginásios, pelos sentimentos éticos inspirados pelos interesses comuns da coletividade, e também dos povos, quer isolados, quer no convívio das nações.

O melhor sistema de seleção é o inglês, até alemães o reconhecem: conquista os grandes advogados para membros de tribunal de segunda instância; porque vivem em contato imediato com a sociedade, estão familiarizados com os conflitos de interesses, conhecem bem a luta pela existência, com as suas dores e vitórias, anelos e desilusões. Sabem, por experiência, o valor de cada circunstância de fato; portanto apreciam-na melhor e levam-na em conta ao aplicar as leis[12].

---

8   Gmelin, op. cit., p. 21.

9   Giorgio Giorgi – *Teoria delle Obbligazioni*, 7ª ed., vol. IV, nº 180.

10   Gmür, op. cit., p. 139 e 141.

11   Fritz Berolzheimer – *Die Gefahren einer Gefühlsjuris*, 1911, p. 20 e nota 28. Este autor é insuspeito; porque não dá muito apreço aos fatores sociológicos e combate a Jurisprudência sentimental.

12   Düringer, op. cit., p. 33-34 e 37-38; Gmelin, op. cit., p. 20 e 81-82.
     Quão distantes ficam do modelo acima descrito os sistemas que instituem a magistratura como uma classe à parte, preenchidos os cargos por simples acesso e assegurada ainda a preeminência ao critério da antiguidade!

QUALIDADES DE HERMENEUTA – INTERPRETAÇÃO VICIOSA E INCORRETA | **95**

Para os tribunais superiores também estão naturalmente indicados os catedráticos e os sistematizadores de saber jurídico, homens cujos hábitos intelectuais e vastidão de cultura predispõem para o exercício da função atribuída à jurisprudência, de aperfeiçoadora sutil e quase inconsciente do trabalho do legislador, obreira diurna da evolução do Direito. Os entusiastas de livros velhos e os ferrenhos perquiridores de nulidades servem para curar os jovens advogados de certo desdém pelo rito processual, ficam à maravilha nos pretórios de principiantes, donde não devem sair...

Em resumo: a obra do intérprete é difícil e delicada; pressupõe tato, felicidade de intuição, critério e "o saber de experiência feito".

107 – Cumpre evitar, não só o demasiado apego à letra dos dispositivos, como também o excesso contrário, o de *forçar a exegese* e deste modo encaixar na regra escrita, graças à fantasia do hermeneuta, as teses pelas quais este se apaixonou, de sorte que vislumbra no texto ideias apenas existentes no próprio cérebro, ou no sentir individual, desvairado por ojerizas e pendores, entusiasmos e preconceitos. "A interpretação deve ser objetiva, desapaixonada, equilibrada, às vezes audaciosa, porém não revolucionária, aguda, mas sempre atenta respeitadora da lei"[13].

> "Toda inclinação, simpática ou antipática, enfraquece a capacidade do intelecto para reconhecer a verdade, torna-o parcialmente cego. A ausência de paixão constitui um pré-requisito de todo pensamento científico." Em verdade, o trabalho do intérprete pode ser viciado, não só pelas causas apontadas, como também por qualquer prevenção, ou simpatia, que o domine, sem ele o perceber talvez, relativamente à parte, por sua classe social, profissão, nacionalidade ou residência, ideias religiosas e políticas. O homem é levado à solidariedade com outro, ou à ojeriza deste, pelos sentimentos imperceptíveis que lhe despertam a tradição histórica, a hereditariedade, o *meio* familiar ou escolar em que foi educado. Por isso é condescendente, ou severo demais, sem o saber[14].

108 – Diversas *tendências*, impedem de raciocinar com a necessária acuidade e justiça. Entre elas sobreleva a de *generalizar*, a de preferir instintivamente

---

13 Francesco Ferrara – *Trattato di Diritto Civile Italiano*, 1921, vol. I, p. 206.

14 Karl Wurzel – *Das Juristiche Denken, in* "Oesterreichisches Zentralblatt für die Juristische Praxis", vol. 21, p. 599-600.
A magistratura francesa inclinava em demasia a balança da justiça contra os socialistas; mudou de conduta quanto a estes, porém voltou os seus raios para os antimilitaristas (Raoul de La Grasserie – *De la Justice en France et à L'Étranger au XXe siècle*, 1914, vol. I, p. 7).

96 | Hermenêutica e Aplicação do Direito • *Carlos Maximiliano*

os princípios *absolutos;* só depois de refletir se aceitam as *exceções*, muito mais difíceis de ensinar aos indoutos do que as *regras gerais*[15].

109 – Também a *posição* do intérprete contribui para a defesa de proposições inexatas. O advogado propugna a tese que melhor aproveita ao constituinte; o político, a que convém ao seu partido; o juiz sente-se preso pela ideia sustentada em processo anterior; o prático apega-se aos *precedentes;* o divulgador alvissareiro de uma doutrina nova, dificilmente a repudia depois, não condescende em despojar-se da glória da descoberta ou da primazia; o escritor, criticado vigorosamente, não mais abandona os seus paradoxos vistosos, nem os cintilantes sofismas enganadores[16].

110 – Outra causa, pelo menos indireta, de exegese viciosa e incorreta aplicação da lei é o deliberarem em *sessão pública* os tribunais. O juiz impressiona-se com a galeria, inclina-se insensivelmente ante os preconceitos e paixões dominantes, julga nos termos de outro *veredictum* por ele proferido, embora haja entre os dois fatos apreciados ligeiras divergências que mereçam distinção no modo de decidir[17].

111 – Deve o intérprete, acima de tudo, *desconfiar de si*, pesar bem as razões *pró e contra*, e verificar, esmeradamente, se é a verdadeira justiça, ou são ideias preconcebidas que o inclinam neste ou naquele sentido. "Conhece-te a ti mesmo" – preceituava o filósofo ateniense. Pode-se repetir o conselho, porém completado assim: – "e desconfia de ti, quando for mister compreender e aplicar o Direito".

Esteja vigilante o magistrado, a fim de não sobrepor, sem o perceber, de boa-fé, o seu parecer pessoal à consciência jurídica da coletividade; inspire-se no amor e zelo pela justiça, e "soerga o espírito até uma atmosfera serena onde não o ofusquem as nuvens das paixões"[18].

---

[15] Félix Berriat Saint-Prix – *Manuel de Logique Juridique*, 2ª ed., nº 158.
As crianças falam como se fossem regulares os verbos irregulares.

[16] Berriat, Saint-Prix, op. cit., nº 162.

[17] Düringer, op. cit., p. 24.

[18] C. A. Reuterskioeld – *Ueber Rechtsauslegung*, 1889, p. 66; Geny, vol. II, p. 299; Giorgi, vol. IV, p. 194-195.
"Não transcendam os mesmos magistrados e professores os justos e impreteríveis limites das suas faculdades; e não se precipitem no temerário e sacrílego atentado de pretenderem ampliar ou restringir as leis pelos seus particulares e próprios ditames, como se delas pudessem ser árbitros" (Estatutos da Universidade de Coimbra, 1772, liv. II, tít. VI, cap. VI, § 13).

PROCESSOS DE INTERPRETAÇÃO[1]

112 – Tradicionalmente, além de dividir a interpretação, quanto à sua origem, em *autêntica* e *doutrinal*, também a decompunham, conforme os elementos de que se servia, em *gramatical* e *lógica*. Hoje não mais se aceitam semelhantes denominações impróprias. A interpretação é uma só; não se fraciona: exercita-se por vários *processos*, no parecer de uns; aproveita-se de *elementos* diversos, na opinião de outros: o *gramatical,* ou melhor, *filológico*; e o *lógico*, subdividido este, por sua vez, em *lógico propriamente dito*, e *social*, ou *sociológico*.

A diferença entre os dois principais elementos, ou processos, consiste em que um só se preocupa com a *letra* do dispositivo; o outro, com o *espírito* da norma em apreço.

113 – Presta-se a língua para estabelecer e cimentar as relações entre os homens. Quando alguém pretende despertar em outrem ideia semelhante à que irrompeu no seu próprio cérebro, por meio dos nervos motores engendra um produto físico, o qual, por sua vez, impressiona os órgãos sensitivos do outro indivíduo, em cuja alma faz brotar a imagem planejada. O mais importante desses produtos físicos é a linguagem, falada ou consistente em escrita, gestos, figuras, sinais. A comunicação completa-se desde que a imagem criada por um se reproduz com impressionar o intelecto do outro[2].

---

[1] Os processos e regras atinentes à exegese das leis também servem para interpretar frases de escritores e atos jurídicos em geral. Os códigos oferecem, de preferência, normas concernentes à hermenêutica dos contratos, as quais, porém, se aplicam, salvo exceções previstas, a leis, regulamentos e outros quaisquer textos (Zacharias e Crome – Manuale del *Diritto Civile Francese*, trad. Barassi, vol. I, nota 1 ao § 36; Baudry-Lacantinerie e Hosque-Rau, Falcimaigne e Gault – *Cours de Droit Civil*, 5ª ed., vol. I, § 40, princípio).

[2] Erich Danz – *Einfhrung in die Rechtsprechung*, 1912, p. 8-9, § 4º.

Portanto, o primeiro esforço de quem pretende compreender pensamentos alheios orienta-se no sentido de entender a linguagem empregada. Daí se originou o processo verbal, ou *filológico*, de exegese. Atende à forma exterior do texto; preocupa-se com as acepções várias dos vocábulos; graças ao manejo relativamente perfeito e ao conhecimento integral das leis e usos da linguagem, procura descobrir qual deve ou pode ser o sentido de uma frase, dispositivo ou norma[3].

Tem menos importância para o Direito moderno do que lhe atribuíam para o antigo, escrito em línguas mortas. Nesse caso não se deparavam só dificuldades possíveis de resolver com o auxílio de gramáticas e dicionários; surgiam graves problemas filológicos, dúvidas oriundas das variantes de edições ou diversidade de manuscritos, e outras controvérsias em que a Hermenêutica necessitaria aliar-se à Crítica erudita para se aproximar o mais possível da verdade[4].

114 – O processo gramatical exige a posse dos seguintes requisitos:

1) conhecimento perfeito da língua empregada no texto, isto é, das palavras e frases usadas em determinado tempo e lugar; propriedades e acepções várias de cada uma delas; leis de composição; gramática;

2) informação relativamente segura, e minuciosa quanto possível, sobre a vida, profissão, hábitos pelo menos intelectuais e estilo do autor; orientação do seu espírito, leituras prediletas, abreviaturas adotadas;

3) notícia completa do assunto de que se trata, inclusive a história respectiva;

4) certeza da autenticidade do texto, tanto em conjunto como em cada uma das suas partes[5].

As dificuldades não são pequenas: há o dizer peculiar aos habitantes de certas regiões, a variação de significado conforme a época em que foi o texto redigido, a linguagem própria do indivíduo, o emprego do mesmo vocábulo, ora no sentido vulgar, ora no técnico-jurídico. De tudo isso resultam vacilações do hermeneuta, controvérsia na prática.

115 – Avultam os obstáculos quando os dispositivos foram transplantados da legislação de um povo para a de outro, ou quando se trata de frases traduzi-

---

[3] Paula Batista – *Compêndio de Hermenêutica Jurídica*, §§ 8 e 9; Charles Brocher – *Êtude sur les Principes Généraux de L'Interprétation des Lois*, 1870, p. 21; Emilio Caldara – *Interpretazione delle Leggi*, 1908, n°s 95 e 97.

[4] Brocher, membro da Corte de Cassação do cantão de Genebra, op. cit., p. 21-22.

[5] Bernardino Carneiro – *Primeiras Linhas hermenêutica Jurídica e Diplomática*, 2ª ed., § 16; Ernest R. Bierling – *Juristiche Prinzipienlehre*, 1911, vol. IV, p. 215; N. M. Korkounov – *Cours de Théorie Générale du Droit*, trad. Tchernoff, 1903, p. 526-527; Caldara, op. cit., n°s 101-102.

PROCESSOS DE INTERPRETAÇÃO | 99

das para o vernáculo. Sacrifica-se, às vezes, irremediavelmente, a precisão, como sucedeu com o Código Civil suíço[6].

Há línguas opulentas e outras pobres, isto é, analíticas as primeiras, sintéticas as últimas. Atenda-se à riqueza do idioma empregado: se este possui uma palavra para exprimir duas ideias, aquele varia de vocábulo conforme o sentido. Em português, – *tempo* – significa – *data* e *estado da atmosfera;* em alemão ou inglês, indicam a primeira acepção com um termo – *Zeit* ou *time*, e a segunda, com outro – *Wetter* ou *weather*.

A língua germânica forma vocábulos novos, com aglutinar os artigos, o que facilita a compreensão. As de origem romana seguem trilha mais difícil e complicada; aproveitam raízes gregas ou latinas, expressões estrangeiras traduzidas ou não, barbarismos e neologismos. Nesse meandro penetra o hermeneuta, com o intuito de esclarecer tudo, e dar a cada vocábulo o significado preciso. Tarefa precária, sobretudo quando o próprio legislador, ou expositor do Direito, não se mostra zeloso da sua linguagem e emprega as palavras novas, ou irregulares, em mais de uma de suas acepções! Também pode servir-se de um termo, ora no sentido etimológico, ora no usual, recentíssimo.

Os idiomas falados hoje têm não só a própria anatomia e fisiologia; mas, ainda, a sua patologia. Até as enfermidades da linguagem precisam ser conhecidas pelo intérprete e expositor do Direito[7].

116 – Merecem especial menção alguns preceitos, orientadores da exegese literal:

a) Cada palavra pode ter mais de um sentido; e acontece também o inverso – vários vocábulos se apresentam com o mesmo significado; por isso, da interpretação puramente verbal resulta ora mais, ora menos do que se pretendeu exprimir. Contorna-se, em parte, o escolho referido, com examinar não só o vocábulo *em si*, mas também em conjunto, em conexão com outros; e indagar do seu significado em mais de um trecho da mesma lei, ou repositório. Em regra, só do complexo das palavras empregadas se deduz a verdadeira acepção de cada uma, bem como a ideia inserta no dispositivo[8].

---

6   Na versão obrigatória do texto alemão para o francês, não foi possível exprimir bem todas as *nuances* da linguagem primitiva (Vede nº 72, e "Les transformations du droit dans les principaux pays depuis cinquante ans (1869-1919), *Livre du Cinquantenaire de la Société de Législation Comparée*, Paris, 1922, vol. I, p. 332-333).

7   Caldara, op. cit., nos 98 e 101.

8   Bernhard Windscheid – *Lehrbuch des Pandektenrechts*, 8ª ed., vol. I, § 21; Emmanuele Gianturco – *Sistema di Diritto Civile Italiano*, 3ª ed., vol. I, nos 117-118; Chironi & Abello – *Trattato di Diritto Civile Italiano*, 1904, vol. I, p. 61; Francesco Degni – *L'Interpretazioni della Legge*,

b) O juiz atribui aos vocábulos o sentido resultante da linguagem vulgar; porque se presume haver o legislador, ou escritor, usado expressões comuns; porém, quando são empregados termos jurídicos, deve crer-se ter havido preferência pela linguagem técnica. Não basta obter o significado gramatical e etimológico; releva, ainda, verificar se determinada palavra foi empregada em acepção geral ou especial, ampla ou estrita; se não se apresenta às vezes exprimindo conceito diverso do habitual. O próprio uso atribui a um termo sentido que os velhos lexicógrafos jamais previram. Enfim, todas as ciências, e entre elas o Direito, têm a sua linguagem própria, a sua tecnologia; deve o intérprete levá-la em conta; bem como o fato de serem as palavras em número reduzido, aplicáveis, por isso, em várias acepções e incapazes de traduzir todas as gradações e finura do pensamento. No Direito Público usam mais dos vocábulos no sentido técnico; em o Direito Privado, na acepção vulgar. Em qualquer caso, entretanto, quando haja antinomia entre os dois significados, prefira-se o adotado geralmente pelo mesmo autor, ou legislador, conforme as inferências deduzíveis do contexto[9].

c) Notam-se na linguagem duas tendências opostas, exercidas simultaneamente sobre palavras diversas, ou sobre a mesma em épocas diferentes: para *generalizar* e *especializar* o sentido respectivo, o qual vai mudando à proporção que se verifica o mencionado fenômeno de Linguística Precisa, portanto, o hermeneuta conhecer o desenvolvimento evolutivo, a história de um vocábulo, a fim de apurar o que este foi chamado a exprimir[10].

d) Se mudou, com o tempo, o sentido de uma palavra, prefere-se o da época em que foi o texto redigido em caráter definitivo, e não daquela em que é interpretado[11].

e) Atende-se aos usos *locais* relativos à linguagem; respeita-se a acepção adotada na zona geográfica em que foi o trecho publicado[12]: por exemplo, em Estados vizinhos, como os de Minas Gerais, São Paulo e Rio de Janeiro, a palavra *alqueire,* oficialmente empregada, não designa a mesma quantidade superficial de terra.

1909, p. 237 e 241: Francesco Ferrara – *Trattato di Diritto Civile Italiano,* 1921, vol. I, p. 213; Caldara, op. cit., nº 111.

9   Mark Salomon – *Das problem der Rechtsbegriffe,* 1907, p. 26-27 e 61; Giuseppe Saredo – *Trattado delle Leggi,* nºs 21-22; Bierling, vol. IV, p. 215; Degni, op. cit., p. 236; Ferrara, vol. I, p, 213; *Les Transformations du Droit* cit., vol. I, p. 331-332; Giovanni Pacchioni, Prof. da Real Universidade de Milão – *Delle Leggi in Generale,* 1933, p. 117, nota 1.

10   Caldara, op. cit., nºs 104-105.

11   Bernardino Carneiro, Prof. da Universidade de Coimbra, op. cit., § 32; Degni, op. cit., p. 236; Korkeounov, op. cit., p. 526-527.

12   Chironi & Abello, Profs. da Universidade de Turim, vol. I, p. 61: Ferrara, vol. I. p. 213-214.

PROCESSOS DE INTERPRETAÇÃO | 101

f) Presume-se que a lei não contenha palavras supérfluas; devem todas ser entendidas como escritas adrede para influir no sentido da frase respectiva[13].

g) Na dúvida, prefere-se o significado que torna geral o princípio em a norma concretizado, ao invés do que importaria numa distinção, ou exceção[14].

h) A posição dos textos esclarece o hermeneuta: se o objeto é idêntico, parece natural que as palavras, embora diversas, tenham significado semelhante[15].

i) Pode haver, não simples impropriedade de termos, ou obscuridade de linguagem, mas também engano, lapso, na redação. Este não se presume: Precisa ser demonstrado claramente. Cumpre patentear, não só a inexatidão, mas também a causa da mesma, a fim de ficar plenamente provado o erro, ou simples descuido[16].

j) A prescrição obrigatória acha-se contida na fórmula concreta. Se a letra não é contraditada por nenhum elemento exterior, não há motivo para hesitação: deve ser observada. A linguagem tem por objetivo despertar em terceiros pensamento semelhante ao daquele que fala; presume-se que o legislador se esmerou em escolher expressões claras e precisas, com a preocupação meditada e firme de ser bem compreendido e fielmente obedecido. Por isso, em não havendo elementos de convicção em sentido diverso, atém-se o intérprete à letra do texto[17].

Embora seja verdadeira a máxima atribuída ao apóstolo São Paulo – a letra mata, o espírito vivifica –, nem por isso é menos certo caber ao juiz afastar-se das expressões claras da lei, somente quando ficar evidenciado ser isso indispensável para atingir a verdade em sua plenitude. O abandono da fórmula explícita constitui um perigo para a certeza do Direito, a segurança jurídica; por isso é só justificável em face de mal maior, comprovado: o de uma solução contrária ao espírito dos dispositivos, examinados em conjunto. As audácias do hermeneuta não podem ir a ponto de substituir, de fato, a norma por outra[18].

k) Entretanto, o maior perigo, fonte perene de erros, acha-se no extremo oposto, no apego às palavras. Atenda-se à letra do dispositivo; porém com a maior cautela e justo receio de "sacrificar as realidades morais, econômicas, sociais, que constituem o fundo material e como o conteúdo efetivo da vida jurídica, a sinais, puramente lógicos, que da mesma não revelam senão um

---

[13] Gianturco, vol. I, p. 1, 118; Ferrara, vol. I, p. 214.

[14] Gianturco, vol. I, p. 118.

[15] Degni, op. cit., p. 237, n° 111.

[16] Brocher, op. cit., p. 27-28.

[17] François Geny – *Méthode d' Interprétation et Sources en Droit Privé Positif*, 2ª ed., 1919, vol. 1, p. 276-277, n° 101.

[18] M. Rumpf – *Gesetz und Richter*, 1906, p. 76-78.

aspecto, de todo formal"[19]. Cumpre tirar da fórmula tudo o que na mesma se contém, implícita e explicitamente, o que, em regra, só é possível alcançar com experimentar os vários recursos da Hermenêutica[20].

Verbum ex legibus, sic accipiendum est: tam ex legum sententia, quam ex verbis – "O sentido das leis se deduz, tanto do espírito como da letra respectiva"[21].

São inevitáveis os extravasamentos e as compressões; resultam da pobreza da palavra, que torna esta inapta para corresponder à multiplicidade das ideias e à complexidade da vida. Por isto, há interpretação *extensiva* e *estrita*, posto que outrora se considerasse ideal a só *declarativa*[22].

1) A interpretação verbal fica ao alcance de todos, seduz e convence os indoutos, impressiona favoravelmente os homens de letras, maravilhados com a riqueza de conhecimentos filológicos e primores de linguagem ostentados por quem é, apenas, um profissional do Direito. Como toda meia ciência, deslumbra, encanta e atrai; porém fica longe da verdade as mais das vezes, por envolver um só elemento de certeza, e precisamente o menos seguro.

Não se desdenhe, em absoluto, um tal processo; cumpre empregá-lo, porém, com a mais discreta cautela, para evitar o que os alemães denominam *Silbenstecherei – logomaquia*, esmerilhação pedantesca, disputa palavrosa e oca[23].

Quem só atende à letra da lei, não merece o nome de jurisconsulto; é simples pragmático (dizia Vico)[24].

A exegese filológica atinge, apenas, o caso típico, principal; o núcleo, explícito, lúcido, é cercado por uma zona de transição; cabe ao intérprete ultrapassar

---

[19] François Geny – *Science et Technique en Droit Privé Positif*, 1914, vol. I, p. 148.

[20] Nicolas Stolfi – *Diritto Civile*, vol. I, nº 281; Geny — Méthode d' Interprétation, vol. I, p. 277-278.

[21] Ulpiano, em o *Digesto*, liv. 50, tít. 16 – de verborum significatione, frag. 6, § 1º.

[22] Joaquim Dualde – *Una Revolución en la Lógica del Derecho*, p. 4.
Vede nos 217 e segs.

[23] Enneccerus, Kipp e Wolff – *Lehrbuch des Bürgerlichen Rechts*, 17ª ed., vol. I, 1ª parte, § 51.

[24] Giovanni Lomonaco – *Istituzioni di Diritto Civile*, 2ª ed. vol. I, p. 85.
Mais severo do que o famoso mestre napolitano se nos antolha o implacável Professor da Faculdade de Direito do Recife, Tobias Barreto, *in Menores e Loucos*, p. 27:
"Não compreendo que valor poderia ter o estudo do Direito, se os que a ele se consagram fossem obrigados, como os *doutores da lei*, da escola do rabino Shammai, a ser somente exegetas, a não sair do texto, a executar simplesmente um trabalho de *midrasch*, como dizem os judeus, isto é, de escrupulosa interpretação literal. Assim viríamos a ter, não uma ciência *do Direito*, mas uma *ciência da lei*, que podia dar o pão, porém, ao certo, não dava honra a ninguém. Assentar-lhe-ia em cheio o *leider auch* com que Goethe humilhou a Teologia; e cada um de nós poderia, com mais razão do que Fausto, zombar do seu doutorismo – *heisse Doktor gar*!...

PROCESSOS DE INTERPRETAÇÃO | 103

esse limite para chegar ao campo circunvizinho, mais vasto, e rico de aplicações práticas[25].

m) Guia-se bem o hermeneuta por meio do processo verbal quando claros e apropriados os termos da norma positiva, ou do ato jurídico[26]. Entretanto, não é absoluto o preceito; porque a linguagem, embora perfeita na aparência, pode ser inexata; não raro, aplicados a um texto, lúcido à primeira vista, outros elementos de interpretação, conduzem a resultado diverso do obtido com o só emprego do processo filológico[27].

Sobretudo em se tratando de atos jurídicos, a justiça e o dever precípuo de fazer prevalecer a vontade real conduzem a decidir contra a letra explícita, fruto, às vezes, de um engano ao redigirem[28].

116-A – Nos tratados de Direito e nos repositórios de Jurisprudência pululam conclusões em flagrante desacordo com a impressão resultante da exegese puramente gramatical dos textos.

a) O art. 32 da Lei Cambial (Decreto nº 2.044, de 21 de dezembro de 1908) determina: "O portador que não tira em tempo útil, e forma regular, o instrumento do protesto da letra perde o direito de regresso contra o sacador, endossadores *e avalistas*."

A exegese filológica leva a concluir que, não feito o protesto no prazo legal, cessa a faculdade de agir contra *qualquer avalista;* pois o texto não *distingue* entre o do aceitante da letra de câmbio, ou do emitente da nota promissória, e os demais. Com esta orientação decidiu até um pretório que forma na primeira linha entre os mais esclarecidos do Brasil – o Tribunal de Justiça de São Paulo (Acórdão de 30 de março de 1916). Reformou, enfim, a jurisprudência, afeiçoando-a, de vez, à boa doutrina (Acórdão de 8 de julho de 1919).

O avalista *do aceitante* da letra, ou *do emitente* da *nota promissória,* é equiparado ao avalizado. A responsabilidade deste não cessa pelo simples fato de se não protestar o título; portanto, o mesmo se dá com a daquele.

A lei, embora não distinga explicitamente, refere-se a avalistas *dos sacadores* e aos *de endossadores.* O emitente, ou aceitante, e os respectivos avalistas são

---

[25]   Wurzell – Das Juristiche Denken, *in Zentralblatt für die Juristische Praxis*, vol. 21, p. 762-767 e 948-251; Armin Ehrenzweig – *System des Oesterreichischen Allgemeinen Privatrechts*, vol. I, 1ª parte, p. 69-70.
Vede nº 19.

[26]   Cunha Gonçalves – *Tratado de Direito Civil*, vol. IV, 1931, nº 542, 19, p. 425.

[27]   Piola Caselli – *Digesto Italiano*, vol. XIII, nºs 7-8.

[28]   Planiol & Ripert e Esmein – *Traité Pratique de Droit Civil*, vol. VI, nº 373.

104 | Hermenêutica e Aplicação do Direito • *Carlos Maximiliano*

obrigados *diretos;* o sacador, o endossador e os seus avalistas são os que a doutrina considera *obrigados regressivos,* únicos que se libertam quando se não faz em tempo o indispensável protesto[29].

b) Preceitua o Código Civil português: "Art. 1.457. As doações, *que tiverem de produzir os seus efeitos por morte do doador,* têm a natureza de disposição de última vontade, e ficam sujeitas às regras estabelecidas no título dos testamentos."

A letra parece admitir as doações *causa mortis;* porém a doutrina e a jurisprudência concluem de modo diametralmente oposto – contra a legalidade de tais atos benéficos[30].

c) Prescrevia o Código Penal de 1890, sob a epígrafe *Do Rapto:* "Art. 270. Tirar *do lar doméstico,* para fim libidinoso, qualquer mulher honesta..."

A exegese filológica excluiu do alcance do texto a tirada de um recolhimento, ou colégio, e o rapto em plena rua, num teatro, agência de Correios, ou loja de modista. A boa doutrina, baseada na interpretação *lógica* e *estrita,* não *restritiva* nem *gramatical,* engloba na mesma figura delituosa todas as hipóteses referidas; porque "a essência do crime de rapto está no apossar-se da pessoa de alguém levando-a de um para outro lugar (*abductio de loco ad locum,* dos romanos), ou retendo-a onde se ache à discrição de outra pessoa"[31].

A *fonte* do dispositivo brasileiro é o art. 354 do Código Penal francês, um pouco mais explícito, aliás, porque alude à tirada "dos lugares onde os menores tinham sido postos por aqueles a cuja autoridade ou direção estavam submetidos ou confiado". O repositório gaulês compreende, pois, claramente, a casa paterna e o pensionato; porém não a rua, o cinema, a loja, lugares onde o rapto se dá e é punido *como tal*[32].

---

[29] Saraiva – A Cambial, 2ª ed., §§ 96, 171 e 286; Carvalho de Mendonça – Tratado de Direito Comercial, vol. V, parte 2ª, nos 766 e 957; Paulo de Lacerda – A Cambial no Direito Brasileiro, 3ª ed., nº 316; José Maria Whitaker – Letra de Câmbio, 2ª ed., nº 147 e nota 339.

[30] José Tavares, Professor da Universidade de Coimbra – Sucessões, 2ª ed., vol. I, p. 29; Dias Ferreira, Professor da Universidade de Coimbra – Código Civil Português Anotado, vol. III, comentário ao art. 1.174.

[31] João Vieira de Araújo – O Código Penal Interpretado – Parte Especial, vol. I, nº 111, p. 246-247; Galdino Siqueira – Direito Penal Brasileiro – Parte Especial nº 299 (em desacordo quanto ao rapto em plena rua); Acórdão do Tribunal de Justiça de São Paulo, de 26 de março de 1898; Ac. da Terceira Câmara da Corte de Apelação do Distrito Federal, de 10 de abril de 1915; Gazeta Jurídica, vol. 17, p. 170; Revista de Direito, vol. 40, p. 212-216; Edgard Costa – Repertório de Jurisprudência Criminal, nº 304.

[32] Chaveau e Helie – Théorie du Code Pénal, 3ª ed., vol. IV, p. 389-399; Garraud – Traité Théorique et Pratique du Droit Pénal Français, 2ª ed., vol. V, nº 1.982 e nota 11.

d) Preceitua o Código Civil francês: "Art. 900. Em toda disposição entre vivos ou *testamentária,* as condições impossíveis e as que forem contrárias às leis ou aos costumes serão reputadas *não escritas."*

A exegese verbal induz a inferir que da condição *ilícita* não advém prejuízo para a validade da cláusula a que esteja adstrita; devem, pois, decidir como se a condição *não existisse.*

Pois bem; a jurisprudência, vitoriosa até na Corte de Cassação, com referência aos atos de última vontade, afeiçoou à melhor doutrina o preceito imperativo e claro; transportou para o campo do dispositivo citado a teoria da *causa determinante ilícita,* e tem, com este fundamento, anulado a própria liberalidade, a cláusula testamentária *inteira;* não se limita a considerar inócua, *inexistente, não escrita, a condição* apenas, como a letra do texto indica[33].

e) O art. 1.045 do Código Civil francês especifica: "O legado será ainda reputado feito conjuntamente, quando uma coisa que não é suscetível de ser dividida sem deterioração, tiver sido dada pelo mesmo ato a muitas pessoas, até mesmo separadamente."

Aplicada esta norma, desde que faltasse um dos legatários, a sua parte caberia aos restantes. Entretanto, nunca se cumpriu aquele dispositivo; os tribunais limitam-se a interpretar a vontade do testador, os termos do ato de última vontade; se não ressalta de tais elementos o desejo de fazer subdividir entre uns o que outrem deixou de receber, não se dá o *acrescimento,* embora o bem transmitido *causa mortis* não possa ser dividido sem se deteriorar. Decidem, pois, os juízes como se o art. 1.045 *não existisse*[34].

f) O Código Napoleão, no art. 1.554, estabeleceu a inalienabilidade dos bens dotais, *imóveis;* entretanto, a jurisprudência, atendendo ao enorme desenvolvimento que, nos tempos modernos, teve a classe dos *móveis,* estendeu a estes o preceito, ou melhor, fez da exceção *regra*[35].

g) As *Ordenações Filipinas,* livro 1º, título 88, § 9º, preceituavam: "E o pai, ou mãe, ou qualquer outra pessoa, que por mandado da Justiça fizer inventário, e nele sonegar e encobrir alguma coisa, assim móvel, como de raiz, que fosse do

---

[33] Carlos Maximiliano – Direito das Sucessões, nº 731; Aubry & Rau e Bartini – Cours de Droit Civil, 5ª ed., vol. XI, § 692 e notas 5 ter a 6 ter; Théophile Huc – Commentaire du Code Civil, vol. VI, nos 44-47.

[34] Planiol & Ripert, e Trasbot – Traité Pratique de Droit Civil, vol. V, 1933, nº 731; Baudry--Lacantinerie e Colin – Des Donations entre Vifs et des Testaments, 3ª ed., vol. II, nos 2.908-11; Marcelo Planiol – Traité Élémentaire de Droit Civil, 7ª ed., vol. III, nº 2.862; C. Maximiliano – Direito das Sucessões, nº 1.099.

[35] Julien Bonnecase – L'École de L'Exégèse en Droit Civil, 1919, p. 217; Planiol & Ripert e Nast, v. IX, nos 1.118-1.120; Dualde, op. cit., p. 161-162.

defunto ao tempo do seu falecimento, perderá *para os menores* tudo aquilo que sonegar". O texto só se refere ao inventário em que houvesse interessados *menores*; porém triunfou, na prática, o parecer generalizador e contrário, baseado na *razão da lei*, colimando evitar as fraudes tendentes a ilidir a regra concernente à *igualdade* nas partilhas; antes mesmo de revogadas as *Ordenações*, no Brasil e em Portugal se entendia ser também imposta a pena de sonegados quando fossem todos os sucessores *maiores* e capazes[36].

h) As *Ordenações* deparam-nos a seguinte regra, no livro III, título 75, princípio, – "a sentença que é por Direito nenhuma, *nunca em tempo algum* passa em coisa julgada"; e a epígrafe declara – "em *todo tempo* pode ser revogada". Permitem, portanto, a ação rescisória *em qualquer tempo*. Entretanto, adquiriu força de lei a opinião de Silva, que fixou o prazo em *trinta anos* (seis vezes mais, ainda, do que o estabelecido pelo Código brasileiro); logo não mais se rescinde "em qualquer tempo"[37].

i) A Corte de Cassação, de França, e o Supremo Tribunal Federal, da Suíça, afastaram-se, com frequência, da letra das normas positivas, até mesmo em casos de aparente clareza[38].

117 – "Soa como um paradoxo a questão de saber se, em geral, a palavra está em condições de *transmitir* o pensamento. É, todavia, séria a dúvida, e até comporta uma solução negativa. O pensamento é um fato interno da vida intelectual subjetiva, uma atividade, um movimento, uma ondulação do espírito; ora um movimento não se deixa traduzir objetivamente. É mediante a condição de perder a sua própria essência, de se fixar, que o pensamento pode sair do seio da intimidade subjetiva para entrar no mundo exterior. O pensamento expresso é, por assim dizer, um *pensamento gelado*. Só em sentido impróprio se pode falar

---

[36] Melo Freire – Institutionum Juris Civilis Lusitani, Liber III, tít., 6°, § 11; Correia Teles, Digesto Português, vol. II, n° 1.164, com apoio em Valasco; Pereira de Carvalho – Primeiras Linhas sobre o Processo Orfanológico, edição Dídimo da Veiga, vol. I, nota 65; Teixeira de Freitas nota 273 à Doutrina das Ações, de Correia Teles; Cândido Mendes – Código Filipino, 14ª ed., nota 5 à Ordenação do liv. I, tít. 88, § 9°, com apoio em Gama, Valasco, Barbosa, Paiva e Pona; Carlos Maximiliano, – Direito das Sucessões, nos 1.544-1.545.

[37] Pontes de Miranda – Ação Rescisória, p. 11 e 238; Cândido Mendes de Almeida – Código Filipino, 14ª ed., vol. I, nota 1 à Ordenação do livro 3°, título 75, princípio, com apoio de Morais e Silva Pereira; Teixeira de Freitas – Doutrina das Ações, nota 162, e Primeiras Linhas sobre o Processo Civil, vol. II, nota 696; Manuel Inácio Carvalho de Mendonça – Da Ação Rescisória, n° 1, p. 8; Jorge Americano – Da Ação Rescisória, 2ª ed., n° 29, p. 64; Pedro Lessa – Do Poder Judiciário, § 45.

[38] Raoul de la Grasserie – De La Justice en France et à l' Étranger au XXe Siècle, vol. I, p. 123-124; Egger, Oser, Escher e Haab – Kommentar zum Schweizerischen Zivilgesetzbuch, 2ª ed., 1930, vol. I, p. 48.

de comunicação ou transmissão de pensamento. O pensamento, propriamente considerado, não se transmite. A palavra apenas provoca um pensamento *semelhante*, e torna-o possível; não faz mais do que produzir na alma do ouvinte um movimento intelectual semelhante àquele que se produz na do indivíduo que fala. Falar é provocar um movimento: movimento físico em o *ar ambiente*, movimento intelectual no *cérebro* do ouvinte. O ar ambiente não transporta a palavra, como o vento arrebata a folha: o vocábulo que ouvimos é apenas uma vibração, não encerra em si e não leva até nós o pensamento; tem como efeito, quando estamos em condições de o compreender, só produzir uma *vibração do nosso espírito*, mais ou menos semelhante às do espírito daquele que fala. A palavra não é uma coisa objetiva, um objeto; não é a ideia encadeada em sua objetividade. Até mesmo na expressão literal das ideias os vocábulos ficam infinitamente aquém do pensamento, sem por isso prejudicarem em nada a fidelidade e a integridade da sua reprodução no espírito do interlocutor. Provocam apenas a reconstrução do pensamento, para a qual fornecem o ponto de apoio"[39].

A letra não traduz a ideia, na sua integridade: *provoca*, em alheio cérebro, o abrolhar de um produto intelectual *semelhante*, jamais idêntico, ao que a fórmula é chamada a exprimir. Eis porque a todos se antolha deficiente, precária, a exegese puramente verbal. Basta recordar que às vezes se escreve capítulo extenso, e até um livro, para exprimir, o menos incompletamente possível, uma só ideia. Os vocábulos só designam a face principal, a propriedade mais visível de um objeto[40].

Herbert Spencer observa que, ao reler o trabalho recém-concluído, o autor não fica satisfeito, por mais que se haja esmerado no retoque da forma. A razão desse fato, de experiência diuturna, está em que todos pensam melhor do que escrevem: a linguagem sempre se revela transmissora imperfeita de ideias Dias depois, a impressão é melhor; e assim sucede, porque se olvidou, pelo menos em parte, o que se pensara, e só se recordam os conceitos pelo que os vocábulos revelam.

118 – São as palavras símbolos apenas. Agrupadas, enfeixam, em reduzida síntese, um processo complexo de pensamentos. Cabe ao aplicador do direito desdobrar as ideias consubstanciadas no bloco, o que efetua conforme a sua experiência, desviado muitas vezes por aspirações, preferências e preconceitos pessoais, ou de comunidade, ou pela ignorância, quer das diferenças de acepções decorrentes do lapso de tempo, quer das alterações verificadas no *meio* ambiente[41].

Os limites do campo verbal são indefinidos, e tendem a dilatar-se a ideias novas, posto que próximas, aliadas, conexas. As palavras não trazem etiqueta,

---

[39]   R. Von Jhering – *L' Esprit du Droit Romain*, trad. Meulenaere, vol. III, p. 137-138.

[40]   Fritz Berolzheimer – *System der Rechts und Wirtschaftsphilosophie*, 1904, vol. I, p. 285-286.

[41]   John Wigmore – Prefácio de – *Science of Legal Method*, de Bruncken & Register.

a fim de conservarem o mesmo sentido; e as variações, por motivos múltiplos, contribuem para desnortear a exegese literal[42].

119 – Resulta imperfeita a obra legislativa; porque as Câmaras funcionam com intermitência, deliberam às pressas, e não atendem somente aos ditames da sabedoria. Preocupam-se, de preferência, com alguns tópicos; fixado o acordo sobre estes, deixam passar sem exame sério os restantes: descuram do fundo, e talvez mais da forma, que é a base da interpretação pelo processo filológico[43]. Daí resultam deslizes que se não corrigem, nem descobrem sequer, mediante o emprego do elemento gramatical: imprecisão dos termos, mau emprego dos tempos dos verbos; uso do número singular pelo plural, e vice-versa, ou de um gênero, para abranger os dois; de termos absolutos em sentido relativo e o contrário – o relativo pelo absoluto; palavras sem significação própria, portanto inúteis; textos falhos lacunosos, incompletos; outros inaplicáveis contrários à realidade, ou prenhes de ambiguidade[44].

As próprias definições oferecidas pelo legislador não guiam só por si. Pode haver palavras acrescentadas às expressões que ele definiu, ou quaisquer outras circunstâncias que induzam a crer não se tratar precisa e exclusivamente daquilo cujo sentido ele procurou expor[45].

120 – Nada de exclusivo apego aos vocábulos. O dever do juiz não é aplicar os parágrafos isolados, e, sim, os princípios jurídicos em boa hora cristalizados em normas positivas[46].

O último golpe na preferência pela exegese verbal foi vibrado com a vitória do método sociológico, incompatível com o apego servil à letra dos dispositivos[47], que é verdadeiro processo de "ossificação do Direito"[48]; pois impede o trabalho criador por parte da jurisprudência, cujo papel, bem compreendido, leva a melhorar insensivelmente a lei[49]. "A jurisprudência é um perpétuo comentário, que se afasta dos textos ainda mais, porque é, apesar seu, atraída pela vida"[50].

---

[42] Karl Wurzel – Das *Juristiche Denken in* "O esterreichisches Zentralbratt für die Juristische Praxis", vol. XXI, p. 762; Danz, Prof. da Universidade de Jena, op. cit., p. 10-11.

[43] Prof. Wigmore, da *Northwester University* – Prefácio citado.

[44] Holbach – *L' Interprétation de la Loi sur les Sociétés*, 1906, p. 7-41.

[45] Caldara, op. cit., nº 110; Degni, op. cit., p. 237; Holbach, op. cit., p. 35-37.

[46] Max Gmür – *Die Anwendung des Rechts nach, Art. I des Schweizerischen Zivilgesetzbuches*, 1908, p. 81.

[47] Johann Gmelin – *Quousque?* 1910, p. 82-83.

[48] Fritz Berolzheimer – *Die Gefahren einer Gefühlsjurisprudenz*, 1911, p. 19.

[49] Édouard Lambert – *La Fonction du Droit Civil Comparé, in* "Sc. of Legal Method", p. 257.

[50] Jean Cruet – *A Vida do Direito, trad. Portuguesa*, 1908, p. 74.

PROCESSOS DE INTERPRETAÇÃO | 109

121 – Também a *equidade* se contrapõe ao processo meramente literal, que é "maliciosa perversão da lei"[51].

122 – Como o Direito evolve e a finalidade varia, altera-se o sentido das normas sem se modificar o texto respectivo; portanto a interpretação exclusivamente filológica é incompatível com o progresso. Conduz a um formalismo retrógrado; não tem a menor consideração pela desigualdade das relações da vida, à qual deve o exegeta adaptar o sentido da norma positiva[52]. A linguagem, como elemento de Hermenêutica, assemelha-se muitas vezes a certas rodas enferrujadas das máquinas, que mais embaraçam do que auxiliam o trabalho[53]. Motivos de sobejo têm tido os mestres para cobrir de ridículo a preferência retrógrada: apelidam à exegese puramente literal – interpretação *judaica*[54]; e também – *analítica, elementar, inferior*, em contraposição à lógica – *sintética, ideológica, superior*[55]. Como instrumento para transmitir ideias, as palavras se lhes antolham – inadequadas, imperfeitas, sem a necessária dutilidade, verdadeiros *paquidermes* da ordem intelectual[56].

Na verdade, o sentido da prescrição regular acha-se nos vocábulos usados pelo legislador, que formam a primeira e a mais espontânea manifestação da ideia. Embora sejam eles meios deficientes para transmitir pensamentos, constituem elemento fundamental da função interpretativa, merecedor de exame antes de qualquer outro. O processo gramatical será o primeiro na ordem metódica, em a gradação tradicional; porém não em valor, importância: interpretação, por excelência, é a que se baseia no elemento ideológico[57].

Hoje nenhum cultor do Direito experimenta em primeiro lugar a exegese verbal, por entender atingir a verdade só por esse processo, e, sim, porque necessita preliminarmente saber se as palavras, consideradas como simples fatores da linguagem e por si sós, espelham ideia clara, nítida, precisa, ou se, ao contrá-

---

51   Carl Crome – *System des Deutschen Büurgerlichen Rechts*, 1900-1912, vol. I, p. 97; Géza Kiss, *in* "Sc. of Legal Method", p. 153-154.

52   Calixto Valverde y Valverde – *Tratado de Derecho Civil Español*, 3ª ed., vol. I, p. 90-92; Carl Crome – *System des Deutschen Bürgerlichen Rechts*, vol. I, § 20, p. 97.

53   Josef Koher – *Lehrbuch des Bürgerlichen Rechts*, 1906-1919, vol. I, p. 131-132.

54   Baudry-Lacantinerie & Houques-Fourcade – *Traité Théorique et pratique de Droit Civil – Des personnes*, vol. I, nº 258; F. Laurent – *Principes de Droit Civil*, 4ª ed., vol. I, nº 274; Caldara, op. cit., nº 44.

55   C. A. Reuterskioeld – *Ueber Rechtsausilegung*, 1899, p. 6 (cita Grolman) e p. 88.

56   Rumpf, op. cit., p. 29.

57   Pasquale Fiore – *Delle Disposizioni Generali sulla Pubblicazione, Applicazione ed Interpretazione delle Leggi*, 1890, vol. II, nº 945; Bierling, vol. IV, p. 211; Caldara, op. cit., nº 97; Degni, op. cit., nº 105.

rio, dão sentido ambíguo, duplo, incerto. Embora não prevaleça o brocardo – *In claris cessat interpretatio*, restringe-se e simplifica-se o trabalho do hermeneuta quando o texto é explícito sobre o caso em apreço.

123 – O processo gramatical, sobre ser o menos compatível com o progresso, é o mais antigo (único outrora). "O apego às palavras é um desses fenômenos que, no Direito como em tudo o mais, caracterizam a falta de maturidade do desenvolvimento intelectual. No começo da história do Direito poder-se-ia gravar esta epígrafe – *In principio erat verbum*. A palavra, quer escrita, quer solenemente expressa (a fórmula), aparece aos povos crianças como alguma coisa de misterioso, e a fé ingênua atribui-lhe força sobrenatural"[58]. Em Roma empregavam-na para deslocar, por uma espécie de sortilégio, as messes de uma seara para a outra, e também para fazer os deuses abandonarem uma cidade sitiada. Precisamente os povos mais atrasados, de linguagem menos culta, apegam-se aos vocábulos; o emprego obrigatório das fórmulas consagradas corresponde a um grau primitivo de civilização. Prevalece a crença no fenômeno exterior; ora a palavra é aquilo que aparece como suscetível de apreensão, imediato; o pensamento é invisível, mediato. Preferem-se espíritos cultos, emancipados[59].

Nos primórdios da civilização, o Direito, como todas as prescrições de ordem social, prevalece por ser a manifestação da vontade divina, revelada ao legislador. A norma não é observada espontaneamente; deve ser imposta. Não se discute; obedece-se. O Direito reside, portanto, nas palavras do legislador. As fórmulas são completas; se alguém não as compreende, é porque não conhece o valor expressivo dos vocábulos. Cumpre estudar a fundo a linguagem, e só por esse meio interpretar o texto. O primitivo hermeneuta fica adstrito aos domínios dos lexicógrafos e dos gramáticos[60].

Ainda hoje, aliás, varrida, embora das eminências da teoria, a mística da sabedoria divina do legislador perdura na planície, filtrada no espírito do povo, e na técnica misoneísta de aplicadores do Direito. No foro e nos parlamentos, "*o gramaticalismo* não é um fantasma; é deplorável realidade"[61].

---

[58]   Jhering, Prof. da Universidade de Gottingen, vol. III, p. 134.
        In principio erat verbum frase do Gênesis, que, no caso presente, assim se entenda: "em épocas primevas a palavra era tudo".

[59]   Dernburg – *Pandekten*, 6ª ed., vol. I, § 34; R. Von Jhering, vol. III, p. 134-135 e 141.

[60]   Paul Vander Eycken – *Méthode Positive de L'Interprétation Juridique*, 1907, p. 21-22; Dualde, op. cit., p. 228 e 307.

[61]   Dualde – op. cit., p. 47-48 e 59.

PROCESSOS DE INTERPRETAÇÃO | **111**

A vitalidade espantosa do Direito romano, e, até mesmo, da Lei das Doze Tábuas antes de advir o *Corpus Juris*, deve atribuir-se à *interpretatio*, que desenvolvia e ampliava o Direito escrito, embora deixando intata a letra respectiva[62].

Relativamente a uma civilização embrionária não parece insolúvel o problema; porque é pouco variado o conjunto das relações sociais, reduzida a multiplicidade dos interesses; portanto menor o campo da linguagem; mais fácil se antolha o abranger com as frases o pensamento integral. Hoje sucede o contrário: mais complexa a vida; cada palavra significa ideias diversas; insuficiente e precária se revela a exegese verbal[63].

124 – Em conclusão: nunca será demais insistir sobre a crescente desvalia do processo filológico, incomparavelmente inferior ao sistemático e ao que invoca os fatores sociais, ou o Direito Comparado. Sobre o pórtico dos tribunais conviria inscrever o aforismo de Celso – *Scire leges non est verba earum tenere, sed vim ac potestatem*[64]: "Saber as leis é conhecer-lhes, não as palavras, mas a força e o poder", isto é, o sentido e o alcance respectivos.

Só ignaros poderiam, ainda, orientar-se pelo suspeito brocardo – *verbis legis tenaciter inhaerendum* – "apeguemo-nos firmemente às palavras da lei". Ninguém ousa invocá-lo; nem mesmo quem de fato o pratica.

Não devem ter imitadores os formosos espíritos que, ao ventilar teses jurídicas, ainda hoje timbram em servir-se apenas de erudição filológica; ostentam como documentação, adversa ao Direito Comparado, trechos de gramáticas e dicionários, unicamente. Ninguém contesta o subsídio que pode prestar o conhecimento das leis e usos da linguagem; estude-se, todavia, o Direito, de preferência, nos livros de Direito, nacionais e estrangeiros.

Retrógrada e indefensável é a supremacia da interpretação *judaica*.

PROCESSO LÓGICO

125 – O Processo Lógico propriamente dito consiste em procurar descobrir o sentido e o alcance de expressões do Direito sem o auxílio de nenhum elemento exterior, com aplicar ao dispositivo em apreço um conjunto de regras tradicionais e precisas, tomadas de empréstimo à Lógica geral. Pretende do simples estudo das normas em si, ou em conjunto, por meio do raciocínio dedutivo, obter a interpretação correta.

---

[62] Sohm – *Historia e Instituciones del Derecho Privado Romano*, trad. espanhola, p. 82.

[63] Bierling, vol. IV, p. 213 e nota 15 ao § 53.

[64] *Digesto*, liv. 1, tít. 3, frag. 17.

O Processo Lógico tem mais valor do que o simplesmente verbal[65]. Já se encontrava em textos positivos antigos e em livros de civilistas, brasileiros ou reinícolas, este conselho sábio: "Deve-se evitar a supersticiosa observância da lei que, olhando só a letra dela, destrói a sua intenção"[66].

Por outras palavras o Direito romano chegara a conclusão idêntica: declarara – "age em fraude da lei aquele que, ressalvadas as palavras da mesma, desatende ao seu espírito" – *Contra legem facit, qui id facit quod lex prohibet: in fraudem vero, qui, salvis verbis legis, sententiam ejus circumvenit*[67]. O Apóstolo São Paulo lançara na segunda Epístola aos Coríntios a frase que se tornou clássica entre os jurisconsultos: "A letra mata; o espírito vivifica" – *Littera occidit; spiritus vivificat*.

A segurança jurídica, objetivo superior da legislação, depende mais dos princípios cristalizados em normas escritas do que da roupagem mais ou menos apropriada em que os apresentam[68]. Deve, portanto, o pensamento prevalecer sobre a letra, a ideia valer mais do que o seu invólucro verbal[69]: – *Prior atque potentior est, quam vox, mens dicentis* – "mais importante e de mais força que a palavra é a intenção de quem afirma"[70]. "Acima da palavra e mais poderosa que ela está a intenção de quem afirma, ordena, estabelece."

126 – Vitoriosos contra os excessos dos fetichistas da palavra escrita, idólatras do formalismo, caíram, entretanto, no exagero oposto os propugnadores da preferência pelo processo lógico. Pretenderam reduzir tudo a precisão matemática, enquadrar, em uma série de silogismos bem concatenados, todo o raciocínio do exegeta e aplicador do Direito[71].

---

[65] Trigo de Loureiro – *Instituições de Direito Civil Brasileiro*, 1861, vol. I, § 51; Crome, vol. I, p. 97.

[66] Assento 345, de 17 de agosto de 1811; Ass. 358, de 10 de junho de 1817; Borges Carneiro – *Direito Civil de Portugal*, 1826, vol. I, p. 48, nº 18; Carlos de Carvalho – *Direito Civil Brasileiro Recopilado*, art. 62, § 3º.

[67] Paulo, no *Digesto*, liv. 1, tít. 3, frag. 29.

[68] Gmür, op. cit., p. 26.

[69] Nicola Coviello – *Manuale di Diritto Italiano*, 2ª ed., vol. I, p. 69; Paula Batista, op. cit., § 14; Ferrara, vol. I, p. 220; Gianturco, vol. I, p. 120; Fiore, vol. II, p. 528, nº 945.

[70] Celso, no *Digesto*, liv. 33, tít. 10, frag. 7, 2º.

[71] Os mestres da Lógica dividem o raciocínio em duas espécies: quando procede do particular para o geral denominam *Indução;* quando parte do geral para o particular – *Dedução*. A forma completa e clássica de exprimir o raciocínio dedutivo é constituída pelo *Silogismo*. Compõe-se este de três proposições: a primeira, presumivelmente incontestável, ou geralmente aceita, chama-se – *Maior;* a intermediária, apelidada – *Menor*, mostra que a primeira

PROCESSOS DE INTERPRETAÇÃO | **113**

Tal sistema, só por si, não é produtor. Rígido sobremaneira, quando levado às últimas consequências, não se adapta aos objetivos da lei, consistente em regular a vida, multiforme, vária, complexa. Torna-se demasiado grosseiro e áspero para o trabalho fino, hábil, do intérprete, que é forçado a invocar o auxílio de outros elementos, da teleologia, dos fatores sociais[72]. Degenera facilmente em verdadeira pedanteria escolástica. Oferece aparência de certeza, exterioridades ilusórias, deduções pretensiosas; porém, no fundo, o que se ganha em rigor de raciocínio, perde-se em afastamento da verdade, do Direito efetivo, do ideal jurídico[73].

Dessa preocupação de reduzir toda a Hermenêutica a brocardos, de aplicação mecânica, a consequência é multiplicarem-se em demasia as regras de interpretação a tal ponto que se tornam menos salientes, perceptíveis, os seus caracteres, e, por conseguinte, não é fácil discernir quando se deve rejeitar uma e aplicar, de preferência, outra; distancia-se o investigador, ao invés de se aproximar, da pretendida certeza matemática; enfim, cai-se na sutileza, incompatível com a segurança jurídica prometida e colimada[74].

127 – Se fosse possível, com aquele processo, atingir a verdade independentemente de influências exteriores e qualquer que fosse o grau de inteligência e cultura do aplicador do Direito, o sistema seria ideal. Teria duas qualidades preciosas: ofereceria uma salvaguarda contra o arbítrio e revelaria cunho científico, visto que à ciência incumbe descobrir leis gerais e verdades objetivas, isto é, independentemente do modo de ver, pessoal, de cada um[75]. Semelhante certeza, entretanto, nunca existiu: orgulhosa, embora, da posse daquele método

---

encerra a terceira; conduz a inteligência, imbuída da verdade de uma proposição, a aceitar outra, a última, aquela que se pretende atingir ou demonstrar – *a Conclusão*.
Exemplo:
Todos os homens são mortais (a *Maior*);
Tício é homem (a *Menor*);
Logo Tício é mortal (a *Conclusão*).
Denominam-se *Premissas* as duas primeiras. A Conclusão contém o *Sujeito* (Tício) e o *Predicado* (mortal), os quais devem ser encontrados obrigatoriamente nas *Premissas*, onde também se achará o *Meio-termo*, auxiliar do raciocínio: por ser intermédio são os outros dois postos em conexão (no exemplo oferecido, o Meio-termo é – *homem*). O Predicado é o *Grande Termo*; e o Sujeito – o *Pequeno* (Stuart Mill – *Système de Logique*, trad. Peisse, 2ª ed., vol. I, p. 183 e 186; Alexandre Bain – *Logique Deductive et Inductive*, trad. Compayré, 5ª ed., vol. I, p. 58-59 e 193-197; Berriat Saint-Prix – *Manuel de Logique Juridique*, 2ª ed., nos 20-25).

[72] Gmür, op. cit., p. 59-60.

[73] Pietro Cogliolo – *Filosofia del Diritto Privato*, 1888, p. 82.

[74] Vander Eycken, op. cit., p. 19 e 48.

[75] Saleilles – Prefácio de *Méthode d'Interprétation*, de Geny, p. XVIII.

pretensioso, a jurisprudência variou sempre, de tribunal a tribunal, ou de uma para outra época em um mesmo pretório.

128 – Aquele processo abstrato tirava a um ramo de estudos a sua principal característica, a de ser, por excelência, uma ciência social, e, portanto, destinada a adaptar-se à vida da coletividade, variar à medida das necessidades da prática, fornecer novas concepções jurídicas acordes com as circunstâncias mutáveis do *meio*[76]. Jamais se prescindirá da colaboração da inteligência orientada pelo saber: o esforço para conseguir a *Eurritmia Lógica* e o desejo de raciocinar com perfeição têm um limite – a utilidade social, nem sempre fácil de enquadrar na rigidez de um silogismo[77].

Bem a propósito recorda Cogliolo a cena em que Fausto, de Goethe, se lamenta, sozinho, na vaidade das especulações abstratas, sem excluir as dos juristas; quando se lhe avizinha o espírito perenemente operoso da vida, exclama o filósofo: *Ich ertrage dich nicht* (Não te suporto). Pouco a pouco o seu intelecto rejuvenesce; o pensador deixa a cidade, respira o ar das montanhas, sente no ambiente e nas suas próprias veias a vida palpitante; quando ao retomar a Bíblia encontra a frase – *In principio erat verbum* (No princípio era a palavra, o pensamento expresso), grita convencido, seguro, triunfal – *In Anfang war die That* (No princípio era o *fato*)[78]!

Assim o jurista: como todo cultor de ciência relacionada com a vida do homem em comunidade, não poderá fechar os olhos à realidade; acima das frases, dos conceitos, impõem-se, incoercíveis, as necessidades dia a dia renovadas pela coexistência humana, proteiforme, complexa.

129 – Os extremos do apreço pelo processo dogmático, rígido, silogístico, tornaram-no fonte de erros (despautérios e injustiças; desacreditaram-no deveras. Certos autores até relegam a Hermenêutica exclusivamente para o campo da Lógica; afastam-na da esfera dos estudos jurídicos. Entretanto, a experiência diuturna e universal leva a concluir que, entre indivíduos igualmente familiarizados com a ciência de Papiniano, irá mais longe aquele que aos conhecimentos gerais do Direito aliar o dos preceitos reguladores da interpretação, sem excluir os tradicionais[79].

O mal está no *abuso*, que leva a desprezar o coeficiente pessoal e os valores jurídico-sociológicos; e não em simples *uso*, consistente em aplicar os proces-

---

[76]   Saleilles – Prefácio citado.

[77]   Edmond Picard – *Les constantes du Droit*, 1921, p. 166-167; Brocher, op. cit., p. 17-18; Cogliolo, Prof. da Universidade de Gênova, op. cit., p. 135.

[78]   Pietro Cogliolo – *Scritti Varii di Diritto Privato*, 3ª ed., vol. I, p. 4.

[79]   Brocher, op. cit., p. 16-17.

PROCESSOS DE INTERPRETAÇÃO | **115**

sos da Lógica, sem deixar de contar com outros elementos, inclusive a cultura, o critério profissional, a isenção de ânimo, o tato e outros predicados individuais do verdadeiro exegeta e aplicador do Direito.

Assim como os tradicionalistas caíram no deplorável exagero de transformar simples princípios dirigentes da pesquisa no sentido e alcance dos textos em fórmulas matemáticas, incoercíveis, de efeito direto, fatal, único; os contemporâneos, arrastados pelo entusiasmo pelos elementos sociológicos, erraram, também, em fazer tábua rasa do passado e, em consequência, perdida a brida, sem ponto de apoio, resvalaram até à *Livre-indagação*, ao julgamento independente dos códigos, aos arestos *proeter* e também *contra legem*.

No meio-termo está a virtude: os *vários processos completam-se* reciprocamente, todos os elementos contribuem para a descoberta da verdade e maior aproximação do ideal da verdadeira justiça. Aos fatores verbais aliem-se os lógicos, e com os dois colaborem, pelo objetivo comum, os sociais, bem modernos, porém já pressentidos pelos jurisconsultos clarividentes da Roma antiga. Todos os exageros são condenáveis; nenhum exclusivismo se justifica. Devem operar os três elementos como forças sinérgicas, conducentes a uma resultante, segura, precisa.

Não é de rigor que se empreguem todos simultaneamente; pode um dar mais resultado do que outro em determinado caso; o que se condena é a supremacia absoluta de algum, bem como a exclusão sistemática de outro. Cada qual tem os defeitos das suas qualidades; é em tirar de cada processo o maior proveito possível, conforme as circunstâncias do caso em apreço, que se revela a habilidade e a clarividência do intérprete[80].

PROCESSO SISTEMÁTICO

130 – Consiste o *Processo Sistemático* em comparar o dispositivo sujeito a exegese, com outros do mesmo repositório ou de leis diversas, mas referentes ao mesmo objeto.

---

[80]   Abel Andrade – *Comentário ao Código Civil Partuguês*, vol. I, 1895, Introdução, p. LXX; j. X. Carvalho de Mendonça – *Tratado de Direito Comercial Brasileiro*, vol. I, nº 143; Descartes de Magalhães – *Curso de Direito Comercial*, vol. I, 1919, p. 259-260; A. J. Ribas – *Curso de Direito Civil Brasileiro*, 1880, vol. I, p. 292; Enneccerus – *Lehrbuch des Bürgerlichen Rechts*, 1921, vol. I, p. 117; Sabino Jandoli – *Sulla Teoria della Interpretazione delle Leggi con Speciale Riguardo alie Correnti Metodologiche*, 1921, p. 51-52; Savigny – *Traité de Droit Romain*, trad. Guenoux, vol. I, p. 207-88; Chironi & Abello, vol. I, p. 60; Ferrara, vol. I, p. 207; Caldara, op. cit., nºs 151 e 154; Geny – *Méthode* cit., vol. I, p. 284 e 287; Brocher, op. cit., p. 18-19; Vander Eycken, op. cit., p. 403-404; Cogliolo – *Scritti Varii*, vol. II, p. 15-16; Rumpf, op. cit., p. 87-88; Reuterskioeld, op. cit., p. 85 e 88-89; Bierling, vol. IV, p. 217; Wurzel, rev. cit., vol. 21, p. 681-83; Gmelin, op. cit., p. 35-36; John Salomond – Introd. a "Science of Legal Method" cit., p. LXXXIV-VI.

Por umas normas se conhece o espírito das outras. Procura-se conciliar as palavras antecedentes com as consequentes, e do exame das regras em conjunto deduzir o sentido de cada uma[81].

Em toda ciência, o resultado do exame de um só fenômeno adquire presunção de certeza quando confirmado, *contrasteado* pelo estudo de outros, pelo menos dos casos próximos, conexos; à análise sucede a síntese; do complexo de verdades particulares, descobertas, demonstradas, chega-se até à verdade geral.

Possui todo corpo órgãos diversos; porém a autonomia das funções não importa em separação; operam-se, coordenados, os movimentos, e é difícil, por isso mesmo, compreender bem um elemento sem conhecer os outros, sem os comparar, verificar a recíproca interdependência, por mais que à primeira vista pareça imperceptível. O processo sistemático encontra fundamento na lei da solidariedade entre os fenômenos coexistentes.

Não se encontra um princípio isolado, em ciência alguma; acha-se cada um em conexão íntima com outros. O Direito objetivo não é um conglomerado caótico de preceitos; constitui vasta unidade, organismo regular, sistema, conjunto harmônico de normas coordenadas, em interdependência metódica, embora fixada cada uma no seu lugar próprio. De princípios jurídicos mais ou menos gerais deduzem corolários; uns e outros se condicionam e restringem reciprocamente, embora se desenvolvam de modo que constituem elementos autônomos operando em campos diversos.

Cada preceito, portanto, é membro de um grande todo; por isso do exame em conjunto resulta bastante luz para o caso em apreço.

131 – Confronta-se a prescrição positiva com outra de que proveio, ou que da mesma dimanaram; verifica-se o nexo entre a regra e a exceção, entre o geral e o particular, e deste modo se obtêm esclarecimentos preciosos. O preceito, assim submetido a exame, longe de perder a própria individualidade, adquire realce maior, talvez inesperado. Com esse trabalho de síntese é mais bem compreendido.

O hermeneuta eleva o olhar, dos casos especiais para os princípios dirigentes a que eles se acham submetidos; indaga se, obedecendo a uma, não viola outra; inquire das consequências possíveis de cada exegese isolada. Assim, contemplados do alto os fenômenos jurídicos, melhor se verifica o sentido de cada

---

[81] Alvará 18 fev. 1766; Lei 4 de julho 1768; Lei 14 dez. 1770; alv. 23 fev. 1771; Coelho da Rocha – *Instituições de Direito Civil Português*, 4ª ed., vol. I, § 45, regra 7ª; Borges Carneiro, vol. I, p. 49, nº 24, *a*; Trigo de Loureiro, Prof. da Faculdade de Direito do Recife, vol. I, p. 23-24, regras 2ª e 9ª; Carlos de Carvalho, op. cit., art. 62, § 5º.

PROCESSOS DE INTERPRETAÇÃO | 117

vocábulo, bem como se um dispositivo deve ser tomado na acepção ampla, ou na estrita, como preceito comum, ou especial[82].

Já se não admitia em Roma que o juiz decidisse tendo em mira apenas uma parte da lei; cumpria examinar a norma *em conjunto: Incivile est, nisi tota lege perspecta, una aliqua particula ejus proposita, judicare, vel respondere* – "é contra Direito julgar ou emitir parecer, tendo diante dos olhos, ao invés da lei em conjunto, só uma parte da mesma"[83].

132 – Geny entende que é maior a presunção de acerto quando a exegese resulta de comparar trechos *da mesma lei*, do que de confrontar preceitos de leis diversas[84]. Nesta última hipótese, parece intuitivo, entretanto, que se encontraria base segura no cotejo entre uma norma e outra já interpretada de modo definitivo, sobretudo, se as duas tratam do mesmo assunto.

133 – Aplica-se modernamente o processo tradicional, porém com amplitude maior do que a de outrora: atende à conexidade entre as partes do dispositivo, e entre este e outras prescrições da mesma lei, ou de outras leis; bem como à relação entre uma, ou várias normas, e o complexo das ideias dominantes na época[85]. A verdade inteira resulta do contexto, e não de uma parte truncada, quiçá defeituosa, mal redigida; examine-se a norma na íntegra[86], e mais ainda: o Direito todo, referente ao assunto. Além de comparar o dispositivo com outros afins, que formam o mesmo instituto jurídico, e com os referentes a institutos análogos; força é, também, afinal pôr tudo em relação com os princípios gerais, o conjunto do sistema em vigor[87].

---

[82]   Sthal – *Die Philosophie des Rechts*, vol. II, Parte Segunda, p. 166; Landucci – *Tratato di Diritto Civile Francese ed Italiano*, 1900, vol. I, § 133, p. 654; Coviello, vol. I, p. 70; Ferrara, vol. I, p. 216; Savigny vol. I, p. 207.

[83]   Celso, no *Digesto*, liv. 1, tit. 3, frag. 24.

[84]   Geny – *Méthode* cit., vol. I, p. 286.

[85]   Enneccerus, Prof. da Universidade de Hamburgo, vol. I, p. 115, regra 1.

[86]   Domat – *Teoria da Interpretação das Leis*, trad. Correia Teles, transcrita integralmente no *Código Filipino*, de C. Mendes, vol. III, cit., 431, X.

[87]   Korkounov, op. cit., p. 530; Coviello, vol. I, p. 69-70; Gmür, op. cit., p. 57; Bierling, vol. IV, p. 226.
       Os adeptos da doutrina tradicional admitiam três elementos lógicos – o *sistemático*, o *motivo* ou o *fim da lei (ratio legis)* e a *avaliação do resultado* obtido com adotar uma em vez de outra exegese. Consideravam o primeiro como o de maior valor, mais seguro; e o último, mais fraco, precário; deveria ser empregado com uma grande reserva (Aubry & Rau – *Cours de Droit Civil Français*, 5ª ed., 1897-1922, vol. I, p. 194; Pacifici-Mazzoni – *Istituzioni di Diritto Civile Italiano*, 3ª ed., vol. I, p. 47; Savigny, vol. I, p. 217; Bernardino Carneiro, op. cit., § 43).

DIREITO COMPARADO

134 – O Processo Sistemático, levado às suas últimas consequências, naturais, lógicas, induz a pôr em contribuição um elemento moderníssimo – o *Direito Comparado*. Efetivamente, deve confrontar-se o texto sujeito a exame, com os restantes, da mesma lei ou de leis *congêneres*, isto é, com as disposições relativas ao assunto, quer se encontrem no Direito nacional, quer no estrangeiro; procura-se e revela-se a posição da regra normal no sistema jurídico hodierno, considerado no seu complexo.

135 – Pouco a pouco se foi universalizando, quanto ao Direito, a cultura humana; de um estudo particularista, de fronteiras limitadas, âmbito restrito, passou-se a uma vista de conjunto, ampla, de horizontes vastíssimos. Todo ramo de conhecimentos se inicia pelo exame e fixação de fenômenos isolados, verificações parciais; na tendência unificadora dos princípios esparsos, na comunidade de representação e de raciocínio entre seres pensantes está o sinal da objetividade da concepção jurídica; e é na passagem do subjetivo para o objetivo que a ideia, o plano se convertem num sistema; é mediante a generalização que um ramo de estudos especiais se eleva à categoria de verdadeira ciência.

Outrora só invocavam, na prática forense e nas cátedras escolares, o Direito nacional e as fontes respectivas – o romano, o canônico e as instituições jurídicas dos povos do Oriente. Depois de 1890 alargaram o campo da colheita opima alastrou rapidamente e fixou-se, mais ainda no campo da Hermenêutica do que no da organização jurídica, o elemento novo, apoiado nos repositórios de ensinamentos e normas em vigor entre os povos ocidentais, com proveito maior do que o emanado das mencionadas fontes seculares, anteriormente em voga exclusiva. Em França devem esse progresso às lições de Bufnoir e ao prestígio e à atividade combativa de um propugnador genial, Raimundo Saleilles[1]:

---

[1] Julien Bonnecase – *L'École de l'Exégèse en Droit Civil*, 1919, p. 9; Alexandre Alvarez – *Une nouvelle Conception des Études Juridiques*, 1904, *in* "Science of Legal Method", p. 452; Geny, II, p. 267.

DIREITO COMPARADO | **119**

136 – Hoje não mais se concebe a existência de um jurisconsulto, merecedor desse título, e adstrito ao estudo das leis do seu país. Os vários Códigos e os vários Direitos, especialmente no terreno civil e comercial, constituem faces, aspectos de um só Direito Privado, do moderno *Jus Commune*, universal[2]. De uma região para outra notam-se pequenas variantes, matizes perceptíveis; porém, conforme sucede em outros ramos de estudos, não passam de ligeiras alterações de fenômenos constantes na essência e por isso mesmo merecedores de exame para se chegar, com exatidão maior, à regra geral, ao postulado de aplicação uniforme em todo o mundo civilizado. Embora as legislações conservem certa autonomia e parcial originalidade, que correspondem a tradições especiais e aos interesses prevalecentes em determinadas regiões; todavia a aparente diversidade em regular as relações jurídicas apresenta um fundo comum. Daí resulta progressiva generalização das disposições, aplicáveis a condições sociais que são semelhantes entre os povos da mesma época e do *mesmo grau de civilização*[3].

> "Quando aproximamos, não só em sua coexistência estática, mas também no conjunto da sua evolução dinâmica, os direitos dos países de *civilização análoga*, e, com examinar de perto o jogo prático das regras, procuramos deduzir as ideias diretoras de todo o seu funcionamento, não podemos deixar de notar, tanto para as grandes linhas como, e melhor ainda, para certas questões minúsculas, os traços distintivos de uma sorte de ideal legislativo, senão, até, de um Direito comum da humanidade civilizada"[4].

Em geral, as legislações dos povos cultos servem-se dos mesmos organismos para estabelecer a mesma função destinada ao mesmo fim; por isso, desde que se estudam sob o aspecto verdadeiramente científico os fenômenos jurídicos, entra como fonte de esclarecimentos o Direito Comparado[5].

137 – A Hermenêutica evolve com a teoria geral da ciência a que aplica os seus preceitos; serve-se dos métodos que esta descobre; aplica à exegese os processos adequados a promover, no campo da legislação, o progresso, o aperfeiçoamento, a aproximação contínua do ideal da justiça. Por isso, o Direito Comparado, desde que se tornou o fanal dos elaboradores de normas, também passou a auxiliar vigorosamente o intérprete. Confronta-se o dispositivo sujeito a exame, com outros sobre o mesmo assunto vigorante entre povos cultos, e da

---

[2]   Cogliolo – *Scritti Varii di Diritto Privato*, vol. II, p. 9.

[3]   Degni, op. cit., p. 335.

[4]   Geny – *Méthode* cit., vol. II, nº 270.

[5]   Holbach, op. cit., p. 153.

interpretação atribuída a regras semelhantes redigidas por legisladores estranhos, conclui-se o sentido e o alcance do texto nacional.

A triunfante Escola *histórico-evolutiva* interpreta o Direito pelo Direito; para ela, a exegese não resulta do espírito de disposições isoladas, e, sim, do que anima toda a legislação moderna[6].

138 – Observa-se que nos países latinos a magistratura se não mostra pressurosa em inspirar-se nos ensinamentos do Direito Comparado; ele é mais usado pela doutrina do que pela jurisprudência; porém aquela abre o caminho e arrasta a outra depois; com o auxílio do elemento novo de interpretação e organização jurídica, obtém soluções e aspectos científicos inesperados, que os pretórios adotam afinal[7].

139 – Do exposto já se infere dever-se aproveitar o novo fator de exegese com as necessárias cautelas. A presunção de acertar diminui quando entre os dois povos cujo Direito se confronta, há diversidade de regime político, organização social, ou grau de cultura; comparam-se as legislações de *tendências análogas*[8]. Cumpre, também, respeitar o espírito das disposições peculiares ao *meio* para que foram elaboradas; nesse caso, outros elementos, como, por exemplo, o *teleológico*, terão mais valor para o hermeneuta.

Não se perca de vista uma verdade corrente: a simples *Legislação Comparada* não tem, para o hermeneuta, o mesmo valor que o *Direito Comparado*. Este é uma ciência completa; aquela, uma síntese, nem sempre compreensível de plano; apenas propicia a ilusão, aparência de cultura, em vez de uma sólida base de conhecimentos, pois só fornece as palavras, não o espírito das normas compulsórias.

No Brasil, como em toda parte, ao emendar textos constitucionais, ou elaborar leis ordinárias, claudicam os parlamentares com traduzir textos positivos sem compulsar a obra dos comentadores eruditos. Quem lê unicamente Código ou Constituição tem uma só base, a mais fraca – a exegese verbal; faltam-lhe os demais, e *os melhores*, elementos de interpretação; por isso, toma, com frequência, a nuvem por Juno, desgarra a valer[9].

---

6 Jandoli, op. cit., p. 75.

7 Raoul de La Grasserie – *De la Justice en France et à l'Étranger au XX e Siècle*, 1914, vol. II, p. 416.

8 Geny – *Méthode* cit., vol. II, p. 272. 274-275; Jandoli, op. cit., p. 35-36 e 75; Degni. op. cit., p. 5, nº 5.

9 Carlos Maximiliano – Direito das Sucessões, nº 1.081.

DISPOSIÇÕES CONTRADITÓRIAS

140 – Não se presumem antinomias ou incompatibilidades nos repositórios jurídicos; se alguém alega a existência de disposições inconciliáveis, deve demonstrá-la até a evidência[1].

Supõe-se que o legislador, e também o escritor do Direito, exprimiram o seu pensamento com o necessário método, cautela, segurança; de sorte que haja unidade de pensamento, coerência de ideias; todas as expressões se combinem e harmonizem. Militam as probabilidades lógicas no sentido de não existirem, *sobre o mesmo objeto*, disposições contraditórias ou entre si incompatíveis, em repositório, lei, tratado, ou sistema jurídico.

Não raro, à primeira vista duas expressões se contradizem; porém, se as examinarmos atentamente (*subtili animo*), descobrimos o nexo culto que as concilia. É quase sempre possível integrar o sistema jurídico; descobrir a correlação entre as regras aparentemente antinômicas[2].

Sempre que descobre uma contradição, deve o hermeneuta *desconfiar de si*; presumir que não compreendeu bem o sentido de cada um dos trechos ao parecer inconciliáveis, sobretudo se ambos se acham no mesmo repositório[3]. Incumbe-lhe preliminarmente fazer tentativa para harmonizar os textos; a este esforço ou arte os Estatutos da Universidade de Coimbra, de 1772, denominavam Terapêutica Jurídica[4].

---

[1] Saredo, op. cit., nº 619.

[2] Savigny, vol. I, p. 263.
Também não se presumem contradições ou antinomias irredutíveis, em atos jurídicos.

[3] Gmür, op. cit., p. 60-61.

[4] Estatutos cit., liv. II, tít. VI, cap. VII, § 6º.

141 – Inspire-se o intérprete em alguns preceitos diretores, formulados pela doutrina:

a) Tome como ponto de partida o fato de não ser lícito aplicar uma norma jurídica senão à ordem de coisas para a qual foi feita[5].

Se existe antinomia entre a regra geral e a peculiar, específica, esta, no caso particular, tem a supremacia. Preferem-se as disposições que se relacionam mais direta e especialmente com o assunto de que se trata[6]: *In toto jure generi per speciem derogatur, et illud potissimum habetur quod ad speciem directum est* – "em toda disposição de Direito, o gênero é derrogado pela espécie, e considera-se de importância preponderante o que respeita diretamente à espécie"[7].

b) Verifique se os dois trechos se não referem a hipóteses diferentes, espécies diversas. Cessa, nesse caso, o conflito; porque tem "cada um a sua esfera de ação especial, distinta, cujos limites o aplicador arguto fixará precisamente[8].

c) Apure o intérprete se é possível considerar um texto como afirmador de *princípio, regra geral;* o outro, como dispositivo de *exceção;* o que estritamente não cabe neste, deixa-se para a esfera de domínio daquele[9].

d) Procure-se encarar as duas expressões de Direito como partes de um só todo, destinadas a completarem-se mutuamente; de sorte que a generalidade aparente de uma seja restringida e precisada pela outra[10].

e) Se uma disposição é secundária ou *acessória* e incompatível com a *principal,* prevalece a última[11].

f) Prefere-se o trecho mais claro, lógico, verossímil, de maior utilidade prática e mais em harmonia com a lei em conjunto, os usos, o sistema do Direito vigente e as condições normais da coexistência humana. Sem embargo da diferença de

---

5   Caldara, op. cit., n° 220. Vede n° 326 *(Brocardos).*

6   Campbell Black – *Handbook on the Construction and Interpretation of the Laws,* 2ª ed., p. 328; Brocher, op. cit., p. 91.

7   Papiniano, *apud Digesto,* liv: 50, tít. 17, frag. 80.

8   Trigo de Loureiro, vol. I, p. 27, regra 23; Coelho da Rocha, Prof. da Universidade de Coimbra, vol. I, § 45, regra 11; Savigny, vol. I, p. 264; Saredo, op. cit., n° 616; Marcel Planiol – *Traité Élémentaire de Droit Civil,* 7ª ed., vol. I, n° 223.

9   Coelho da Rocha, vol. I, § 45, regra 11; Trigo de Loureiro, vol. I, p. 25 e 27, regras 11 e 23; Planiol, vol. I, n° 223; Geny, vol. I, p. 31.

10   Saredo, op. cit., n° 616; Savigny, vol. I, p. 264.

11   Coviello, vol. I, p. 78.

DISPOSIÇÕES CONTRADITÓRIAS | **123**

data, origem e escopo, deve a legislação de um Estado ser considerada como um todo orgânico, exequível, útil, ligado por uma correlação natural[12].

g) Prevalece, nos casos de antinomia evidente, a Constituição Federal sobre a Estadual, e esta contra o Estatuto orgânico do município; a lei básica sobre a ânua e a ordinária, ambas, por sua vez, superiores a regulamentos, instruções e avisos; o Direito escrito sobre o consuetudinário.

h) Se nenhum dos sete preceitos expostos resolve a incompatibilidade, e são os dois textos da mesma data e procedência, da antinomia resulta a eliminação recíproca de ambos: nenhum deles se aplica ao objeto a que se referem[13]. Se têm um e outro igual autoridade, porém não surgiram ao mesmo tempo, cumpre verificar, de acordo com as regras adiante expostas, se não se trata de um caso de *ab-rogação tácita* de expressões de Direito[14].

---

[12]   Gmür, op. cit., p. 61; Black, op. cit., p. 326-327; Caldara, op. cit., nº 220; Saredo, op. cit., nº 618.

[13]   Geny, *Méthode* cit., vol. I, p. 31; Coviello, vol. I, p. 78.

[14]   Vede nos 439 e segs. (*Revogação do Direito*).

ELEMENTO HISTÓRICO

142 – Não é possível manejar com desembaraço, aprender a fundo uma ciência que se relacione com a vida do homem em sociedade, sem adquirir antes o preparo propedêutico indispensável. Deste faz parte o estudo da história especial do povo a que se pretende aplicar o mencionado ramo de conhecimentos, e também o da história geral, principalmente política, da humanidade. O Direito inscreve-se na regra enunciada, que, aliás, não comporta exceções: para o conhecer bem, cumpre familiarizar-se com os fastos da civilização, sobretudo daquela que assimilamos diretamente: a europeia em geral; a lusitana em particular. Complete-se o cabedal de informações proveitosas com o estudo da História do Brasil[1].

143 – O que hoje vigora abrolhou de germes existentes no passado; o Direito não se inventa; é um produto lento da evolução, adaptado ao *meio*; com acompanhar o desenvolvimento desta, descobrir a origem e as transformações históricas de um instituto, obtém-se alguma luz para o compreender bem[2]. Só as pessoas estranhas à ciência jurídica acreditam na possibilidade de se fazerem leis inteiramente novas, creem ser um Código obra pessoal de A ou B. O autor aparente da norma positiva apenas assimila, aproveita e consolida o que encontra no país e, em pequena parte, entre povos do mesmo grau de civilização. Consiste o Direito atual em reproduções, ora integrais, ora ligeiramente modificadas, de preceitos preexistentes[3].

---

[1] Trigo de Loureiro, vol. I, § 46; Saredo, op. cit., n°s 573 e 577; Sutherland – *Statutes and Statutory Construction*, 2ª ed., vol. II, § 462.

[2] Black, op. cit., p. 345; Ferrara, vol. I, p. 216-217.

[3] Berriat Saint-Prix, op. cit., n° 96; Coviello, vol. I, p. 70-71.
Basta comparar o Código Civil com as anteriores *Consolidações das Leis Civis*, de Teixeira de Freitas e Carlos de Carvalho, para se ver como prevaleceram inovações em número reduzido, quando elaboraram aquele repositório de normas.

ELEMENTO HISTÓRICO | **125**

Pois bem: se o presente é um simples desdobramento do passado, conhecer este parece indispensável para compreender aquele: daí a grande utilidade da História do Direito, para o estudo da ciência jurídica[4]. Segundo o chanceler Portalis, a História é "a Física Experimental da legislação"; acrescenta Geny ser a História do Direito a Física Experimental da jurisprudência[5].

Cumpre verificar o desenvolvimento que tiveram no passado os institutos jurídicos, e também a sua evolução contemporânea, dentro e fora do país; toda a elaboração do Direito Positivo, as suas tendências recentes, os seus objetivos; os resultados obtidos pelos processos modernos de pesquisa da verdade, as regras, os métodos e os sistemas que melhor se adaptam ao progresso social e contribuem para o labor tranquilo do homem, isolado ou em coletividade[6].

Deve partir de longe o estudo das fontes da legislação pátria; recuar até ao Direito romano, ao canônico o, às instituições jurídicas medievais, passar às dos povos modernos europeus[7], sobretudo português, e concluir pelo que se fez no Brasil, na mesma esfera de conhecimentos, desde a Independência até o presente.

144 – Mais importante do que a história geral do Direito é, para o hermeneuta, a especial de um instituto e, em proporção maior, a do dispositivo ou norma submetida a exegese. A lei aparece como último elo de uma cadeia, como um fato intelectual e moral, cuja origem nos fará conhecer melhor o espírito e alcance do mesmo[8]. Com esse intuito o juiz "lança uma ponte entre as obscuras disposições do presente e os preceitos correspondentes e talvez claros do Direito anterior"[9].

Inquire quais as ideias dominantes, os princípios diretores, o estado do Direito, os usos e costumes em voga, enfim o espírito jurídico reinante na época em que foi feita a norma.

O legislador é um filho do seu tempo; fala a linguagem do seu século, e assim deve ser encarado e compreendido[10].

---

[4]   Saredo, op. cit., nos 576 e 577; Brocher, op. cit., p. 47.

[5]   Geny – *Méthode* cit., vol. I, p. 23.

[6]   Degni, op. cit., p. 334; Geny, vol. II, p. 256.

[7]   Coviello, vol. I, p. 71; Degni, op. cit., p. 245-247.

[8]   Sthal – *Philosophie des Rechts*, vol. II, p. 170; Saredo, op. cit., nos 575-576.

[9]   Rumpf, op. cit., p. 89.
    Non est navum, ut priores leges ad posteriores trahantur (Paulo, no Digesto, liv. I, tít. 3, frag. 26).

[10]   Walter Jellinek – *Gesetz, Gesetzesanwendung und Zwekmaessigkeiserwaegung*, 1913, p. 164; Degni, op. cit., p. 334-335; Enneccerus, vol. I, p. 115; Trigo de Loureiro, vol. I, § 46; Henri Capitant – Introduction – *L'Étude du Droit Civil*, 3ª ed., p. 79.

126 | Hermenêutica e Aplicação do Direito · *Carlos Maximiliano*

Verifica ainda o magistrado quais as transformações que sofreu o preceito, e o sentido que ao mesmo se atribuía nas legislações de que proveio, direta ou indiretamente. No segundo caso, em não sendo duvidosa a filiação, torna-se inestimável o valor do subsídio histórico. Exige, entretanto, a consulta de obras de escritores contemporâneos e o cuidado de verificar bem quais os caracteres comuns e quais as diferenças específicas. Relativamente às últimas, deve a exegese apoiar-se em outra base que não os referidos trabalhos de jurisconsultos alienígenas: inquire da origem e motivo da divergência, e por este meio deduz seu sentido e alcance[11].

145 – Sempre se presume que se não quis substituir, de todo, a norma em vigor; a revogação da lei deve ficar bem clara. Verifica-se atentamente se o parlamento pretendeu reformar o Direito vigente, que circunstâncias o levaram a isto; até onde foi o propósito inovador; quais os termos e a extensão em que se afastou das fontes, nacionais ou estrangeiras, do dispositivo atual. Pelo que eliminou e pelo que deixou subsistir, conclui-se o seu propósito, orienta-se o hermeneuta[12].

O prestígio, aliás relativo, do elemento histórico decorre de que a investigação da causa geradora e da causa final da lei conduz à descoberta do verdadeiro sentido e alcance da norma definitiva[13].

146 – É dupla a utilidade do elemento histórico. Disposições antigas, restabelecidas, consolidadas ou simplesmente aproveitadas em novo texto, conservam a exegese do original. Pouco importa que se não reproduzam as palavras: basta que fique a essência, o conteúdo, substancialmente se haja mantido o pensamento primitivo[14]. Por outro lado, pelo espírito das alterações e reformas sofridas por um preceito em sua trajetória histórica, chega-se ao conhecimento do papel que ele é chamado a exercer na atualidade[15].

---

[11] Korkounov, op. cit., p. 527-530; Capitant, op. cit., p. 79; Kohler, vol. I, p. 127-128; Degni, op. cit., p. 250.
Vede, no capítulo Brocardos e com subepígrafe *Argumento de autoridade*, o que se diz acerca do *argumento de fonte*.

[12] Aubry & Rau, vol. I, p. 97; Planiol, vol. I, nº 219; Fabreguettes, Conselheiro da Corte de Cassação da França, op. cit., p. 385; Black, op. cit., p. 345; Paula Batista, op. cit., § 19; Trigo de Loureiro, vol. I, § 56, regra 20; Coelho da Rocha, vol. I, § 45, regra 8.

[13] Dualde, op. cit., p. 180-187.

[14] Sutherland, vol. II, § 403.

[15] Paula Batista, op. cit., § 19.

ELEMENTO HISTÓRICO | 127

O confronto de disposições vigentes com outras anteriores, paralelas, ou análogas, não só evidencia a continuidade, embora progressiva, de ideias e teorias preexistentes; como também prova que essa perpetuação relativa é a regra; o contraste, a mudança radical aparecem como exceções[16].

Eis porque, acerca de todos os ramos das ciências sociais, no passado se encontram ensinamentos para compreender o presente e prever o futuro.

147 – Relativamente ao elemento histórico propriamente dito, há dois extremos perigosos: o excessivo apreço e o completo repúdio.

a) Nem sempre basta olhar para trás, para descobrir a verdade. A massa dos fenômenos cresce dia a dia; de sorte que muitos existem sem equivalente nos tempos pretéritos e prevalecem outros cujas mutações contínuas atingiram um grau tal que se tornou dificílimo reconhecer as raízes múltiplas de todo definitivo[17]. Cumpre não se aferrar em demasia ao passado o hermeneuta, não insistir muito em interpretar o Direito moderno pelo antigo, expresso em leis, jurisprudência e livros de doutrina ou de prática. Às vezes não foram mantidas as regras todas (pelo menos com o mesmo espírito e igual extensão); podem também os novos institutos ser incompatíveis com os anteriores e, portanto, não ter com estes ligação alguma; talvez o conhecimento de outras disposições valha apenas pelo contraste, sirva para verificar o quanto se mudou de orientação jurídica relativamente ao assunto.

b) Do repúdio sistemático do passado, resulta, por sua vez, um grande mal: o salto nas trevas, o excesso de modernismo, abandono da tradição compatível, pelo menos até certo ponto, com as normas em vigor. A consequência lógica de tal processo há de ser introduzir, à força, nos textos um espírito ou sentido que aos mesmos é estranho[18]. Sai errada a exegese; protege-se o aforismo romano – *sed et posteriores leges ad priores pertinent, nisi contrarioe sint*[19]: "As leis posteriores, desde que não sejam contrárias às anteriores, fazem parte destas, cujas prescrições ratificam, esclarecem ou completam."

148 – Além do elemento histórico propriamente dito, constituído pelo Direito anterior do qual o vigente é apenas um desdobramento, existe, sob a mesma

---

[16] Karl Wurzel – Das Juristische Denken, in *Oesterreichisches Zentralblat für die Juristiche Praxis*, vol. 21, p. 838-839.

[17] Wurzel, rev. e vol. cit., p. 841.

[18] Pacifici-Mazzoni, ex-Prof. de Direito Civil, Conselheiro da Corte de Cassação, de Roma, vol. I, p. 44-45; Saredo, op. cit., nº 637; Laurent, vol. I, nº 274.

[19] Paulo, no *Digesto*, liv. I, tít. 3, frag. 28.

128 | Hermenêutica e Aplicação do Direito • *Carlos Maximiliano*

denominação geral, outro fator de exegese, que os autores designam com as expressões – *Materiais Legislativos* ou *Trabalhos Preparatórios*[20]. Esta espécie tem menos valor que a descrita anteriormente, *muito menos*; entretanto, é invocada com frequência maior no Brasil, sobretudo a respeito de leis recentes. Compreende anteprojetos; os Projetos e as respectivas *Exposições de motivos*; Mensagens dirigidas pelo Executivo às Câmaras; memoriais e representações enviadas ao Congresso; relatórios das comissões nomeadas pelo Governo; pareceres e votos em separado emitidos oralmente, ou por escrito, no seio das comissões parlamentares, especiais ou permanentes; emendas aceitas ou rejeitadas; debates tribunícios em sessões plenárias de cada um dos ramos do Poder Legislativo.

149 – Houve exageros no apreço aos Trabalhos Preparatórios, a ponto de se lhes atribuir o valor de *interpretação autêntica,* o que era rematado absurdo[21]. Não parece defensável o equiparar a uma exegese oficial, compulsória, irretorquível, um processo espontâneo e menos eficiente e recomendável que o *sistemático*[22], o *teleológico*, o baseado na jurisprudência e o que se funda num elemento mais recente e muito seguro, o Direito Comparado[23].

A jurisprudência também resulta dos debates, porém entre especialistas, e no terreno das realidades. Oferece mais garantias de competência técnica e imparcialidade; os parlamentares combatem e *votam* por paixão, e não raro preferem palavras a ideias; os advogados precisam ser mais substanciais, a fim de convencerem juízes sem interesse na causa, nem inclinações afetivas contra o Direito[24]. Demais a jurisprudência provém de uma *série* de decisões supremas, *uniformes,* sobre o mesmo assunto, precedidas todas de controvérsias e arrazoados eruditos nas instâncias inferiores; se ainda assim resultam erros, muito mais longe da infalibilidade ficará o debate entre políticos, nas votações guiadas por *leaders* que apenas se distinguem como hábeis estrategistas partidários.

Entretanto, a possibilidade ou a frequência do abuso jamais constituirá, só por si, motivo, para se condenar o uso de qualquer coisa: *abusus non tollit usum* – "o abuso não leva a suprimir o uso". Os Materiais Legislativos têm alguma utilidade para a Hermenêutica; embora não devam ser colocados na primeira linha, nem aprovei-

---

[20] A primeira denominação é mais usada pelos suíços e tudescos; a segunda, pelos franceses, belgas e italianos.

[21] Endemann – *Lehrbuch des Bürgerlichen Rechts*, 8ª ed., vol. I, 1ª parte, p. 50; Ferrara, vol. I, p. 217.

[22] Os próprios *tradicionalistas* atribuem a primazia ao *processo sistemático* (Vede nos 124, 130-133).

[23] Vede os capítulos referentes aos elementos acima citados.

[24] Holbach, op. cit., p. 288.

ELEMENTO HISTÓRICO | 129

tados sempre, a torto e a direito, em todas as hipóteses imagináveis, para resolver quaisquer dúvidas; ajudam a descobrir o elemento *causal*, chave da interpretação. Seria erro grave empregá-la à *outrance*, qual *ponte de burro (Eselsbrücke)*, na frase de Maximiliano Gmür, da Universidade de Berna; merecem confiança relativa; deles se sirva o intérprete, com a maior *circunspecção, prudência* e *discreta reserva*[25].

150 – A dificuldade está em determinar a linha divisória exata entre o emprego legítimo e o uso errado, inoportuno ou excessivo[26]. Para satisfazer, tanto quanto possível aqueles requisitos, seria proveitosa a observância das seguintes regras:

a) Só devem servir de guia da exegese os Materiais Legislativos quando o pensamento diretor, o objetivo central, os princípios, que dos mesmos ressaltam, encontram expressão no texto definitivo[27].

b) Proceda também o intérprete ao exame do dispositivo, em si e em relação ao fim a que se propõe; tente, sempre e complementarmente, o emprego do processo sistemático e o confronto do resultado com os princípios científicos do Direito[28].

c) Admita o sentido decorrente dos Trabalhos Preparatórios quando plenamente provado, evidente, acima de qualquer dúvida razoável[29].

d) Se um preceito figurava no Projeto primitivo e foi eliminado, não pode ser deduzido, nem sequer por analogia, de outras disposições que prevaleceram,

---

25 Acórdão do Tribunal Federal Suíço, de 1º de dezembro de 1908, *apud* Schneider & Fick – *Commentaire du Code Fédéral des Obligations*, trad. Porret, 1915, vol. I, p. 8, nº 23; *Curtiforrer Schweizerisches Zivilgesetzbuch*, 1911, p. 3, nº 5; Raimundo Salvat – *Tratado de Derecho Civil Argentino*, vol. 1, 1907, nº 105; Adelbert Düringer – *Richter und Rechtprechung*, 1909, p. 22; Endemann – *Handbuch des Deutschen Handels-, See-und Wecheselrechts*, vol. I, p. 37-38; Dernburg, vol. I, p. 88, nota 6; Windscheid, vol. I, p. 84, nota 6; Salomon, op. cit., p. 73; Gmür, op. cit. p. 58; Reuterskioeld, op. cit., p. 67; Saredo, op. cit., nº 594; Jandoli, op. cit., p. 33-34; Coviello, vol. I, p. 72; Fiore, vol. II, nos 954-955; Degni, op. cit., p. 251-261; Caldara, op. cit., nº 145; Cogliolo – *Scritti Varii*, vol. I, p. 43; Planiol, vol. I, nº 218; Capitant, op. cit., p. 79; Laurent, nº 275; Baudry-Lacantinerie & Houques-Fourcade, vol. I, nº 262; Brocher, op. cit., p. 47 e 52; Geny – *Méthode* cit., vol. I, p. 32; Paula Batista, op. cit., § 33; Dualde, op. cit, p. 194-200.

26 Vander Eycken, op. cit., p. 139.

27 Salomon – *Das Problem der Rechtsbegrife*, 1907, p. 75; Enneccerus, vol. I, p. 111; Crome, vol. I, p. 102; Ferrara, vol. I, p. 218.
O Tribunal do Império Alemão sempre se pronunciou de modo que prestigiasse a regra seguinte, acima enunciada: o sentido decorrente dos Materiais Legislativos, o conteúdo dos mesmos, só merece apreço quando ache expressão correspondente no texto definitivo (Windscheid, vol. I, p. 85, nota 6).
É inatacável, neste particular, a jurisprudência da Suprema Corte germânica.

28 Saredo, op. cit., nº 592; Vander Eycken, op. cit., p. 138 e 142-143.

29 Vander Eycken, op. cit., p. 143.

130 | Hermenêutica e Aplicação do Direito • *Carlos Maximiliano*

salvo quando a supressão se haja verificado apenas por considerarem-no desnecessário ou incluído implicitamente no texto final[30].

151 – Embora ainda apreciáveis, os Materiais Legislativos têm o seu prestígio em decadência, desde que a *teoria da vontade*, o processo psicológico, a *mens legislatoris*, cedeu a primazia ao sistema das normas objetivadas. Os motivos intrínsecos, imanentes no contexto e por ele próprio revelados, prevalecem, hoje, contra os subsídios extrínsecos; o conteúdo da lei é independente do que pretendeu o seu autor[31].

A própria Corte de Cassação, de França, embora conservadora e dantes amiga de citar os Trabalhos Preparatórios, passou a mostrar-se extremamente circunspecta em os invocar. Nos últimos anos parece até empenhada em silenciar sobre eles[32].

O recurso aos Materiais Legislativos serve para descobrir apenas uma ideia do passado; o apego à mesma acarretaria a estagnação, a imobilidade; constituiria um obstáculo ao progresso jurídico e um elemento para *ossificar* a jurisprudência[33].

O Direito vigente não contém só um pensamento morto; ao contrário: o seu espírito evolve, é vivo, *atual*[34]. "A exegese pode variar, com o tempo, e *deve* efetivamente mudar"[35]. Incumbe ao juiz interpretar a lei conforme a opinião dos homens inteligentes *da sua época*[36]; ver no presente um desdobramento do passado, e não a fiel imagem deste, fixa, marmórea, inalterada; conciliar a tradição com a realidade, graças ao método *histórico-evolutivo*.

Pelas razões expostas, quanto mais antiga é a norma escrita, menos se recorre, em sua exegese, aos Materiais Legislativos. Interpreta-se hoje o texto vetusto de modo que melhor corresponda às necessidades do presente; basta que

---

[30] Gianturco, vol. I, p. 119.

[31] Konrad Hellwig – *Lehrbuch des Deutschen Zivilprozessrechts*, 1907, vol. II, p. 170; Acórdão cit., do Tribunal Federal Suíço, *in Schneider & Fick*, Prof. da Universidade de Zurique, vol. I, p. 8, nº 23; Heinrich Thoel – *Das Handelsrecht*, 6ª ed., vol. I, § 21, nota 5, Gianturco, vol. I, p. 118; Endemann – *Lehrbuch des Bürg. Rechts*, vol. I, parte I, p. 50-51. Vede o capítulo – *Vontade do Legislador*.

[32] Fabbreguettes, Conselheiro da Corte de Cassação, op. cit., p. 386. *A intenção do legislador é* um dos elementos; não mais a *base única* da pesquisa do intérprete.

[33] Erich Danz – *Einführung in die Rechtsprechung*, 1912, p. 76; Berolzheimer – *Gefühsjurisprudenz*, p. 19.

[34] Cogliolo, vol., I, p. 43.

[35] *Die Auslegung kann daher wechse en und muss wechseln*; Kohler, vol. I, p. 128.

[36] Danz, op. cit., p. 74; Cogliolo, vol. I, p. 43.

ELEMENTO HISTÓRICO | 131

o sentido *atual* se coadune com a letra primitiva. Mudou o ambiente, o *meio*; o *fim* colimado é outro; a Hermenêutica precisa acompanhar a evolução geral[37].

Sucede o contrário com a lei nova: as circunstâncias, que rodearam a elaboração do texto, persistem ainda: atuam os mesmos fatores sociais; nenhum progresso apreciável; perduram, para a coletividade, os objetivos econômicos, as aspirações justas, os hábitos adquiridos, os usos e costumes. Por outro lado, falta, no caso, ao prático o apoio fácil, o travesseiro habitual e macio da jurisprudência. Eis porque se recorre com frequência, talvez demasiada, ao elemento histórico. Assim aconteceu na Alemanha, logo após a promulgação do Código Civil; fenômeno idêntico observa-se no Brasil atual[38].

152 – Seja qual for a opinião que se tenha sobre o valor dos Trabalhos Preparatórios; desde que se aceitam como elementos de Hermenêutica, será força distinguir entre os *Debates Parlamentares*, isto é, o transunto dos discursos proferidos nas Câmaras, sobre determinado tema, e os outros Materiais Legislativos – anteprojetos; projetos e respectivas exposições de motivos; Mensagens do Executivo ao Congresso; relatórios das comissões nomeadas pelo Governo; pareceres e votos em separado emitidos no seio das comissões parlamentares; emendas aceitas ou rejeitadas. Não inspiram muita confiança os primeiros elementos referidos, os simples torneios tribunícios; atribui-se-lhes incomparavelmente menos peso que aos demais subsídios decorrentes da história da lei[39].

O transunto dos *Debates* esclarece algumas vezes; porém não raramente desnorteia e desgarra. É por esse fato de poder causar o mal como o bem, induzir ora ao acerto, ora ao erro, ou, pelo menos, baralhar tudo, aumentar a confusão, que muitos autores repelem aquele elemento de Hermenêutica, *in limine*; acham não merecedor de confiança alguma[40].

---

[37] Discurso de Ballot-Beaupré, primeiro presidente da Corte de Cassação, de França, por ocasião do Centenário do Código Civil, *in* Geny – *Science et Technique en Droit Privé Positif*, vol. I, p. 30; Filomusi Guelfi – *Enciclopedia Giuridica*, 6ª ed., p. 144-145, nota 1; Gmür, op. cit., p. 45 e 58; Holbach, op. cit., p. 100; Rumpf, op. cit., p. 140; Kohler, vol. I, p. 128; E. H. Perreau, Prof. da Faculdade de Direito de Toulouse – *Tecnique de la Jurisprudence en Droit Privé*, 1923, vol. I, p. 264-274.

[38] Rumpf, op. cit., p. 131; e autores mencionados em a nota anterior.

[39] Chiovenda – *Diritto Processuale Civile*, 3ª ed., p. 73; Fabreguettes, op. cit., p. 385; Gianturco, vol. I, p. 119; Laurent, vol. I, nº 275. Até mesmo os que atribuem às exposições de motivos às mensagens do Governo e aos trabalhos das comissões por ele nomeadas, autoridade quase igual à da interpretação autêntica apenas se inclinam também ante os relatórios das comissões parlamentares; porém concedem muito menor apreço às orações e apartes proferidos no plenário. Confrontem-se, por exemplo, no livro de José Saredo, os nºs 596-598 e 601 com os nºs 599-600.

[40] Alfred Bozi – *Die Weltanschaung der Jurisprudenz*, 1911, p. 91; Kohler, vol. I, p. 131 e in "Deutsche Juristen-Zeitung", 1906, p. 363; Thibaut, *apud* Brocher, op. cit., p. 67.

Não se deve ir tão longe. Basta que se coloquem os Debates *em último lugar*, e deles se utilize quando, por um conjunto de circunstâncias ocasionais, pela posição ou autoridade profissional da pessoa que fala, influência que teve nas decisões e controvérsias, seja de presumir que dos discursos decorra a boa interpretação. Exija-se ainda que esta resulte bem clara e apoiada por outros elementos lógicos.

Em si, isto é, considerado de modo absoluto, o valor das orações parlamentares, relativamente à Hermenêutica, é pequeno; para alguns autores "é pouco mais do que nenhum"[41]. Na opinião da maioria dos escritores, só merecem apreço valioso quando proferidas por pessoa de grande influência nas deliberações, ou por jurista de reputação firmada[42]. No último caso o prestígio decorre mais da autoridade científica do preopinante do que do fato de ser membro do Congresso e haver ali emitido parecer.

153 – A grande dificuldade a respeito dos debates orais consiste em descobrir como e quando influi no voto coletivo esta ou aquela opinião individual[43]. Mil vezes mais do que os argumentos expressos, de ordem social ou jurídica, preponderam, com frequência, os ocultos, e às vezes até inconfessáveis, de natureza política. É comum aludir-se, entre amigos, à inoportunidade da medida, ou a qualquer outra causa de repúdio, quase nunca a verdadeira, e ainda assim jamais ventilada no plenário.

154 – O transunto dos Debates oferece o inconveniente de fornecer armas para todos os partidos; ali as opiniões divergentes encontram argumentos, que, portanto, reciprocamente se anulam[44].

Por formarem os anais parlamentares uma espécie de chapéu alto de prestidigitador, de onde tudo se retira; por haver ali opiniões para todos os paladares, muitas vezes o recurso àquele repositório constitui o derradeiro expediente dos

---

[41] Parecer generalizado na jurisprudência norte-americana, segundo Sutherland, vol. II, § 470. De acordo Aubry & Rau, vol. I, p. 197-198; Black, op. cit., p. 312-315.

[42] Brocher, op. cit., p. 60; Black, op. cit., p. 314-315.

[43] Este assunto já foi longamente ventilado a propósito da *Vontade do Legislador*. Não se repetem agora os argumentos já expendidos; vejam-se os n⁰ˢ 26, 27, 30 e 32.

[44] Bozi, op. cit., p. 91; Thoel, Prof. da Universidade de Goettingen, vol. I, § 21, nota 5; Ferrara, vol. I, p. 218-219; Planiol, vol. I, n° 218; Laurent, vol. I, p. 275.
No Congresso Jurídico, reunido no Rio de Janeiro em 1922, oradores discorreram pró ou contra a constitucionalidade do sufrágio feminino, apoiados uns e outros nos *Anais da Constituinte*: os favoráveis invocaram palavras de Almeida Nogueira, os adversários referiam-se aos dizeres dos discípulos de Augusto Comte que tiveram assento na mesma assembleia.

indivíduos prejudicados pela exegese contrária às suas pretensões, porém clara, fundamentada e, não raro, pacífica[45].

155 – No aproveitamento do subsídio oriundo de anais das sessões plenárias do Congresso, observem-se as seguintes regras, além das enunciadas já, a propósito dos Trabalhos Preparatórios em geral:

a) Quando inconciliáveis duas digressões orais sobre o mesmo assunto, prefira-se a que diz respeito a um só artigo, ao invés da que se refere ao conceito geral da lei[46].

b) Não é lícito concluir, de simples farrapos de frases ou pensamentos, escolhidos na discussão, para confirmar o parecer do intérprete[47].

c) Se as declarações de um outro ramo do Parlamento coincidem, aproveitam à exegese; quando se contradizem, elidem-se reciprocamente[48].

Na mesma Câmara, vale mais a solução resultante de pareceres e discursos não contraditados, do que a oriunda de controvérsias no plenário, ou de divergências entre as comissões parlamentares[49].

156 – Declarações individuais de membros do Congresso, feitas fora do recinto, ou depois de promulgada a lei, não têm importância para o hermeneuta, salvo a decorrente da autoridade do senador, ou deputado, como jurisconsulto[50].

---

[45]   Vander Eycken, op. cit., p. 141.

[46]   Gianturco, vol. I, p. 119.

[47]   Vander Eycken, op. cit., p. 142-143.

[48]   Gianturco, vol. I, p. 119.

[49]   Saredo, op. cit., nº 592.

[50]   Reuterskioeld – *Ueber Rechtsaulegung*, 1899, p. 91-92; Black, op. cit., p. 312-315; Sutherland, vol. II, § 470.

OCCASIO LEGIS

157 – O assunto deste capítulo tem a mais estreita conexidade com o anterior *(Elemento Histórico)* e o posterior *(Elemento Teleológico)*, a ponto de se confundir facilmente com o primeiro, em parte; com o segundo, por outro lado. Eis porque inúmeros escritores de Hermenêutica, em maioria talvez, não tratam da *Occasio legis*, como elemento especial de interpretação.

Prescreviam os Estatutos da Universidade de Coimbra, de 1772, hoje considerados clássicos em toda a extensão da palavra[1]:

> "Dar-lhes-á a conhecer (o professor aos discípulos) qual é, e em que consiste, o verdadeiro espírito das leis; e qual é o melhor modo de indagá-lo, e de compreendê-lo; mostrando consistir o dito espírito no complexo de todas as determinações individuais; de todas as circunstâncias específicas, em que o legislador concebeu a lei, e quis que ela obrigasse"[2].

> "Ensinará que, para se evitar o engano, que pode haver nesses casos, se não devem seguir e abraçar cegamente as razões indicadas na lei; antes pelo contrário se deve sempre trabalhar por descobrir a verdadeira razão dela... na ocasião, e conjuntura da mesma lei; e no exame de todos os fatos e sucessos históricos, que contribuíram para ela"[3].

Nas palavras transcritas já está caracterizada a *Occasio legis*: complexo de circunstâncias específicas atinentes ao objeto da norma, que constituíram o impulso exterior à emanação do texto; causas mediatas e imediatas, razão política

---

[1] Até a forma dos Estatutos de Coimbra é considerada modelo de linguagem vernácula, de português clássico.

[2] Estatutos, liv. 2, tít. 6, cap. 6, § 19.

[3] Estatutos, liv. 2, tít. 6, cap. 6, § 23.

OCCASIO LEGIS | 135

e jurídica, fundamento dos dispositivos, necessidades que levaram a promulgá--los; fastos contemporâneos da elaboração; momento histórico, ambiente social, condições culturais e psicológicas sob as quais a lei surgiu e que diretamente contribuíram para a promulgação; conjunto de motivos ocasionais que serviram de justificação ou pretexto para regular a hipótese; enfim o mal que se pretendeu corrigir e o modo pelo qual se projetou remediá-lo, ou, melhor, as relações de fato que o legislador quis organizar juridicamente[4].

158 – Nenhum acontecimento surge isolado; com explicar a sua origem, razão de ser, ligação com os outros, resulta o compreender melhor a ele próprio. Precisa, pois, o aplicador do Direito transportar-se, em espírito, ao *momento* e ao *meio* em que surgiu a lei, e aprender a relação entre as circunstâncias ambientes, entre outros fatos sociais e a norma; a localização desta na série dos fenômenos sociológicos, todos em evolução constante[5].

A fim de descobrir o alcance eminentemente prático do texto, coloca-se o intérprete na posição do legislador: procura saber por que despontou a necessidade e qual foi primitivamente o objeto provável da regra, escrita ou consuetudinária; põe a mesma em relação com todas as circunstâncias determinantes do seu aparecimento, as quais, por isso mesmo, fazem ressaltar as exigências morais, políticas e sociais, econômicas e até mesmo técnicas, a que os novos dispositivos deveriam satisfazer; estuda, em suma, o ambiente social e jurídico em que a lei surgiu; os motivos da mesma, a sua razão de ser; as condições históricas apreciáveis como causa imediata da promulgação[6]. Enquadram-se entre as últimas os precedentes, em geral; as concepções reinantes, além de outras influências menos diretas e não menos eficazes, como certos fatos ocorridos no estrangeiro e as legislações de povos cultos[7]. Deve-se supor que os elaboradores do Direito novo conheciam o *meio* em que viviam, e o espírito da época, e se esmeraram em corresponder, por meio de providências concretizadas em textos, às necessidades e aspirações populares, próprias do momento, bem como às circunstâncias jurídicas e sociais contemporâneas[8].

---

4   Almeida e Sousa, de Lobão, – *Notas a Melo*, vol. I, p. 18-19; Coelho da Rocha, vol. I, § 45, regra 1ª; Trigo de Loureiro, vol. I, § 46; Pacifici-Mazzoni, vol. I, p. 43-44; Ferrara, vol. I, p. 215; Enneccerus, vol. I, p. 115; Reuterskioeld, op. cit., p. 6; Salomon, op. cit., p. 63; Black, op. cit., p. 285-286; Sutherland, vol. II, § 471; Geny, vol. I, p. 288.

5   Reuterskioeld, Prof. da Universidade Sueca de Upsala op. cit., p. 59.

6   Geny, vol. I, p. 288; Degni, op. cit., p. 245; Black, op cit., p. 286.

7   Geny, vol. I, p. 288.

8   Walter Jellinek, op. cit., p. 164; Bierling – *Juristische Prinzipienlehre*, 1911, vol. IV, p. 275.

136 | Hermenêutica e Aplicação do Direito • *Carlos Maximiliano*

O hermeneuta precisa conhecer e tomar no devido apreço os costumes antigos e em voga na ocasião em que se preparou o dispositivo, ou repositório de regras, agora sujeito a exame; deve ainda familiarizar-se com o Direito Positivo em vigor naquela época[9].

159 – Nem todos os fatores da *Occasio legis* têm a mesma importância: por exemplo, as considerações de pessoas e o fato histórico, apontados como devendo ter sido o motivo passageiro que determinou a promulgar a norma, merecem do hermeneuta apreço diminuto, às vezes até nenhum[10].

160 – A própria *Occasio legis,* além de constituir um dos elementos mais fracos da Hermenêutica hodierna, antolha-se-nos menos aplicável a disposições vetustas; seu valor decresce à medida que o tempo transcorre após o surgir da regra, escrita ou consuetudinária[11].

Às vezes intervém causas diversas, ou o sentido planejado se dilata durante a elaboração do texto, de sorte que, promulgado este, causa e conteúdo não se conciliam de todo[12]. Com o tempo aumenta o contraste. As circunstâncias ambientes, os motivos conhecidos, as relações várias que deram origem às disposições novas, apenas constituem o impulso inicial; pela cooperação de outros fatores, talvez não expressos, a norma adquire *alcance* maior do que o pelos seus prolatores colimado. Progride sem se alterar o texto; adapta-se, pela exegese inteligente, às necessidades econômicas e sociais da vida. Esta não para, e a jurisprudência deve acompanhá-la, em virtude da sua missão de aplicar o Direito aos *fatos da atualidade*. Os fenômenos novos exigem novas providências. Eis porque não granjeia simpatia, nem merece acatamento quem se obstina em valorizar antiquadas medidas e constranger os contemporâneos com as fórmulas ressuscitadas do pó do sepulcro[13].

---

[9]   Trigo de Loureiro, vol. I, § 46; Enneccerus, vol. I, p. 115; Black, op. cit., p. 286-287; Sutherland, vol. II, § 471.

[10] Savigny, vol. I, p. 213; Coviello, vol. I, p. 70, nº IV.

[11] Windscheid, vol. I, p. 84, nota 5.

[12] Crome, vol. I, p. 100-101.

[13] Dernburg, vol. 1, p. 88, § 35; Bozi, op. cit., p. 100. Vede o desenvolvimento da ideia acima exposta, em os nos 162-166 e 169 e segs.

ELEMENTO TELEOLÓGICO

161 – Segundo os Estatutos da Universidade de Coimbra, de 1772, descobrem-se o sentido e o alcance de uma regra de Direito, com examinar as circunstâncias e os sucessos históricos que contribuíram para a mesma, e perquirir qual seja o *fim* do negócio de que se ocupa o texto; põem-se em contribuição, portanto, os dois elementos – a *Occasio legis* e a *Ratio juris*. Conclui o repositório de ensinamentos jurídicos: "Este é o único e verdadeiro modo de acertar com a genuína razão da lei, de cujo descobrimento depende inteiramente a compreensão do verdadeiro espírito dela"[1].

Bem antiga é a obra de Thibaut, de 1799, e já prescrevia ao hermeneuta o considerar o *fim* colimado pelas expressões de Direito, como elemento fundamental para descobrir o sentido e o alcance das mesmas[2].

> "Não se compreenderia preceito algum sem ascender à respectiva série causal; mas não haveria necessidade de compreendê-lo, se o seu destino não fora atuar sobre a vida e correr uma linha fecunda de efeitos"[3].

Toda prescrição legal tem provavelmente um escopo, e presume-se que a este pretenderam corresponder os autores da mesma, isto é, quiseram tornar eficiente, converter em realidade o objetivo ideado. A regra positiva deve ser entendida de modo que satisfaça aquele propósito; quando assim se não procedia, construíam a obra do hermeneuta sobre a areia movediça do processo gramatical[4].

---

[1] Estatutos, liv. 2, tít. 6, cap. 6, § 23.
[2] Reuterskioeld, op. cit., p. 7.
[3] Dualde, op. cit., p. 233.
[4] Johannes Biermann – *Bürgerliches Rechts*, vol. I, 1908, p. 30; Düringer, op. cit., nº 23; Ennec-cerus, vol. I, p. 115.

138 | Hermenêutica e Aplicação do Direito • *Carlos Maximiliano*

Considera-se o Direito como uma ciência primariamente normativa ou *finalística*[5]; por isso mesmo a sua interpretação há de ser, na essência, *teleológica*. O hermeneuta sempre terá em vista o fim da lei, o resultado que a mesma precisa atingir em sua atuação prática. A norma enfeixa um conjunto de providências, protetoras, julgadas necessárias para satisfazer a certas exigências econômicas e sociais; será interpretada de modo que melhor corresponda àquela finalidade e assegure plenamente a tutela de interesse para a qual foi regida[6].

Levam-se em conta os esforços empregados para atingir determinado escopo, e inspirados pelos desígnios, anelos e receios que agitavam o país, ou o mundo, quando a norma surgiu[7]. O fim inspirou o dispositivo; deve, por isso mesmo, também servir para lhe limitar o conteúdo; retifica e completa os caracteres na hipótese legal e auxilia a precisar quais as espécies que na mesma se enquadram. Fixa o alcance, a possibilidade prática; pois impera a presunção de que o legislador haja pretendido editar um meio razoável, e, entre os meios possíveis, escolhido o mais simples, adequado eficaz[8]. O *fim* não revela, por si só, os *meios* que os autores das expressões de Direito puseram em ação para o realizar; serve, entretanto, para fazer melhor compreendê-los e desenvolvê-los em suas minúcias[9]. Por conseguinte, não basta determinar finalidade prática da norma, a fim de reconstituir o seu verdadeiro conteúdo; cumpre verificar se o legislador, em outras disposições, já revelou preferência por um meio, ao invés de outro, para atingir o objetivo colimado; se isto não aconteceu, deve-se dar a primazia ao meio mais adequado para atingir aquele fim de modo pleno, completo, integral[10].

162 – Não se deve ficar aquém, nem passar além do escopo referido; o espírito da norma há de ser entendido de modo que o preceito atinja completamente o objetivo para o qual a mesma foi feita, porém dentro da letra dos dispositivos. Respeita-se esta, e concilia-se com o *fim*[11]. Isolado, o elemento verbal talvez imobilizasse o Direito Positivo, por lhe tirar todo o elastério. Enquadra, de fato, o último em uma fórmula abstrata, que encerra o escopo social; porém este, como

---

5   Wurzel, rev. cit., vol. 21, p. 844.

6   Ferarra, vol. I, p. 207.

7   Kohler, vol. I, p. 126-127.

8   Vander Eycken, op. cit., p. 96.

9   Geny, vol. I, p. 288.

10   Giovanni Pacchioni, Prof. da Real Universidade de Milão – *Delle Leggi in Generale*, 1933, p. 123, nota 2.

11   Black, op. cit., p. 77-80.

ELEMENTO TELEOLÓGICO | 139

elemento móvel, conduzirá o jurista às aplicações diversas e *sucessivas* de que a fórmula é suscetível. Deste modo a lei adquire o máximo de dutilidade[12].

Conclui-se, do exposto, que o *fim* da norma jurídica não é constante, absoluto, eterno, único. Valerá como justificativa deste asserto o fato, referido por vezes, de corresponder o sistema de Hermenêutica às ideias vitoriosas a respeito da concepção do próprio Direito. Este é *normativo;* acham-se, no seu conteúdo, previstos, defendidos, assegurados, os fins da vida do homem em sociedade. Realizá-los é um *bem*, juridicamente protegido. Já se compreende, portanto, em que sentido afirmam ser o Direito um *órgão de interesses*. Tomam o último vocábulo na acepção ampla, de modo que abranja, não só o bem econômico e materializado, mas também outros valores, de ordem psíquica. Protege-se o patrimônio físico e moral, do indivíduo a princípio; da coletividade, acima de tudo[13].

Inspira-se a Hermenêutica em os mesmos princípios da ciência de que é auxiliar; atende, sobretudo, ao fim social, "elemento especificamente jurídico; substância, realidade do Direito"; grande fator, portanto; um dos mais eficientes da exegese moderna. O dogma tradicional da *vontade* foi substituído pelo dogma histórico-evolutivo do escopo, o arbítrio indomável do indivíduo, pelo fim eminentemente humano do instituto[14].

163 – Deve o intérprete sentir como o próprio autor do trabalho que estuda; imbuir-se das ideias inspiradoras da obra concebida e realizada por outrem. Anatole France diz, no *Jardim de Epicuro*: "Compreender uma obra-prima é, em suma, criá-la em si mesmo, de novo." Este pensamento é aplicável a qualquer produto do intelecto do homem, isolado este, ou em coletividade; abrange a linguagem em geral; as expressões do Direito, em particular[15].

Entretanto, o trabalho ficaria em meio, se apenas se limitassem a perquirir acerca do fator subjetivo, da intenção dos prolatores. O objetivo da norma, positiva ou consuetudinária, é servir a vida, regular a vida; destina-se a lei a estabelecer a ordem jurídica, a segurança do Direito. Se novos interesses despontam e se enquadram na letra expressa, cumpre adaptar o sentido do texto antigo ao fim *atual*[16].

---

[12] Bonnecase, op. cit., p. 81 e 88.

[13] Icilio Vanni – *Lezioni di Filosofia del Diritto*, 1920, p. 86.

[14] Cogliolo, vol. I, p. 9; Degni, op. cit., p. 245; Vander Eycken, op. cit., p. 102.

[15] Vander Eycken, op. cit., p. 88.

[16] Gmür, op. cit., p. 45-46.

140 | Hermenêutica e Aplicação do Direito • *Carlos Maximiliano*

A pesquisa não fica adstrita ao objetivo primordial da regra obrigatória; descobre também o fundamento *hodierno* da mesma. A *ratio juris* é uma força viva e móvel que anima os dispositivos e os acompanha no seu desenvolvimento. "É como uma linfa que conserva sempre verde a planta da lei e faz de ano em ano desabrocharem novas flores e surgirem novos frutos." Não só o sentido evolve, mas também o *alcance* das expressões de Direito[17].

164 – A doutrina que admite o escopo alterável com o tempo, e se preocupa, de preferência, com o objetivo *atual* das disposições, é hoje aceita por quase todas as correntes doutrinárias: satisfaz à velha *escola histórica,* e até ao ramo *tradicionalista* adiantado; bem como à falange *histórico-evolutiva,* universalmente vitoriosa; merece também os aplausos incondicionais dos dois grupos em que se bifurca a *Livre-Indagação científica*[18].

O Direito progride sem se alterarem os textos; desenvolve-se por meio da interpretação, e do preenchimento das lacunas autorizado pelo art. 3º da Introdução do Código Civil brasileiro, semelhante ao 4º do Código francês[19]. Aceitam os mestres da Hermenêutica, inclusive os próprios tradicionalistas adiantados, tudo o que é possível encasar na letra do dispositivo, sob o fundamento de que o legislador assim determinaria se lhe ocorresse a hipótese hodierna, ou ele redigisse normas no momento atual; fornecem *espírito novo à lei velha;* atribuem às expressões antigas um sentido compatível com as ideias contemporâneas[20].

165 – Em todo caso, o hermeneuta *usa,* mas não *abusa* da sua liberdade ampla de interpretar os textos; adapta os mesmos aos *fins* não previstos outrora, porém compatíveis com os termos das regras positivas; somente quando de outro modo age, quando se excede, incorre na censura de Bacon – a de "torturar as leis a fim de causar torturas aos homens" – *torquere leges ut homines torqueat*[21].

O fim primitivo e especial da norma é condicionado pelo objetivo geral do Direito, mutável com a vida, que ele deve regular; mas em um e outro caso o es-

---

[17]   Ferrara, vol. I, p. 215-216.

[18]   Rudolf Stammler – *Theorie der Rechtswissenschaft,* 1911, p. 618-619; Rumpf, op. cit., p. 56; Jandoli, op. cit., p. 69. Vede n°s 28-32; 69 e segs.

[19]   Hellwig – *Lehrbuch des Deutschen Zivilprozessrechts,* 1907, vol. I, p. 170.

[20]   Biagio Brugi – Prefácio do livro de Francesco Degni, cit., p. VI-VII; Ehrlich, *apud* "Sc. of Legal Method", p. 64-65; Jéza Kiss, op. cit., p. 19, nota 3; Windscheid, vol. I, p. 86, § 22; Rumpf, op. cit., p. 23; Hellwig, da Universidade de Berlim, vol. II, p. 170; Cogliolo, vol. I, p. 40-41.

[21]   Garçon – *Les Méthodes Juridiques, Leçons faites au College libre des Sciences Sociales en 1910 par* Barthélemy, Garçon, Larnaude, etc., 1911, p. 204; Bierling, vol. IV, p. 296.

ELEMENTO TELEOLÓGICO | 141

copo deve ser compatível com a letra das disposições; completa-se o preceito por meio da exegese inteligente; preenchem-se as lacunas, porém não *contra legem*.

166 – Os que não adaptam o sentido do texto ao fim *atual*, além de afastarem o Direito da sua missão de amparar os interesses patrimoniais e o bem-estar psíquico do indivíduo consociado, revertem ao quarto século antes de Cristo, quando Teodósio II promulgou a sua célebre Constituição. Prescreveu esta aos magistrados a observância exclusiva e textual dos escritos de Papiniano, Paulo, Gaio, Ulpiano e Modestino; quando houvesse discordância entre os grandes jurisconsultos, dever-se-ia optar pelo primeiro. O Imperador Teodósio instituiu, de fato, uma só autoridade científica, embora coletiva, "um tribunal de mortos, sob a presidência de Papiniano"[22].

Não se contesta o valor atribuído à técnica tradicional, com base de exegese; é causa de estabilidade relativa; digna de uso; porém não se justifica o *abuso*, o apego ao passado, o formalismo silogístico[23]. "O Direito não é uma escolástica; é uma face da vida social. O fim prático *(teleológico)* vale mais do que a Lógica Jurídica. O homem não é feito com os princípios; os princípios é que são feitos para o homem"[24]. Muitas vezes o próprio dispositivo, intencionalmente ou não, vai além, ou se detém aquém do fim para que foi promulgado[25], Verdadeiro era o brocardo – *Non omnium, quoe a majoribus constituta sunt, ratio reddi potest*: não é sempre possível dar a razão, o fim, o motivo de tudo o que foi constituído pelos nossos maiores[26].

167 – Depreende-se do prolóquio romano que se não deve depositar confiança demasiada no elemento *teleológico*; é, também, o melhor, o mais seguro, na maioria das hipóteses; porém não há processo infalível, nem absolutamente apto a substituir os outros. Cumpre tentar sempre a cooperação de fatores vários de exegese moderna. A boa Hermenêutica depende mais, muito mais, de critério jurídico do que da observância de regras fixas[27]; a precisão matemática ou silogística foi um sonho da dogmática tradicional: não é raro dois grandes profissionais compreenderem diferentemente o mesmo trecho.

Para atingir determinado *fim* há diversos *meios*; por outro lado, um *meio* serve para conseguir mais de um objetivo; por isso a finalidade constitui um elemen-

---

22   Cogliolo – *Scritti Varii*, vol. 1, p. 16-17.

23   Edmond Picard – *Le Droit Pur*, 1910, p. 267.

24   E. Picard – *Les Constantes du Droit*, 1921, p. 167.

25   Enneccerus, vol. I, p. 115, nota 7.

26   Juliano, *apud Digesto*, liv. I, tít. 3, frag. 20.

27   Demolombe, vol. I, nº 116.

to mediato, de valor subido, porém não absoluto, para descobrir o verdadeiro sentido e alcance das disposições[28].

168 – Algumas regras servem para completar a doutrina acerca do emprego do elemento *teleológico*; eis as principais:

a) As leis conformes no seu *fim* devem ter idêntica execução e não podem ser entendidas de modo que produzam decisões diferentes sobre o mesmo objeto[29].

b) Se o *fim* decorre de uma série de leis, cada uma há de ser, quanto possível, compreendida de maneira que corresponda ao objetivo resultante do conjunto[30].

c) Cumpre atribuir ao texto um sentido tal que resulte haver a lei regulado a espécie *a favor*, e não *em prejuízo* de quem ela evidentemente visa a proteger[31].

d) Os títulos, as epígrafes, o preâmbulo e as exposições de motivos da lei auxiliam a reconhecer o fim primitivo da mesma[32].

---

[28] Bierling, vol. VI, p. 286-287.

[29] Assento da Casa de Suplicação, de Lisboa, nº 282, de 29 mar. de 1770; Alvará de 23 nov. de 1770; Carlos de Carvalho, op. cit., art. 62, § 12.

[30] Black, op. cit., p. 79.

[31] Pacchioni, op. cit., p. 119, nota 1, com apoio de Bensa e Pacifici-Mazzoni.

[32] Paula Batista, op. cit., § 32; Caldara, op. cit., nos 137-138; Sutherland, vol. II, §§ 304-341.

FATORES SOCIAIS

169 – Já os antigos juristas romanos, longe de se aterem à letra dos textos, porfiavam em lhes adaptar o sentido às necessidades da vida e às exigências da época[1].

Não pode o Direito isolar-se do ambiente em que vigora, deixar de atender às outras manifestações da vida social e econômica; e esta não há de corresponder imutavelmente às regras formuladas pelos legisladores. Se as normas positivas se não alteram à proporção que evolve a coletividade, consciente ou inconscientemente a magistratura adapta o texto preciso às condições emergentes, imprevistas. A jurisprudência constitui, ela própria, um fator do processo de desenvolvimento geral; por isso a Hermenêutica se não pode furtar à influência do *meio* no sentido estrito e na acepção lata; atende às *consequências* de determinada exegese: quanto possível a evita, se vai causar dano, econômico ou moral, à comunidade. O intuito de imprimir efetividade jurídica às aspirações, tendências e necessidades da vida de relação constitui um caminho mais seguro para atingir a interpretação correta do que o tradicional apego às palavras, o sistema silogístico de exegese[2].

Desapareceu nas trevas do passado o método lógico, rígido, imobilizador do Direito: tratava todas as questões como se foram problemas de Geometria. O julgador hodierno preocupa-se com o bem e o mal resultantes do seu *veredictum*. Se é certo que o juiz deve buscar o verdadeiro sentido e alcance do texto;

---

[1] R. Von Jhering – *L'Esprit du Droit Romain*, trad. Meulenaere, vol. III, p. 157-159.
[2] Alfred Bozi – *Die Weltanschaung der Jurisprudenz*, 2ª ed., p. 232 e 297; Maxime Leroy – La Loi, 1908, p. 181; Francesco Degni – *L' Interpretazione della Legge*, 2ª ed., p. 287-288.

144 | Hermenêutica e Aplicação do Direito • *Carlos Maximiliano*

todavia este alcance e aquele sentido não podem estar em desacordo com o fim colimado pela legislação – o bem social[3].

"Toda ciência que se limita aos textos de um livro e despreza as realidades é ferida de esterilidade"[4]. "Cumpre ao magistrado ter em mira um ideal superior de justiça, condicionado por todos os elementos que *informam* a vida do homem em comunidade"[5]. "Não se pode conceber o Direito a não ser no seu momento dinâmico, isto é, como desdobramento constante da vida dos povos"[6]. A própria evolução desta ciência realiza-se no sentido de fazer prevalecer o interesse coletivo, embora timbre a magistratura em o conciliar com o do indivíduo. Até mesmo relativamente ao domínio sobre imóveis a doutrina mudou: hoje o considera fundado mais no interesse social do que no individual; o direito de cada homem é assegurado em proveito comum e condicionado pelo bem de todos[7]. Eis porque os fatores sociais passaram a ter grande valor para a Hermenêutica, e atende o intérprete hodierno, com especial cuidado, às *consequências* prováveis de uma ou outra exegese.

"O Direito constitui apenas um fragmento da nossa cultura geral, que é particular e inseparavelmente ligada às correntes de ideias e necessidades éticas e econômicas." Não basta conhecer os elementos lógicos tradicionais: opte-se, na dúvida, pelo sentido mais consentâneo com as exigências da vida em coletividade e o desenvolvimento cultural de um povo; atenda-se também à praticabilidade do Direito[8].

170 – Sobretudo em se tratando de normas formuladas por gerações anteriores, o juiz, embora dominado pelo intuito sincero de lhes descobrir o sentido exato, cria, malgrado seu, uma exegese, nova, um alcance mais amplo, consentâneo com a época[9]. O bom intérprete foi sempre o renovador insinuante,

---

3   Marcel Planiol – *Traité Élémentaire de Droit Civil*, 7ª ed., 1915-1918, vol. I, nº 224.

4   F. Holbach – *L'Interprétation de la Loi sur les Sociétés*, 1906, p. 289.

5   François Geny – *Science et Tecnique en Droit Privé Positif*, 1914, vol. I, p. 30.

6   Abel Andrade – *Comentário ao Código Civil Português*, 1895, vol. I, Introdução, p. LXXII.

7   C. Maximiliano – *Comentários à Constituição Brasileira*, 5ª ed., nº 533 e segs.; Léon Duguit, Prof. da Universidade de Bordéus – *Les Transformations Générales du Droit Privé*, 1912, p. 158; Pietro Cogliolo – *Scritti Varii di Diritto Privato*, 3ª ed., vol. I, p. 14-15; Edmond Picard – *Le Droit Pur*, 1910, p. 154-155; Sabino Jandoli – *Sulla Teoria della Interpretazione delle Leggi con speciale Riguardo alle Correnti Metodologiche*, 1921, p. 7.479; Degni, op. cit., p. 305-332; Abel Andrade, vol. I, Introdução, p. V-VI.

8   Ludwig Enneccerus – *Lehrbuch des Bürgerlichen Rechts*, 17ª ed., 1921, vol. I, p. 116-117; Francesco Ferrara – *Trattato di Diritto Civile Italiano*, vol. I, 1921, p. 215; Discurso de Ballot--Beaupré, 1ª presidente da Corte de Cassação, de França, *apud* Fabreguettes – *La Logique Judiciaire et L'Art de Juger*, 1914, p. 368, nota 1.
Vede os capítulos – *Apreciação do Resultado e Fiat justitia, pereat mundus*.

9   Picard, Prof. da Universidade Nova, de Bruxelas, op. cit., p. 154-155.

cauteloso, às vezes até inconsciente, do sentido das disposições escritas – o sociólogo do Direito.

Observa-se o fenômeno acima descrito com evidência maior nos tempos hodiernos, depois que a Sociologia se elevou à altura de verdadeira ciência e os problemas econômicos conquistaram o primeiro lugar entre os fatores de evolução política. A queda da interpretação subjetiva pôs em realce os fatores sociais: prefere-se a exegese que torna o Direito uma construção consequente, lógica, orgânica, e, portanto, compatível com o bem geral. Por isso mesmo, ante a imobilidade dos textos o progresso jurídico se realiza graças à interpretação evolutiva, inspirada pelo progredir da sociedade[10].

Em consequência de prevalecer o processo que toma em apreço os dados morais, econômicos e políticos[11], "o Direito perdeu enfim o seu caráter de ciência verbal, para se tornar o que ele é, e deve ser, uma ciência puramente social, tirando os seus elementos das leis da Sociologia dominadas pela adaptação aos princípios de justiça"[12].

171 – As mudanças econômicas e sociais constituem o fundo e a razão de ser de toda a evolução jurídica; e o Direito é feito para traduzir em disposições positivas e imperativas toda a evolução social. Como, pois, recusar interpretá-lo no sentido das concepções sociais que tendem a generalizar-se e a impor-se?

"Não queremos o arbítrio do juiz. Não o admitimos por preço nenhum. Pretendemos, entretanto, quando a lei não ordene com uma certeza imperativa, que o magistrado possa marchar com o seu tempo, possa levar em conta os costumes e usos que se criam, ideias que evolvem, necessidades que reclamam uma solução de justiça"[13].

Do exposto já se depreende dever-se apelar para os *fatores* sociais com reserva e circunspeção, a fim de evitar o risco de fazer prevalecerem as tendên-

---

[10]   Josef Kohler – *Lehrbuch des Bürgerlichen Rechts*, 1906-1919, vol. I, p. 126 e 128.

[11]   Paulo de Lacerda – *Manual do Código Civil Brasileiro*, vol. I, 1918, nº 292.

[12]   Raymond Saleilles – Prefácio de *Méthode d'Interprétation et Sources en Droit Privé Positif*, de P. Geny, 2ª ed., 1919, vol. I, p. XXIII-XXIV. A forte monografia de Gmelin, justamente célebre, constitui um eloquente pregão em favor do novo ideal, conforme o seu próprio título indica: – *Quousque?* Contribuição para a pesquisa sociológica do Direito – *Quousque? Beitraege zur soziologischen Rechtsfindung.*
       Até o moderno Direito canônico, malgrado ser o produto máximo da Escola Teológica, orienta-se pelos *fatores sociais* na aplicação das leis (Andrieu-Gultrancourt – *Les Principes Sociaux du Droit Canonique Contemporain*, p. 9-13, 23, 122-125, 143).

[13]   Alocução de R. Saleilles, *in* "Les Méthodes Juridiques", *Leçons faites au Collège Libre des Sciences Sociales en 1910*, 1911, p. XXI-XXII.

cias intelectuais do juiz sobre as decorrentes dos textos, e até mesmo sobre as dominantes no *meio* em que ele tem jurisdição, como sucedeu em França, com o magistrado Magnaud.

Rejeita-se o sentido achado pelos processos tradicionais, quando o texto se preste a interpretação consentânea com a época, ou a exegese, correta à primeira vista, conduza, praticamente, quer a iniquidade manifesta, quer a uma conclusão incompatível com o sentir presumível de um legislador ponderado e consequente.

Maior será, entretanto, a liberdade do hermeneuta, quando se tratar de um instituto novo, ou de problema só agora examinado nos pretórios, e não previsto diretamente pelas disposições positivas que na aparência lhe são aplicáveis[14].

MORAL

172 – A órbita do Direito e a da Moral são concêntricas; e o raio da última é o mais longo: muita coisa fulminada pela ética é tolerada pelas leis[15]; por outro lado, tudo o que os textos exigem ou protegem está de acordo com o senso moral médio da coletividade. Em resumo: não pode haver Direito contra a Moral, embora nem todos os ditames desta encontrem sanção nos códigos[16]. Por isso, leis positivas, usos, costumes e atos jurídicos interpretam-se de acordo com a ética; exegese contrária a esta jamais prevalecerá.

Cumpre dilatar ou restringir o sentido do texto, a fim de que este não contravenha os princípios da Moral[17].

173 – A respeito desta regra de Hermenêutica, de aplicação generalizada pelo universo, alguns esclarecimentos parecem oportunos.

Se é certo que o Direito não impõe a Moral, não é menos verdadeiro que se opõe ao imoral; não estabelece a virtude como um preceito; porém reprime os atos contrários ao senso ético de um povo em determinada época; fulmina-os com a nulidade, inflige outras penas ainda mais severas. Por esse processo ne-

---

[14] Aubry & Rau – *Cours de Droit Civil Français*, 5ª ed., vol. I, p. 194; Henri Capitant – *Introduction à l'Étude du Droit Civil*, 3ª ed., p. 84-85.

[15] *Non omne, quod licet, honestum est*: nem tudo o que a lei se abstém de proibir, a Moral tolera ou sanciona (Paulo, no *Digesto*, liv. 50, tít. 17, frag. 114). Não se faz o que se *pode*, e, sim, o que se *deve*.

[16] Karl Gareis – *Rechtsenzyklopaedie und Methodologie*, 5ª ed., 1920, p. 24-26.

[17] H. Campbell Black – *Handbook on the Construction and Interpretation of the Laws*, 2ª ed., § 48.

FATORES SOCIAIS | **147**

gativo, indireto, cimenta a solidariedade, prestigia os bons costumes e concorre para a extinção de hábitos reprováveis. Condena a má-fé, os expedientes cavilosos para iludir a lei, ou os homens[18].

Entretanto não abroquela uma ideia superior, virtuosa, de moralidade, e sim, o senso ético médio do povo em geral, na época em que foi feito o ato ajuizado; como bem observou Vadalá Papale, o Direito corporifica e defende não a moral abstrata dos moralistas, e, sim, a *moral da vida*[19].

174 – Com essa orientação, não só regulariza a atividade humana do presente, como também auxilia o progresso e prepara o futuro. Na verdade, a ética exerce papel preponderante na evolução jurídica: por meio da exegese, chega a alterar o sentido primitivo dos textos de modo que os deixe de acordo com as ideias modernas de moralidade e solidariedade humana. O direito de propriedade e a liberdade de contratar serviços, por exemplo, são condicionados pela necessidade superior de fazer prevalecer o bem de todos sobre o do indivíduo, e o dos fracos perante os fortes.

Incumbe ao hermeneuta seguir o curso da consciência moral, que se modifica dia a dia, no seio de um mesmo povo[20].

Os hábitos e pendores morais constituem uma fonte mutável, progressiva, inesgotável, de boa doutrina jurídica; por isso, amparam, ajudam, guiam o hermeneuta. Fazem brotar da letra morta ideias novas, adiantadas, dignas de aplicação entre um povo culto, cheio de bondade, previdente, patriota, humanitário[21].

175 – Para os incomparáveis romanos já constituía principal regra de interpretação a que se fundava *no honesto e no útil*. Referia-se o *honesto* ao Direito Natural; o *útil*, ao interesse geral da República e àquilo que trazia o soberano bem para todos. Cícero elogiou o jurisconsulto Caio Aquílio Galo porque "sempre interpretava as leis de modo que as manobras repreensíveis e os vícios nunca aproveitavam aos seus autores"[22].

---

18 Já os antigos civilistas proclamavam que a lei nunca autoriza o dolo, nem permite a cavilação (Coelho da Rocha *Direito Civil*, vol. I, § 45, regra 1ª; Trigo de Loureiro – *Instituições de Direito Civil Brasileiro*, 3ª ed., vol. I, Introdução, § LVII, regra 22).

19 Degni – op. cit., nos 138-139; Jandoli, op. cit., p. 74.

20 Emílio Caldara – *Interpretazione delle Leggi*, 1908, nº 147; Degni, op. cit., nos 140-144; Jandoli, op. cit., p. 74.

21 Adelbert Düringer – *Richter und Rechtsprechung*, 1909, p. 25-26.

22 Paula Batista – *Hermenêutica Jurídica*, 5ª ed., § 18, nota 2.

Ainda hoje, quando a lei proíbe a prática de certos atos entendem-se vedados tanto estes, como outros diversos, porém conducentes ao mesmo fim. São anuláveis não só as convenções e outros atos jurídicos proibidos, mas também os realizados com o intuito de fraudar a disposição impeditiva[23]. "A lei sempre se entenderá de modo que o dolo fique repelido e não vitorioso"[24].

ÍNDOLE DO REGIME

176 – A Hermenêutica é ancila do Direito, servidora inteligente que o retoca, aformoseia, humaniza, melhora, sem lhe alterar a essência. Ora as leis devem ser concebidas e decretadas de acordo com as instituições vigentes; logo a exegese, mero auxiliar da aplicação das normas escritas, nada procura, nem conclui em desacordo com a índole do regime.

Embora diversos o fenômeno jurídico e o político, jamais será possível separá-los de todo, quer nas relações externas, quer nas internas: entre dois povos, e entre indivíduos de nacionalidade e residência diferentes; ou entre a Igreja e o Estado, entre o Governo e o povo, e entre os vários poderes constitucionais[25].

É até certo que a ciência moderna se propõe a integrar os estudos jurídicos e os políticos; por isso a Hermenêutica e a Aplicação do Direito precisam inquirir qual a norma que melhor corresponde não só às exigências da justiça, como também às da utilidade social; jamais prescindem, portanto, do elemento político, índice das novas necessidades, novas condições e novas relações[26]. Inspiram-se na teoria das fontes jurídicas, atendem às atribuições e interdependência dos poderes constitucionais, às faculdades do magistrado, aqui amplas, ali restritas, à distribuição das competências, ao modo de se manifestar a norma positiva, à natureza da mesma, à índole sua e à de todo o sistema em vigor[27].

Examina-se uma lei em conjunção com outras e com referência às instituições vigentes e à política geral do país[28]; porque um dispositivo, expresso com as mesmas palavras, pode ser aplicado de modo diverso em dois Estados sujeitos

---

[23] Trigo de Loureiro, vol. I, Introdução, § LVII, regra 22, nota 11; Coelho da Rocha, vol. I, § 45, 10ª alínea.

[24] Borges Carneiro – *Direito Civil*, vol. 1, § 12, nº 20.

[25] Giulio Battaglini, Prof. da Universidade de Bolonha – *Diritto Penale – Teorie Generali*, 1937, nº 17; Degni, op. cit., p. 332-334.

[26] Degni, op. cit., p. 333-334.

[27] Jandoli, op. cit. p. 35-36; Degni, op. cit., p. 2.

[28] J. G. Sutherland – *Statutes and Statutory Construction*, 2ª ed., 1904, vol. II, § 487.

a regimes diferentes[29]. Por isso, o hermeneuta, ao compulsar os repositórios de Direito estrangeiro, ou tentar uma exegese dificultosa, terá o cuidado de verificar se esta, ou aqueles, no caso em apreço, contrariam, ou não, o sistema jurídico em vigor em nosso País. Merece preferência a ideia adotada pelas coletividades colocadas no mesmo nível de civilização, em iguais condições de cultura, e cujas legislações espelhem tendências análogas às que se verificam no Direito nacional[30].

177 – Prova da influência das instituições sobre a Hermenêutica ressalta do fato de ser mais ampla a faculdade de interpretar quando o juiz pode até examinar a legalidade dos atos do Executivo e a constitucionalidade das resoluções das câmaras, como sucede no Brasil, Estados Unidos e República Argentina, do que nos lugares onde impera a onipotência parlamentar, e com ela o *bill de indenidade,* para sanar e revigorar os atos irregulares do Chefe de Estado, ou dos Ministros[31].

Não atente o hermeneuta apenas ao regime jurídico geral, mas também ao especial: a exegese de um preceito de Direito Civil fica subordinado ao sistema adotado pelo Código a respeito de cada instituto, como seja o casamento, a sucessão. É, pois, com a maior amplitude que a índole do regime influi na interpretação do Direito, como um dos *fatores sociais.*

---

[29] Degni, op. cit., p. 6.

[30] Geny – *Méthode* cit., vol. II, p. 272, 274 e 275.

[31] Degni, op. cit., p. 8.
O poder do juiz, como intérprete e aplicador do Direito, é maior na Inglaterra, como fora o do pretor em Roma por ser nesses países menos acentuada a divisão dos poderes constitucionais.

APRECIAÇÃO DO RESULTADO

178 – Preocupa-se a Hermenêutica, sobretudo depois que entraram em função de exegese os dados da Sociologia, com o *resultado* provável de cada interpretação. Toma-o em alto apreço; orienta-se por ele; varia tendo-o em mira, quando o texto admite mais de um modo de o entender e aplicar. Quanto possível, evita uma *consequência* incompatível com o bem geral; adapta o dispositivo às ideias vitoriosas entre o povo em cujo seio vigem as expressões de Direito sujeitas a exame[1].

Prefere-se o sentido conducente ao *resultado* mais razoável[2], que melhor corresponda às necessidades da prática[3], e seja mais humano, benigno, suave[4].

É antes de crer que o legislador haja querido exprimir o consequente e adequado à espécie do que o evidentemente injusto, descabido, inaplicável, sem

---

[1] Bozi, op. cit. p. 232; Aubry & Rau, vol. I, p. 194.

[2] *In ambigua voce legis ea potius accipienda est significat quoe vitio caret* – "no caso de linguagem ambígua da lei, opte-se pela exegese de consequência prática, exequível, acorde com a realidade e o Direito" (*Digesto*, liv. 1º, tít. 1º, 3º – *De legibus, senatusque consultis et longa consuetudine*, frag. 19, de Celso).

[3] *Quotiens idem sermo duas sententias exprimi, ea potissimum excipiatur, quoe rei gerendae aptior est* – "quando o mesmo preceito exprime duas proposições, acolha-se, de preferência, a que seja mais adequada para reger a matéria respectiva" (*Digesto*, liv. 50, tít. 17 – *De regulis juris antiqui*, frag. 67, de Juliano).

[4] Savigny – *Traité de Droit Romain*, trad. Guenoux, vol. I, p. 221. *In re dubia benigniorem interpretationem sequi non minus Justius est quam, tutius*: "nos casos duvidosos seguir a interpretação mais benigna é não só mais justo como também mais seguro" (*Dig.*, liv. 50, tít. 17, frag. 192).

efeito. Portanto, dentro da letra expressa, procure-se a interpretação que conduza a melhor *consequência* para a coletividade[5].

179 – *Deve o Direito ser interpretado inteligentemente:* não de modo que a ordem legal envolva um *absurdo,* prescreva inconveniências, vá ter a conclusões inconsistentes ou impossíveis. Também se prefere a exegese de que resulte eficiente a providência legal ou válido o ato, à que tome aquela sem efeito, inócua, ou este, juridicamente nulo[6].

Releva acrescentar o seguinte: "É tão defectivo o sentido que deixa ficar sem efeito (a lei), como o que não faz produzir efeito senão em hipóteses tão gratuitas que o legislador evidentemente não teria feito uma lei para preveni-las"[7]. Portanto a exegese há de ser de tal modo conduzida que explique o texto como não contendo superfluidades, e não resulte um sentido contraditório com o fim colimado ou o caráter do autor, nem conducente a *conclusão Física ou moralmente impossível*[8].

Desde que a interpretação pelos processos tradicionais conduz a injustiça flagrante, incoerências do legislador, contradição consigo mesmo, impossibilidades ou absurdos, deve-se presumir que foram usadas expressões impróprias, inadequadas, e buscar um sentido equitativo, lógico e acorde com o sentir geral e o bem presente e futuro da comunidade[9].

---

[5] Raymond Salvat – *Tratado de Derecho Civil Argentino, Parte General*, 1917, nº 107; Windschend – *Lehrbuch des Pandektenrechts*, 8ª ed., vol. I, p. 84 (dá, em nota, 6, os fragmentos 19 e 67, já transcritos); Sutherland, vol. II, §§ 487-490.
Bozi (op. cit., p. 293) vislumbra no fragmento 67, reproduzido acima, e em outros do Digesto e do Código de Justiniano, a preocupação com as consequências possíveis de cada exegese orientando o intérprete em Roma; e acha que hoje se atende muito mais ao *resultado* provável de um modo de entender um texto do que se admitia no tempo de Savigny.

[6] Berriat Saint-Prix – *Manuel de Logique Jurídique*, 2ª ed., nºs 73-74; Fabreguettes, op. cit., p. 386; Caldara, op. cit., nº 184; Black, op. cit., p. 118-134.

[7] Paula Batista, op. cit., § 12.
Interpretatio illa sumenda quoe absurdum evitetur (Jason: "adote-se aquela interpretação que evite o absurdo".
O que se diz da lei em geral, também se aplica aos costumes, usos e atos jurídicos.

[8] Bernardino Carneiro – *Primeiras Linhas de Hermenêutica Jurídica e Diplomática*, 24ª ed., § 31.

[9] Max Rümelin, *apud* Gmelin – *Quousque?*, p. 19-20; Pasquale Fliore – *Delle Disposizioni Generali sulla Publicazione, Applicazione ed Interpretazione delle Leggi*, 1890, vol. II, p. 528. *Quotiens in actionibus, aut exceptionibus, ambígua oratio est: commodissimum est, e o accipi, quo res, de qua agitur, magis valeat quam, phereat:* "quer nas ações, quer nas exceções, em sendo ambígua a frase, é muito aconselhável preferir o sentido de que resulte válido, eficiente

O intérprete não traduz em clara linguagem só o que o autor disse explícita e conscientemente; esforça-se por entender mais e melhor do que aquilo que se acha expresso, o que o autor inconscientemente estabeleceu, ou é de presumir ter querido instituir ou regular, e não haver feito nos devidos termos, por inadvertência, lapso, excessivo amor à concisão, impropriedade de vocábulos, conhecimento imperfeito de um instituto recente, ou por outro motivo semelhante[10].

---

o objeto de que se trata, em vez do que o anule, inutilize, faça-o perecer" (*Dig.*, liv. 34, tít. 5, frag. 12, de Juliano).

[10] E. R. Bierling – *Juristiche Prinzipienlehre*, 1911, vol. IV, p. 200. Vede nº 32.

FIAT JUSTITIA, PEREAT MUNDUS

180 – O Direito suscita de modo indireto e diretamente ampara a atividade produtiva, tutela a vida, facilita e assegura o progresso; não embaraça o esforço honesto, o labor benéfico, a evolução geral. Nasce na sociedade e para a sociedade; não pode deixar de ser um fator do desenvolvimento da mesma. Para ele não é indiferente a ruína ou a prosperidade, a saúde ou a moléstia, o bem-estar ou a desgraça. Para isso, até mesmo no campo do Direito Privado, encontra hoje difícil acolhida, tolerada apenas em sentido restrito, nos casos excepcionais de disposições claríssimas, a antiga parêmia, varrida há muito do Direito Público e filha primogênita da exegese tradicional, rígida, geométrica, silogística – *Fiat justitia, pereat mundus*: "Faça-se justiça, ainda que o mundo pereça."

A interpretação sociológica atende cada vez mais às *consequências* prováveis de um modo de entender e aplicar determinado texto; quanto possível busca uma conclusão benéfica e compatível com o bem geral e as ideias modernas de proteção aos fracos, de solidariedade humana. Faça-se justiça, porém de tal sorte que o mundo prossiga a rumo dos seus altos destinos.

A frase vetusta e terrível passou a ser olhada com antipatia por muitos, com desconfiança, pelo maior número; alguns a repetem com ironia, outros em tom patético; raros a invocam ainda como um motivo de decisão, e nem como escusa merece apreço; decididamente perdeu a antiga popularidade[1].

---

[1] Karl Wurzel – *Das Juristiche Denken*, in "Oesterreichisches Zentralblatt für die Juristische Praxis", vol. 21, p. 601; Rumpf – *Gesetz und Richter*, 1906, p. 12; Carl Schmitt – *Gesetz und Urteil*, 1912, p. 16; Max Gmür – *Die Anwendung des Rechts nach Art. I des Schweizerischen Zivilgesetzbuches*, 1908, p. 95-96; C. Maximiliano – *Comentários, Apêndice – Poder de Polícia*.

181 – Os mestres contemporâneos, de maior prestígio nos auditórios e nas cátedras da Europa nos últimos vinte anos, introduzem "combinações de maneiras de encarar os assuntos e uma como derrocada, inversão ou substituição de valores, que levam a modificar a inclinação geral, em favor de um Direito, igualmente seguro, porém menos abstrato e mais verdadeiramente humano". Entre os traços característicos da corrente que vai predominando, ressaltam "a restrição das discussões de palavras ou dos argumentos lógicos em proveito das considerações morais, econômicas, sociais, penetradas de uma intuição simpática; sacrifício dos conceitos à utilidade; apreciação dos interesses, justaposta, senão substituída, à construção teórica"[2].

O Direito é um *meio* para atingir os *fins* colimados pelo homem em atividade; a sua função é eminentemente social, construtora; logo não mais prevalece o seu papel antigo de entidade cega, indiferente às ruínas que inconsciente ou conscientemente possa espalhar.

Summum jus, summa injuria – "supremo direito, suprema injustiça"; "direito elevado ao máximo, injustiça em grau máximo resultante". O excesso de *juridicidade* é contraproducente; afasta-se do objetivo superior das leis; desvia os pretórios dos fins elevados para que foram instituídos; faça-se justiça, porém do modo mais humano possível, de sorte que o mundo progrida, e jamais pereça[3].

Constantemente a Corte Suprema do Brasil invoca, em seus arestos, argumentos sociais, incompatíveis com o brocardo bárbaro – *Fiat justitia, pereat mundus.*

182 – É claro que se não tolera a *jurisprudência sentimental*, a *Gefühlsjurisprudenz*, audaciosa a ponto de torturar os textos para atender a pendores individuais de bondade e a concepções particulares de justiça. Não se despreza o sentido evidente, nem se restringe um alcance dilatado, para proteger ou libertar uma pessoa. Raro é, entretanto, o caso em que a linguagem se não presta a mais de uma exegese; em tal emergência adote-se a interpretação mais humana e acorde com os interesses econômicos e morais da coletividade.

O insuspeito Oertmann, catedrático alemão, inclinado mais para a doutrina tradicionalista do que simpático às ultramodernas, proclama, em discurso universitário: "Quando a frase tem algum elastério e por isso deixa margem para equidade, não mais prevalece a expressão malvada *(das boese Wort)* – *fiat justitia,*

---

2   Geny – *Méthode d'Interprétation*, vol. II, p. 247.

3   Rudolf Stammler – *Die Lehre von dem Richtigen Rechte*, 1902, p. 33. "Sumo direito é suma injustiça. O juiz mui rígido na administração da justiça ofende a prudente intenção do legislador, e incomoda os povos" (Borges Carneiro, vol. I, § 12, nº 18, nota *b*).

pereat mundus, e sim, o dizer magnífico de Celso – *jus est ars boni et oequi* – 'o Direito é a arte do bem e da equidade'"[4].

A justiça deve ser equânime; concilie, sempre que for possível, a retidão com a bondade em toda a acepção da palavra.

Colocado em posição quase diametralmente oposta, Jorge Gmelin chega à mesma conclusão[5]; e não é de admirar, porque a verdade prevalece sempre, cedo ou tarde, e é universal, não constitui privilégio de escola ou seita.

Hoje a maioria absoluta dos juristas quer libertar da letra da lei o julgador, pelo menos quando da aplicação rigorosa dos textos resulte injusta dureza, ou até mesmo simples antagonismo com os ditames da equidade Assim vai perdendo apologistas na prática a frase de Ulpiano – *durum jus, sed ita lex scripta est* – "duro Direito, porém assim foi redigida a lei" – e prevalecendo, em seu lugar, o *summum jus, summa injuria* – "do excesso de direito resulta a suprema injustiça"[6].

Membro eminente da judicatura alemã dá o seguinte conselho aos seus pares: "Nós, magistrados, que do povo saímos, precisamos ficar ao lado do povo, ter cérebro e coração atentos aos seus interesses e necessidades. A atividade do juiz não consiste, de modo algum, em simples esforço intelectual. Ela exige, em igual medida, são e ardente sentir, grandeza d'alma, tato, simpatia"[7].

Por sua vez, Ballot-Beaupré, primeiro presidente da Corte de Cassação, de França, em oração justamente célebre, proferida ao solenizarem o centenário do Código Civil, depois de afirmar o caráter obrigatório do texto legal, se é *claro* e *preciso*, doutrina assim, e com aplauso dos jurisconsultos pátrios: "Porém, quando o dispositivo apresenta alguma ambiguidade, quando comporta divergências acerca de sua significação e alcance, entendo que o juiz adquire os poderes mais amplos de interpretação; deve dizer a si mesmo que em face de todas as mudanças, que, há um século, se têm operado nas ideias, nos costumes, nas instituições, no estado econômico e social da França, a justiça e a

---

[4]   Paul Oertmann – *Gesetzszwang und Richterfreiheit*, 1909, p. 34.

[5]   Gmelin, op. cit., p. 9.

[6]   Fritz Berolzheimer – *Die Gefahren einer Gefürlsjurisprudenz, 1911*, p. 5; Reuterskioeld – *Ueber Rechtsauslegung*, 1899, p. 62. O dizer de Berolzheimer foi reproduzido quase literalmente. A invocação, cada vez mais frequente, da equidade, nos pretórios, constitui prova de tendência para fazer prevalecer o *summum jus, summa injuria*, e – *jus est ars boni et oequi*, contra os aforismos opostos – *dura lex, sed lex*, e – *fiat justitia, pereat mundus*. Realiza-se a benéfica transformação sem se precisar atingir ao arrojo da *Freie Rechtsfindung* sintetizado na divisa – "contra a lei, pelo Direito".
Vede Berolzheimer, op. cit., p. 14.

[7]   Düringer, op. cit., p. 81.

razão mandam adaptar liberalmente, *humanamente,* o texto às realidades e às exigências da vida moderna"[8].

"Considera-se, não raro (a lei), como fria e insensível, porque não favorece a ninguém; ela, entretanto, vela com uma constante solicitude sobre todos nós, e previne nossas vontades, até mesmo vontades que muitíssimas vezes nós ignoramos ter"[9].

Em conclusão: o Direito prevê e provê; logo não é indiferente à realidade. Faça-se justiça; porém salve-se o mundo, e o homem de bem que no mesmo se agita, labora, produz.

---

[8] *Apud Geny – Science et Technique en Droit Privé Positif,* 1914, vol. I, p. 30; e Fabreguettes, op. cit., p. 368.

[9] Georges Dereux – *De L'Interprétation des Actes Juridiques Privé,* 1905, p. 316.

EQUIDADE

183 – Desempenha a Equidade o duplo papel de suprir as lacunas dos repositórios de normas, e auxiliar a obter o sentido e alcance das disposições legais. Serve, portanto, à Hermenêutica e à Aplicação do Direito.

É, segundo Aristóteles, "a mitigação da lei escrita por circunstâncias que ocorrem em relação às pessoas, às coisas, ao lugar ou aos tempos"; no parecer de Wolfio, "uma virtude, que nos ensina a dar a outrem aquilo que só imperfeitamente lhe é devido"; no dizer de Grócio, "uma virtude corretiva do silêncio da lei por causa da generalidade das suas palavras". A Equidade judiciária compele os juízes, "no silêncio, dúvida ou obscuridade das leis escritas, a submeterem-se por um modo esclarecido à vontade suprema da lei, para não cometerem em nome dela injustiças que não desonram senão os seus executores"[1].

A sua utilidade decorre dos inconvenientes que acarretaria a aplicação estrita dos textos[2].

A frase – *summum jus, summa injuria* – encerra o conceito de Equidade A admissão desta, que é o justo melhor, diverso do justo legal e corretivo do mesmo, parecia aos gregos meio hábil para abrandar e polir a ideia até então áspera do Direito; nesse sentido também ela abriu brecha no granito do antigo romanismo, humanizando-o cada vez mais[3]. "Fora do *oequum* há somente o *rigor juris*, o *jus durum, summum, callidum*, a *angustissima formula* e a *summa crux*. A *oequitas* é *jus benignum, temperatum, naturalis justitia, ratio humanitatis* – 'fora da equidade há somente o rigor de Direito, o Direito duro, excessivo, maldoso,

---

[1] Paula Batista, op. cit., § 16, nota 2.

[2] Berriat Saint-Prix, op. cit., nº 134.

[3] Fritz Berolzheimer – *System der Rechts – und Wirtschaftsphilosophie*, 1905, vol. II, p. 104-105; Luigi Miraglia, – *Filosofia del Diritto*, 2ª ed., vol. I, p. 250.

158 | Hermenêutica e Aplicação do Direito • *Carlos Maximiliano*

a fórmula estreitíssima, a mais alta cruz. A equidade é o Direito benigno, moderado, a justiça natural, a razão humana (isto é, inclinada à benevolência)'"[4].

184 – A Equidade tem "algo de superior a toda fórmula escrita ou tradicional, é um conjunto de princípios imanentes, constituindo de algum modo a substância jurídica da humanidade, segundo a sua natureza e o seu fim, princípios imutáveis no fundo, porém cuja forma se adapta à variedade dos tempos e países"[5].

Fruto de condições especiais de cultura, noção de justiça generalizada na coletividade (*jus naturale, oequum, bonum*), ideia comum do bem, predominante no seio de um povo em dado momento da vida social; a Equidade abrolhou de princípios gerais preexistentes e superiores à lei, da fonte primária do Direito. É um sentimento subjetivo e *progressivo*, porém não *individual*, nem *arbitrário*; representa o sentir de, maior número, não o do homem que alega ou decide. Entretanto se não pode prescindir, em absoluto, do coeficiente pessoal; não se evita que o indivíduo que inquire e perscruta, embora empenhado em agir com isenção de ânimo, em realizar a justiça dentro dos moldes traçados pelos Códigos e pelos costumes, sofra o ascendente, quase imperceptível para ele, das suas preferências teóricas; entre duas soluções possíveis se incline para a que melhor se coaduna com os seus pendores morais, anelos, preconceitos. A ideia sofre a influência do órgão por meio do qual passa da abstração à realidade prática[6].

Todos reconhecem que a Equidade invocável como auxiliar da Hermenêutica e da Aplicação do Direito "se não revela somente pelas inspirações da consciência e da razão natural, mas também, e principalmente, pelo estudo atento, pela apreciação inteligente dos textos da lei, dos princípios da ciência jurídica e das necessidades da sociedade"[7].

185 – O Direito romano deve a sua longevidade às relações intencionalmente mantidas com a Equidade, que ele considerou o princípio basilar da interpretação legal. Graças àquele elemento de vida e progresso, as vetustas instituições jurídicas evolveram sempre, adaptaram-se a circunstâncias novas, puderam re-

---

[4] Miraglia, vol. I, p. 250-251.

[5] Geny – *Méthode d'Interprétation*, vol. I, p. 36.

[6] Konrad Hellwig – *Lehrbuch des Deutschen Zivilprozessrechts*, 1907, vol. II, p. 172; F. Holbach, op. cit., p. 204 e 208; G. P. Chironi – *Instituzioni di Diritto Civile Italiano*, 2ª ed., vol. I, p. 25; Geny – *Méthode d'Interpretation*, vol. I, p. 38.
A influência do coeficiente pessoal é, aliás, inevitável em todos os casos de Interpretação e Aplicação do Direito; só assim se explica a diversidade de arestos judiciários sobre o mesmo objeto de litígio.

[7] Demolombe – *Cours de Code Napoléon*, vol. I, nº 116.

gular o funcionamento de organismos sociais não previstos, sem se afastar do significado lógico, nem do literal, dos textos o intérprete moderno[8].

186 – Até os mais ferrenhos tradicionalistas admitem o recurso à Equidade ao preencher as lacunas do Direito, positivo ou consuetudinário[9]. Para os contemporâneos, deve a mesma ser invocada não só em casos de silêncio da lei; pois também constitui precioso auxiliar da Hermenêutica: suaviza a dureza das disposições, insinua uma solução mais tolerante, benigna, humana[10]. Às vezes até nem se alude explicitamente a ela no aresto; porém o raciocínio expendido, embora revestido de roupagens lógicas, baseia-se, com a maior evidência, no grande princípio universal – *jus est ars boni et oequi*[11].

Com generalizar o postulado que Domat fixara para as leis *naturais,* ter-se-á o preceito seguinte: se, adaptado um texto a uma espécie que ele parece compreender, resulta de cisão contrária à *Equidade,* é de presumir que o Direito está sendo mal aplicado, e o caso em apreço deve ser julgado por outro dispositivo. *Ubi cequitas evidens poscit, subveniendum est* – "intervenha-se amparadoramente onde equidade manifesta o reclame"[12]. *In omnibus quidem, maxime tamen in jure, oequitas spectanda sit* – "por certo, em todas as coisas, mas principalmente em Di-

---

[8] Géza Kiss – *Gesetzesauslegung und ungeschriebenes Recht,* 1911, p. 15-16. Ontem, como hoje, se tem recorrido à Equidade na medida em que a mesma é conciliável com a letra e o espírito das disposições legais.

[9] Baudry-Lacantinerie & Housques-Fourcade – *Traité Théorique et Pratique de Droit Civil, Des Personnes,* 2ª ed., vol. I, nos 237-238.
O Direito Criminal constitui exceção, em *parte:* no silêncio da lei, o juiz abstém-se de *punir.*

[10] "A Equidade é a volta à lei natural, no silêncio, na oposição ou na *obscuridade* das leis positivas" (Portalis – *Discours Préliminaire, du Code Civil, apud* Laurent – *Principes de Droit Civil,* 4ª ed., vol. I, nº 256).
"Outro limite imposto ao arbítrio do *intérprete* é a Equidade, a lei das leis, que no Direito Comercial exerce notável influência. *Aequitas lucet ipsa per se,* disse Cícero brilhantemente" (J. Xavier Carvalho de Mendonça – *Tratado de Direito Comercial Brasileiro,* vol. I, 1910, nº 149).
Sobre o valor da Equidade para a exegese constitucional, vede C. Maximiliano, op. cit., 5ª ed., nº 72.
O Decreto nº 848, de 11 de outubro de 1890, que organizou a Justiça Federal, referiu-se, de preferência, aos casos de silêncio da lei. Prescreveu, no art. 387, alínea: "Os estatutos dos povos cultos e especialmente os que regem as relações jurídicas na República dos Estados Unidos da América do Norte, os casos de *common law* e *Equity,* serão também subsidiários da jurisprudência e processo federal".

[11] Holbach, op. cit., p. 206.

[12] *Digesto,* liv. 50, tít. 17 – *De Regulis juris antiqui,* frag. 183, de Marcelo; Domat – *Teoria da Interpretação das Leis,* trad. Correia Teles in Auxiliar Jurídico, de Cândido Mendes, regra II, p. 426.

reito, deve-se ter em vista a equidade"[13]. De acordo com esta, é de presumir que se tenha querido legislar e agir; por isto, o aplicador de norma positiva tempere, quanto possível, o rigor do preceito com os abrandamentos da equidade.

187 – Não se recorre à Equidade senão para atenuar o rigor de um texto e o interpretar de modo compatível com o progresso e a solidariedade humana; jamais será a mesma invocada para se agir, ou decidir, contra prescrição positiva *clara e prevista*[14]. Esta ressalva, aliás, tem hoje menos importância do que lhe caberia outrora: primeiro, porque se esvaneceu o prestígio do brocardo – *in claris cessat interpretatio*[15]; segundo, porque, se em outros tempos se atendia ao *resultado* possível de uma exegese e se evitava a que conduziria a um absurdo, excessiva dureza ou evidente injustiça, hoje, com a vitória da doutrina da socialização do Direito, mais do que nunca o hermeneuta despreza o *fiat justitia, pereat mundus* – e se orienta pelas *consequências* prováveis da decisão a que friamente chegou[16].

Entretanto, ainda no presente, a Equidade que se invoca, deve ser acomodada ao sistema do Direito pátrio e regulada segundo a natureza, gravidade e importância do negócio de que se trata, as circunstâncias das pessoas e dos lugares, o estado da civilização do país, o gênio e a índole dos seus habitantes[17].

---

[13] *Digesto*, liv. 50, tít. 17 – *De Regulis juris*, frag. 90, de Paulo.

[14] Coelho da Rocha, vol. I, § 45, regra 4ª; Trigo de Loureiro, vol. I, § 55, regra 16; Chironi, vol. I, p. 25.

[15] Vede a dissertação sobre o brocardo, em os nos 38 e segs.

[16] Vede os capítulos – *Apreciação do Resultado, Fiat Justitia, Pereat Mundus, Fatores Sociais e Sistemas de Hermenêutica.*

[17] Trigo de Loureiro, vol. I, § 55, regra 15; Coelho da Rocha, vol. I, § 45, regras 2ª e 3ª. O dizer de Trigo de Loureiro foi reproduzido quase literalmente.

JURISPRUDÊNCIA

188 – Chama-se *Jurisprudência*, em geral, ao conjunto das soluções dadas pelos tribunais às questões de Direito; relativamente a um caso particular, denomina-se *jurisprudência* a decisão constante e uniforme dos tribunais sobre determinado ponto de Direito.

Na antiga Roma teve atuação mais larga do que hoje se lhe atribui: assim acontecia, porque aos pretores cabia o *jus edicendi:* por meio de *editos* declaravam como seria a justiça administrada no ano futuro, e deste modo completavam e corrigiam o Direito vigente[1]. Dá-se atualmente o contrário: decide o magistrado só em *espécie*, embora em alguns casos preventiva e prospectivamente, como em *habeas corpus* e certos interditos. Não estipula de modo geral, para o futuro, *expressamente*. Entretanto o faz de modo indireto, implícito; porque os indivíduos sujeitos à sua jurisdição e os respectivos consultores se orientam pela jurisprudência, que é seguida pelos tribunais inferiores.

Os pretores tornaram a justiça menos formalista, introduziram a *oequitas* (equidade) e pode dizer-se que a eles se deve a entrada de um elemento novo para o acervo da juridicidade romano, o *jus gentium*, que transformou o Direito Nacional. Aquela foi a idade de ouro da *jurisprudência*, que teve prestígio e autonomia sem par e a autoridade de Direito Consuetudinário[2].

---

[1] Degni, op. cit., p. 116. Vede o capítulo – *Edito do Pretor*.

[2] Caldara, op. cit., nº 128; Degni, op. cit., p. 116-117.
Si de interpretatione legis quoeratur, in primis inspiciendum est, quo fure civitas retro in ejusmodi casibus usa fuisset: optima enim est legum interpres consuetudo (Calístrato, no Digesto, liv. I, tít. 3, frag. 37).
Nam imperator noster Severus rescripsit, in ambiguitatibus, quoe ex legibus profisciscuntur, consuetudo, aut rerum perpetuo similiter judicatarum auctoritatem, vim legis obtinere debere (Calístrato, no Digesto, liv. I. tít. 3, frag. 38).

189 – Desceu depois do seu pedestal. Adriano ordenou aos próprios magistrados que nos casos duvidosos se guiassem pelas opiniões dos jurisconsultos; quando estas divergissem, aqueles escolhessem a que lhes parecesse melhor, e dessem as razões da preferência. Teodósio II e Valentiniano III impuseram, em termos ainda mais categóricos, a consulta às obras de Papiniano, Paulo, Gaio, Ulpiano e Modestino; em havendo desacordo, optassem pelo primeiro e, só mesmo quando nenhum deles oferecesse a solução para um caso concreto, se guiassem pelo próprio critério profissional. O poder absorvente da Coroa proclamou, enfim, a supremacia, ou, pior ainda, o uso exclusivo, da interpretação autêntica, sobretudo nos governos de Constantino e Justiniano; só ao Imperador incumbia interpretar as leis – *ejus est interpretari cujus est condere*.

Não obstante a vontade soberana, a *jurisprudência,* embora com amplitude diminuída, muito menor do que a de tempo dos *editos,* foi pouco a pouco adquirindo autoridade, não mais como elaboradora de normas, e, sim, como elemento, ou fonte, de exegese apenas[3].

190 – Na Idade Média, época barbárica, os colégios judiciários não só declaravam o sentido e alcance dos textos positivos, mas também traçavam regras especiais para as novas necessidades da vida prática: a *jurisprudência* voltou a figurar como *fonte* de Direito.

Passou a interpretação a ser exercitada com amplitude pelas assembleias populares e pelos *doutores (legum doctores).* Com o crescente prestígio destes caiu o da jurisprudência, preferia-se o argumento de *autoridade,* a *communis opinio.* Prevalecia o parecer que tinha maior número de sequazes, isto é, reduzia-se o Direito a uma questão de Aritmética. Foi a época da supremacia dos *glosadores,* cujos dizeres até substituíam a lei.

No século XVII ressurgiu o sistema de interpretar diretamente os textos e só atender a opiniões individuais dos doutos quando concludentes, fundadas na razão e baseadas na letra e no verdadeiro espírito da lei. A jurisprudência assumiu o seu grande papel, que até hoje desempenha, de esclarecedora dos Códigos, reveladora da verdade ínsita em normas concisas[4]. Goza da autoridade

---

Tradução dos dois fragmentos: 1) "Se de interpretação da lei se cogita, verifique-se, em primeiro lugar, qual o Direito de que a *cidade* (o Estado romano) se serviu até então, nos casos da mesma espécie; porquanto o costume é ótimo intérprete das leis" 2) "Porquanto o nosso Imperador Severo obtemperou, em rescrito: nas ambiguidades que promanam das leis, o costume ou a autoridade das coisas julgadas constante e semelhantemente, deve obter força de lei."

3   Degni, op. cit., p. 117-118; Caldara, op. cit., nº 128. Vede nº 93.

4   Degni, op. cit., p. 118-122. Vede nº 39.

JURISPRUDÊNCIA | 163

de *fonte* de Direito na Inglaterra e nos Estados Unidos, países onde se atribui ao *costume* particular função criadora. Blackstone chamava aos juízes *oráculos vivos*.

Também a escola ultramoderna da *Livre-Indagação* dilata o poder do juiz até além dos limites traçados pelas regras escritas[5].

191 – Perante a própria corrente *histórico-evolutiva*, em maioria absoluta no campo da Hermenêutica[6], aparece a jurisprudência como elemento de formação e aperfeiçoamento do Direito.

Preenche as lacunas, com o auxílio da analogia e dos princípios, gerais. É um verdadeiro suplemento da legislação, enquanto serve para a integrar nos limites estabelecidos; instrumento importantíssimo e autorizado de Hermenêutica, traduz o modo de entender e aplicar os textos em determinada época e lugar; constitui assim uma espécie de *uso* legislativo, base de Direito *Consuetudinário*, portanto[7]. O sistema jurídico desenvolve-se externamente por meio da lei, e internamente pela secreção de novas regras, produto da exegese judicial das disposições em vigor[8].

O aplicador do Direito, na porfia de fixar o significado das frases de uma norma positiva, deve levar em conta a atmosfera espiritual que o circunda, e, com esta orientação luminosa, *infundir* à palavra nua e elástica do legislador a perpétua juventude da vida[9].

Nast conclui assim uma digressão: "A jurisprudência tem, na atualidade, três funções muito nítidas, que se desenvolveram lentamente: uma função um tanto automática de *aplicar a lei*; uma função de *adaptação*, consistente em pôr a lei em harmonia com as ideias contemporâneas e as necessidades modernas; e uma função *criadora*, destinada a preencher as lacunas da lei"[10].

O estudo dos arestos serve também ao progresso, de outro modo: prepara as reformas legislativas. Não raro, o tribunal, embora se conforme com a norma escrita, lhe aponta os defeitos, deplora ter de julgar a favor do texto e contra

---

5   Degni, op. cit., p. 123-127. Vede o capitulo – *Livre-Indagação*.

6   Jandoli, op. cit., p. 69.

7   Caldara, op. cit., nº 128.

8   John Salmond – *Introdução à Science of Legal Method*, de Bruncken & Register, 1917, p. LXXXII.
     Vede o capítulo – *Amplas atribuições do juiz moderno*.

9   Biaggio Brugi – *L'Abuso dei Diritto*, 1931, p. 77.

10   Marcel Nast, Prof. da Universidade de Estrasburgo – *La Fonction de la Jurisprudence dans la Vie Juridique Française*, p. 4.

164 | Hermenêutica e Aplicação do Direito • *Carlos Maximiliano*

o Direito ou a equidade A jurisprudência demonstra porque a letra antiga não pode mais adaptar-se às exigências sociais do presente[11].

192 – O estudo dos julgados aproveita, sobretudo, como elemento de Hermenêutica: é esta a tradição brasileira. Sempre se entendeu, desde o tempo do domínio português até o presente, que "a praxe e estilo de julgar as decisões dos arestos e a prática geral são o melhor intérprete das leis"[12]. A própria Constituição de 1891 prescrevera, no art. 59, § 2º: "Nos casos em que houver de aplicar leis dos Estados, a justiça federal consultará a jurisprudência dos tribunais locais, e, vice-versa, as justiças dos Estados consultarão a jurisprudência dos tribunais federais, quando houverem de interpretar leis da União."

Haure-se nos arestos a doutrina esclarecedora e complementar dos textos: é o ensinamento que decorre do aforismo de Francis Bacon – *de exemplis jam dicendum est, ex quibus jus hauriendum sit, ubi lex deficit* – "a respeito dos julgados cumpre fazer saber que dos mesmos se deve haurir o Direito nos casos em que a lei se mostra deficiente ou falha".

Ensinara Dumoulin: *leges in scholis deglutiuntur, in palatiis digeruntur* – "as leis são deglutidas nas escolas e digeridas nos pretórios".

A jurisprudência é a fonte mais geral e extensa de exegese, indica soluções adequadas às necessidades sociais, evita que uma questão doutrinária fique eternamente aberta e dê margem a novas demandas: portanto diminui os litígios, reduz ao mínimo os inconvenientes da incerteza do Direito, porque de antemão faz saber qual será o resultado das controvérsias[13].

Ainda que deficiente, às vezes falha na prática, imperfeita como a doutrina, é, como esta, progressiva, embora em muito menor escala; depois de longas flutuações, atinge afinal a verdade[14]. Quando os tribunais compreendem bem o seu papel, como sucede com a Corte de Cassação, de França, e o Tribunal Supremo *(Oberster Gerichtshof)*, da Áustria, a jurisprudência, embora resultante do empenho em adaptar os textos às condições da sociedade presente, torna-se a grande

---

[11] Degni, op. cit., p. 136-137.

[12] Assentos de 23 de março de 1786 e 10 de junho de 1817; A. J. Ribas – *Curso de Direito Civil Brasileiro*, 1880, vol. I, p. 296; Carlos de Carvalho – *Direito Civil Brasileiro Recopilado*, 1899, art. 61; Trigo de Loureiro, vol. I, Introd., § LIII, regra 8ª; Borges Carneiro, vol. I, § 12, nº 21.

[13] Vander Eycken – *Méthode Positive de L' Interprétation Juridique*, 1907, p. 176-177; Salmond – Introd. cit., p. LXXXIII; Degni, op. cit., p. 15.

[14] Laurent, vol. 33, verb. *Jurisprudence*.

JURISPRUDÊNCIA | 165

renovadora do Direito, extirpa, erradica ideias dominantes e retrógradas, apura, depura, corrige e consolida as que têm fundo de ciência e de utilidade geral[15].

"Uma compilação de arestos é uma coleção de experiências jurídicas, sem cessar renovadas, em que se pode colher ao vivo a reação dos fatos sobre as leis. Explica--se assim que a ação inovadora da jurisprudência comece sempre a fazer-se sentir rios tribunais inferiores: veem estes de mais perto os interesses e os desejos dos que recorrem à justiça: uma jurisdição demasiado elevada não é apta a perceber rápida e nitidamente a corrente das realidades sociais. A nova lei vem de cima; as boas jurisprudências fazem-se embaixo"[16].

Com refletir o pensar de uma época, merece estudo até um repositório de arestos um pouco antigos: auxilia a história do Direito; deixa ver as razões por que uma exegese caiu, e assim ajuda a compreender a que lhe sucedeu. Por isso, o exame da jurisprudência, por qualquer das suas faces, quer para segui-la, quer para fundamentar o dissídio com as suas conclusões, é sempre proveitoso.

193 – Entretanto, se ainda ficam em minoria os que lhe negam valor científico[17], incontestavelmente não conserva a posse, mansa e pacífica, da posição *primacial* entre os elementos formadores de soluções jurídicas[18].

A magistratura constitui um elemento conservador por excelência: o pretório é a última cidadela que as ideias novas expugnam. A jurisprudência afasta-se dos princípios com frequência maior do que a doutrina[19]. É analítica, examina as espécies uma por uma; ao generalizar, pode incorrer em erro grave o estudioso. Além disso, o fato impressiona e apaixona mais do que a teoria pura.

194 – Em virtude da lei do menor esforço e também para assegurarem aos advogados o êxito e aos juízes inferiores a manutenção das suas sentenças, do que muitos se vangloriam, preferem causídicos e magistrados as exposições sistemática de doutrina jurídica aos repositórios de jurisprudência. Basta a consulta rápida a um índice alfabético para ficar um caso liquidado, com as razões na

---

[15] Saleilles – Prefácio a Geny, cit., p. XV e XXIII; Cogliolo, vol. I, p. 385. Na generalidade, sucede o contrário: o *misoneísmo* reina nos pretórios; os juízes acompanham o progresso, porém timidamente, como que a contragosto, a distância.

[16] Jean Cruet – *A Vida do Direito e a Inutilidade das Leis*, 1908, trad. Portuguesa, p. 77.

[17] Conta-se nesse número Kirchmann (*apud* Theodor Sternberg – *J. H. Kirchmann und seine Kritik der Rechtswissenschaft*, 1908, p. 8).

[18] Sternberg, op. cit., p. 31.

[19] Berriat Saint-Prix, op. cit., nº 118; Laurent, vol. 33, verb. *Jurisprudence*.

aparência documentadas cientificamente. Por isso, os repertórios de decisões em resumo, simples compilações, obtêm esplêndido êxito de livraria[20].

Há verdadeiro fanatismo pelos acórdãos: dentre os frequentadores dos pretórios, são muitos os que se rebelam contra uma doutrina; ao passo que rareiam os que ousam discutir um julgado, salvo por dever de ofício, quando pleiteiam a reforma do mesmo[21]. Citado um aresto, a parte contrária não se atreve a atacá-lo de frente; prefere ladeá-lo, procurar convencer de que se não aplica à hipótese em apreço, versara sobre caso diferente[22].

No Brasil, até quando o Judiciário invade a esfera de ação do Congresso, ou se afasta, por outra forma, dos cânones constitucionais, surge sempre forte corrente, entre os mais doutos, que pleiteia o respeito à exegese ocasional; embora em assunto da própria competência o Legislativo nada tenha com a opinião dos juízes e seja também certo que um só julgado não constitui jurisprudência[23].

Quando a lei é nova, ainda os seus aplicadores atendem à teoria, compulsam tratados, apelam para o Direito Comparado; desde, porém, que aparecem decisões a propósito da norma recente, volta a maioria ao trabalho semelhante à consulta a dicionários. "Copiam-se, imitam-se, contam-se os precedentes; mas de pesá-los não se cuida." Desprezam-se os trabalhos diretos sobre os textos; prefere-se a palavra dos profetas às tábuas da lei[24].

195 – O processo é erradíssimo. Os julgados constituem bons auxiliares de exegese, quando manuseados criteriosamente, criticados, comparados, examinados à luz dos princípios, com os livros de doutrina, com as exposições sistemáticas do Direito em punho. A jurisprudência, só por si, isolada, não tem valor decisivo, absoluto. Basta lembrar que a formam tanto os arestos brilhantes, como as sentenças de colégios judiciários onde reinam a incompetência e a preguiça[25].

---

[20] Laurent, vol. I, nº 281; Caldara, op. cit., nº 127; Degni, op. cit., p. 134 e nota 1.

[21] Laurent, vol. I, nº 281.

[22] Cruet, op. cit., p. 85.

[23] Berriat Saint-Prix, op. cit., nº 125; Vander Eycken, op. cit., p. 176; Cruet, op. cit., p. 76; Gmür, op. cit., p. 126.

[24] Raoul de La Grasserie – *De la Justice en France et à l'Étranger ao XXe. Siècle*, 1914, vol. II, p. 415-416; Cruet, op. cit., p. 85.

[25] Heinrich Gerland, Prof. da Universidade de Jena – *Discurso acerca da Influência da Função Judicial sobre o Direito Inglês*, reproduzido em Bruncken & Register, op. cit., p. 243; Laurent, vol. 33, verb. *Jurisprudence.*

JURISPRUDÊNCIA | 167

Versa o aresto sobre fatos, e entre estes é quase impossível que se nos deparem dois absolutamente idênticos, ou, ao menos, semelhantes sob *todos os aspectos:* ora qualquer diferença entre espécies em apreço obriga a mudar também o modo de decidir. É isto o que se depreende do dizer profundo de Dumoulin – *modica facti differentia magnam inducit juris diversitatem* – "pequena diferença de fato induz grande diversidade de direito"[26]. Logo a citação mecânica de acórdãos não pode deixar de conduzir a erros graves.

Demais, não raro, no pretório, os sentimentos prevalecem contra a razão; deixam-se levar os juízes pelas considerações morais, sociais, políticas ou religiosas, que avassalam a opinião pública, na época e no país em que eles se acham[27].

Na verdade, a experiência forense diuturna gera a convicção de que seria deplorável insânia pretender alguém entesourar ciência jurídica apenas compulsando coleções de arestos: a jurisprudência é a Torrente de Cedron dos erros em assuntos de Direito.

Aos juízes e advogados conviria recordar amiúde, como *um sursum corda,* o célebre e causticante pensamento de Dupin: "A ciência dos arestos tornou-se a ciência daqueles que não têm outra ciência; e a *jurisprudência* é uma ciência facílima de adquirir: basta um bom índice das matérias"[28].

Aos magistrados que acham meritório não ter as suas sentenças reformadas (prova apenas de subserviência intelectual) e seguem, por isso, de modo absoluto e exclusivo, a orientação ministrada pelos acórdãos dos tribunais superiores, Pessina recorda o verso de Horácio: os demasiados cautos e temerosos da procela não se alteiam ao prestígio, nem à glória: arrastam-se pela terra, como serpentes – *serpit humi tutus nimium timidusque procelloe*[29].

196 – Colocada em seus devidos termos a questão relativa ao valor dos julgados para a Hermenêutica, é tempo de formular as condições para o uso eficiente dos mesmos.

I. A jurisprudência auxilia o trabalho do intérprete; mas não o substitui, nem dispensa. Tem valor; porém *relativo.* Deve ser observada quando acorde com a

---

[26] Berriat Saint-Prix, op. cit., nº 126.

[27] Perreau – *Technique de la Jurisprudence en Droit Privé*, vol. I, p. 261-62.

[28] Caldara, op. cit., nº 127; Laurent, vol. I, nº 281.

[29] Enrico Pessina, Prof. da Universidade de Nápoles – Discurso pronunciado por ocasião do centenário da Corte de Cassação, de Nápoles, em março de 1909, *apud* Degni op. cit., p. 132-134.

168 | Hermenêutica e Aplicação do Direito • *Carlos Maximiliano*

doutrina[30]. "Procure-se reduzir os arestos aos princípios jurídicos ao invés de subordinar estes àqueles"[31].

197 – II. É certo que o julgado se torna fator de jurisprudência somente quanto aos pontos questionados e decididos, não quanto ao raciocínio, exemplificações e referências. Votam-se conclusões apenas; só estas constituem precedentes[32].

198 – III. Não basta, entretanto, saber da existência de um acórdão, para o adotar e invocar. Além de confrontar decisões várias, estudem-se os respectivos *consideranda*. O julgado vale, sobretudo, pelos seus fundamentos; o que não é solidamente motivado e conclui sobre razões vulgares, fúteis ou contrárias aos princípios, não tem importância alguma, não está na altura de documentar trabalhos forenses, embora da sua insubsistência teórica não deflua a inocuidade da sentença; ao contrário, esta, enquanto não reformada, prevalecerá. Aresto não bem fundamentado é simples afirmação; e em Direito não se afirma, prova-se. Uma data de acórdão não é argumento[33].

199 – IV. Uma decisão isolada não constitui jurisprudência; é mister que se repita, e sem variações de fundo. O precedente, para constituir jurisprudência, deve ser *uniforme* e *constante*. Quando esta satisfaz os dois requisitos granjeia sólido prestígio, impõe-se como revelação presuntiva do sentir geral, da consciência jurídica de um povo em determinada época; deve ser observada enquanto não surgem razões muito fortes em contrário: *minime sunt mutanda quoe interpretationem certam, semper habuerunt* – "altere-se o menos possível o que teve constantemente determinada interpretação".

Os romanos proclamavam – a autoridade das coisas julgadas *perpetuamente de modo semelhante (rerum perpetuo similiter judicatarum auctoritas);* os neologismos do Direito, como os da linguagem, não prevalecem logo que surgem, e

---

[30] Geny, vol. II, p. 276; Laurent, vol. I, n°s 280-281; Caldara, op. cit., n° 129; Saredo, op. cit., n°s 648 e 651.

[31] Frase de alto magistrado, o Presidente Bouthier, *apud* Laurent, vol. I, n° 281.
Abram-se em primeiro lugar os livros de Direito; procure-se mostrar, *depois*, que a jurisprudência corrobora o parecer dos mestres.

[32] Sutherland, vol. II, § 486.

[33] Berriat Saint-Prix, op. cit., n° 118, epígrafe; Caldara, op. cit., n° 131; Laurent, vol. I, n° 281 e vol. 33, verb. *Jurisprudence*, Vander Eycken, op. cit., p. 178-189. Vede n° 335.

o acordo *uniforme* e *constante* só se acentua depois de hesitações, alternativas e contradições[34].

200 – V. O acórdão unânime sobreleva em prestígio aos que provocaram votos divergentes. Pouco vale o fruto de maioria ocasional[35].

201 – VI. A interpretação judicial distingue-se da autêntica por não ter efeito compulsório senão no caso em apreço e somente para o juiz inferior, na hipótese de recurso provido, ou para os litigantes: ainda assim, obriga relativamente *à conclusão apenas, e não quanto aos motivos*, aos *considerada. Res inter alios judicata aliis non, nocet* – "a coisa julgada entre uns não prejudica a outros"[36].

Tanto o magistrado que lançou uma exegese nova, como os de categoria inferior à dele, gozam da liberdade de a desprezar, ou seguir, em outras decisões sobre espécies judiciárias iguais ou semelhantes[37]. Quantas vezes se observa achar-se no voto vencido, de alto juiz, ou na sentença reformada, do pequeno, do novo, estudioso e brilhante, a boa doutrina, tímida, isolada, incipiente hoje, triunfante, generalizada amanhã[38]!

---

[34] Gmür, op. cit., p. 124 e 126; Degni, op. cit., p. 133-134; Vander Eycken, op. cit., p. 176-179; Laurent, vol. I, nº 281; Cruet, op. cit., p. 76; Fabreguettes, op. cit., p. 390, nota 2, regra 7ª. O Código Civil Suíço, no art. 1º, manda observar a jurisprudência, porém, só *a consagrada: bewaehrte* (confirmada, consolidada), no texto alemão, oficial; *consacrée*, no francês; *piú autorevole*, no italiano. Vede Gmür, op. cit., p. 124. Sabe-se que as leis helvéticas aparecem, oficialmente publicadas, nas três línguas faladas no país e o confronto entre os três originais facilita a exegese das mesmas (Curti-Forrer, op. cit., p. 3).

[35] Por exemplo: num tribunal, de 15 membros, compareçem 8; e um feito é decidido por 4 votos contra 3 (o oitavo juiz preside): esses 4 sufrágios pouco prestígio dão à tese vencedora.

[36] Berriat Saint-Prix, op. cit., nº 121; Laurent, vol. I, nº 281; Degni, op. cit., p. 115, nota 1; Sutherland, vol. II, § 486.
Já se fez ver que a força compulsória da jurisprudência é indireta: quem com a mesma se não conforma, arrisca a si, ou a terceiro, a ter contratos anulados e a perder somas consideráveis (Planiol, vol. I, nº 14; Geny, vol. II, p. 261).

[37] Curti-Forrer – *Commentaire du Code Civil Suisse*, trad Porret, 1912, p. 4, nº 10; Emmanuele Gianturco – *Sistema di Diritto Civile Italiano*, 3ª ed., vol. I, p. 116-117; Geny, vol. II, p. 261, e nota 4; Gmür, op. cit., p. 127; Henry de Page – *Traité Élémentaire de Droit Civil Belge*, 1933-1938, vol. I, nº 212; Battaglini – *Diritto Penale –Teorie Generali*, 1937, p. 24-25; Theodor Rittler, Prof. da Universidade de Insbruck – *Lehrbuch des Oesterreichischen Strafrechts*, 1933, vol. I, p. 25.

[38] Jean Cruet – *A Vida do Direito e a Inutilidade das Leis*, trad. Portuguesa, p. 77; De Page, vol. I, nº 212.

170 | Hermenêutica e Aplicação do Direito • *Carlos Maximiliano*

É obrigatório observar a lei, não o seguir determinada jurisprudência: *non, exemplis sed legibus judicandum est* "julgue se em obediência às leis, não às decisões de casos semelhantes".

202 – VII. Entretanto, sem estudo sério, motivos ponderosos e bem examinados, não deve um tribunal superior mudar a orientação dos seus julgados; porque da versatilidade a tal respeito decorre grande abalo para toda a vida jurídica da circunscrição em que ele exerce autoridade. É preciso que os interesses privados possam contar com a estabilidade: *judex ab auctoritate rerum perpetuo similiter judicatarum, non facile recedere debet* – "não deve o juiz com facilidade afastar-se da autoridade dos casos constantemente julgados de modo semelhante".

Não menos desviados do bom caminho se nos deparam os do extremo oposto, os entusiastas do *misoneísmo*, que não querem saber de ideias novas, doutrinas recentes, e se gabam de haver sempre decidido da mesma forma uma questão de Direito. A verdade, a ciência, os princípios, acima de tudo[39]!

203 – Sentenças de primeira instância formam jurisprudência? Certamente; e até não é raro que forneçam a melhor contribuição[40]. Entretanto o prestígio cresce com a altura do tribunal, e é lógico, porque os arestos de pretório mais elevado alcançam mais larga periferia e inutilizam os dos juízes inferiores. O Supremo Tribunal Federal ocupa o primeiro lugar, como *autoridade* em jurisprudência; vêm depois os tribunais de segunda instância; por último, os de primeira[41]. Não se olvide, entretanto, que o julgado, para constituir precedente, vale sobretudo pela motivação respectiva; o argumento científico tem mais peso do que o de *autoridade*[42].

204 – As deliberações das câmaras (federais, estaduais ou municipais) apresentam vários pontos de semelhança com a *jurisprudência;* porém merecem menor apreço relativamente à Hermenêutica, porque atendem menos a escrúpulos de ordem jurídica do que às conveniências políticas, econômicas, financeiras, ao critério da oportunidade, a interesses pessoais ou partidários. Por isso, embora sirvam também ao desenvolvimento do Direito, oferecem

---

[39] Saleilles – Prefácio a Geny, p. XXIII; Aubry & Rau, vol. I, p. 192; Berriat Bain-Prix, op. cit., nº 122; Fabreguettes, op. cit., p. 389, nota 1; Degni, op. cit., p. 130.

[40] Cruet, op. cit., p. 77; Laurent, vol. I, nº 281; Degni, op. cit., p. 133-135 e nota 1.

[41] Gmür, op. cit., nos 124-125; Vander Eycken, op. cit., p. 176; Fabreguettes, op. cit., p. 387-388; Laurent, vol. I, nº 281.

[42] Vede nº 198.

JURISPRUDÊNCIA | **171**

menores probabilidades de acerto e gozam de menos autoridade que as decisões forenses[43].

Para evitar confusões, sempre prejudiciais no terreno científico, parece preferível só chamar *jurisprudência* ao uniforme e constante pronunciamento sobre uma questão de Direito, *da parte dos tribunais*; e simples *precedentes,* às deliberações das câmaras legislativas e às decisões isoladas dos magistrados[44].

205 – A jurisprudência é a causa mais geral da formação de costumes jurídicos nos tempos modernos. Contribui, como os *precedentes* legislativos, para o Direito Consuetudinário; porém não se confunde com eles, nem com o *uso*[45].

---

[43] Degni, op. cit., p. 135, nota 1. Vede n°s 99 e 322.

[44] Cândido Mendes – *Auxiliar Jurídico*, Apêndice ao *Código Filipino*, vol. III, p. 491, nota 5 da 2ª col.
Cada *precedente* judiciário é um elemento de *jurisprudência*, quando bem fundamentado: esta é constituída por um conjunto uniforme de *precedentes*.

[45] Gmür, op. cit., p. 124; Degni, op. cit., p. 135.

COSTUME

206 – *Costume* é uma norma jurídica sobre determinada relação de fato e resultante de prática diurna e uniforme, que lhe dá força de lei. Ao conjunto de tais regras não escritas chama-se *Direito Consuetudinário*[1].

A força compulsória do costume não é incompatível com o disposto no art. 141, § 2º, da Constituição atual, que prescreve: "Ninguém pode ser obrigado a fazer, ou deixar de fazer alguma coisa, senão em virtude de lei." A palavra *lei* não foi empregada no estatuto supremo, na acepção restrita de ato do Congresso, e, sim, no sentido amplo, de *Direito*[2].

207 – Dispõe o Código Civil: "Art. 1.807. Ficam revogadas as Ordenações, Alvarás, Leis, Decretos, Resoluções, *Usos e Costumes* concernentes às matérias de Direito Civil reguladas neste Código."

Aquele repositório de preceitos suprimiu, de um golpe, todo o Direito Consuetudinário Civil? Extirpou o do passado e vedou o surto de outro no futuro?

Se a resposta fora afirmativa, o Código brasileiro seria o mais atrasado da terra, obstáculo ao progresso jurídico, inferior às compilações justinianas. O Digesto depara-nos este conceito de Juliano: "*Inveterata consuetudo pro lege non,*

---

[1] "*Costume* é uma lei estabelecida pelo uso diuturno"; *custom is a law established by long usage* (Bouvier's *Law Dictionary*, 8ª ed., 1914, verb. Custom).
"(Para os romanos) o Direito não escrito era o resultado das máximas que o uso tinha introduzido, e de cuja redação a autoridade pública se não tinha ainda ocupado". *Ex non scripto jus venti quod usus comprobavit: nam diuturni mores, consensu utentium comprobati, legem imitantur* – "advém de fonte não escrita o Direito cuja existência o uso revelou; porquanto assemelham-se a leis os costumes diuturnos, confirmados pelo consenso dos que dos mesmos fazem uso" (*Institut de Justiniano*, liv. I, tít. II – *De jure naturali*, § 9º; Ferreira Borges – *Dicionário Jurídico-Comercial*, 1856, verb. Uso).

[2] Paulo de Lacerda, vol. I, nº 199.

COSTUME | **173**

immerito custoditur et hoc est jus, quod dicitur moribus constitutum" (Liv. 1, tít. 3, frag. 32, § 1º). Ulpiano ensinara: *"Diuturna consuetudo pro jure et lege in his, quoe non, ex scripto, descendunt, observari solet"* (Digesto, liv. 1, tít. 3 – De Legibus, frag. 33). Eis a tradução dos dois fragmentos: 1) "O costume inveterado recebe da lei merecido amparo (e é este o Direito que se diz consuetudinário)." 2) "O costume diuturno deve ser observado em lugar de lei e direito constituído, relativamente ao que provém de origem não escrita."

Sempre os *costumes*, quando uniformes, constantes, diuturnos, tiveram força de lei; considera-os a ciência moderna uma fonte viva, e a mais rica e importante, de Direito Objetivo[3]. Nenhum Código lhes embaraçaria o surto espontâneo, necessário, fatal.

O art. 1.807 do Código brasileiro encerra disposição idêntica à do artigo da lei francesa de 30 *ventôse*, do ano XII; pois bem, a doutrina e a jurisprudência gaulesas consideram revogados pelo texto referido os *costumes anteriores* ao Código Civil; admitem que outros novos se formem e prevaleçam[4].

Não é lícito interpretar a lei de modo que resultem antinomias ou contradições entre os seus preceitos; ora o Código brasileiro prestigia expressamente usos e *costumes*, prescreve a sua observância, nos arts. 588 (§ 2º), 1.192 (nº 11), 1.210, 1.215, 1.218, 1.219, 2.221 e 1.242; logo não poderia o art. 1.807 ser inspirado pelo intuito de os varrer todos da tela jurídica, sem exceções futuras.

Exerce o *costume* duas funções: a de Direito Subsidiário, para completar o Direito Escrito e lhe preencher as *lacunas*; e a de elemento de Hermenêutica, auxiliar da exegese[5]. Só no primeiro caso, isto é, quando adquire autoridade compulsória, força de lei, o art. 1.807 lhes extingue a eficácia; pois os costumes e usos *anteriores* ajudam a *interpretar* os dispositivos do Código, que dos mesmos emergiram evolutivamente. Como elemento de Hermenêutica o *costume* não é aproveitado por obrigação; fica o seu emprego, neste particular, ao critério do aplicador do Direito, como acontece, aliás, com os demais fatores do trabalho interpretativo[6].

208 – O Código Civil suíço, em tom explícito, no art. 1º, atribui ao costume a autoridade de Direito Subsidiário; prescreve que ele complete o texto, preencha

---

3   Geny, vol. I, p. 445; Jandoli, op. cit., p. 31.

4   Charles Brocher – *Étude sur les Principes Généraux de L'Interprétation des Lois*, p. 73-74; Geny, vol. I, p. 388-390.

5   Desembargador A. Ferreira Coelho – *Código Civil Comparado, Comentado e Analisado*, vol. II, 1920, p. 104, nº 845; Curti-Forrer, op. cit., p. 4, nº 8; Gmür, op. cit., p. 2 e 129; Black, op. cit., p. 296.

6   Gmür, op. cit., p. 93-94.

as lacunas, supra as deficiências: "Na falta de uma disposição legal aplicável, o juiz decide *conforme o Direito Consuetudinário.*" Este começa onde a lei termina e depara um abismo a transpor, espaço vazio, norma incompleta, pontos semelhantes não atingidos pela regra escrita[7].

Até mesmo na República helvética se acha mais importante o papel do uso inveterado e do costume uniforme e constante, como elemento de interpretação: neste caso, ao invés de receber acréscimo, o Direito Positivo adquire lineamentos mais precisos, contornos avivados, decisivos, evidentes. Assim acontece, não em consequência do art. 1º, ou de qualquer outro texto compulsório; mas em virtude dos princípios científicos norteadores da Hermenêutica[8].

Os próprios idólatras da lei escrita, que negam ao costume função relativamente criadora, lhe não recusam o caráter interpretativo[9]. Logo, se o art. 1.807 se não opõe ao surto de usos e costumes como Direito Subsidiário, *posterior* ao Código Civil[10], *a fortiori* os tolera e acolhe como elementos de exegese.

209 – O costume foi, no passado, e é ainda, no presente, considerado ótimo intérprete das leis: *optima est legum interpres consuetudo*[11]. "Com efeito, quando uma lei tem sido entendida e executada por uma só e mesma forma, ou modo, por tanto tempo quanto é necessário para constituir uso, ou costume geral, há toda razão para se crer que a inteligência, que se lhe tem dado, é a verdadeira"[12]: *minime sunt mutanda quoe interpretationem certam semper habuerunt*[13].

Exatamente por se formar pouco a pouco, à medida das exigências incoercíveis do momento e do *meio*, a exegese costumeira há de corresponder, melhor do que outra qualquer, às necessidades sociais. Produto exclusivo da evolução, merece todo acolhimento da ciência jurídica, hoje norteada pela Sociologia.

---

[7]   Sutherland, vol. 11, § 473; Gmür, op. cit., p. 2 e 129-130.

[8]   Gmür, op. cit., p. 92-94.

[9]   Jandoli, op. cit., p. 31; Geny, vol. I, p. 36.

[10]   Clóvis Beviláqua – *Código Civil Comentado*, vol. I, 1916, p. 99 e 107; Eduardo Espínola, – *Breves Anotações ao Código Civil Brasileiro*, vol. 1, 1918, p. 35-38; Paulo de Lacerda, vol. I, nº 198-202; Ferreira Coelho, vol. II, p. 102, nº 843; Paula Batista, op. cit., § 43; Géza Kiss, op. cit., p. 6-9; Geny, vol. I, p. 389-390.

[11]   Calístrato, no *Digesto*, liv. I, tít, 3, frag. 37; Domat, vol. cit., p. 437, XIX; Sutherland, vol. II, § 473.
"Se houver estilo ou *costume* que determine o sentido de uma lei, devemo-nos *cingir* a esse estilo ou costume, por ser o uso o melhor intérprete das leis" (Bernardino Carneiro, op. cit., § 59).

[12]   Trigo de Loureiro, vol. I, Introd., § XLVIII. No mesmo sentido: Black, op. cit., p. 291-297.

[13]   Paulo, no *Digesto*, liv. I, tít. 3, frag. 23. Vede nº 199 e nota 1.

COSTUME | **175**

Tem o costume apenas o defeito de não ser fácil verificar a sua formação, tanto que, se alguém o invocar, agirá com prudência, se o expuser de modo expresso e provar que ele existe[14].

210 – Há três espécies de costumes: o *secundum legem*, previsto no texto escrito, que a ele se refere, ou manda observá-lo em certos casos, como Direito Subsidiário[15]; o *proeter legem*, que substitui a lei nos casos pela mesma deixados em silêncio; preenche as lacunas das normas positivas e serve também como elemento de interpretação; e o *contra legem*, que se forma em sentido contrário ao das disposições escritas[16].

O primeiro é o mais prestigioso, universalmente aceito, até mesmo por aqueles que, em geral, não admitem o costume com Direito Subsidiário[17].

O *contra legem*, o costume implicitamente revogatório dos textos positivos, *consuetudo abrogatoria*, apesar dos esforços de uma corrente ultra-adiantada de doutrina jurídica, ainda não encontra apoio nos pretórios, nem tampouco em cátedras universitárias; deve ser posto à margem; assim exige a letra do art. 4º da Introdução do Código Civil: "A lei só se revoga, ou derroga por outra lei"[18]. *Consuetudinis ususque longoevi non vilis auctoritas est: verum non usque adeo sui valitura momento, ut aut rationem vincat, aut legem*: "Não é pequena a autoridade do costume e do uso diuturno; contudo não prevalecerá a ponto de sobrepor-se à razão ou à lei"[19].

211 – Cai um texto por não ser habitualmente aplicado pelo simples desuso (*desuetudo*)? Tem este força ab-rogatória, ou, pelo menos, derrogatória?

Desuso e *uso contrário* à lei vêm a dar no mesmo; em um e outro caso aparece e se repete uma prática em desrespeito ao texto vigente; desde que o não observem, fazem o contrário do que ele determina; portanto, o estabelecido

---

[14] Curti-Forrer, op. cit., p. 4, nº 8; Caldara, op. cit., nº 132.

[15] É o caso do costume mencionado nos arts. 588 (§ 2º), 1.192 (nº II), 1.210, 1.215, 1.218, 1.219 e 1.242, Código Civil.

[16] Paulo de Lacerda, vol. I, nº 198; Espínola, vol. I, p. 36; Clóvis Beviláqua, Prof. da Faculdade de Direito do Recife, vol. I, p. 99.

[17] Geny, vol. I, p. 37-38.

[18] Lei da Boa Razão, de 18 de agosto de 1769, § 14; Teixeira de Freitas – Vocabulário Jurídico, verb. *Costumes*; Trigo de Loureiro, vol. I, Introd., § XLVIII; Paula Batista, op. cit., § 52; Clóvis Beviláqua, vol. I, p. 69; Espínola, vol. I, p. 36; Paulo de Lacerda, vol. I, nºs 199 e 201; Bernardino Carneiro, op. cit., § 19; Black, op. cit., 296; Sutherland, vol. II, § 473; Geny, vol. I, p. 408-411. A nova *Lei de Introdução* estatui do mesmo modo, no art. 2º e parágrafos.

[19] Constantino, *apud Código Justiniano*, liv. 8, tít. 53, frag. 2.

para uma hipótese aplica-se à outra, fundamentalmente idêntica: uma lei só é revogada por outra; não pelo *desuso*[20].

Há preceitos escritos, decadentes ou mortos, incompatíveis com o estado social e as ideias dominantes; motivos superiores levam a silenciar sobre eles; exegese orientada cientificamente conclui pela sua inaplicabilidade em espécie, ante a falência das condições pelo mesmo previstas; entretanto seria perigoso generalizar, concluir logo haver o desuso revogado, de fato, a norma. Nunca se opõe a um texto explícito de autoridade certa, uma prática apenas consuetu-dinária, "sempre equívoca em sua fonte e de alcance muitas vezes duvidoso"[21].

A não aplicação, embora prolongada, pode explicar-se por motivos estranhos à ideia de revogação, e até exclusivos desta: por isso seria temerário conside-rar ab-rogado um dispositivo simplesmente porque o não observam há longo tempo. A vaidade, a obsessão doutrinária, a fraqueza, os cálculos políticos, a negligência do Poder Executivo, a ignorância das partes e motivos semelhantes contribuem para reduzir a letra morta preceitos imperativos, o que não importa em ab-rogação dos mesmos[22].

212 – Como o papel do hermeneuta é dar vida aos textos, fazê-los eficientes em toda a sua plenitude, revelar, não só o sentido, mas também o alcance inte-gral dos mesmos, jamais poderia exercer tarefa semelhante com o lançar mão de costumes cuja vigência importasse, de fato, na queda do valor imperativo das normas, escritas ou cientificamente estabelecidas. Por isso, nem sequer para o efeito interpretativo se admitem usos inveterados, ou práticas consuetudinárias, em antagonismo com a lei, ou com os princípios fundamentais do Direito[23].

213 – Sempre se consideraram indispensáveis alguns requisitos para que es-tilos, praxes, usos tomassem o caráter de norma costumeira; deveriam ser "uni-formes, públicos, multiplicados por longo espaço de tempo e constantemente tolerados pelo legislador"[24].

Só prevalecem quando certos (suscetíveis de prova da sua existência), con-sentâneos com a razão e o bom senso, acordes com a lei escrita, mantidos por

---

[20] Savigny, vol. I, p. 189-190; Geny, vol. I, p. 399 e 407; Paulo de Lacerda, vol. I, nº 198; Aubry & Rau, vol. I, p. 96-97; Planiol, vol. 1, 231; Demolombe, vol. I, nº 35; Théophile Huc – *Commentaire Théorique et Pratique du Code Civil*, vol. 1, 1892, nºs 40-50.

[21] Paula Batista, op. cit., § 55; Geny, vol. I, p. 410-411.

[22] Baudry-Lacantinerie & Houques-Fourcade, vol. I, nº 123.

[23] Caldara, op. cit., nº 132; Bouvier, op. cit., verb. *Custom*.

[24] Ferreira Borges, op. cit., verb. *Uso*.

dilatado tempo, ininterruptamente e sem variações perceptíveis, com aquiescência geral (indisputados, portanto)[25].

Em resumo: tem valor jurídico uso, ou costume, diuturno, constante, uniforme e não contrário ao Direito vigente[26].

A lei célebre de 18 de agosto de 1768, no § 14, declarou observável apenas o costume conforme à *boa razão*, não contrário *às leis*, e tão antigo que excedesse o tempo de *cem anos*.

Há exagero nos termos do último requisito. Não se coaduna com a essência daquele instituto a duração *prefixada*, quase impossível de provar a respeito do que é, por natureza, impreciso, lentamente formado e nem sempre fácil de apreender. Basta que seja o costume observado, sem interrupções nem variantes perceptíveis, por longo espaço de tempo[27].

Quanto maior o prazo, maior o valor da prática ou norma consuetudinária[28].

---

[25] Bouvier, op. cit., verb. *Custom*.
O *costume* é o produto do consenso espontâneo; longo, enquanto o repelem ou discutem, falta-lhe o principal fundamento, o que lhe dá aparência da vontade geral e assim o alteia até o nível do Direito Positivo.

[26] Curti-Forrer, op. cit., p. 3, nº 8; Clóvis Beviláqua, vol. I, p. 99.

[27] Clóvis Beviláqua, vol. I, p. 99; Espínola, vol. I, p. 37-38.
A exigência *dos cem anos* obedecia ao critério antigo de reduzir tudo, em Direito, à precisão matemática. Vede nºs 126-128.

[28] Black, op. cit., p. 293-294.
Autores satisfazem-se com a prova relativa aos últimos *vinte anos*: prevalece o costume, se ficou demonstrado ter existido durante esse período e com os demais requisitos (Bouvier, op. cit., verb. *Custom*). É melhor não prefixar o prazo.

CIÊNCIA – CIÊNCIA DO DIREITO

214 – A Ciência do Direito não é só elemento *relativamente criador*, apto a suprir *lacunas* dos textos; mas também um fator de coordenação e de exegese; auxilia a eliminar contradições aparentes e atingir, através da letra rígida, ao ideal jurídico dos contemporâneos[1].

Para ser um bom hermeneuta, há mister conhecer bem o sistema jurídico vigente. A ciência antecede a jurisprudência; é a primeira a inspirar soluções para os casos duvidosos. Oferece ainda vantagem de ver do alto os fenômenos e por isso, mais concorre para os compreender e resolver de acordo com os objetivos superiores da sociedade[2].

O Direito é um todo orgânico; portanto não seria lícito apreciar-lhe uma parte isolada, com indiferença pelo acordo com as demais. Não há intérprete seguro sem uma cultura completa. O exegeta de normas isoladas será um leguleio; só o sistematizador merece o nome de jurisconsulto; e, para sistematizar, é indispensável ser capaz de abranger, de um relance, o complexo inteiro, ter a largueza de vistas do conhecedor perfeito de uma ciência e das outras disciplinas, propedêuticas e complementares[3].

215 – Entretanto nesse terreno difícil se não deve entrar com excessiva audácia. Bem avisado anda o legislador suíço quando mostra se não contentar

---

[1] Korkounov – *Cours de Théorie Générale du Droit*, trad. Tchernoff, 1903, p. 460.
Vede o capítulo *Princípios Gerais do Direito*: ali se trata, principalmente, da Aplicação do Direito; aqui, da Hermenêutica.

[2] Holbach, op. cit., p. 114 e 133; Vander Eycken, op. cit., p. 180-181.

[3] Caldara, op. cit., nº 122.

com a ciência jurídica indistintamente: manda recorrer à doutrina *consagrada* (*bewaehrte Lehre*), isto é, defendida por pessoas de indiscutível competência técnica, preenchido ainda o requisito de resultar dos pareceres de numerosos preopinantes relativo acordo nas conclusões eruditas. Nesse caso, a tese vencedora inspirará os arestos, poderá julgar-se *estabelecida*, consagrada (*bewaehrte, consacrée, più autorevole*, na expressão do texto, oficialmente publicado em três línguas, do Código Civil da República Helvética, art. 1º)[4].

Na verdade, seria perigoso seguir logo o primeiro livro que se abrisse; pior ainda obedecer às cegas ao espírito de inovação, preferir tudo quanto é ou parece novidade. Sobretudo, o juiz deve aplicar a boa doutrina, porém depois de vencedora pelo menos nas cátedras escolares e entre tratadistas; a solução teórica definitiva, que o maior número é obrigado a conhecer para se orientar na prática e evitar os litígios. Adotar logo a primeira novidade é estabelecer a surpresa nos julgamentos, e revelar injusto desdém pelas vantagens decorrentes da *certeza* do Direito.

Fica bem ao magistrado aludir às teorias recentes, mostrar conhecê-las, porém só impor em aresto a sua observância quando deixarem de ser consideradas ultra-adiantadas, semirrevolucionárias; obtiverem o aplauso dos moderados, não *misoneístas*, porém prudentes, *doutos e sensatos*[5].

216 – Não há ciência isolada e integral; nenhuma pode ser manejada com mestria pelo que ignora todas as outras. Quando falham os elementos filológicos e os jurídicos, é força recorrer aos filosóficos e aos históricos, às ciências morais e políticas[6].

Vem de longe o reconhecimento da necessidade, para o hermeneuta, de conhecer bem as leis, em conjunto, e o Direito em suas *fontes*, próximas e *remotas*; encontram-se as últimas na ciência, em geral, e nas ciências sociais, em particular[7]. Os grandes jurisconsultos têm algo de estadistas e muito de sociólogos; sofreram todos uma preparação prévia nos vários ramos de conhecimentos humanos e continuaram a cultivar com amor alguns, em regra os mais relacionados com o Direito. Os homens de ilustração variada e sólida, sobretudo nos tribunais superiores, dão melhores juízes, de vistas mais largas, do que os meros estudiosos do Direito Positivo, que infelizmente constituem maioria.

---

4   Curti-Forrer, op. cit., p. 4, nº 10; Gmür op. cit., p. 120.

5   Por isso mesmo, é recomendada, até pela Constituição de 1891, art. 59, § 2º, a consulta à jurisprudência: tempera esta os arrojos da doutrina, e as duas se completam reciprocamente; juntas, constituem elementos da *certeza* do Direito (Holbach, op. cit., p. 133).

6   Reuterskioeld, op. cit., p. 90-91; Jandoli, op. cit., p. 75.

7   Bernardino Carneiro, op. cit., § 23.

180 | Hermenêutica e Aplicação do Direito • *Carlos Maximiliano*

Não é possível isolar as ciências jurídicas do complexo de conhecimentos que formam a cultura humana: quem só o Direito estuda, não sabe Direito[8]. O preparo geral, e especialmente o relacionado com a Sociologia, contribui para esclarecer o espírito do aplicador da lei. Às vezes, em caso isolado, porém relevante, um ramo particular da ciência presta serviços especiais; a ele recorre o hermeneuta em trabalhos de gabinete, ou o próprio juiz por meio da perícia[9].

Quantas vezes não é o Direito propriamente, são as ciências diversas que levam a repelir uma solução: por exemplo, a impossível, ou absurda! Realmente, não basta conhecer as leis, para saber quando é o caso do brocardo de Celso *impossibilium nulla obligatio est*[10], ou – *ad impossibilia nemo tenetur*: "Ninguém está obrigado a cumprir o impossível"[11].

INTERPRETAÇÃO EXTENSIVA E ESTRITA

217 – Outrora distinguiam a interpretação em – *gramatical* e *lógica*, subdivididas, a primeira, em *estrita* e *lata*, e a segunda, em *restritiva*, *declarativa* e *extensiva*.

Se a exegese *verbal* tomava as palavras no significado amplo, denominavam *lata*; se preferia considerá-las na acepção rigorosa, apelidavam-na *estrita*[12].

De modo diverso eram condicionadas as variantes do processo *lógico*.

Recorriam à interpretação *extensiva* quando a fórmula positiva era demasiado estreita, continha expressões inexatas, ou inadequadas a traduzir, em sua plenitude, o sentido colimado: *minus dixit quam voluit* – "disse menos do que pretendeu exprimir". Por exemplo: usava uma palavra designativa da espécie quando deveria abranger o gênero.

Optava-se pela exegese restritiva, quando a fórmula era ampla em excesso, uma linguagem imprecisa fazia compreender no texto mais do que planeja-

---

8 Holbach, op. cit., p. 114-136.

9 Berriat Saint-Prix, op. cit., n°s 131-132.
   Exemplos: *a)* Em Mecânica, duas forças opostas e iguais se equilibram; em Direito, quando se aplicam à mesma hipótese duas presunções legais inversas, resulta para o juiz a liberdade plena de formar a sua convicção.
   b) Não raro a Química, ou a Medicina Legal, oferece a base única de um *veredictum brilhante* (B. Saint-Prix, op. cit., n° 132).

10 *Digesto*, liv. 50, tít. 17, frag. 185.

11 Berriat Sain-Prix, op. cit., n°s 131-133.

12 Ernst R. Bierling – *Juristische Prinzienlehre*, 1911, vol. IV, p. 213 e 221. Nicola Coviello (*Manuale di Diritto Civile Italiano*, 2ª ed., vol. I, p. 73) acha possível enquadrar na declarativa a interpretação *lata* e a *estrita*, Na verdade, a *declarativa* não passa de exegese verbal como adiante se mostrará, em o n° 222.

CIÊNCIA – CIÊNCIA DO DIREITO | **181**

ram incluir no mesmo: *potius dixit quam voluit* – "disse mais do que pretendeu exprimir"[13].

Ficava-se na interpretação *declarativa* ou compreensiva, a mais comum outrora, se a regra jurídica surgia cristalizada numa forma obscura, ambígua ou equívoca[14].

Orientavam-se os três processos de acordo com as ideias vigentes sobre Hermenêutica, inaplicável às leis claras e precisas, invocada para oferecer meios de descobrir o verdadeiro sentido de textos obscuros, de linguagem ambígua: defeituosos, portanto[15]. Qualquer das três maneiras de agir surgia como expediente para *corrigir*, não para esclarecer apenas[16]. Grande mestre alemão profliga semelhante ideia; equipara o hermeneuta assim orientado ao indivíduo que, incumbido de explicar o funcionamento de certa máquina, se limita a tratar das imperfeições, só verificáveis porque a mesma foi feita à pressa, ou porque se não pode exigir maior exatidão no trabalho com uma engrenagem de difícil manejo[17].

218 – Hoje as palavras *extensiva* e *restritiva*, ou, melhor, *estrita*, não mais indicam o critério fundamental da exegese, nem se referem a processos aconselháveis para descobrir o sentido e alcance de um preceito; exprimem o *efeito* conseguido, o *resultado* a que chegará o investigador empenhado em atingir o conteúdo verdadeiro e integral da norma[18].

Não se trata de defeitos de expressão, nem da incapacidade verbal dos redatores de um texto. Por mais opulenta que seja a língua e mais hábil quem a maneja, não é possível cristalizar numa fórmula perfeita tudo o que se deva enquadrar em determinada norma jurídica: ora o verdadeiro significado é mais estrito do que se deveria concluir do exame exclusivo das palavras ou frases interpretáveis; ora sucede o inverso, vai mais longe do que parece indicar o invólucro visível da regra em apreço[19]. A relação lógica entre a expressão e o pensamento faz discernir se a lei contém algo de mais ou de menos do que a letra parece exprimir; as circunstâncias extrínsecas revelam uma ideia fundamental mais ampla ou mais estreita e põem em realce o dever de estender ou restringir

---

[13] François Geny – *Méthode d'Interprétation et Sources en Droit Privé Positif*, 2ª ed., 1919, vol. I, p. 298-299; Coviello, vol. I, p. 74-75.

[14] Paula Batista – *Compêndio de Hermêutica Jurídica*, § 44, nota 1.

[15] Paula Batista, op. cit., § 3º.

[16] Géza Kiss – *Gesetzesauslegung und Ungeschriebenes Recht*, 1911, p. 25.

[17] Josef Kohler – *Lehrbuch des Bürgerlichen Rechts*, vol. I, p. 132-133.

[18] Francesco Degni – *L' Interpretazione della Legge*, 2ª ed., p. 268; Emmanuele Gianturco – *Sistema di Diritto Civile Italiano*, 3ª ed., vol. I, p. 120; Coviello, vol. I, p. 72.

[19] Bierling, vol. LV, p. 218.

182 | Hermenêutica e Aplicação do Direito • *Carlos Maximiliano*

o alcance do preceito[20]. Mais do que regras fixas influem no modo de aplicar uma norma, se ampla, se estritamente, o *fim* colimado, os valores jurídico-sociais que lhe presidiram à elaboração e lhe condicionam a aplicabilidade[21].

219 – O texto oferece ao observador só uma *diretiva* geral; explícita ou implicitamente se reporta a fatos, definições e medidas que o juiz deve adaptar à *espécie* trazida a exame[22]: é o caso de interpretação *extensiva*, consistente em pôr em realce regras e princípios não expressos, porém contidos implicitamente nas palavras do Código. A pesquisa do sentido não constitui o objetivo único do hermeneuta; é antes o pressuposto de mais ampla atividade. Nas palavras não está a lei e, sim, o arcabouço que envolve o espírito, o princípio nuclear, todo o conteúdo da norma. O legislador declara apenas um caso especial; porém a ideia básica deve ser aplicada na íntegra, em todas as hipóteses que na mesma cabem[23]. Para alcançar este objetivo, dilata-se o sentido ordinário dos termos adotados pelo legislador; também se induz de disposições particulares um princípio amplo[24].

O texto menciona o que é mais vulgar, constante; dá o âmago da ideia que o intérprete desdobra em aplicações múltiplas. Já afirmara Juliano: *Neque leges, neque senatusconsulta ita scribi possunt, ut omnes casus, qui quandoque inciderint, comprehendantur: sed sufficit et ea, quoe plerumque accidunt, continere* – "Nem as leis, nem os senátus-consultos podem ser escritos de modo que compreendam todos os casos suscetíveis de ocorrer em qualquer tempo; será bastante abrangerem os que sobrevêm com frequência maior" (Digesto, liv. 1, tít. 3, frag. 10). *Non possunt omnes articuli singillatim aut legibus, aut senatusconsultis comprehendi* – "Não podem ser todos os assuntos especificadamente compreendidos por leis ou *senátus-consultos*" (*Digesto*, liv. 1, tít. 3, frag. 12).

A exegese *extensiva*, com extrair do texto mais do que as palavras parecem indicar, e a *estrita*, com atingir o contrário, menos do que a letra à primeira vista traduz: baseiam-se, uma e outra, em princípios definitivamente triunfantes, proclamadores da supremacia do espírito sobre o invólucro verbal das normas: *Neque omne quod scriptum est, jus est; neque quod seriptum non est jus non est. Prior atque potentior est quam vox, mens dicentis* – "Nem tudo o que está escrito

---

[20] Pasquale Fiore – *Delle Disposizioni Generali sulla Pubblicazione. Applicazione ed Interpretazione delle Leggi*, vol. II, 965; Geny, vol. I, p. 298.

[21] Julien Bonnecase – *L'École de L'Exégèse en Droit Civil*, 1919, p. 82; Coviello, vol. I, p. 75 e 77.

[22] Ludwig Enneccerus – *Lehrbuch des Bürgerlichen Rechts*, 15ª ed., 1921, vol. I, p. 118-119.

[23] Max Gmür – *Die Anwendung des Rechts nach Art. 1 des Schweizerischen Zivil Gesetzbuches*, 1908, p. 81-62.

[24] Perreau – *Technique de la Jurisprudence*, vol. I, p. 275.

CIÊNCIA – CIÊNCIA DO DIREITO | **183**

prevalece como Direito; nem o que não está escrito, deixa de constituir matéria jurídica. Anterior e superior à palavra é a ideia de quem preceitua" (Celso, no *Digesto*, liv. 33, tít. 10, frag. 7, § 2º)[25].

220 – As duas expressões – interpretação *extensiva* e *restritiva* deixam na penumbra, indistintas, imprecisas, mais ideias do que a linguagem faz presumir; tomadas na acepção literal, conduzem a frequentes erros. Nenhuma norma oferece fronteiras tão nítidas que eliminem a dificuldade em verificar se se deve passar além, ou ficar aquém do que as palavras parecem indicar[26]. Demais não se trata de acrescentar coisa alguma, e, sim, de atribuir à letra o significado *que lhe compete*: mais amplo aqui, estrito acolá. A interpretação *extensiva* não faz avançar as raias do preceito; ao contrário, como a aparência verbal leva ao recuo, a exegese impele os limites de regra até ao seu verdadeiro posto[27]. Semelhante advertência, *mutatis mutandis*, tem cabimento a respeito da interpretação *restritiva*: não reduz o campo da norma; determina-lhe as fronteiras *exatas*; não conclui de *mais*, nem de *menos* do que o texto exprime, interpretado à luz das ideias modernas sobre Hermenêutica. Rigorosamente, portanto, a exegese *restritiva* corresponde, na atualidade, à que outrora se denominava *declarativa estrita*; apenas *declara* o sentido *verdadeiro* e o alcance *exato*; evita a dilatação, porém não suprime coisa alguma. Abstém-se, entretanto, de exigir o sentido *literal*: a precisão reclamada consegue-se com o auxílio dos elementos lógicos, tomados em apreço todos os fatores jurídico-sociais que influíram para elaborar a regra positiva[28].

221 – Num caso dilata-se o alcance do preceito; no outro não se restringe: deixa-se de dilatar. Como as palavras se empregam para exprimir ideias, um vocábulo impróprio conduz a concepções erradas; por isso a competentes mestres parece convir o abandono das denominações tradicionais. Alguém preferiu as expressões felizes – *positiva extensão, negativa extensão*[29]. Dividem os norte-americanos a

---

25   Francisco Ferrara – *Trattato di Diritto Civile Italiano*, 1921, vol. 1, p. 220; Kiss, op. cit., p. 24.

26   Rumpf – *Gesetzs Und Richter*, 1906, p. 141-142.

27   Coviello, vol. I, p. 75; Degni, op. cit., p. 267.

28   Virgílio de Sá Pereira – *Dous Brocardos*, separata da "Rev. Geral de Direito, Legislação e Jurisprudência", 1920, p. 29-32; Paulo de Lacerda – *Manual do Código Civil Brasileiro*, vol. I, 1918, p. 588-591; Sutherland – *Statutes and Statutory Construction*, 2ª ed., vol. II, §§ 518-519; Chironi – *Instituzioni di Diritto Civile Italiano*, 2ª ed., vol. I, p. 31; Chironi & Abello – *Trattato di Diritto Civile Italiano*, vol. 1, 1904, p. 67, nota 2; Pacifici-Mazzoni – *Istituzioni di Diritto Civile Italiano*, 3ª ed., vol. I, nº 21; Leonhard – *Der Allgemeine Theil des Bürgerlichen Gesetzbuch*, vol. I, 1900, p. 52.
Vede o capítulo – *Direito Excepcional*, nºs 287 e 289.

29   Reuterskioeld – *Ueber Rechtsauslegung*, 1889, p. 87.

exegese em *liberal* e *estrita*[30]. Como a primeira das palavras escolhidas tem ainda na tecnologia jurídica outro significado, talvez conviesse substituir pelo vocábulo – *ampla*. Em todo caso, interpretação *estrita* e *negativa extensão* correspondem melhor ao conceito moderno da exegese de alcance limitado do que *interpretação restritiva*. Entretanto, como o velho rótulo prevalece ainda, cumpre assinalar que hoje designa matéria diversa: a descoberta do sentido *exato*.

222 – Não se deve mais falar em interpretação *declarativa*. No sentido primitivo, apoiava-se em um fundamento falso, no adágio – *in claris cessat interpretatio*, e no brocardo de Direito Canônico – *verba clara non admittunt interpretationem, neque voluntas conjecturam*: "Expressões claras não admitem interpretação; nem comportam conjeturas a vontade manifesta"[31]. Passou depois a abranger somente o caso em que o aplicador das disposições escritas apenas mostra o existente; não deduz coisa alguma[32].

Se procura e transmite o sentido exato, sem nada reduzir nem acrescentar, opera-se a moderna interpretação *estrita*. A *declarativa*, ou compreensiva, não passa de exegese verbal, não é propriamente interpretação[33]. Nenhum contingente novo traz ao trabalho do hermeneuta; parece melhor deixá-la no olvido, visto que as expressões técnicas interpretação *extensiva* e interpretação *estrita* abrangem todas as hipóteses.

223 – Admitiam-se outrora duas espécies de exegese ampla: a *extensiva por força de compreensão e indução, e a extensiva por analogia*[34]. Hoje o processo análogo nem se enquadra na Hermenêutica; não constitui um modo de interpretar, e, sim, de *aplicar* o Direito[35]. A interpretação extensiva *por força de compreensão*, embora se não ativesse às palavras, tirava da norma o seu sentido integral, tudo o que na mesma se continha; deduzia o preceito para cuja efetividade fora o dispositivo elaborado. Ora isto é precisamente o que hoje se denomina exegese *restritiva*, ou, melhor, *estrita*.

---

[30] Campbell Black – *Handbook on the Construction and Interpretation of the Laws*, 2ª ed., p. 444 e segs.; Sutherland, vol. II e 582.

[31] Paula Batista, op. cit., § 44, nota 1; Kiss, op. cit., p. 27. Vede o capítulo – *In Claris Cessat Interpretatio*.

[32] Reuterskioeld, op. cit., p. 86.

[33] Kiss, op. cit., p. 27.

[34] Paula Batista, op. cit., § 41, nota 2, e § 45.

[35] Vede o capítulo – *Analogia*; nº 249.

Admitia-se a interpretação *extensiva por força de compreensão* nas disposições de Direito Excepcional[36] e também nas punitivas[37]. Restava, portanto, um campo de tal modo acanhado, insignificante, para a exegese *restritiva*, que não valia a pena, por tão pouco, estabelecer uma espécie distinta; mantinha-se uma divisão quase sem fundamento.

Antolha-se-nos relativamente mais defensável a opinião dos que preferem expungir as três expressões – *extensiva*, *declarativa* e *restritiva*, por lhes parecerem fontes de equívocos[38].

224 – Embora se não trate de *processos* diferentes e, sim, de *efeitos* dessemelhantes, todavia a distinção entre *extensiva* e *restritiva* conserva importância prática: ainda convém mantê-la, desde que haja o cuidado de atribuir aos termos tradicionais significado compatível com as ideias modernas, se não preferirem substituí-los por outros mais precisos, como seriam exegese ampla e restrita, por exemplo. Realiza-se a primeira quando, em havendo dúvida razoável sobre a aplicabilidade de um texto, por extensão, ao caso em apreço, resolvem pela afirmativa; a segunda, ao verificar-se hipótese contrária, isto é, quando optam pela não aplicabilidade. Entretanto, em uma e outra emergência a escolha entre a amplitude e a estrutura depende do dever primordial de não tornar irrealizável, o objetivo da regra em apreço. Tanto a exegese rigorosa como a liberal se inspiram na letra e no espírito e razão da lei: tomam cuidado com os males que o texto se propôs evitar ou combater, e com o bem que deveria proporcionar[39].

Não existe, portanto, preceito absoluto. Ao contrário mais do que as regras precisas influem as *circunstâncias* ambientes e o *fator teleológico*. Até mesmo depois de firmada a preferência por um dos efeitos, ainda será força aquilatar o grau de amplitude, ou de precisão; o seu apreçamento depende de sub-regras e, sobretudo, do critério jurídico do intérprete: por exemplo, as leis fiscais suportam só exegese estrita, porém as exceções aos seus preceitos, as isenções de impostos, reclamam rigor maior.

225 – Sem embargo de valor relativo dos conceitos referentes à aplicabilidade da exegese precisa e da liberal, há proveito ainda em os conservar de memória; ajudam a orientar o hermeneuta, fornecem em numerosos casos a *diretiva* geral, que será observada com a necessária circunspeção[40].

---

[36]   Paula Batista, op. cit., § 41, nota 2, e § 34.

[37]   João Vieira de Araújo – *Código Penal Comentado*, Parte Geral, vol. I, p. 21, nº 4.

[38]   Degni, op. cit., p. 268.

[39]   Black, op. cit., p. 444.

[40]   Chironi & Abello, vol. I, p. 67, nota 2.

186 | Hermenêutica e Aplicação do Direito • *Carlos Maximiliano*

226 – I. Guiam o intérprete empenhado em saber se deve colimar o resultado amplo ou o estrito: *a)* o espírito do texto; *b)* a equidade; *c)* o interesse geral; *d)* o paralelo entre a regra em apreço e outras da mesma lei; *e)* o paralelo com outras leis simultâneas[41].

227 – II. Cada disposição estende-se a todos os casos que, por paridade de motivos, se devem considerar enquadrados no conceito, ou ato jurídico; bem como se aplica às coisas virtualmente compreendidas no objeto da norma[42].

228 – III. Quando a lei, ou ato, estatui sobre um assunto como princípio ou origem, suas disposições aplicam-se a tudo o que do mesmo assunto deriva lógica e necessariamente[43].

229 – IV. Quando se proíbe um fato, implicitamente ficam vedados todos os meios conducentes a realizar o ato condenado, ou iludir a disposição impeditiva. A regra prevalece até mesmo quando provenha de terceiro a ação adequada a facilitar o que a lei fulmina[44]. *Contra legem facit, qui id facit, quod lex prohibet: in fraudem vero, qui salvis verbis legis, sententiam ejus circumvenit*: "procede contra a lei quem faz o que a lei proíbe; age em fraude da mesma o que respeita as palavras do texto e contorna, ilude a objeção legal" (Paulo, no *Digesto*, liv. 1, tít. 3, frag. 29).

230 – V. Interpretam-se amplamente as leis próvidas, *remedial statutes* dos norte-americanos, as normas feitas para corrigir defeitos de outras; abolir ou remediar males, dificuldades, injustiças, ônus, gravames; ratificar atos ou resoluções de particulares ou de algum dos poderes constitucionais, cercar de garantias pessoas ou bens[45]. Na mesma categoria, e, portanto, sujeitas às mesmas regras, se incluem as disposições que ampliam ou criam recursos judiciários (apelação, agravo, etc.)[46]; bem como as que alteram ou reorganizam a administração da justiça no sentido de a tornar mais simples, eficaz e rápida. Quando o preceito reformador diminui os prazos, ou quaisquer outras regalias da defesa; substitui o processo ordinário pelo sumário, ou este pelo executivo, prefere-se a exegese estrita[47].

---

[41]   Kiss, op. cit., p. 25-26.

[42]   Fiore, vol. II, nº 967.

[43]   Fiore, vol. II, nº 967.

[44]   Fiore, vol. II, nº 967.

[45]   Black, op. cit., p. 487-493.

[46]   Sutherland, vol. II, § 717.

[47]   Black, op. cit., p. 484-487 e 494-496.

231 – VI. Faz-se liberalmente a contagem dos prazos em geral, quer estabelecidos em disposições novas, quer nas antigas[48].

232 – VII. As leis, que tendem a maior proveito do Estado, entendem-se extensivamente, uma vez que não fiquem mais onerosas às partes[49].

233 – VIII. Interpretam-se estritamente as frases que estabelecem formalidades em geral, bem como as fixadoras de condições para um ato jurídico ou recurso judiciário[50].

234 – IX. Também se usa de exegese rigorosa: *a)* quando texto, entendido nos termos latos em que foi redigido, contradiria outro preceito de lei, ou do ato ajuizado; *b)* quando um princípio aplicado na íntegra iria além do escopo evidente para o qual foi feito o dispositivo[51].

235 – X. Em regra, é estrita a interpretação das leis excepcionais, das fiscais e das punitivas[52].

---

[48] Sutherland, vol. II, § 717.

[49] Carlos de Carvalho – *Direito Civil Brasileiro Recopilado*, art. 63, § 2º; Trigo de Loureiro – *Instituições de Direito Civil Brasileiro*, 3ª ed., vol. I, Introd., § LIV, regra 14ª; A. J. Ribas – *Curso de Direito Civil Brasileiro*, 1880, vol. I, p. 298; Borges Carneiro – *Direito Civil de Portugal*, vol. I, § 12, nº 30.

[50] Sutherland, vol. II, § 717.

[51] Ferrara, vol. I, p. 220-221.

[52] Perreau, vol. I, p. 342-343.
Vede os capítulos – *Direito Excepcional, Leis Fiscais e Leis Penais*. Sobretudo o primeiro trata especialmente da interpretação *Estrita*. Vede também os nos 266-269.

ANALOGIA

236 – *Analogia*, no sentido primitivo, tradicional, oriundo da Matemática, é uma semelhança de relações. Assim a definia o Arcebispo Whatel, de acordo com Ferguson e outros escritores[1].

Os modernos acham a palavra *relações* ampla em demasia para indicar precisamente o que se pretende exprimir[2].

Passar, por inferência, de um assunto a outro de espécie diversa é raciocinar por analogia. Esta se baseia na presunção de que duas coisas que têm entre si um certo número de pontos de semelhança possam consequentemente assemelhar-se quanto a um outro mais[3]. Se entre a hipótese conhecida e a nova a semelhança se *encontra* em circunstâncias que se deve reconhecer como *essencial*, isto é, como aquela da qual dependem todas as consequências merecedoras de apreço na questão discutida; ou, por outra, se a circunstância comum aos dois casos, com as consequências que da mesma decorrem, é a causa *principal* de todos os efeitos; o argumento adquire a força de uma indução rigorosa.

Em geral se não exige tanto apuro. Duas coisas se assemelham sob um ou vários aspectos; conclui-se logo que, se determinada proposição é verdadeira quanto a uma, sê-lo-á também a respeito da outra. *A* assemelha-se a *B*; será, por isso, muitíssimo verossímil que o fato m, verificado em *A*, seja também verdadeiro relativamente a *B*[4].

---

[1] John Stuart Mill – *Système de Logique Déductive et Inductive*, trad. Peisse, 2ª ed., vol. II, p. 83.
[2] Alexandre Bain – *Logique Déductive et Inductive*, trad. Compayré, 5ª ed., vol. II, p. 212.
[3] Bain, Prof. da Universidade de Aberdeen, vol. II, p. 209 e 212.
Vede, em o nº 93, os ensinamentos de Ulpiano e Juliano, propiciadores da *analogia*.
[4] Stuart Mill, vol. II, p. 84-85.

ANALOGIA | **189**

O argumento não procede, se é demonstrável que os fatos ou propriedades comuns a *B* e *A* não têm a menor ligação com m^5.

Se *B* se parece com *A* relativamente a todas as suas propriedades *essenciais*, todas as presunções militam no sentido de concluir que um e outro possuem o atributo *m*. "Quando duas situações são exatamente semelhantes, a lei da uniformidade da natureza leva-nos a consequências idênticas"[6].

237 – Pode haver conflito entre a analogia e a *diversidade*, e até mesmo entre analogias contrárias. Em um e outro caso diminui a confiança no argumento; a segurança e o consequente valor dessa espécie de raciocínio ficam dependendo da extensão das semelhanças verificadas, comparadas, a princípio, com a das diferenças, depois com a do domínio, inexplorado, das propriedades desconhecidas. Se avultam mais os pontos *comuns* do que os *divergentes*, e é bastante avançado o nosso conhecimento da matéria, a inferência lógica reveste-se de prestígio considerável, aproxima-se bastante da indução legítima[7].

Em qualquer hipótese, cumpre levar em conta, sempre e preliminarmente, o fato de se não alterar jamais a analogia, só por si, até a evidência integral; serve como um simples guia, indicador da direção a seguir para as investigações mais rigorosas; fornece uma dose de probabilidade mais ou menos considerável conforme o grau de semelhança dos objetos comparados, porém não vai além da *probabilidade*. Deve o observador escrupuloso procurar meios complementares para atingir uma indução completa[8]. A assinalada diferença entre esta e a analogia provém de que a primeira se dirige do particular para o geral; a segunda, do particular para outro particular que lhe fica próximo. Correm paralelas; porque partem, uma e outra, de semelhante para semelhante[9].

Alguns autores consideram a analogia como uma subespécie de indução incompleta[10]. A verdade é que no campo do Direito, como nos demais, aquele processo lógico participa um pouco do método indutivo e também do dedutivo. Por indução imperfeita se vai do preceito existente até uma regra mais geral e mais alta que abrange os dois casos semelhantes; depois se chega por dedução à norma especial de que se precisa para resolver a hipótese em apreço[11].

---

[5] Stuart Mill, vol. II, p. 85.

[6] Stuart Mill, vol. II, p. 86; Alexandre Bain, vol., II, p. 208.

[7] Stuart Mill, vol. II, p. 89.

[8] Alexandre Bain, vol. II, p. 21; Stuart Mill, vol. II, p. 90.

[9] Rudolf Stammler – *Theorie der Rechtswissenschaft*, 1911, p. 633-634.

[10] Gmür, op. cit., p. 65-67.

[11] Filomusi Guelfi – *Enciclopedia Giuridica*, 6ª ed., p. 148; Gmür, op. cit., p. 67.

Trata-se, apenas, de uma questão de *mais* ou de *menos*; por isto, a analogia é essencialmente contingente[12].

238 – Feito o estudo propedêutico da matéria, desbravado o terreno essencialmente filosófico, desçamos à realidade, ao estudo do processo na esfera jurídica, ao exame do modo como ele se exercita e justifica na prática forense e administrativa.

A analogia consiste em aplicar a uma hipótese não prevista em lei a disposição relativa a um caso semelhante.

Não podem os repositórios de normas dilatar-se até a exagerada minúcia, prever todos os casos possíveis no presente e no futuro. Sempre haverá lacunas no texto, embora o espírito do mesmo abranja órbita mais vasta, todo o assunto inspirador do Código, a universalidade da doutrina que o mesmo concretiza. Esta se deduz não só da letra expressa, mas também da falta de disposição especial. Até o *silêncio* se interpreta; até ele traduz alguma coisa, constitui um índice do Direito, um modo de dar a entender o que constitui, ou não, o conteúdo da norma[13].

A impossibilidade de enquadrar em um complexo de preceitos rígidos todas as mutações da vida prática decorre também do fato de poderem sobrevir, em qualquer tempo, invenções e institutos não sonhados sequer pelo legislador[14].

239 – Coincidem a ordem jurídica e a vida do homem em comunidade; por isso, toda legislação, graças à unidade do objetivo, que é disciplinar a utilidade social, e à unidade da ideia fundamental, que é assegurar a justiça, constitui um organismo com forças latentes de adaptação e expansão, encerra o germe de uma série de normas não expressas, porém vivazes e implícitas no sistema. O mesmo princípio contido numa regra legal é logicamente estendido a outras hipóteses não previstas. Deste modo o Direito Positivo regula, ora direta, ora indiretamente, todas as relações sociais presentes e futuras, visadas, ou não, pelos elaboradores dos Códigos. O elemento supletório de maior valor é a analogia, que desenvolve o espírito das disposições existentes e o aplica a relações semelhantes na essência[15].

---

[12] Perreau, vol. I, p. 304.

[13] Rudolf Stammler – *Die Lehre von dem Richtigen Rechte*, 1902, p. 271; Emilio Caldara – *Interpretazione delle Leggi*, 1908, p. 4.

[14] Ferrara, vol. I, p. 225-226.

[15] Coviello, vol. I, p. 82; Ferrara, vol. I, 1921, p. 226.

ANALOGIA | 191

Tal processo prevalece no Direito pátrio desde época remota[16]. Sempre se entendeu incumbir aos magistrados preencher as lacunas do Direito; porque a *universalidade* deste é tão essencial como a sua *unidade*; nele deve notar-se uma consequência íntima, harmonia orgânica; e em tal pressuposto se funda a analogia[17].

Existe um dispositivo legal; surge uma dúvida não resolvida diretamente pelo texto explícito; decide o juiz orientado pela presunção de que o desenvolvimento de um preceito leve a verdadeiros corolários jurídicos, a consequências que tenham moral afinidade com a norma positiva; aplica ao caso novo a regra fixada para outro, semelhante àquele[18].

Os fatos de igual natureza devem ser regulados de modo idêntico[19]. *Ubi eadem legis ratio, ibi eadem legis dispositio;* "onde se depare razão igual à da lei, ali prevalece a disposição correspondente, da norma referida": era o conceito básico da analogia em Roma[20]. O uso da mesma justifica-se, ainda hoje, porque atribui à hipótese nova os mesmos motivos e o mesmo fim do caso contemplado pela norma existente[21].

Descoberta a razão íntima, fundamental, decisiva de um dispositivo, o processo analógico transporta-lhe o efeito e a sanção a hipóteses não previstas, se nelas se encontram *elementos idênticos* aos que condicionam a regra positiva. Há, portanto, semelhança de casos concretos e identidade de substância jurídica[22].

240 – Funda-se a analogia, não como se pensou outrora, na *vontade* presumida do legislador, e, sim, no princípio de verdadeira justiça, de *igualdade* jurídica, o qual exige que as espécies semelhantes sejam reguladas por normas seme-

---

[16] Lê-se na obra clássica de Pascoal de Melo Freire – *Institutionum Juris Civilis Lusitani,* vol. I, p. 8, alusão clara à analogia, nas seguintes frases tiradas das Ordenações: "... porque não podem todos (os casos) ser declarados em esta Lei, mas procederão os julgadores de semelhante a semelhante" (liv. 3º, tít. 69, *in principio*). E isto, que dito é "em estes casos aqui especificados, haverá lugar em quaisquer outros semelhantes, em que a razão pareça ser igual destes" (tít. 81, parágrafo último).

[17] Savigny – *Traité de Droit Romain,* trad. Guenoux, vol. 1, p. 279 e 281.

[18] Stammler – *Theorie,* p. 633.

[19] Ferrara, vol. I, p. 227.

[20] É também muito citado o ensinamento de Ulpiano (Digesto, liv. I, tít. 3. frag. 3): "*Nam ut ait Pedius, quotiens lege aliquid, unum vel alterum introductum est, bona occaio est caetera quae tendunt ad eamdem utilitatem, vel interpretatione, vel certe jurisdictione suppleri.*" Vede nºs 16 e 93: encontra-se no último a tradução do fragmento 13, de Ulpiano.

[21] Charles Brocher – *Étude sur les Principes Généraux de L 'Interprétation des Lois,* 1870, p. 137-138.

[22] François Geny – *Méthode L'Interprétation,* vol. I, p. 35.

lhantes; neste sentido aquele processo tradicional constitui genuíno elemento sociológico da Aplicação do Direito[23].

241 – A respeito de analogia duas possibilidades merecem registro: ou falta uma só disposição, um artigo de lei, e então se recorre ao que regula um caso semelhante (*analogia legis*); ou não existe nenhum dispositivo aplicável à espécie nem sequer de modo indireto; encontra-se o juiz em face de instituto inteiramente novo, sem similar conhecido; é força, não simplesmente recorrer a um preceito existente, e, sim, a um complexo de princípios jurídicos, à síntese dos mesmos, ao espírito do sistema inteiro (*analogia juris*). A primeira hipótese é mais comum e mais fácil de resolver; apenas se trata de *espécie* não prevista, inesperada controvérsia acerca de instituto já disciplinado pelo legislador; argumenta-se com a solução aplicável a um *fato semelhante*. É o caso da segunda quando não existe regra explícita, nem caso análogo; reconstrói-se a norma pela combinação de muitas outras, que constituem visível aplicação de um princípio geral, embora não expresso; elabora-se preceito completamente novo, ou um instituto inteiro, segundo os princípios de todo o sistema em vigor.

A analogia *legis* apoia-se em uma regra existente, aplicável a *hipótese* semelhante na essência; a *analogia juris* lança mão do conjunto de normas disciplinadoras de um instituto que tenha pontos fundamentais de contato com aquele que os textos positivos deixaram de contemplar; a primeira encontra reservas de soluções nos próprios repositórios de preceitos legais; a segunda, nos *princípios gerais de Direito*[24].

242 – Caldara acha carecedora de cunho científico a distinção entre analogia de lei, que é a analogia propriamente dita, e a de *Direito*[25]. Entretanto pensa de

---

[23] Coviello, vol. I, p. 82; Geny, vol. I, p. 119.
"Analogia é harmônica igualdade, proporção e confronto entre relações semelhantes" (Ferrara, vol. I, p. 227).

[24] Guilherme Alves Moreira – *Instituições do Direito Civil Português*, vol. I, p. 46-47; Coviello, vol. I, p. 84; Ferrara, vol. I, p. 228; Savigny, vol. I, p. 280-281; Geny, vol. II, p. 131; Desembargador A. Ferreira Coelho – *Código Civil Comparado, Comentado e Analisado*, vol. 11, 1920, p. 133, n°s 868-869.
Vede o capítulo – *Princípios Gerais de Direito*, n° 348.

[25] Caldara, op. cit., n° 222.
É à analogia *legis*, ou analogia propriamente dita, que se refere a primeira parte do art. 4° da Introdução do Código Civil, assim concebido: "*Quando a lei for omissa, o juiz decidirá o caso de acordo com a analogia, os costumes e os princípios gerais de direito.*"
Vede Alves Moreira, Prof. da Universidade de Coimbra, vol. I, p. 47.

ANALOGIA | **193**

modo diverso a maioria dos jurisconsultos, antigos e modernos[26]. Apenas eles acham que em uma e outra a substância, a base e o resultado do procedimento são mais ou menos os mesmos, tem-se sempre em mira uma solução para determinado estado de fato, de uma semelhança *fundamental* com outro, ou outros, que o Direito regulou; em ambas as hipóteses estendem normas conhecidas a casos estranhos ao texto vigente, invocadas, como justificativas, a similitude das situações e a identidade de razão jurídica. Trata-se de duas variantes, simples matizes de uma mesma ideia: a essência é uma só[27].

243 – O manejo acertado da analogia exige, da parte de quem a emprega, inteligência, discernimento, rigor de lógica; não comporta uma ação passiva, mecânica. O processo não é simples, destituído de perigos; facilmente conduz a erros deploráveis o aplicador descuidado[28].

I. Pressupõe: 1º) uma hipótese não *prevista*, senão se trataria apenas de *interpretação extensiva*; 2º) a relação contemplada no texto, embora diversa da que se examina, deve ser semelhante, ter com ela um elemento de identidade; 3º) este elemento não pode ser qualquer, e, sim, *essencial, fundamental*, isto é, o fato jurídico que deu origem ao dispositivo. Não bastam afinidades aparentes, semelhança *formal*; exige-se a *real*, verdadeira igualdade sob um ou mais aspectos, consistente no fato de se encontrar, num e noutro caso, o mesmo princípio básico e de ser uma só a ideia geradora tanto da regra existente como da que se busca. A hipótese nova e a que se compara com ela, precisam assemelhar-se na essência e nos efeitos; é mister existir em ambas a mesma razão de decidir. Evitem-se as semelhanças aparentes, sobre pontos secundários[29]. O processo é perfeito, em sua relatividade, quando a frase jurídica existente e a que da mesma se infere deparam como entrosadas as mesmas ideias *fundamentais*[30].

---

[26] Enneccerus, vol. I, p. 120; Arrigo Dernburg – Pandette, trad. ital., de Cicala, 1906, vol. I, p. 99; Gianturco, vol. I, p. 122-123; Clóvis Beviláqua – *Código Civil Comentado*, vol. 1, 1916, p. 108; Geny, vol. I, p. 305; Filomusi Guelfi, op. cit., p. 148-149; Sabino Jandoli – *Sulla Teoria della Interpretazione delle Leggi*, 1921, p. 46; Pacchioni – *Delle Leggi in Generale*, 1933, p. 129, nota 2.

[27] Gmür, op. cit., p. 67-68; Geny, vol. I, p. 305 e 307; Coviello, vol. I, p. 84.
Talvez pelas razões acima enunciadas haja o legislador civil brasileiro autorizado o recurso às duas espécies de analogia em um mesmo artigo, 4º da Introdução: feita alusão a uma, na primeira parte; à outra, na segunda.

[28] Pietro Cogliolo – *Filosofia del Diritto Privato*, 1888, p. 133; F. Holbach – *L'Iinterprétation de la Loi sur les Sociétés*, 1906, p. 202; Alves Moreira, vol. I, p. 48; Alex Bain, vol. II, p. 209-212.

[29] Paul Oertmann – *Gesetzeszwang und Richtesfreiheit*, 1909, p. 27; Holbach, op. cit., p. 202; Coviello, vol. I, p. 83; Pacchioni, op. cit., p. 128-129.

[30] Stammler – *Theorie*, p. 637.

244 – II. Não bastam essas precauções; cumpre também fazer prevalecer, quanto à analogia, o preceito clássico, impreterível: não se aplica uma norma jurídica senão à ordem de coisas para a qual foi estabelecida. Não é lícito pôr de lado a natureza da lei, nem o ramo do Direito a que pertence a regra tomada por base do processo analógico. Quantas vezes se não verifica o nenhum cabimento do emprego de um preceito fixado para o comércio, e transplantado afoitamente para os domínios da legislação civil, ou da criminal, possibilidade esta mais duvidosa ainda!

Decide-se com presumível acerto desde que se procurem e confrontem casos análogos subordinados a leis *análogas*[31].

245 – III. O recurso à analogia tem cabimento quanto a prescrições de Direito comum; não do *excepcional*, nem do *penal*. No campo destes dois a lei só te aplica aos casos que especifica[32].

O fundamento da primeira restrição é o seguinte: o processo analógico transporta a disposição formulada para uma espécie jurídica a outra hipótese não contemplada no texto; ora, quando este só encerra exceções, os casos não incluídos entre elas consideram-se como sujeitos à *regra geral*[33].

Não se confunda, entretanto, o Direito *excepcional* com o *especial* ou *particular*; neste cabem a *analogia* e a exegese *extensiva*[34].

246 – IV. Em matéria de *privilégios*, bem como em se tratando de dispositivos que limitam a *liberdade*, ou *restringem quaisquer outros direitos*, não se admite o uso da analogia[35].

247 – V. Quando o texto contém uma *enumeração* de casos, cumpre distinguir: se ela é *taxativa*, não há lugar para o processo analógico; se *exemplificativa* apenas, dá-se o contrário, não se presume restringida a faculdade do aplicador do Direito. A própria linguagem indica, em geral, a conduta preferível, não raro as palavras – *só, somente, apenas* e outras similares deixam claro que a enumeração é taxativa[36].

---

[31]   Dias Ferreira – *Código Civil Português Anotado*, vol. I, p. 38, notas ao art. 16; Alves Moreira, vol. I, p. 47; Caldara, op. cit., nº 226.

[32]   *Código Civil*, Introdução, art. 2º, § 2º; Coviello, vol. I, p. 84-85; Brocher, op. cit., p. 165-166.

[33]   Coviello, vol. I, p. 84.

[34]   Pacchioni, op. cit., p. 130.
        Vede nº 274.

[35]   Cód. Civil, Introd., art. 2º § 2º; Alves Moreira, vol. I, p. 50; Gianturco, vol. I, p. 123.

[36]   Alves Moreira, vol. I, p. 49; Gianturco, vol. I, p. 123, nota 2; Brocher, op. cit., p. 165-166.

248 – VI. As leis de finanças, as disposições instituidoras de impostos, taxas, multas e outros ônus fiscais, só abrangem os casos que especificam; não comportam o emprego do processo analógico[37].

249 – A analogia enquadra-se melhor na *Aplicação* do que na Hermenêutica do Direito; serve para suprir as lacunas dos textos; não para descobrir o sentido e alcance das normas positivas[38]. O intérprete opera só *dedutivamente*; e a analogia tem por base uma *indução incompleta*[39].

O processo analógico, entretanto, não *cria* direito novo; *descobre* o já *existente*; *integra* a norma estabelecida, o princípio fundamental, comum ao caso previsto pelo legislador e ao outro, patenteado pela vida social. O magistrado que recorre à analogia, não age *livremente*; desenvolve preceitos *latentes*, que se acham no sistema jurídico em vigor[40]. "O Direito não é só o conteúdo imediato das disposições expressas; mas também o conteúdo virtual de normas não expressas, porém ínsitas no sistema"[41].

Não se trata de regular *ex próprio Marte*, pela primeira vez, originalmente; e, sim, de reproduzir a ideia essencial de preceito formulado para casos semelhantes, harmonizados, estes e o recente, com o espírito da legislação. Por isso, escritores da escola histórico-evolutiva veem na analogia o complexo de meios utilizáveis para integrar o Direito Positivo com elementos tirados do próprio Direito[42].

250 – Do exposto já ficou evidente não ser lícito equiparar a analogia à *interpretação extensiva*. Embora se pareçam à primeira vista, divergem sob mais de um aspecto[43]. A última se atém "ao conhecimento de uma regra legal em sua particularidade em face de outro querer jurídico, ao passo que a primeira se

---

[37]   Thomas Cooley – *A Treatise of the Law of Taxation*, 3ª ed., vol. I, p. 453-457; Campbell Black, op. cit., p. 522; Sutherland, vol. II, §§ 536-538; Pacifici-Mazzoni, vol. I, nº 21, p. 52.

[38]   Johannes Biermann – *Bürgerliches Rechts*, vol. I, 1908, p. 33; Geny, vol. I, p. 309-314; Stammler – Theorie, p. 633; Rittler – *Lehrbuch des Oesterrichischen Strafrechts*, vol. I, p. 24, com apoio de Zitelmann e Kohler.

[39]   Gmür, op. cit., p. 68.

[40]   Coviello, vol. I, p. 84; Ferrara, vol. I, p. 231-232.

[41]   Ferrara, vol. I, p. 231-232.

[42]   Jandoli, op. cit., p. 46.

[43]   Aubry & Rau – *Cours de Droit Civil Français*, 5ª ed., vol. I, p. 195-196; Rumpf, op. cit., p. 143-144; Regelsberger – *Pandekten*, vol. I, p. 159-160; Dernburg, vol. I, p. 99; Gmür, op. cit., p. 68; Savigny, vol. I, p. 282; Filomusi Guelfi, op. cit., p. 149; Geny, vol. I, p. 304 e 309; Alves Moreira, vol. I, p. 47-48; Biermann, vol. I, p. 33.

ocupa com a semelhança entre duas questões de Direito". Na analogia, há um pensamento fundamental em dois casos concretos; na interpretação é uma ideia estendida, dilatada, desenvolvida, até compreender outro fato abrangido pela mesma implicitamente. Uma submete duas hipóteses práticas à *mesma* regra legal; a outra, a analogia, desdobra um preceito de modo que se confunda com *outro* que lhe fica próximo[44].

A Analogia ocupa-se com uma lacuna do Direito Positivo, com hipótese não prevista em dispositivo *nenhum*, e resolve esta por meio de soluções estabelecidas para casos afins; a interpretação extensiva completa a norma existente, trata de espécie já *regulada pelo Código*, enquadrada no *sentido* de um preceito explícito, embora não se compreenda na *letra* deste[45].

Os dois efeitos diferem, quanto aos pressupostos, ao fim e ao resultado: a analogia pressupõe *falta* de dispositivo expresso, a interpretação pressupõe a *existência* do mesmo; a primeira tem por escopo a pesquisa de uma ideia superior aplicável também ao caso não contemplado no texto; a segunda busca o sentido amplo de um preceito estabelecido; aquela de fato revela uma norma *nova*, esta apenas esclarece a *antiga*; numa o que se entende é o *princípio*; na outra, na interpretação, é a própria *regra que se dilata*[46].

Em resumo: a interpretação revela o que a regra legal *exprime*, o que da mesma decorre *diretamente*, se a examinam com inteligência e espírito liberal; a analogia serve-se dos *elementos* de um dispositivo e com o seu auxílio formula *preceito novo*, quase nada diverso do existente, para resolver hipótese não prevista de modo explícito, nem implícito, em norma alguma.

Identificam-se a analogia e a exegese ampla, quanto a uma particularidade, têm um ponto comum: uma e outra servem para resolver casos não expressos pelas *palavras* da lei[47].

---

[44]   Stammler – *Theorie*, p. 639-640.

[45]   Ferrara, vol. I, p. 231.

[46]   Coviello, vol. I, p. 83 e 85.

[47]   Coviello, vol. I, p. 85.

LEIS DE ORDEM PÚBLICA: IMPERATIVAS OU PROIBITIVAS

251 – Toda disposição, ainda que ampare um direito individual, atende também, embora indiretamente, ao interesse público; hoje até se entende que se protege aquele por amor a este: por exemplo, há conveniência *nacional* em ser a propriedade garantida em toda a sua plenitude[1]. A distinção entre prescrições de *ordem pública* e de *ordem privada* consiste no seguinte: entre as primeiras o interesse da sociedade coletivamente considerada sobreleva a tudo, a tutela do mesmo constitui o *fim principal* do preceito obrigatório; é evidente que apenas de modo indireto a norma aproveita aos cidadãos isolados, porque se inspira antes no bem da comunidade do que no do indivíduo; e quando o preceito é de ordem privada sucede o contrário: só indiretamente serve o interesse público, à sociedade considerada em seu conjunto; a proteção do direito do indivíduo constitui o objetivo primordial[2].

Os limites de uma e outra espécie têm algo de impreciso; os juristas guiam-se, em toda parte, menos pelas definições do que pela enumeração paulatinamente oferecida pela jurisprudência[3]. Quando, apesar de todo esforço de pesquisa e de lógica, ainda persiste razoável, séria dúvida sobre ser uma disposição de ordem pública ou de ordem privada, opta-se pela última; porque esta é a regra, aquela, a limitadora do direito sobre as coisas, etc., a exceção[4].

---

[1] Vede nº 169 e C. Maximiliano – *Comentários à Constituição Brasileira*, 5ª ed., nº 533.

[2] Ch. Beudant – *Cours de Droit Civil Français*, vol. I, Introduction, 1896, nº 120; Chironi & Abello, vol. I, p. 72-73.

[3] Fabreguettes – *La Logique Judiciaire et L'Art de uger*, 1914, p. 278.

[4] Alves Moreira, vol. I, p. 67.
Vede o capítulo – *Direito Excepcional*, nº 286.

198 | Hermenêutica e Aplicação do Direito • *Carlos Maximiliano*

252 – Consideram-se de ordem pública as disposições que se enquadram nos domínios do Direito Público[5]; entram, portanto, naquela categoria as constitucionais, as administrativas, as penais, as processuais, as de polícia e segurança e as de organização judiciária[6].

Não parece ocioso especificar que também pertencem à classe referida as leis de impostos[7]; as que regulam o serviço, a polícia e a segurança das estradas de ferro[8]; atribuem competência aos tribunais ou estabelecem as diversas ordens de jurisdição[9]; salvaguardam os interesses da moral e das instituições sociais[10]; organizam a proteção aos incapazes[11]; ou cercam de garantias o trabalho com providências sobre horários, higiene, acidentes, pensões obrigatórias, etc.[12].

253 – Recrudesce a dificuldade na fixação das espécies quando se trata de disposições de ordem pública incluídas nos domínios do Direito Privado: aquelas em que visivelmente predomina o objetivo de tutelar o interesse geral, e subordinado a ele se deixa o do indivíduo[13]. Tais são as normas que têm por objeto fixar o estado das pessoas, a capacidade ou incapacidade, os direitos e deveres que do mesmo procedem; regular os bens na sua divisão e qualidade, ou a forma e a validade dos atos, e salvaguardar o interesse de terceiros[14].

Consideram-se de ordem pública as disposições sobre a organização da família: por exemplo, as que dizem respeito ao exercício do pátrio poder, aos direitos e deveres dos cônjuges, assim como as que proíbem a poligamia, ou o casamento entre parentes até certo grau[15]. Incluem-se na mesma categoria as normas que estabelecem condições e formalidades *essenciais* para certos atos, ou para se organizarem e funcionarem sociedades, civis ou comerciais[16]; as que

---

[5]   Beudant, Prof. da Faculdade de Direito de Paris, vol. I, nº 120; Alves Moreira, vol. I, p. 64-65.

[6]   Théophile Huc – *Commentaire Théorique et Pratique du Code Civil*, 1892, vol. I, nº 192; Fabreguettes, op. cit., p. 279; Fiore, vol. II, nº 1.000.

[7]   F. Laurent – *Principes de Droit Civil*, 4ª ed., vol. I, nº 51; Huc, vol. I, nº 188.

[8]   Fabreguettes, op. cit., p. 280 e nota 1.

[9]   Huc, vol. I, nº 189; Laurent, vol. I, nº 51; Fabreguettes, op. cit., p. 279; Fiore, vol. II, nº 1.000.

[10]   Fiore, vol. II, nº 1.000.

[11]   Fabreguettes, op. cit., p. 282.

[12]   Fabreguettes, op. cit., p. 280, nota 1, e p. 282.

[13]   Beudant, vol. I, nº 120.

[14]   Francesco de Filippis – *Corso Completo di Diritto Civile Italiano Comparato*, vol. I, 1908, p. 90; Fiore, vol. II, nº 1.000; Huc, vol. I, nº 186; Beudant, vol. I, nº 120; Alves Moreira, vol. I, p. 65-66.

[15]   Alves Moreira, vol. I, p. 65; Fiore, vol. II, nº 1.000; de Filippis, vol. I, p. 90.

[16]   Fabreguettes, op. cit., p. 283.

LEIS DE ORDEM PÚBLICA: IMPERATIVAS OU PROIBITIVAS | **199**

restringem a faculdade de instituir herdeiros ou deixar legados[17]; bem como certas prescrições relativas à organização da propriedade, determinadoras dos direitos reais sobre as coisas e do modo de adquiri-las[18].

254 – *Legis virtus hoec est: imperare, vetare, permittere, punire* – "é função da lei: *ordenar, proibir, permitir, punir*. Desta frase de Modestino[19] abrolhou a classificação das leis em – *imperativas, proibitivas, permissivas* e *punitivas*[20]. A última categoria não durou muito tempo; o seu assunto enquadra-se nas duas primeiras, sobretudo na segunda. Às três restantes houve quem acrescentasse mais duas – *interpretativas* e *supletivas*[21]: confundem-se estas com as *permissivas*; quanto às *interpretativas*, ocorre acentuar a sua nenhuma importância para o caso de que ora se trata; além disso, é de notar que elas se enquadram entre as *imperativas*; mereceram exame em momento oportuno, a propósito de exegese *autêntica*[22].

Cumpre evitar, a cada passo, o antigo excesso de divisões e subdivisões; porque, ao invés de contribuir para esclarecer, aumenta a confusão. As próprias disposições imperativas resolvem-se em *proibitivas*; porque a ordem rigorosa de fazer alguma coisa importa na proibição de fazer o contrário. Por isso mesmo, nem sempre é possível distinguir uma espécie da outra. É o que sucede com as leis penais: indiretamente mandam fazer e vedam, em outros casos, que se faça: castigam omissões e ações. Por esses motivos alguns autores só admitem duas categorias de normas: *imperativas* ou *preceptivas* (*leges cogentes*) e *permissivas, dispositivas* ou *declarativas*[23]; e, ainda assim, julgam inseguro, pouco preciso o critério para distinguir, na prática, uma espécie da outra[24].

255 – Considera-se *permissiva, supletiva* ou *dispositiva* a lei quando os seus preceitos não são impostos de modo absoluto, prevalecem no caso de silêncio

---

17   Fabreguettes, op. cit., p. 282.

18   Alves Moreira, vol. I, p. 65; Beudant, vol. I, nº 120.

19   Digesto, liv. I, tít. 3, frag. 7.

20   Massé – *Le Droit Commercial dans ses Rapports avec le Droit des Gens et le Droit Civil*, 2ª ed., vol. I, nº 67.

21   Coviello, vol. I, p. 144. Este autor prefere às denominações de preceitos – de ordem pública e de ordem privada, as de normas – de Direito coativo e de Direito voluntário; ou de Direito absoluto e Direito relativo, isto é, de eficácia obrigatória incondicionada ou condicionada (vol. I, p. 13). Endemann (*Handbuch des Deutschen Handels, See und Wechserechts*, 1881 – vol. I, p. 35) e Degni (op. cit., p. 19) dividem as leis em absolutas e dispositivas ou normativas.

22   Vede o capítulo – Interpretação autêntica e doutrinal.

23   Umberto Navarrini – *Trattato Teorico-Pratico di Diritto Commerciale*, 3ª ed., vol. I, nº 7.

24   Vivante, Prof. da Universidade de Roma, vol. I, nº 7.

das partes, isto é, se estas não determinaram, nem convencionaram procedimento diverso. Funda-se a sua aplicabilidade no pressuposto de que os interessados preferiram agir nos termos das regras estabelecidas. Pouco importa, entretanto, que assim hajam querido, ou não, efetivamente: por exemplo, se alguém se abstém de testar, segue-se a ordem legal das sucessões, embora se prove ter havido o intuito de instituir outros herdeiros e faltar o ato escrito em consequência da surpresa da morte[25]. *Dormientibus non succurrit jus.*

O próprio conteúdo da disposição, o *fim*, a *ratio legis*, indicam, melhor do que quaisquer preceitos práticos, se ela é *permissiva*, se *imperativa* ou *proibitiva*[26].

256 – Postergação. Afirmavam outrora que as disposições de *ordem pública* se impunham de modo absoluto, não podiam ser virtualmente derrogadas, nem ilididas por meio de atos ou convenções dos particulares[27]. Fundava-se este parecer no conhecido brocardo de Papiniano: *Jus publicum privatorum pactis mutari non potest* (Digesto, liv. 2, tít. 14, frag. 38): "Não pode o Direito Público ser substituído pelas convenções dos particulares", ou, em outros termos, "convenções particulares não alteram, nem virtualmente revogam disposições de Direito Público".

Estenderam o preceito: consideraram abrangidas por ele as normas de Direito Público, e também as de Direito Privado, quando de *ordem pública*. Em sentido oposto a esta generalização se levantou a máxima dos doutores, base do conceito de leis permissivas: *dispositio hominis facit cessare dispositionem legis*[28] – "a disposição do homem faz cessar a disposição da lei", ou, por outras palavras – "a disposição feita por um indivíduo substitui a estabelecida por lei".

As determinações dos particulares somente não tornam inoperantes, *na espécie*, as do legislador, quando estas, além de se inscreverem entre as de ordem pública, também são *imperativas* ou *proibitivas*. É lícito ao indivíduo renunciar às atribuições a ele conferidas em normas *permissivas*, e dispor ou convencionar de modo diverso: *regula (est) juris antiqui omnes licentiam habere, his quoe pro se introducta sunt, renunciare* (Código, liv. 2, tít. 3, frag. 29) – "é regra de Direito antigo terem todos a faculdade de renunciar ao que foi estabelecido *exclusivamente em seu favor*"[29].

---

[25] Endemann, Prof. da Universidade de Bonn, vol. I, p. 35.

[26] Endemann – *Lehrbuch des Bürgerlichen Rechts*, 8ª ed., vol. I, p. 43.

[27] O Código Civil francês estatui, no art. 6º: "Não se podem derrogar, por meio de convenções particulares, as leis que interessam à ordem pública e aos bons costumes".

[28] De Filippis, vol. I, p. 131.

[29] Bernardino Carneiro – *Primeiras Linhas de Hermenêutica Jurídica e Diplomática*, 2ª ed., § 61; Navarrini, vol. I, nº 62.

LEIS DE ORDEM PÚBLICA: IMPERATIVAS OU PROIBITIVAS | **201**

Em todo caso, o *fim da lei* e o modo pelo qual está formulada a prescrição obrigatória indicam, melhor do que qualquer preceito, se a mesma pode, ou não, ser pelos particulares postergada, se é lícito ao indivíduo dispor ou convencionar em desacordo com a norma[30].

257 – Alguns casos de disposições inderrogáveis merecem especial referência: *a)* Quaisquer que sejam as convenções sobre pagamento de impostos, procede o erário contra o indivíduo lotado, não está obrigado a dirigir-se ao voluntariamente sub-rogado. *b)* Mediante contrato não se altera a ordem das jurisdições, nem a competência *ratione materiae* nenhum acordo autoriza a *recorrer* para este ao invés daquele tribunal, nem a comparecer ante o juiz do comércio quando a causa é civil, ou perante o federal quando o foro competente seria o estadual, e vice-versa. *c)* Uma convenção não altera os casos de incapacidade, nem as condições da capacidade; não ilude as leis sobre horário, higiene e acidentes do trabalho, nem as relativas a casamento entre parentes, direitos e deveres dos cônjuges, divórcio e exercício do pátrio poder. *d)* Ninguém se obriga validamente a deixar indiviso um imóvel, ou a dispensar a escritura pública nos casos em que a lei a exige; nem pode suprimir formalidades estabelecidas para amparar os interesses de terceiros. *e)* Não prevalece o ato de última vontade, prejudicial à legítima dos herdeiros necessários, ou atentatório da moral ou da organização social[31].

258 – *Nulidade.* A nulidade é a sanção da ordem exarada em qualquer lei? Observa-se de modo absoluto a parêmia – *quod contra legem fit, pro infecto habetur* ("o que se faz contra a lei é tido como não feito")?

Responde exímio civilista: "A legislação não tem atingido, nem atingirá neste mundo pecaminoso, a esta perfeição. Haja, pois, a indulgência do Direito Canônico – *multa fieri prohibentur quoe facta tenent*"[32] – "são proibidas de fazer-se muitas coisas que, uma vez feitas, subsistem". A nulidade constitui uma pena, embora às vezes implícita: e o direito ou intuito de aplicar penalidades *não se presume*[33].

259 – O Código Civil francês considerou não derrogáveis pelos particulares e, portanto, impreterivelmente observáveis, só as prescrições que interessam

---

[30]   Alves Moreira, vol. I, p. 66.

[31]   Vede nos 252-253 e notas respectivas.

[32]   Teixeira de Freitas – *Regras de Direito*, 1882, p. 404.

[33]   Vede os capítulos – *Direito Excepcional*, nº 275, e Leis Penais, nos 387 e 395.

a ordem pública e os bons costumes (art. 6º). Não basta este requisito; é ainda necessário que sejam *imperativas* ou *proibitivas: permittitur quod non prohibetur* – "tudo o que não é proibido, presume-se permitido". O Código português faz a dupla exigência, e ainda parece a um comentador oferecer excessivas oportunidades para se fulminarem atos e processos[34]. Eis o texto do art. 1º:

> "Os atos praticados contra a disposição da lei, *quer esta seja proibitiva, quer preceptiva*, envolvem nulidade, salvo nos casos em que a mesma lei ordenar o contrário.
>
> Parágrafo único. Esta nulidade pode, contudo, sanar-se pelo consentimento dos interessados, *se a lei infringida não for de interesse e ordem pública.*"

Às vezes a lei comina outra pena; nesse caso não mais se presume o direito de exigir a de nulidade, porque seria contrário à regra – *ne bis in idem.*

260 – O preceito do Código português deve ser observado, porém, com inteligência e critério, guardadas as reservas sugeridas pelos comentadores do francês, aliás, de aparência menos liberal neste particular, pois a sua *letra*, mais do que a do lusitano, facilita as anulações.

261 – I. Quando a norma preceptiva, sob a forma de comando, encerra verdadeira proibição, em geral os seus violadores incorrem em nulidade[35].

262 – II. As leis *imperativas*, quando não têm apenas um caráter proibitivo do que é contrário à injunção expressa, em regra só prescrevem formalidades. Dividem-se estas em *substanciais* ou *essenciais*, e *secundárias* ou *acidentais*. Da inobservância decorre a nulidade de pleno direito, quanto às primeiras; quanto às últimas, não: precisa ser alegada, e *em tempo oportuno*, em o Direito Adjetivo; no Substantivo só se admite a nulidade, no último caso referido, quando cominada no texto[36]. Deve este deixar bem claro ser *essencial* a condição ou formalidade; porque isto se não presume[37].

Enfim, considera-se de rigorosa observância a norma, quando *preceptiva* ou *proibitiva* e *de ordem pública*, e, assim mesmo, relativamente ao que é *intrínseco, substancial*. Tansgressões sobre exigências secundárias não infirmam atos, nem processos[38].

---

[34] Dias Ferreira, Prof. da Universidade de Coimbra, vol. I, p. 28-31.

[35] Beudant, vol. I, nᵒˢ 122-123; Huc, vol. I, nº 199 (menos concludente).

[36] Bernardino Carneiro, op. cit., § 57; Huc, vol. I, nº 199; Massé, vol. I, nº 68.

[37] Correia Teles – *Digesto Português*, 4ª ed., vol. I, nᵒˢ 32-33.

[38] Massé, vol. I, nº 68.

263 – III. Com atender à *razão* de ser e ao *fim* do preceito ou da formalidade, verificará o juiz criterioso se esta, ou aquele, é essencial ou não[39].

264 – IV. Quando a pena de nulidade vem cominada na própria lei, o que é frequente, aplica-se sempre, embora vise transgressões das partes não intrínsecas de uma regra, ou a inobservância de formalidades secundárias ou acidentais[40].

265 – V. A nulidade infirma também o ato dos interessados, ou de terceiro, tendente, não a violar de frente, porém a *iludir* ou fraudar a norma imperativa ou proibitiva e de ordem pública[41].

266 – *Interpretação.* As prescrições de ordem pública, em ordenando ou vedando, colimam um objetivo: estabelecer e salvaguardar o equilíbrio social. Por isso, tomadas em conjunto, enfeixam a íntegra das condições desse equilíbrio, o que não poderia acontecer se todos os elementos do mesmo não estivessem reunidos. Atingido aquele escopo, nada se deve aditar nem suprimir. Todo acréscimo seria inútil; toda restrição, prejudicial. Logo é caso de exegese *estrita*. Não há margem para interpretação extensiva, e muito menos para analogia[42].

É sobretudo teleológico o fundamento desse modo de proceder. Só ao legislador incumbe estabelecer as condições gerais da vida da sociedade; por esse motivo, só ele determina o que é de ordem pública, e, como tal, peremptoriamente imposto. Deve exigir o mínimo possível, mas também tudo o que seja indispensável. Presume-se que usou linguagem clara e precisa. Tudo quanto reclamou, cumpre-se; do que deixou de exigir, nada obriga ao particular: na dúvida, decide-se pela liberdade, em todas as suas acepções, isto é, pelo exercício pleno e gozo incondicional de todos os direitos individuais.

O objetivo do preceito é assegurar a ordem social. O que não seja indispensável para atingir aquele escopo constitui norma dispositiva ou supletiva, exequível, ou derrogável, a arbítrio do indivíduo. Só excepcionalmente se impõem coerções, dentro da órbita mínima das necessidades inelutáveis[43].

---

[39] Huc, vol. I, nº 199.

[40] Massé, vol. I, nº 68; Huc, vol. I, nº 199.

[41] Alves Moreira, vol. I, p. 68.

[42] Vander Eycken – *Méthode Positive de L'Interprétation Juridique*, 1907, p. 314-315; Bernardino Carneiro, op. cit., § 53.

[43] Vander Eycken, op. cit., p. 315-316.

267 – Além dos fatores jurídico-sociais que influíram na origem da regra exposta e norteiam a sua aplicação, duas outras razões contribuem para se evitar a exegese ampla: *a)* não tem esta cabimento quando as normas limitam a liberdade, ou o direito de propriedade; *b)* os preceitos imperativos ou proibitivos e de ordem pública apresentam quase todos os característicos do Direito Excepcional, em cujos domínios têm sido incluídos por escritores de valor; nada mais lógico, portanto, do que interpretar uns pelo modo aconselhado para outro, flagrantemente semelhante.

268 – As disposições não preceptivas, apenas indicativas, reguladoras, organizadoras, embora de ordem pública, admitem exegese extensiva[44].

269 – O Direito Constitucional, o Administrativo e o Processual oferecem margem para todos os métodos, recursos e efeitos de Hermenêutica. As leis especiais limitadoras da liberdade, e do domínio sobre as coisas, isto é, as de impostos, higiene, polícia e segurança, e as punitivas bem como as disposições de Direito Privado, porém de ordem pública e imperativas ou proibitivas, interpretam-se *estritamente*[45].

---

[44] Bernardino Carneiro, op. cit., § 55; Vander Eycken, op. cit., nº 315 (de acordo, em parte).

[45] Vede os capítulos – *Interpretação Extensiva e Estrita*, nº 235; *Direito Excepcional*, nºs 275-277; *Direito Constitucional*, nºs 363 e 370; *Leis Penais*, nºs 387 e 389, e *Leis Fiscais*, nº 400.

DIREITO EXCEPCIONAL

270 – Em regra, as normas jurídicas aplicam-se aos casos que, embora não designados pela expressão literal do texto, se acham no mesmo virtualmente compreendidos, por se enquadrarem no *espírito* das disposições: baseia-se neste postulado a exegese *extensiva*. Quando se dá o contrário, isto é, quando a letra de um artigo de repositório parece adaptar-se a uma hipótese determinada, porém se verifica estar esta em desacordo com o *espírito* do referido preceito legal, não se coadunar com o fim, nem com os motivos do mesmo, presume se tratar-se de um fato da esfera do Direito Excepcional, interpretável de modo *estrito*[1].

Estriba-se a regra numa razão geral, a exceção, num particular; aquela baseia-se mais na justiça, esta, na utilidade social, local ou particular. As duas proposições devem abranger coisas da *mesma natureza*; a que *mais abarca* há de constituir a *regra*; a outra, a exceção. Se os dois campos têm amplitude relativamente igual, se um envolve tantos casos como o outro, conclui-se haver *duas* regras, e *nenhuma exceção*[2].

271 – O Código Civil explicitamente consolidou o preceito clássico – *Exceptiones sunt strictissimoe interpretationis* ("interpretam-se as exceções estritissimamente") no art. 6º da antiga Introdução, assim concebido: "A lei que abre exceção a regras gerais, ou restringe direitos, só abrange os casos que especifica"[3].

---

[1] Aubry & Rau, vol. I, p. 195.
[2] Bernardino Carneiro, op. cit., § 47.
[3] Vede Saredo, op. cit., nos 654 e segs. Lei de Introdução às Normas do Direito Brasileiro de 1942, art. 2º, § 2º: "A lei nova, que estabeleça disposições gerais ou especiais a par das já existentes, não revoga nem modifica a lei anterior".

O princípio entronca nos institutos jurídicos de Roma, que proibiam estender disposições excepcionais, e assim denominavam as do Direito *exorbitante*, anormal ou *anômalo*, isto é, os preceitos estabelecidos *contra a razão de Direito*; limitava-lhes o alcance, por serem um mal, embora mal necessário[4].

Eis os mais prestigiosos brocardos relativos ao assunto:

Quod vero contra rationem, juris receptum est, non est producendum ad consequentias (Paulo, no Digesto, liv. 1º, tít. 3º, frag. 14) – "o que, em verdade, é admitido contra as regras gerais de Direito, não se estende a espécies congêneres".

In his quoe contra rationem, juris constituta sunt, non possumus sequi regulam juris (Juliano, em o *Digesto*, liv. 1º, tít. 3º, frag. 15) – "no tocante ao que é estabelecido contra as normas comuns de Direito, aplicar não podemos regra geral".

Quoe propter necessitatem recepta sunt, non debent in argumentum trahi (Paulo, no Digesto, liv. 50, tít. 17, frag. 162) – "o que é admitido sob o império da necessidade, não deve estender-se aos casos semelhantes".

Os três apotegmas faziam saber que as regras adotadas *contra a razão de Direito*, sob o império de necessidade inelutável, não se deviam generalizar: não firmavam precedente, não se aplicavam a hipóteses análogas, não se estendiam além dos casos expressos, não se dilatavam de modo que abrangessem as consequências lógicas dos mesmos.

Os sábios elaboradores do *Codex Juris Canonci* (*Código de Direito Canônico*) prestigiaram a doutrina do brocardo, com inserir no Livro I, título I, cânon 19, este preceito translúcido:

> "*Leges quoe poenam statuunt, aut liberum jurium exercitium coarctant, aut exceptionem a lege continent, strictae subsunt interpretation*" ("As normas positivas que estabelecem pena restringem o livre-exercício dos direitos, ou contêm exceção a lei, submetem-se a interpretação estrita").

Menos vetusta é a parêmia – *Permittitur quod non, prohibetur*: "Presume-se permitido tudo aquilo que a lei não proíbe."

Hoje se não confunde a lei *excepcional* com a *exorbitante*, a contrária à razão de Direito (*contra rationem, juris*), aquela cujo fundamento jurídico se não pode dar (*cujus, ratio reddi non potest*). O Direito Excepcional é subordinado a uma razão também, sua, própria, original, porém reconhecível, às vezes, até evidente, embora diversa da *razão* mais geral sobre a qual se baseia o Direito comum[5].

---

[4] F. Laurent, vol. I, nº 277.

[5] Giovanni Pacchioni – *Corso di Diritto Romano*, 2ª ed., 1920, vol. II, p. 7, nota 11, Laurent, vol. I, nº 277.

DIREITO EXCEPCIONAL | 207

A fonte mediata do art. 6º da antiga Lei de Introdução, do repositório brasileiro, deve ser o art. 4º do Título Preliminar do Código italiano de 1865, cujo preceito decorria das leis civis de Nápoles[6] e era assim formulado: "As leis penais e as que restringem o livre-exercício dos direitos, ou formam exceções a regras gerais ou a outras leis, não se estendem além dos casos e tempos que especificam."

272 – As disposições excepcionais são estabelecidas por motivos ou considerações particulares, contra outras normas jurídicas, ou contra o Direito comum; por isso não se estendem além dos casos e tempos que designam expressamente[7]. Os contemporâneos preferem encontrar o fundamento desse preceito no fato de se acharem preponderantemente do lado do princípio *geral* as forças sociais que influem na aplicação de toda regra positiva, como sejam os fatores sociológicos, a *Werturteil* dos tudescos, e outras[8].

O art. 6º da antiga Lei de Introdução abrange, em seu conjunto, as disposições derrogatórias do Direito comum; as que confinam a sua operação a determinada pessoa, ou a um grupo de homens à parte; atuam excepcionalmente, em proveito, ou prejuízo, do menor número. Não se confunda com as de alcance geral, aplicáveis a todos, porém suscetíveis de afetar duramente alguns indivíduos por causa da sua condição particular. Refere-se o preceito àquelas que, executadas na íntegra, só atingem a poucos, ao passo que o resto da comunidade fica isenta[9].

Impõe-se também a exegese estrita à norma que estabelece uma incapacidade qualquer, ou comina a decadência de um direito: esta é designada pelas expressões legais – "ou restringe direitos"[10].

273 – Nem sempre oferece aspecto nítido, de apreensão fácil, a espécie jurídica ora sujeita a exame: proposições com aparência de excepcionais constituem de fato a regra geral, e vice-versa; também podem não ser mais do que uma consequência de um princípio amplo, o qual, embora não expresso, deve ser admitido na lei por via de argumentação[11].

---

[6] De Filippis, vol. I, p. 88. Passou o dispositivo do Código Italiano para o português, e deste para o brasileiro.

[7] Domat – *Teoria da Interpretação das Leis*, trad. Correia Teles, inserta no Código Filipino, de C. Mendes, vol. III, p. 435, XVI.

[8] Karl Wurzel – *Das Juristiche Denken, in* "Oesterreichischen Zentralblatt für die Jurisdische Praxis", vol. 21, nº 931.

[9] Campbell Black, op. cit., p. 47; Sutherland, vol. II, § 542.

[10] Espínola, vol. I, p. 32. Repete um conceito de Osti.

[11] Brocher, op. cit., p. 173; Bernardino Carneiro, op. cit., § 47.

Às vezes os próprios termos da lei excluem a extensão do respectivo alcance; quando, por exemplo, se encontram no texto as palavras – *só, apenas, somente, unicamente, exclusivamente e outras de efeito semelhante*[12].

274 – Ainda hoje se alude, a cada passo, à distinção clássica entre *Direito comum e Direito singular* (*Jus commune e Jus singulares*). O primeiro contém normas gerais, acordes com os princípios fundamentais do sistema vigente e aplicáveis universalmente a todas as relações jurídicas a que se referem; o segundo atende a particulares condições morais, econômicas, políticas, ou sociais, que se refletem na ordem jurídica, e por esse motivo subtrai determinadas classes de matérias, ou de pessoas às regras de Direito comum, substituídas de propósito por disposições de alcance limitado, aplicáveis apenas às relações especiais para que foram prescritas[13].

Vários escritores confundem o *jus singulare* dos romanos e o moderno Direito Excepcional, do que resulta uma cornucópia de erros. Também há quem admita que o primeiro constitui o *gênero* e o segundo, uma de duas *espécies*, formada a restante pelo *Direito Especial*[14]. Este, às vezes, em lugar de tomar o aspecto restrito de exceção, *dilata* a regra geral e, por isso, comporta até a analogia: o Direito Comercial, por exemplo, é *especial*, e não *excepcional*; admite exegese ampla; é mais útil, elástico e liberal e menos formalista que o Civil, sobretudo no que diz respeito aos contratos[15].

De fato, o Direito Especial abrange relações que, pela sua índole e escopo, precisam ser subtraídas ao Direito comum. Entretanto, apesar desta reserva, constitui também, por sua vez, um sistema orgânico e, sob certo aspecto, geral; encerra também *regras e exceções*. A sua matéria é, na *íntegra*, regulada de modo particular, subtraída ao alcance das normas civis, subordinada a preceitos distintos[16]. Seria absurdo *considerar exorbitantes, anômalas* centenas de normas, concatenadas, reunidas em um sistema, em complexo orgânico. O Direito Comercial, por exemplo, não constitui exceção ao Civil: forma, como ele, um ramo, à parte, autônomo, completo, do Direito Privado.

---

[12] Alves Moreira, vol. I, p. 49.

[13] Degni, op. cit., p. 21. O trecho acima é reprodução, em português quase literal, dos dizeres em italiano.

[14] Degni, op. cit., p. 21.

[15] Leonhard – *Der Allgemeine Theil des Bürgerlichen Gesetzbuchs*, 1900, p. 53 e nota 3; Degni, op. cit., p. 20, nota 2.

[16] Degni, op. cit., p. 22 e 24. Em nota à p. 22, resume um aresto da Suprema Corte de Turim, decisivo sobre o assunto.

A disposição excepcional e aquela a que a mesma se refere devem ser de natureza *idêntica*; enquadram-se na mesma ordem de relações a exceção e a regra. Ao contrário, o Direito comum contempla, em suas normas, relações jurídicas, fatos sociais ou econômicos distintos dos regulados por leis ou repositórios especiais[17]. Aplicam-se os preceitos destes de acordo com os motivos que os determinaram; a exegese há de ser estrita, ou ampla, conforme as circunstâncias, a índole e o escopo da regra em apreço[18]. A norma de Direito *Especial* estende-se tanto quanto se justifica teleologicamente a dilatação do seu imanente valor jurídico-social, do seu imperativo intrínseco, da sua ideia básica; ao passo que a regra excepcional só de modo estrito se interpreta[19].

Enquadram-se no Direito Especial o Código Comercial, o Penal, o Rural, o Florestal, o das Águas, o Aduaneiro e o de Contabilidade Pública; as leis sobre a responsabilidade do Chefe de Estado e demais funcionários, sobre minas, estradas de ferro, patentes de invenção, acidentes de trabalho, impostos, trabalho de mulheres e menores, e outras[20].

275 – Consideram-se *excepcionais*, quer estejam insertas em repositórios de Direito Comum, quer se achem nos de Direito Especial, as disposições: *a)* de caráter punitivo, quando se não referem a delitos, porém cominam multa; indenização; perda, temporária ou definitiva, de cargo; incapacidade; privação de direitos ou regalias: nulidade, rescisão, decadência ou revogação[21]; *b)* as que restringem ou condicionam o gozo ou o exercício dos direitos civis ou políticos[22]; *c)* impõem ônus ou encargos, como, por exemplo, a obrigação atribuída a um de fornecer alimentos a outro; *d)* subtraem determinados bens às normas de Direito comum, ou de Direito Especial, com estabelecer isenções de impostos, ou de outra maneira qualquer; *e)* fixam casos de consórcio obrigatório; *f)* asseguram imunidades parlamentares ou diplomáticas; *g)* declaram in-

---

17   Degni, op. cit., p. 38.

18   Alves Moreira, vol. I, p. 50.

19   Lorenz Brütt – *Die Kunst der Rechtsanwendung*, 1907, p. 183-184.

20   (8) Degni, op. cit., p. 23-24.
Na verdade o Código Penal e as leis sobre impostos são aplicados com amplitude menor do que as outras normas; porém isso acontece por encerrarem prescrições de ordem pública *imperativas* ou *proibitivas*; não constituem direito excepcional.
Vede os capítulos – *Leis Penais*, nº 389; *Leis Fiscais*, nº 400, e *Direito Comercial*, nº 383.

21   *Poenalia non sunt extendenda. Interpretatione Zegum poence molliendoe sunt potius quam asperandoe* (*Digesto*, liv. 48, tít. 19. – *De poenis*, frag. 42) – "Não se aplique extensivamente o que é concernente a punição. Na interpretação das leis sejam as penas antes abrandadas, ao invés de agravadas".

22   *Permititur quod non prohibetur* – "O que não está proibido é permitido".

210 | Hermenêutica e Aplicação do Direito • Carlos Maximiliano

compatibilidades civis, políticas, ou administrativas; *h)* criam inelegibilidade; i) vedam o que em si não é ilícito, não contrário à moral nem aos bons costumes; *j)* prescrevem certas formalidades, como a escritura pública, ou a particular, a presença de cinco testemunhas, a assinatura do nome por inteiro, a menção da lei violada, ou daquela em que se funda o recurso interposto, e assim por diante; *k)* permitem a deserdação; *1)* determinam incapacidade; *m)* estabelecem foro especial ou processo mais rápido (sumário, sumaríssimo, executivo)[23]; *n)* concedem arrestos, sequestros e outras medidas necessárias, porém violentas; *o)* limitam a faculdade de acionar de novo, de recorrer, oferecer provas, defender-se amplamente; *p)* dão competência excepcional, ou especialíssima[24]; *q)* enfim, introduzem exceções, de qualquer natureza, a regras gerais, ou a um preceito da mesma lei, a favor, ou em prejuízo, de indivíduos ou classes da comunidade[25].

276 – Merecem especial referência os casos mais frequentes e, por isso mesmo, ventilados em todos os pretórios. Cumpre esclarecer bem a doutrina relativa a eles.

Liberdade. Interpretam-se estritamente as disposições que limitam a *liberdade,* tomada esta palavra em qualquer das suas acepções: liberdade de locomoção, trabalho, trânsito, profissão, indústria, comércio, etc.[26].

Aplica-se a regra de Hermenêutica à norma que exige serviço gratuito, embora em circunstâncias raras; bem como à que fixa o preço do trabalho de quem não é funcionário público[27]. Vigora o preceito, até mesmo na hipótese de ser a restrição ao direito fundamental estabelecida em prol da higiene, do bem geral, ou local[28].

A lei modera, mas também tutela a prerrogativa suprema do homem; se a limitação não é certa, se oferece margem a dúvidas por falta de clareza ou por

---

[23] Interpreta-se estritamente a norma que determina os casos submetidos ao *veredictum* de tribunais *especiais,* como o juízo político, o conselho de guerra, o tribunal marcial, etc. Na dúvida, opta-se pelo foro comum e pelo processo em que a defesa dispõe de mais tempo e pode ser mais ampla.

[24] Em geral, a competência é de Direito *estrito, não se presume.* Entretanto, na dúvida entre a comum e a especial, prevalece a primeira (Sutherland, vol. II, § 568; Caldara, op. cit., nº 205).

[25] Caldara, op. cit., nºs 167, 205, 206 e 208; Degni, op. cit., p. 38; Black, op. cit., p. 476 e 484-485. Sutherland, vol. II, §§ 543-545 e 547; Domat, *in Código Filipino* cit., vol. III, p. 485-486, XV e XVI; De Filippis, vol. I, p. 88.

[26] Alves Moreira, vol. I, p. 49-50; Sutherland, vol. II, §§ 543 e 546; Domat, em Código Filipino cit., vol. III, p. 435, XV.

[27] Sutherland, vol. II, § 542.

[28] Sutherland, vol. II, §§ 543 e 546.

impropriedade da linguagem, interpreta-se contra a restrição, a favor da liberdade[29]. *Quotiens dubia interpretatio libertatis est, secundum libertatem respondendum erit*[30] – "toda vez que seja duvidosa a interpretação de texto concernente à liberdade, no sentido da liberdade se resolva". *Libertas est naturalis facultas ejus, quod cuique facere libet, nisi si quid vi, aut jure, prohibetur* – "a liberdade é a faculdade natural de fazer aquilo que apraz a cada um, salvo o que seja impedido pela força ou pelo Direito" (*Digesto*, liv. 1º, tít. 5º – De *statu hominum*, frag. 4, de Florentino. *Libertas omnibus rebus favorabilior est* – "em todas as coisas maior favor se atribua à liberdade" (*Digesto*, liv. 50, tít. 17 – *Re Regulis juris antiqui*, frag. 122, de Gaio).

277 – *Propriedade*. Sofrem exegese estrita as disposições que impõem limites ao exercício normal dos direitos sobre as coisas, quanto ao uso, como relativamente à alienação. Incluem-se, portanto, no preceito acima as normas que autorizam a desapropriar bens por necessidade ou utilidade pública. As dúvidas resolvem-se com fazer prevalecer, quanto possível, a plenitude do domínio[31].

278 – *Privilégios*. Consideram-se *excepcionais* as disposições que asseguram privilégio[32], palavra esta de significados vários no terreno jurídico. Abrange: *a)* o direito exclusivo de explorar serviço de utilidade pública, isto é, o fornecimento de água, luz, transporte fluvial ou urbano, etc.; *b)* o gozo e a exploração de propriedades e riquezas do Estado; franquias, benefícios e outras vantagens especiais concedidas a indivíduos ou corporações; *c)* preferências e primazias asseguradas, quer a credores, quer a possuidores de boa-fé, autores de benfeitorias e outros, pelo Código Civil, Lei das Falências e diversas mais[33].

Nos dois primeiros casos, *a* e *b*, em que o poder público é o outorgante, a exegese, embora estrita, não pode ser de tal modo limitadora que torne a concessão inoperativa, ou a obra irrealizável[34]. Entretanto o monopólio deve ser

---

[29] G. P. Chironi – *Istituzioni di Diritto Civile Italiano*, 2ª ed., 1912, vol. I, p. 31.

[30] O brocardo é transcrito e justificado por Wurzel, na monografia – *Das Juristische Denken* (Rev. Vit., vol. 21, p. 674, nota 4).

[31] Black, op. cit., p. 478 e 480; Sutherland, vol. II, § 543; Degni, op. cit., p. 38.
      No próprio estatuto básico do Brasil de 1891, art. 72, § 17, o direito de desapropriar figurava como *exceção* ao de propriedade. Eis o texto: "O direito de propriedade mantém-se em toda a sua plenitude, *salva* a desapropriação por necessidade ou utilidade pública, mediante indenização prévia". De igual modo, resolve a Constituição de 1946, art. 141, § 16.

[32] Recaredo Velasco – *Los Contratos Administrativos*, p. 196; Acórdão do Supremo Tribunal, de 26 de agosto de 1908; *In Revista de Direito*, vol. X, p. 70-88; Black, op. cit., p. 976.

[33] Alves Moreira, vol. I, p. 49-50; Black, op. cit., p. 478 e 507-508; Sutherland, vol. II, § 452.

[34] Sutherland, vol. II, § 542; Black, op. cit., p. 504-506.

212 | Hermenêutica e Aplicação do Direito • *Carlos Maximiliano*

plenamente provado, *não se presume*; e nos casos duvidosos, quando aplicados os processos de Hermenêutica, a verdade não ressalta nítida, interpreta-se o instrumento de outorga oficial contra o beneficiado e a favor do Governo e do público[35].

279 – Sempre se entendeu que as concessões de privilégios se não estenderiam além da sua letra, "*salvo* com suficiente razão jurídica". Entretanto, se a causa, ou matéria, é indivisível e comum, o direito de um aproveita ao sócio, ou consorte[36].

280 – Os privilégios financeiros do fisco se não estendem a pessoas, nem a casos não contemplados no texto; porém não se interpretam de modo que resultem diminuídas as garantias do erário. Constituíram estas o fim, a razão do dispositivo excepcional[37].

281 – As isenções e as simples atenuações de impostos e taxas, decretadas em proveito de determinados indivíduos ou corporações, sofrem exegese estrita; e *não se presumem*, precisam ser plenamente provadas[38]. Não se *confundem*, entretanto, com as comutações de atributos e multas, que se aplicam sem reservas, com a maior amplitude comportada pela linguagem das disposições escritas. A isenção é concedida *a priori*; a comutação, *a posteriori*[39].

282 – O poder de tributar é soberano, embora seja o respectivo exercício condicionado pela Constituição. As delegações ou transferências desse direito, feitas pela União aos Estados e por estes a Municípios, quer em caráter permanente, quer envoltas em leis ordinárias, concessões e convênios, interpretam-se estritamente. O mesmo se entenderá a respeito do poder de taxar outorgado a particulares, embora mediante contrato[40].

---

[35] Black, op. cit., p. 499-500 e 507-508; Sutherland, vol. II, §§ 542 e 548.

[36] Borges Carneiro – *Direito Civil*, vol. I, p. 25, § 8, nºs 13 e 14.

[37] Caldara, op. cit., nº 208.

[38] Frederico Judson – *A Treatise on the Power of Taxation*, 1917, §§ 76, 88 e 93; Black, op. cit., p. 509-513; Sutherland, vol. II, § 539.

[39] Black, op. cit., p. 513.
Vede o capítulo – *Leis Fiscais*, nºs 402-403.

[40] C. Maximiliano – *Comentários à Constituição Brasileira*, 391 ed., nº 167 e segs.; Kimbal – *The National Government of the United States*, 1920, p. 39 e 357; Black – *Handbook of American Constitutional Law*, 3ª ed., p. 452-453, e On Interpretation, cit., p. 501-502; Judson, op. cit., §§ 5-6.

DIREITO EXCEPCIONAL | 213

283 – *Enumeração*. Quando se depara uma enumeração de hipóteses, cumpre distinguir: se os motivos e os fins do dispositivo se restringem aos casos expressos, ou se o próprio texto deixa perceber claramente que a linguagem é *taxativa*, dá--se exegese estrita; o contrário se pratica em verificando fortes presunções de ser a especificação feita com o intuito de esclarecer, isto é, *exemplificativa* apenas[41].

O próprio contexto auxilia o intérprete; indica se o intuito é *especificar*, ou *explicar*, completar o ensinamento com o auxílio de *exemplos*. Não se presume o caráter excepcional de uma regra; por isto os termos da mesma indicam precisamente se a enumeração de casos é *taxativa*.

Quando a linguagem deixa margem a dúvidas, orienta-se o hermeneuta pelos motivos e os fins do preceito; se ainda assim a incerteza persiste, conclui pela regra geral, prefere considerar meros *exemplos* as hipóteses figuradas no dispositivo.

Esmera-se quase sempre o legislador em tornar evidente o propósito de restringir o alcance da norma; até usa, não raro, das palavras *só*, *apenas*, *unicamente* e outras de significado semelhante, ou do vocábulo *seguinte*, precedendo a enumeração de casos[42].

284 – Prescrição. Submetem-se a exegese estrita as normas que introduzem casos especiais de prescrição, porque esta limita o gozo de direitos[43]; rigor igual se exige para as disposições que declaram certos bens imprescritíveis, por importar isto em *privilégio*[44].

285 – *Dispensa*. Quando um ato dispensa de praticar o estabelecido em lei, regulamento, ou ordem geral, assume o caráter de exceção, interpreta-se em tom limitativo, aplica-se às pessoas e aos casos e tempos expressos, exclusivamente[45].

286 – Parece oportuna a generalização da regra exposta acerca de determinadas espécies de preceitos, esclarecer como se entende e aplica uma norma excepcional. É de Direito estrito; reduz-se à hipótese expressa: *na dúvida, segue-se a regra geral*. Eis porque se diz que *a exceção confirma a regra* nos casos não excetuados[46].

---

[41] Chironi & Abello – *Trattato di Diritto Civile Italiano*, vol. I, 1904, p. 66-67; Gianturco, vol. I, p. 123, nota 2; Laurent, vol. I, nº 277.

[42] Alves Moreira, vol. I, p. 49-50.

[43] Coelho da Rocha – *Instituições de Direito Civil Português*, 4ª ed., vol. I, § 45, nota à regra 12.

[44] Degni, op. cit., p. 38, nº 20.
Diga-se o mesmo sobre a Decadência.

[45] Coelho da Rocha, vol. I, § 45, nota à regra 12.

[46] Laurent, vol. I, nº 277.

287 – O processo de exegese das leis de tal natureza é sintetizado na parêmia célebre, que seria imprudência eliminar sem maior exame – *interpretam-se restritamente as disposições derrogatórias do Direito comum*. Não há efeito sem causa: a predileção tradicional pelos brocardos provém da manifesta utilidade dos mesmos. Constituem sínteses esclarecedoras, admiráveis súmulas de doutrinas consolidadas. Os males que lhes atribuem são os de todas as regras concisas: decorrem não do uso, e sim do *abuso* dos dizeres lacônicos. O exagero encontra-se antes na deficiência de cultura ou no temperamento do aplicador do que no âmago do apotegma. Bem compreendido este, conciliados os seus termos e a evolução do Direito, a letra antiga e as ideias modernas, ressaltará ainda a vantagem atual desses comprimidos de ideias jurídicas, auxiliares da memória, amparos do hermeneuta, fanais do julgador vacilante em um labirinto de regras positivas.

Quanta dúvida resolve, num relâmpago, aquela síntese expressiva – *interpretam-se restritivamente as disposições derrogatórias do Direito comum*[47]!

Responde, em sentido negativo, à primeira interrogação: o Direito Excepcional comporta o recurso à *analogia*?[48]. Ainda enfrenta, e com vantagem, a segunda: é ele compatível com a exegese *extensiva*? Neste último caso, persiste o adágio em amparar a recusa; acompanham-no reputados mestres[49]; outros divergem[50], porém mais na aparência do que na realidade: esboçam um *sim* acompanhado de reservas que o aproximam do *não*. Quando se pronunciam pelo efeito extensivo, fazem-no com o intuito de excluir o *restritivo*, tomado este na acepção *tradicional*. Timbram em evitar que se aplique *menos* do que a norma admite; porém não pretendem o oposto – ir além do que o texto prescreve. O seu intento é tirar da regra tudo o que na mesma se contém, nem mais, nem menos. Essa interpretação bastante se aproximada que os clássicos apelidavam declarativa; denomina-se estrita: busca o sentido exato; não dilata, nem restringe[51].

---

[47] Vede o capítulo – *Brocardos*, nos 292-295.

[48] Chironi, vol. I, p. 31; Gianturco, vol. I, p. 123.
Vede o capítulo – *Analogia*, nos 245-247.

[49] Reuterskioeld, op. cit., p. 87; Pacifici-Mazzoni, vol. I, nº 21; Alves Moreira, vol. I, p. 48; Brütt, op. cit., p. 183-184.

[50] Virgílio Sá Pereira – *Dous Brocardos*, separata da *Revista Geral de Direito, Legislação e Jurisprudência*, 1920, p. 27-32; Degni, op. cit., p. 38-39; Gianturco, vol. I, p. 123; Pacchioni, vol. II, p. 7. Paula Batista julga admissível, no caso, a interpretação *extensiva por força de compreensão e indução* (*Hermenêutica Jurídica*, nº 223).
Vede o capítulo – *Interpretação extensiva e estrita*, nº 223.

[51] Fica, uma vez mais, evidenciado que o excesso de classificações e subclassificações tradicionais serve menos para orientar o jurista do que para aumentar a confusão. Desde que a analogia foi excluída do campo da Hermenêutica e perdeu todo o prestígio o *in claris cessat*

Com as reservas expostas, a parêmia terá sempre cabimento e utilidade. Se fora lícito retocar a forma tradicional, substituir-se-ia apenas o advérbio: ao invés de *restritiva*, *estritamente*. Se prevalecer o escrúpulo em emendar adágios, de leve sequer, bastará que se entenda a letra de outrora de acordo com as ideias de hoje: o brocardo sintetiza o dever de aplicar o conceito excepcional só à espécie que ele exprime, nada acrescido, *nem suprimido* ao que a norma encerra, observada a mesma, portanto, em toda a sua plenitude[52].

288 – Releva advertir que todo preceito tem valor apenas relativo. A regra do art. 6º da antiga Lei de Introdução ao Código Civil consolida o velho adágio – *interpretam-se restritivamente as disposições derrogatórias do Direito comum*, brocardo este correspondente ao dos romanos – *exceptiones sunt strictissimoe interpretationis*. Qualquer dos três conceitos aplica-se com a maior circunspeção e reserva, e comporta numerosas exceções[53]: daí a divergência na maneira de o entender, até entre pontífices das letras jurídicas.

289 – As palavras – *que especifica*, do Código brasileiro, paráfrase de – *in esse espressi*, do repositório italiano, não se interpretam no sentido literal, de exigir individuação precisa, completa, de cada caso a incluir na exceção. Comporta esta as hipóteses todas compatíveis com o *espírito* do texto. Exclui-se a extensão propriamente dita; porém não a justa aplicação *integral* dos dispositivos[54].

Restrições ao uso ou posse de qualquer direito, faculdade ou prerrogativa *não se presumem*: é isto que o preceito estabelece. Devem ressaltar dos termos da lei, ato jurídico, ou frase de expositor.

---

interpretatio, por que manter a divisão da exegese em *extensiva, declarativa e restritiva*? (Degni, op. cit., nº 128). Vede o capítulo – *Interpretação extensiva e estrita*, nᵒˢ 217 e 220-222.

52   Não é verdade, como a alguém aprouve escrever, que só ao misoneísmo seja lícito atribuir a sobrevivência do brocardo – *Interpretam-se restritivamente as disposições derrogatórias do Direito Comum, preceito* correspondente a – *exceptiones sunt strictissimoe interpretationis*. Aquele adágio não envolve apenas uma ideia abandonada, como sucede com – *in claris cessat interpretatio*. Ao contrário, ainda hoje presta serviços relevantes e contínuos na prática judiciária, tanto que mereceu o respeito e o amparo de espíritos emancipados e inovadores corajosos, como Lourenço Brütt. O que se aconselha para assegurar a vitalidade da parêmia é o que a escola histórico-evolutiva pratica dia a dia, com todas as normas jurídicas: adaptar o preceito às exigências culturais do momento, amoldar o texto antigo às ideias vitoriosas no presente.

53   Rumpf – *Gesetz und Richter*, 1906, p. 162; Caldara, op. cit., nº 211; Chironi & Abello, vol. I, p. 67. O novo Código Italiano, ao invés de – *in esse espressi*, usa as palavras – *in esse considerati*.

54   Paulo de Lacerda – *Manual do Código Civil Brasileiro*, 1918, vol. I, p. 588-591; Sutherland, vol. II, §§ 518-519; Sá Pereira, op. cit., p. 29-32; Caldara, op. cit., nᵒˢ 212-213; Chironi, vol. I, p. 31; Pacifici-Mazzoni, vol. I, nº 21.

216 | Hermenêutica e Aplicação do Direito • *Carlos Maximiliano*

Cumpre opinar pela inexistência da exceção referida, quando esta se não impõe à evidência, ou dúvida razoável paira sobre a sua aplicabilidade a determinada hipótese.

289-A – O novo Código italiano (de 1942) depara-nos melhoria de redação, aproveitável pelos exegetas do Direito Brasileiro. Debaixo da epígrafe – Disposições *sobre a Lei em Geral*, estatui: "Art. 14 – As leis penais e as que introduzem exceção a regras gerais ou a outras leis, não se aplicam além dos casos e tempos *nas mesmas considerados.*"

Substituíram – *in esse espressi* – por – *in esse considerati*.

289-B – A regra exarada no art. 6º da *Introdução* ao Código Civil Brasileiro de 1916 não foi reproduzida em a nova *Lei de Introdução* (Decreto-lei nº 4.657, de 4 de setembro de 1942). Tal proceder, porém, não importa em eliminarem virtualmente o brocardo vetusto; apenas assinala preferência pela corrente que exclui da legislação os ditames da Hermenêutica; deixa-os sobreviver no campo vasto e iluminado da *doutrina*[55]. A ideia concretizada pelo art. 6º, de 1916, continua de pé, universal, firme em sua essência.

290 – Melhor e com frequência maior do que a letra crua indicam se a exegese deve ser mais, ou menos, estrita os motivos, o fim colimado, a razão lógica, os valores jurídico-sociais que deram vida à regra e a justificam no sistema geral da legislação[56]. Como sempre sucede, a propósito de quaisquer questões de Direito, também na órbita das normas excepcionais orienta-se o hermeneuta pela perspectiva do *resultado* provável deste ou daquele modo do agir, atende às *consequências* decorrentes da interpretação literal, ou rigorosa do texto[57].

291 – Comporta exceções várias a regra do art. 6º da *Introdução* ao Código Civil de 1916 e dos brocardos que o, mesmo consolida. Cumpre aduzir pelo menos as três mais frequentes.

a) Decretos de anistia, os de indulto, o perdão do ofendido e outros *atos benéficos*, embora envolvam concessões ou favores e, portanto, se enquadram na figura jurídica dos *privilégios*, não suportam exegese estrita. Sobretudo se não

---

[55] Vede nºs 100-103.

[56] Leonard, Prof. da Universidade de Breslau, op. cit., p. 52; *Aresto da Corte de Cassação Francesa*, *in* Laurent, vol. I, nº 277; Chironi & Abello, vol. I, p. 67 e nota 2; Pacifici-Mazzoni, vol. I, nº 21.

[57] Sutherland, vol. III, § 518.
Vede capítulo – *Apreciação do resultado*.

interpretam de modo que venham causar prejuízo. Assim se entende, por incumbir ao hermeneuta atribuir à regra positiva o sentido que dá eficácia maior à mesma, relativamente ao motivo que a ditou, e ao fim colimado, bem como aos princípios seus e da legislação em geral[58].

b) Todas as disposições derrogatórias do Direito Comum são suscetíveis de abrandamento ditado pela equidade ou em atenção a motivos jurídico-sociais, verdadeiramente humanos[59].

c) Às vezes a exceção, ao passo que derroga um preceito positivo, é por sua vez a aplicação de outra regra de Direito. Nessa hipótese não tem cabimento a exegese estrita; os casos expressos devem ser *exemplificativos*; têm o mesmo fundamento, partem dos mesmos motivos ou colimam o mesmo fim que os não mencionados no texto[60].

---

[58] Bernardino Carneiro, op. cit., § 52; Caldara, op. cit., nos 209-210.

[59] Domat, *in* vol. III do *Código Filipino* cit., p. 435, XV.

[60] Laurent, vol. I, nº 277.

BROCARDOS E OUTRAS REGRAS DE HERMENÊUTICA E APLICAÇÃO DO DIREITO[1]

292 – Na alvorada do século XI, Burcardo, Bispo de Worms, organizou uma coleção de cânones, que adquiriram grande autoridade, e foram impressos em Colônia, em 1548, em Paris, em 1550. Granjeou fama aquele repositório, sob o título de *Decretum Burchardi*. Eram os cânones dispostos em títulos e reduzidos a regras e máximas; na prática lhes chamavam *burcardos*, a princípio; dali resultou a corrutela *brocardos*, que se estendeu, em todo o campo do Direito Civil, aos preceitos gerais e aos aforismos extraídos da jurisprudência e dos escritos dos intérpretes[2].

292-A– Os brocardos parecem fadados a passar, com certos condutores de homens, do exagerado prestígio à injusta impopularidade. A sua citação, diurna outrora, vai-se tornando cada vez menos frequente[3]; rareiam, talvez, os entusiastas à medida que surgem desdenhosos e opositores.

---

[1] Vede nos 116 e 287. Encontram-se regras especiais de Hermenêutica no fim de quase todos os capítulos.

[2] Giovanni Lomonaco – *Istituzioni di Diritto Civile*, 2ª ed., vol. I, p. 75-76; apoiado em Nicolini – *Della Procedura Penale*, parte 1ª, nº 196.

[3] Fabreguettes – La Logique Judiciaire et l'Art de Juger, 1914, p. 385.
As oscilações no apreço ocorrem com frequência até nas cumeadas do saber jurídico. João Monteiro, por exemplo, no seu livro notável sobre Processo Civil, ora se inclina em um sentido, ora em outro, a respeito, não só dos aforismos em geral, como também de um deles, em particular. Depois de, nos dois primeiros volumes da obra referida, apoiar, a cada passo, o seu parecer em apotegmas romanos, no terceiro assim se expressa, em a nota 4 ao § 236,

BROCARDOS E OUTRAS REGRAS DE HERMENÊUTICA E APLICAÇÃO DO DIREITO | 219

Aquelas regras de Direito, muito breves e formuladas quase sempre em latim, os antigos chamavam *axiomas*[4], vocábulo destinado, em Matemática, a designar as proposições evidentes por si mesmas, que dispensam esclarecimentos e demonstrações. Para o Chanceler D'Aguesseau, eram *oráculos da jurisprudência*, compendiavam todas as reflexões dos jurisconsultos[5]. Outros mestres julgam eternos os brocardos, por serem a própria razão natural escrita; ao invés de homenagem ao progresso, acham insânia mudá-los ou repeli-los; pois esclarecem, iluminam, guiam: são raios divinos[6].

293 – Fortes objeções surgem entre os modernos, sobretudo na extrema-esquerda, no meio de audaciosos doutrinários: *a)* A forma geral, ampla, engana; porque, em regra, os adágios aparecem isolados, fora do complexo em que se achavam e no qual só regiam casos particulares; às vezes até são condensados em linguagem imprecisa, de sorte que o sentido respectivo oferece margem a disputa. Nos de estilo decisivo e lúcido, ainda transparece uma falta: o serem expostos sem uma base comum, sem apoio de um princípio fundamental; porquanto não passam de generalização sem unidade íntima, e sem ligação sistemática e efetiva com a ideia do Direito[7]. *b)* Não raro os brocardos já se acham destituídos de valor científico (exemplo – *in claris cessat interpretatio*), ou, pelo menos, são falsos e inexatos na sua generalidade forçada, em desacordo com a origem[8]. *c)* Aplicam-se mais extensamente do que se deve, tornam-se fontes de erros e confusões, pelo motivo apontado, de ser a forma muito mais geral do que o conteúdo; sob um aspecto simples, curto, mnemônico inclui-se uma vastidão conceitual: e é sempre perigoso fazer uma verdade dominar território

---

p. 246: "Nem obsta o pretendido brocardo – res inter alios acta vel judicata nem nocet nec prodest. Em primeiro lugar, porque nada há de mais verificado na jurisprudência do que a falácia dos intitulados brocardos de Direito. Em segundo lugar, porque, precisamente a respeito do res inter alios acta, as melhores autoridades chegam a ponto de afirmar que tão falso é esse pretendido brocardo quão falaz a pretensa regra da já referida tríplice identidade". Logo adiante, o catedrático da Faculdade de São Paulo declara imprescindível a tríplice identidade – de coisa, causa e pessoa, para caber exceção de coisa julgada (§ 240), e, no § 243, exara, de início, este louvor: "Um dos mais sábios princípios da política judiciária é sem dúvida o que se concretiza na regra – *res inter alios acta vel Judicata aliis non nocet nec prodest*".

4   Berriat Saint-Prix – Manuel de Logique Juridisque, 2ª ed., nº 45, nota 1, e nº 166; Cattaneo & Borda – Il Codice Civile Italiano Annotato, vol. I, p. 31.

5   Fabreguettes, op. cit., p. 194.

6   Cattaneo & Borda, vol. I, p. 31, reproduzem o pensamento de Troplong.

7   Rudolf Stammler – *Die Lehre von dem Richtigen Rechte*, 1902, p. 499-500; Nicola Coviello – *Manuale di Diritto Civile Italiano*, 2ª ed., vol. I, p. 87, nota 2.

8   Coviello, vol. I, p. 87, nota 2.

220 | Hermenêutica e Aplicação do Direito · *Carlos Maximiliano*

mais vasto do que o dos fatos jurídico-sociais de que foi tirada por indução[9]. *d)* Não parece difícil descobrir um adágio para amparar um pensamento, e outro para prestigiar ideia diametralmente oposta: por exemplo – *qui de uno dicit, de altero negat e* – *ubi eadem ratio idem jus*[10]. *e)* Embora formulado em latim, o brocardo nem sempre vem de Roma; tem às vezes origem suspeita e não espelha a verdade[11].

294 – Procedem as objeções, porém só em parte; não justificam o repúdio dos adágios, e, sim, o cuidado de os aplicar sempre com discernimento, atenção e senso jurídico. A facilidade em generalizar é um defeito individual, verificável em todas as províncias da ciência; o apego a ideias obsoletas e a precipitada adesão a simples aparências de verdade observam-se dia a dia, até nas cátedras escolares; enfim, tomar a nuvem por Juno, atrapalhar-se com duas normas aparentemente contraditórias, sucede aos inexpertos, tanto no Direito antigo como ao aplicar as disposições dos Códigos modernos. Por tão pouco fazer tábua rasa das máximas das compilações justinianas é cair em exagero maior com o intuito de evitar o exagero oposto; nenhum dogma científico dispensa o critério, a cultura e a experiência dos seus aplicadores[12].

Aqueles preceitos serviram de alicerce aos primórdios da Hermenêutica em sua fase *post romana*[13]. Constituem pequenas sínteses, fruto da experiência de séculos; conglomerados de ideias, fórmulas gerais, próprias, pela sua concisão, a gravarem-se na memória. Assim como os provérbios resumem a sabedoria popular, são os brocardos um elemento importante da tradição jurídica. Não têm força obrigatória; porém guiam, orientam o hermeneuta. Desempenham relativamente ao Direito o papel da bússola em relação ao polo: apenas indicam o rumo em que pode ser encontrado. Não é pouco: uma direção orientada constitui uma preciosidade para quem estuda, investiga e almeja concluir com acerto. Chamaram-lhes, com propriedade, nervos da discussão *vincula orationis*[14].

---

[9]   Pietro Cogliolo – *Scritti Varii di Diritto Privato*, 1913, vol. II, p. 17 e nota 1. O conceito do catedrático de Gênova é reproduzido quase literalmente.

[10] Giorgio Giorgi – *Teoria delle Obbligazioni*, 7ª ed., vol. IV, nº 180; Dualde – *Una Revolución en la Lógica del Derecho*, 1933, p. 9-10.
     Vede nºs 296 e 298.

[11] Berriat Saint-Prix. op. cit., nº 166 e notas 1 e 2.

[12] Nicola Stolfi – *Diritto Civile*, vol. I, nº 327; Giorgi, vol. IV, nº 180. Dualde, catedrático de Direito Civil na Universidade de Barcelona, op. cit., p. 10.

[13] Giovanni Pacchioni – *Corso di Diritto Romano*, 2ª ed., 1920, vol. II, p. 13.

[14] F. Laurent – *Principes de Droit Civil*, 4ª ed., vol. I, nº 276; Emílio Caldara – *Interpretazione delle Leggi*, 1908, nº 174; Fabreguettes, op. cit., p. 193-194.

BROCARDOS E OUTRAS REGRAS DE HERMENÊUTICA E APLICAÇÃO DO DIREITO | **221**

295 – Não se confunda o abuso com o uso prudente e oportuno. O perigo está na aplicação mecânica dos adágios, na "obediência cega a dogmas tradicionais, no emprego *não pensado e não consciente* dos textos romanos"[15]: a jurisprudência não pode prescindir do coeficiente pessoal, do critério, do raciocínio. Cumpre verificar qual foi, na origem, o objeto da regra, conhecer o verdadeiro significado da mesma, empregá-la com pleno conhecimento de causa e senso da oportunidade, restringi-la aos casos que efetivamente abrange[16].

Desconfie-se dos apotegmas de procedência desconhecida, e tenha-se em mente que, não só os brocardos romanos, mas também os formulados pelos *doutores*, jamais prevalecerão contra um texto moderno de Direito[17]. Justa a revolta contra os charlatães do pretório que fazem dos adágios panaceia para curar todos os males jurídicos, e os empregam, não só para interpretar a lei, mas até mesmo para a substituir, iludir ou sofismar[18].

Com o advento das codificações decresceu o valor das parêmias de Direito Objetivo; continuou, porém, relativamente sólido o prestígio das que sintetizam normas ou processos de Hermenêutica[19].

Inclusione unius fit exclusio alterius: "A inclusão de um só implica a exclusão de quaisquer outros." É mais frequente o uso da fórmula bem concisa – *inclusio unius, exclusio alterius*.

Qui de uno dicit, de altero negat, Qui de uno negat, de altero dicit: "A afirmativa num caso importa em negativa nos demais; e vice-versa: a negativa em um implica a afirmativa nos outros."

Ubi lex voluit dixit, ubi noluit tacuit: "Quando a lei quis determinou; sobre o que não quis, guardou silêncio."

296 – Os brocardos acima enunciados formam a base do argumento *a contrario*, muito prestigioso outrora, malvisto hoje pela doutrina, pouco usado pela jurisprudência. Do fato de se mencionar uma hipótese não se deduz a exclu-

---

15   Vander Eycken – *Méthode Positive de L'Interprétation Juridique, 1907*, p. 19; Cogliolo, vol. I, p. 43.

16   Caldara, op. cit., nº 174; Fabreguettes, op. cit., p. 195; Laurent, vol. I, p. 276.

17   Berriat Saint-Prix, op. cit., nº 166, notas 1 e 2. Em a nota 1 se diz que até Faustin Héle apresenta como de Ulpiano máximas tiradas de livros de criminalistas modernos!

18   Coviello – vol. I, p. 87, nota 2.

19   Brocardos sobre Direito Objetivo aparecem com frequência decrescente nos trabalhos jurídicos, o que é de atribuir à queda gradual do prestígio, outrora exagerado, do Direito romano, declínio este verificado até mesmo na Alemanha, onde os sistematizadores da doutrina do Código Civil, de 1896, relegaram para o segundo plano os comentários do Digesto (Vede nº 49 e Laurent, vol. 15, nº 419).

222 | Hermenêutica e Aplicação do Direito · Carlos Maximiliano

são de todas as outras. Pode-se aduzir com intuito de demonstrar, esclarecer, a título de exemplo. Portanto o argumento oferece perigos, é difícil de manejar no terreno vasto do Direito comum. Ali caberia a parêmia oposta – *positio unius non est exclusio alterius*: "A especificação de uma hipótese não redunda em exclusão das demais"[20].

Não podem os Códigos abranger explicitamente todas as relações e circunstâncias da vida, em constante, eterno evolver. Dilatam-se as regras de modo que abrangem hipóteses imprevistas. Do silêncio do texto não se deduz a sua inaplicabilidade, nem tampouco a supremacia forçada do princípio oposto. A generalização do argumento *a contrario* extinguiria a analogia e a exegese extensiva, e até restringiria o campo da interpretação estrita, considerada esta nos termos em que os modernos a compreendem.

Constitui um meio de dedução e de desenvolvimento legislativo, só adotável *cautamente*. Não estende a ideia própria do texto: do preceito claro tira, por antítese, outro não explícito; logo não pertence à Hermenêutica, e sim à Aplicação do Direito, como a *analogia*, de que é o verdadeiro contraste[21].

Amplo é, portanto, o alcance da parêmia, quanto ao só efeito de excluir a *antítese*. Por exemplo: criado um recurso para causas *cíveis* sem outra restrição em evidência, cumpre admiti-lo nas comerciais, porém não em criminais; fixada uma regra para os legados, não se estende à herança; mencionados os descen-

---

[20] Emmanuele Gianturco – *Sistema di Diritto Civile Italiano*, 3ª ed., vol. I, p. 121, nota 2. O Código Civil, no art. 1.295, especificou alguns casos em que o exercício do mandato pressupõe outorga de poderes especiais. Surgiu logo a dúvida: por não estarem incluídos no texto explícito o substabelecimento, a novação, a renúncia de direitos e a remissão de dívidas, considera-se autorizado a praticar qualquer destes atos o indivíduo investido de mandato em termos gerais? – Quanto aos três últimos, a resposta será, e tem sido negativa; não prevalece, nas referidas hipóteses, a regra – *incluso unius alterius est exclusio*: a enumeração do Código é meramente *exemplificativa*; os atos mencionados não se enquadram entre os de administração ordinária; portanto só os pratica o procurador munido de poderes especiais. Divergem os escritores, e também os tribunais, quanto à necessidade de especificar o direito de *substabelecer*; entretanto, parecem acordes em admitir que em alguns casos ele decorre implicitamente da própria natureza do mandato: p. ex., o poder para vender títulos em determinada praça envolve o de incumbir do negócio um corretor ali habilitado a trabalhar; a investidura da tutela abrange a faculdade de constituir defensor judicial dos interesses do impúbere (Vede Clóvis Beviláqua – *Código Civil Comentado*, vol. X, 1919, p. 39-40; F. Laurent – *Principes de Droit Civil*, 4ª ed., vol. 27, nᵒˢ 482-486; Aubry & Rau – *Cours de Droit Civil Français*, 5ª ed., vol. VI, p. 173-174; *Théophile Huc – Comentaire du Code Civil*, vol. XII, 1899, nᵒ 59).

[21] François Genny – *Méthode d'Interpretation et Sources en Droit Privé Positif*, 2ª ed., 1919, vol. I, p. 34; Aubry & Rau, vol. I, p. 196; Marcel Planiol – *Traité Élementaire de Droit Civil*, 7ª ed., vol. I, nᵒ 222; Pacifici-Mazzoni – *Instituzioni di Diritto Civile Italiano*, 3ª ed., vol. I, nᵒ 22; Laurent, vol. I, nᵒ 279; Berriat Baint-Prix, op. cit., nᵒˢ 62-68; Francesco Ferrara – *Trattato di Diritto Civile Italiano*, vol. 1, 1921, p. 223-224.

BROCARDOS E OUTRAS REGRAS DE HERMENÊUTICA E APLICAÇÃO DO DIREITO | 223

dentes, excluem-se os ascendentes; ao passo que não é raro favorecer os netos a disposição referente aos *filhos*.

297 – Cumpre advertir que em alguns casos o argumento *a contrario* aparece concludente até à evidência. Assim acontece quando a norma se refere a hipótese determinada, *sob a forma de proposição negativa*; e, em geral, quando estatui de maneira restritiva, limita claramente só a certos casos a sua disposição, ou se inclui no campo estreito do Direito Excepcional. Então, presume-se que, se uma hipótese é regulada de certa maneira, solução oposta caberá à hipótese contrária[22].

Tudo depende de ser a enunciação feita – *taxationis causa* e não apenas – *exemplificationis causa*. Quando a linguagem é taxativa, os casos enumerados constituem exceções; observa-se, nos outros, preceito diverso, a regra *geral*. Tem cabimento o argumento *a contrario*; porque, ao invés de pôr em cheque os princípios comuns, vem em seu apoio, restitui-lhes a preeminência[23]. Apoia-se em outra parêmia, de alcance mais restrito e aplicação facílima – *exceptio firmat regulam in casibus non exceptis*: "A exceção confirma a regra nos casos não excetuados"[24].

Em resumo: o argumento *a contrario* não se aplica a todos os casos de silêncio da lei; só merece apoio quando a fórmula positiva evidentemente implica exegese estrita. Enquadra-se bem no Direito Excepcional. A hipótese mais frequente e segura é a de uma enumeração *taxativa*: os casos não expressos regem-se pelo preceito oposto, seguem a regra geral.

Ubi eadem ratio, ibi eadem legis dispositio: "Onde existe a mesma razão fundamental, prevalece a mesma regra de Direito". Os casos idênticos regem-se por disposições idênticas.

Non debet cui plus licet, quod minus est non licere.

In eo quod plus est semper inest et minus: "Quem pode o mais, pode o menos" (Literalmente: "Aquele a quem se permite o mais, não deve-se negar o menos." "No âmbito do mais sempre se compreende também o menos").

---

[22] Leonhard – *Der Allgemeine Theil des Bürgerlichen Gesetzbuchs*, vol. I, 1900, p. 53; Sutherland – *Statutes and Statutory Construction*, 2ª ed., vol. II, §§ 491-495; Campbell Black – *Handbook on the Construction and interpretation of the Laws*, 2ª ed., p. 219-223; Coviello, vol. I, p. 76 e 80; Laurent, vol. I, nº 279; Ferrara, vol. I, p. 223-224.

[23] Planiol, vol. I, nº 222; Gianturco, vol. I, p. 121, nota 2; Laurent, vol. I. nº 279. Vede nº 283.

[24] Coviello, vol. I, p. 80; Berriat Saint-Prix, op. cit., nº 69. Vede o capítulo – *Direito excepcional*, nº 286.

298 – O último brocardo justifica o argumento *a majori ad minus*, que aplica às partes a regra feita para o todo, e julga lícito, ou exigível, o menos quando o texto autoriza, ou obriga, ao mais.

Existe ainda o argumento *a pari*, que estende o preceito formulado para um caso às hipóteses iguais, ou fundamentalmente semelhantes[25]: *ubi eadem ratio.*

Os dois argumentos, a *majori ad minus e a pari*, seguem processo inverso do *a contrario*: são mais fecundos e de emprego mais frequente, Descoberta a razão íntima e decisiva de um dispositivo, transportam-lhe o efeito e a sanção aos casos não previstos, nos quais se encontrem elementos básicos idênticos aos do texto [26].

Exige maior cautela o argumento *a minori ad majus*: se é vedado o menos, conclui que o será também o mais; a condição imposta ao caso de menor importância prevalece para o de maior valor e da mesma natureza; por exemplo, se alguém é privado de administrar os bens, não os poderá vender[27].

A conclusão do *a minori ad majus* nem sempre será lógica e verdadeira. Basta lembrar que os textos *proibitivos* e os que impõem condições, quase sempre se incluem no Direito Excepcional, sujeito a exegese *estrita* e incompatível com o *processo analógico*, ao qual pertencem os três argumentos – *a pari, a majori ad minus, a minori ad majus*. Por isso mesmo, só se aplicam estes ao Direito comum, não ao Penal, ao Fiscal, nem ao *Excepcional*, e têm como alicerce o adágio da analogia – *ubi eadem ratio, ibi eadem juris dispositio*[28].

Os argumentos *a majori ad minus* e *a minori ad majus* levam a aplicar uma norma aos casos não previstos, nos quais se encontra o motivo, a razão fundamental da hipótese expressa, porém mais forte, em mais alto grau de eficácia[29]. Compreendem-se os dois em uma denominação comum argumento *a fortiori*[30].

Specialia generalibus insunt: "O que é especial acha-se incluído no geral"; ou, em outros termos – "o geral abrange a especial" (Gaio, no *Digesto*, liv. 50, tít, 17, frag. 147).

---

[25] Ferrara, vol. I, p. 223; Gianturco, vol. I, nº 131.

[26] Geny, vol. I, p. 34-35; Planiol, vol. I, nº 222.

[27] Bernardino Carneiro, *Primeiras Linhas de Hermenêutica Jurídica e Diplomática*, 2ª ed., 54; Domat – *Teoria da Interpretação das Leis*, trad. Correia Teles, em Código Filipino, de Cândido Mendes, vol. III, p. 439, XXIII; Ferrara, vol. I, p. 223; Gianturco vol. I, p. 121.

[28] Geny, vol. I, p. 34-36; Planiol, vol. I, nº 222. Vede os capítulos – Analogia, Direito excepcional, Leis Penais e Leis fiscais nºs 239, 245, 248, 275, 286, 387 e 400.

[29] Pacifici-Mazzoni, vol. I, nº 22; Coviello, vol. I, p. 76.

[30] Quem pode o mais, *a fortiori* (por mais forte razão) poderá o menos; se um requisito é exigido para se fazer o menos, *a fortiori* sê-lo-á para realizar a mais (Coviello, vol. I, p. 76).

BROCARDOS E OUTRAS REGRAS DE HERMENÊUTICA E APLICAÇÃO DO DIREITO | **225**

299 – Quando o texto menciona o gênero, presumem-se incluídas as espécies respectivas; se faz referência ao masculino, abrange o feminino; quando regula o *todo*, compreendem-se também as *partes*[31]. Aplica-se a regra geral aos casos especiais, se a lei não determina evidentemente o contrário[32].

Ubi lex non distinguit nec nos distinguere debemus: "Onde a lei não distingue, não pode o intérprete distinguir."

300 – Quando o texto dispõe de modo amplo, sem limitações evidentes, é dever do intérprete aplicá-lo a todos os casos particulares que se possam enquadrar na hipótese geral prevista explicitamente; não tente distinguir entre as circunstâncias da questão e as outras; cumpra a norma tal qual é, sem acrescentar condições novas, nem dispensar nenhuma das expressas[33].

Seria erro generalizar; a regra não é tão absoluta como parece à primeira vista. O seu objetivo é excluir a interpretação estrita; porém esta será cabível e concludente quando houver motivo sério para reduzir o alcance dos termos empregados, quando a razão fundamental da norma se não estender a um caso especial; enfim, quando, implicitamente ou em outras disposições sobre o mesmo assunto, insertas na mesma lei ou em lei diversa, prescrevem limites, ou exceções, ao preceito amplo[34].

Avultaria a probabilidade de errar se o brocardo fora aplicado, sem a maior cautela, a um artigo isolado de lei excepcional[35].

Odiosa rastringenda, favorabilia amplianda: "Restrinja-se o odioso; amplie-se o favorável."

301 – A Hermenêutica moderna olha com desconfiança e desdém para a distinção, um tanto artificial, entre disposições que asseguram vantagens ou proteção, e as cominadoras de incapacidade ou decadência de direitos. Objetivamente considerada, nenhuma norma é favorável, nenhuma é odiosa; porque todas constituem afirmações de direitos, ou coletivos, ou individuais. Não é fácil atender ao contraste: a lei intervém quando há conflito entre dois interesses antagônicos; logo o que for odioso para uma das partes será favorável à outra.

---

[31]   *In toto et pars continetur* (Gaio, no Dig., liv. 50 tít. 17 frag. 113).

[32]   Berriat Saint-Prix, op. cit., nº 44 e nota 1; Black, op. cit., p. 198-198 e 201-203.

[33]   Giuseppe Falcone – *Regulce Juris*, 2ª ed., p. 50; Berriat Saint-Prix, op. cit., nos 45-48.

[34]   Falcone, Subprocurador-Geral em Nápoles, op. cit., p. 50-51; Coviello, vol. I, p. 77; Ex.: os pais respondem pelo dano causado pelos filhos menores; entretanto, ainda que o preceito não distinga, exclui-se o caso de ser o menor emancipado.

[35]   Falcone, op. cit., p. 50-51; Coviello, vol. I, p. 77 (indiretamente).

226 | Hermenêutica e Aplicação do Direito • *Carlos Maximiliano*

Pode até a restrição ter o escopo de proteger, amparar, defender, como a que reduz a capacidade dos menores e interditos: embora envolva coerção desagradável, cerceamento de arbítrio pessoal, tem objetivo útil ao constrangido, favorece-o, de fato.

Tudo é relativo, dependente da maneira de ver, do critério do intérprete e da posição em que ele moralmente se coloque para examinar as hipóteses várias, uma por uma.

O fim da lei, os valores jurídico-sociais e outros elementos de Hermenêutica orientam melhor o aplicador do Direito que o perigoso brocardo[36].

302 – Não causa espanto a guerra que o adágio sofre desde época remota; combatido por Tomásio, Titio, Barbeirac, Heinecio, Melo Freire e Almeida e Sousa, de Lobão, quase nenhum amparo lhe ministram os contemporâneos. Os poucos que há meio século ainda tentavam fazê-lo flutuar, ou confundiam as disposições odiosas com as do Direito Excepcional[37], expediente corroborador da inutilidade da distinção; ou se contentavam com deduzir da parêmia o seguinte: quando o texto é suscetível de dois sentidos, adote-se aquele do qual possa vir o maior bem, ou o menor inconveniente – *benigna amplianda, odiosa restringenda*[38]; desde que não resulte prejuízo para terceiro, prefira-se a exegese conducente a efeito mais *benigno* e suave, ao invés da que leve ao mais perigoso e duro[39]. Com a restrição enunciada, isto é, de respeitar as obrigações contratuais, os direitos adquiridos, o preceito merece acatamento; porém a sua observância já se acha assegurada sob diverso fundamento. Na verdade, os casos em que sem prejuízo de terceiro se deve interpretar do modo mais benigno, suave, humano, o texto positivo, enquadram-se no Direito Penal, no Fiscal, ou no Excepcional, e é por esse motivo que sofrem exegese estrita, na dúvida se aplicam mais favoravelmente à parte alvejada pelo ônus da regra. Entendido bem, é, pois, verdadeiro o brocardo – *semper in dubiis benigniora, proeferenda sunt*: "Nos casos duvidosos sempre se preferirá a solução mais benigna"[40].

Consequentemente, ainda vige o aforismo – *Poenalia sunt restringenda*: "interpretam-se estritamente as disposições cominadoras de pena".

---

[36]   Giuseppe Saredo – *Trattato delle Leggi*, 1886, nº 14, art, X; Francesco Degni – *L'Interpretazione della Legge*, 2ª ed., p. 41; Borges Carneiro – *Direito Civil de Portugal*, vol. I, § 12, nº 32; Caldara, op. cit., nº 166; Almeida e Sousa – *Coleção de Dissertações Jurídico-Práticas*, em Suplemento às Notas a Melo, Dissertação, II, § 1º.

[37]   Coelho da Rocha – *Instituições de Direito Civil Português*, 4ª ed., vol. I, § 45, nota à regra 12.

[38]   Paula Batista – *Compêndio de Hermenêutica Jurídica*, § 48, nota 1.

[39]   Ferrara, vol. I, p. 219.

[40]   Gaio, no *Digesto*, liv. 50, tít. 17, frag. 56.

Minime sunt mutanda, quoe interpretationem certam semper habuerunt: "Altere-se o menos possível o que sempre foi entendido do mesmo modo" (Paulo, no *Digesto*, liv. 1, tít. 3, frag. 23).

303 – Esta preciosa máxima[41] impõe o respeito à exegese pacífica, faz observar as normas de acordo com o sentido e o alcance uniformemente definidos durante dilatados anos pela doutrina e pela jurisprudência. Quanto mais antiga é uma interpretação, maior o seu valor. Se foi contemporânea da norma, avulta ainda mais a presunção de certeza: é de supor que os primeiros aplicadores conheciam melhor o espírito e o *fim* da regra positiva. Por outro lado, quanto mais tempo se mantém inalterada, pacífica uma exegese, tanto menor será a probabilidade de a substituir com acerto[42].

Entretanto o preceito do adágio, embora venerável e seguro, não é absoluto. Tenha-se cautela em postergar o que adquiriu foros de verdade consolidada; porém, quando a ela se contrapuser a ciência nova, razões fortes e autoridades prestigiosas ampararem conclusão diferente, abandone-se, por amor ao progresso, a exegese tradicional.

Commodissimum est, id accipi, quo res de qua agitur, magis valeat quam pereat: "Prefira-se a inteligência dos textos que torne viável o seu objetivo, ao invés da que os reduza à inutilidade"[43].

304 – Exemplos de aplicação da regra acima enunciada: na dúvida, atribui-se, de preferência, à lei um sentido de que resulte a validade, ao invés de nulidade, de ato jurídico ou de autoridade, eleições, organizações de sociedade, ou de qualquer ato processual[44].

Qui sentit onus, sentire debet commodum, et contra.

---

41 Pacchioni, vol. II, p. 13, e nota 21.

42 Sutherland, vol. II, §§ 472 e 477; Black, op. cit., p. 289-291.
Nem sempre os contemporâneos da lei interpretam melhor do que os vindouros: logo depois de haver sido promulgada a Constituição Brasileira de 1891, a magistratura julgava-se incompetente para anular os atos insconstitucionais do Executivo e considerava as imunidades de senadores e deputados suspensas durante as férias parlamentares; o contrário, em um e outro caso, constitui hoje exegese pacífica.

43 Juliano, *apud Digesto*, liv. 34, tít. 5, frag. 12.
Ao pé da letra, assim se traduz o brocardo acima: "É muitíssimo convinhável admitir-se, de preferência, o conducente a subsistir, ao invés do que leve a perecer, a coisa de que se trata." Usa-se comumente mais concisa parêmia – *Oportet ut res magis valeat quam pereat*: "convém, de preferência, prevalecer a coisa de que se trata, em vez de resultar a sua invalidade".

44 Sutherland, vol. II, § 498; Black, op cit., p. 450.

305 – Quem suporta ônus, deve gozar as vantagens respectivas – *"pertence o cômodo a quem sofre o incômodo"*. O adágio conclui – *et contra*: "E inversamente", isto é, *os que têm direito ao cômodo, devem sofrer os incômodos* que lhe estão anexos, ou do mesmo decorrem[45].

306 – *Acessorium sequitur principale*: O texto referente ao principal, rege também o acessório. O acessório acompanha o principal[46].

307 – *Verba cum effectu, sunt accipienda*: "Não se presumem, na lei, palavras inúteis." Literalmente: "Devem-se compreender as palavras como tendo alguma eficácia."

As expressões do Direito interpretam-se de modo que não resultem frases sem significação real, vocábulos supérfluos, ociosos, inúteis[47].

Pode uma palavra ter mais de um sentido e ser apurado o adaptável à espécie, por meio do exame do contexto ou por outro processo; porém a verdade é que sempre se deve atribuir a cada uma a sua razão de ser, o seu papel, o seu significado, a sua contribuição para precisar o alcance da regra positiva[48]. Este conceito tanto se aplica ao Direito escrito, como aos atos jurídicos em geral, sobretudo aos contratos, que são *leis* entre as partes.

Dá-se valor a todos os vocábulos e, principalmente, a todas as frases, para achar o verdadeiro sentido de um texto[49]; porque este deve ser entendido de modo que tenham efeito todas as suas provisões, nenhuma parte resulte inoperativa ou supérflua, nula ou sem significação alguma[50].

308 – Entretanto o preceito não é absoluto, se de um trecho se não colige sentido apreciável para o caso, ou transparece a evidência de que as palavras foram insertas por inadvertência ou engano, não se apega o julgador à letra morta, inclina-se para o que decorre do emprego de outros recursos aptos a dar o verdadeiro alcance da norma[51].

---

[45] Paula Batista, op. cit., § 40.

[46] Paula Batista, op. cit., § 40.

[47] Assentos 282, de 20 de março de 1770, e 305, de 22 de outubro de 1778; Carlos de Carvalho – *Direito Civil Brasileiro Recopilado*, 1899, art. 62, § 1º; Paula Batista, op. cit., § 12, nota 4; Ribas, vol. I, p. 296; Borges Carneiro, vol. I, § 12, nº 15; Coelho da Rocha, vol. I, § 45, regra 6ª.

[48] Max Salomon – *Das Problem der Rechtsbegriffe*, 1907, p. 49.

[49] Trigo de Loureiro, vol. I, Introd., § LVI, regra 18ª.

[50] Sutherland, vol. II, § 380.

[51] Black, op. cit., p. 165-166.

BROCARDOS E OUTRAS REGRAS DE HERMENÊUTICA E APLICAÇÃO DO DIREITO | 229

Bem avisados, os norte-americanos formulam a regra de Hermenêutica nestes termos: "Deve-se atribuir, *quando for possível*, algum efeito a toda palavra, cláusula ou sentença"[52]. *Não se presume* a existência de expressões supérfluas; em regra, supõe-se que leis e contratos foram redigidos com atenção e esmero; de sorte que traduzam o objetivo dos seus autores. Todavia é possível, e não muito raro, suceder o contrário; e na dúvida entre a letra e o espírito, prevalece o último. Quando, porém, o texto é preciso, claro o sentido e o inverso se não deduz, indiscutivelmente, de outros elementos de Hermenêutica, seria um erro postergar expressões, anular palavras ou frases, a fim de tornar um dispositivo aplicável a determinada espécie jurídica[53]: *interpretatio in quacumque dispositione ne sic facienda, ut verba non sint superflua, et sine virtute operandi*: "Interpretem-se as disposições de modo que não pareça haver palavras supérfluas e sem força operativa."

Testis unus, testis nullus: "Uma testemunha não faz prova. Testemunha única, testemunha nenhuma."

309 – Pertence o brocardo à Aplicação do Direito, exclusivamente. Parece, entretanto, oportuno realizar aqui o estudo e a refutação daquela parêmia célebre, não só pela importância que isso teria para a prática judiciária, como também pela sua afinidade de origem com a Hermenêutica tradicional.

Laboram em erro os que atribuem a Ulpiano, ou a contemporâneo seu, a exigência de duas testemunhas para constituir prova plena. O que dos dizeres daquele jurisconsulto, *apreciados em conjunto*, se deduz é que nos casos em que a lei impõe a audiência de *testemunhas* (no plural), duas são suficientes[54]. De fato, no *Digesto* se nos depara a lição de Arcádio, no sentido de merecer crédito a afirmativa de uma só testemunha proba e digna de apreço e consideração[55].

---

52   Sutherland, vol. II, § 380; Black, op. cit., p. 165.

53   Black, op. cit., p. 167.

54   Accarias – *Précis de Droit Romain*, 4ª ed., vol. II, nº 776, p. 752, nota 4; Édouard Bonnier – *Traité Théorique et Pratique des Preuves en Droit Civil et en Droit Criminel*, 4ª ed., vol. I, p. 369, nº 292.

55   *Si vero est his quidam (eorum) aliud dixerint, licet impari numero, credendum est; non enim ad multitudinem respici oportet sed ad sinceram testimoniorum fidem, et testimonia quibus potius lux veritatis adsistit* (Arcadius, *apud Digesto*, liv. 22, tít. 5 – *De testibus*, frag. 21, § 3º) – "se em verdade, sobre o assunto em debate, algumas (delas) algo disserem, cumpre dar crédito, *ainda que deponham em número singular* porquanto *não convém considerar a multiplicidade, porém a fé sincera dos depoimentos*, bem como os testemunhos em que precipuamente está presente a luz da verdade".
"Não se deve ter em vista a multidão, porém a fidelidade sincera dos testemunhos" – *non enim ad muttitudinem respici oportet, sea ad sinceram, testimoniorum fidem*.

O brocardo – *Testis unus, testis nullus* – "uma testemunha não faz prova" – decorre de uma Constituição do Imperador Constantino, data da época do Baixo Império Romano, e não do período áureo das letras jurídicas do Lácio[56].

Prestigiaram-no o Direito Canônico[57] e o Muçulmano[58].

Nasceu da parêmia romana a de Loysel, familiar aos juristas italianos: *Voix d'un voix de nun*[59].

310 – Coadunar-se-ia o brocardo com as ideias da época em que se porfiava em enfeixar toda a doutrina jurídica em preceitos rígidos de uma precisão matemática e aplicabilidade mecânica; a Hermenêutica e a Prova deixavam a menor margem possível ao coeficiente pessoal, exercitavam-se mediante processos geométricos, silogísticos, sem elastério nenhum. O juiz não decidia pela sua convicção; não se lhe reservava a possibilidade de formar opinião pelo conjunto do processo; tudo era preestabelecido. A sentença basear-se-ia no alegado e *provado*; e assim seria considerado o que obedecesse a requisitos minuciosos e fatais[60].

Já foi apreciada oportunamente a inanidade desse sistema pretensioso, no tocante à Interpretação[61]. Não menos ilusória é a sua base, relativamente à evidência legal.

Obediente ao critério vetusto, a dogmática estabelecia, a princípio: "Uma testemunha não faz prova – *testis unus, testis nullus*; duas constituem prova plena." Compreendeu depois o exagero da recusa do depoimento singular, e emendou deste modo a regra: "Uma testemunha faz *meia* prova; duas constituem prova integral, decisiva." Requintou em precisão matemática; pretendeu reduzir a al-

---

56 Código, de Justiniano, liv. 4, tít. 20, frag. 9, § 1º; Neves e Castro – *Teoria das Provas*, 1880, p. 306, nº 272; Accarias, vol. II, 762, nota 4; Bonnier, vol. I, p. 369, nº 292.

57 Bonnier, vol. I, p. 370, nº 292.

58 E. Garsonnet – *Traité théorique et pratique de procédure*, 2ª ed., vol. III, § 855, nota 6; Bonnier, vol, I, p. 372, nº 292.

59 Loysel – *Institutes Coutumières*, liv. V, tít. V – Des Preuves, § 10.

60 "Realmente, a exigência de contar as testemunhas de modo que mil possam fazer crer aquilo que uma só não pode, implica uma estimação demasiado material da certeza, além de ser esse critério uma sobrevivência ou vestígio daquele preconceito dos antigos *doutores*, em virtude do qual somavam metades, quartos ou oitavos de prova, e recordar também o *costume* germânico acerca dos conjurados, costume que exigia um número determinado deles, para provar a inocência" (Ellero – *De la Certitumbre en los Juicios Criminales*, trad. espanhola de Adolfo Posada, 3ª ed., 1913, p. 194, correspondente à p. 187 do original italiano, publicado sob o título de *Crítica Criminal*.

61 Vede o capítulo – *Processo Lógico*, nº 126.

BROCARDOS E OUTRAS REGRAS DE HERMENÊUTICA E APLICAÇÃO DO DIREITO | **231**

garismos o que é, por sua própria natureza, contingente, complexo, dependente do critério, integridade e competência técnica do aplicador do Direito.

Em Portugal e no Brasil prevaleceu aquele conceito, inserto nas Ordenações do Reino, livro III, título 52, e acolhido em obra que se tornou clássica entre os povos latinos, o *Tratado de Pothier*[62], o qual serviu de fonte do livro do Código Civil francês referente às Obrigações. Infelizmente o Código Civil português (antigo) ainda consolidou o preceito rígido, nos seguintes termos: "Art. 2.512. O depoimento de uma única testemunha, destituído de qualquer outra prova, não fará fé em juízo, exceto nos casos em que a lei expressamente ordenar o contrário"[63].

Também em França a jurisprudência palmilhou outrora a trilha esconsa[64].

311 – Bem distanciadas desse critério estreito, tendente a agrilhoar a inteligência e a consciência do magistrado, a moderna doutrina e a prática judiciária dos países cultos orientam-se em sentido diametralmente oposto ao brocardo oriundo do Baixo Império Romano.

"Facilitar a prova, na mais larga medida possível, é um dos pontos mais importantes que, na formação dos direitos, merece fixar a atenção do legislador e atrair os olhares da ciência"[65].

Os juízes *pesam* os depoimentos; *não os contam*[66]. A credibilidade de uma prova testemunhal não depende do número dos que são chamados a esclarecer a justiça; avalia-se pelos seguintes elementos: verossimilhança dos dizeres; probidade científica do depoente; seu conhecido amor, ou desamor, à verdade; latitude e segurança de conhecimento, que manifesta; razões de convicção que

---

[62] (3) Pothier – *Tratado das Obrigações Pessoais e Recíprocas*, trad. e adições de Correia Teles, vol. II, nº 779.
João Monteiro, catedrático da Faculdade de Direito de São Paulo – *Processo Civil*, vol. II, § 172, nota 2, p. 294, externa este conceito: "uma só testemunha faz meia prova." Em nota *a*, exara a corrigenda seguinte: "Isto foi escrito em 1883. Hoje não diríamos assim, mas que, dadas as outras circunstâncias da causa, *esta única testemunha* faria prova bastante."

[63] *O novo Código Civil Português*, de 1966, não mantém a regra do art. 2.512 do antigo. O art. 396 estabelece: "A força probatória dos depoimentos das testemunhas é apreciada livremente pelo tribunal."

[64] Bonnier, vol. I, nº 292, p. 371.

[65] R. Von Ihering – *L'Esprit du Droit Romain*, trad. Meulenaere, 3ª ed., vol. IV, p. 200.

[66] Neves e Castro, op. cit., p. 308; Garsonnet, vol. III, p. 76, § 855; Accarias, vol. II, nº 776, nº 752; João Monteiro – *Processo Civil*, vol. II, 1900, § 168, nota 4.

declara e se lhe devem perguntar; confiança que inspira, pelo seu passado, pela sua profissão e pelo grau de cultura do seu espírito[67].

Mário Pagano, aliás favorável à observância do brocardo no juízo criminal, pondera que do confronto entre dizer ressalta a verdade: "esta é corno a luz, que brota e cintila quando dois corpos se chocam e se percutem reciprocamente. A confrontação é a pedra de toque da verdade"[68]. Objeta Eugênio Pincherli que a verdadeira razão dos erros judiciários não está em ouvir uma testemunha; devemos antes buscá-la "na estreiteza da mente humana que não pôde, ou não quis perscrutar no ânimo daquela testemunha, nem medir pelas qualidades pessoais da mesma a fé que mereciam as suas palavras; que não pôde, ou não quis realizar com justo critério aquele trabalho sutil de confronto que Mário Pagano declarou ser a pedra de toque da verdade (*pietra di paragone della verità*). Ora esse confronto não se efetiva apenas entre os ditos de uma testemunha e os de outra; pode também verificar-se entre os ditos da testemunha uns com os outros; é possível dar-se, ainda, entre os dizeres de uma testemunha e qualquer outra prova, adminículo, indício, que tenha relação com o fato ajuizado"[69].

Em todo caso, em qualquer hipótese, o essencial, acima de tudo, é *pesar* os depoimentos, em vez de os *contar* simples e mecanicamente; não é sensato atribuir mais fé e dar mais apreço ao que dizem dois indivíduos de duvidosa ou muito relativa independência de caráter e vulgar senso moral, do que às afirmações criteriosas de um só homem, distinto, correto e de responsabilidade.

Segundo Papiniano, incumbe ao juiz, pela própria natureza do seu ofício, apreciar de modo particularmente atento a credibilidade do testemunho dado por um varão de espírito íntegro: *Quod legibus omissum est, non omittetur religione judicantium: ad quorum officium pertinet, ejus quoque testimonii fidem, quod*

---

[67] Ernst R. Bierling – *Juristische Prinzipienlehre*, 1911, vol. IV, p. 101; Lodovico Mortara – *Manuale della Procedura Civile*, 6ª ed., vol. I, nº 419, p. 397; Luigi Mattirolo – *Trattato di Diritto Giudiziario Civile Italiano*, 5ª ed., vol. II, nº 702; Cesare Baldi – *Le Prove Civili*, 2ª ed., 1915, p. 619, § 21, nº 2.
"Portanto o número nada tem que ver neste ponto da apreciação lógica. O essencial é ser a testemunha adornada daquelas qualidades ou dotes morais, intelectuais e físicos exigidos para o caso, e depor com uma naturalidade tal que a convicção surja; é preciso que haja podido e querido observar diligentemente e manifeste de modo veraz tudo quanto observou. Desde o momento em que se apresente ou se consiga uma testemunha desta classe e com estas condições, quer haja uma, quer surjam até mil, não se tem por isso uma prova maior, nem menor: tem-se a prova. Com efeito, as mil não fazem mais do que repetir o que uma só pode depor, e, se esta é fidedigna, vale tanto como as mil" (Ellero, op. e ed. cit., p. 194).

[68] Mario Pagano – *Teoria delle Prove*, cap. 8.

[69] Eugenio Pincherli – *La Prova per Testimoni nei Processi Penali*, 1895, p. 19.

integroe frontis homo dixerit, perpendere[70] – "aquilo que nas leis é omitido, não o seja na consciência profissional dos julgadores, a cujo ministério incumbe, outrossim, *pesar bem a fé inteira do depoimento que haja prestado um homem de cabeça íntegra* (de irrepreensível integridade)".

Tanto a doutrina como a jurisprudência modernas, em nenhuma hipótese, absolutamente em nenhuma, prescindem do discernimento pessoal, do critério técnico, da consciência, formada pela educação e pelo estudo, de um verdadeiro magistrado. Ele é o soberano apreciador da Prova; neste particular se lhe atribui autoridade *discricionária*, tomado este vocábulo no sentido adotado no Direito Público. Deixa-se ao prudente arbítrio do juiz aquilatar o valor intrínseco dos depoimentos, *pesá-los*, e decidir afinal de acordo com o seu convencimento consciencioso, formado pelo exame do processo, em conjunto[71].

É assim que se pensa e pratica em toda parte, varrida dos pretórios a velha doutrina, tanto em França e na Itália, como na Suíça, Alemanha e Áustria[72]. Quer no foro civil, quer no criminal, o juiz pode aceitar como provado o que é dito por uma só testemunha, e rejeitar como incerto, ou falso, o que depõem duas ou mais. O preceito – *Testis unus, testis nullus* é incompatível com o Direito contemporâneo[73].

---

[70] *Digesto*, liv. 22, tít. 5, frag. 13.

[71] Dr. Fritz Berolzheimer – *System der Rechts und Wirtschafisphilosophie*, 1906, vol. III, p. 93 e 251; Cesário Consolo – *Trattato, della Prova per Testimoni*, 2ª ed., nº 342, p. 583; Mortara, vol. I, nº 419, p. 397; Aubry & Rau – *Cours de Droit Civil Français*, 5ª ed., vol. XII, 1922, § 761, p. 302; Bonnier, vol. I, nºˢ 131 e 292.

[72] Mattirolo, vol. II, § 700 e nota 3 da p. 610; Mortara, Consolo e Aubry & Rau, loc. cit., *retro*.

[73] Francesco Ricci – *Delle Prove*, 1891, nº 156, p. 258; Consolo, op. cit., nº 343, p. 584; Garsonnet, vol. III, § 855, p. 76-77 e notas 5 e 6; João Monteiro – *Programa do Curso de Processo Civil*, vol. II, § 168 e nota 4; Mortara, vol. I, nº 419, p. 397; Accarias, vol. II, p. 752, nº 776; Bonnier, vol. I, p. 145-149, nº 131, e p. 370-372, nº 292; Mattirolo, vol. II, nºˢ 700-702, Aubry & Rau, vol. XII, p. 302, § 761 e nota 8; Perreau, Prof. da Faculdade de Direito de Tolosa – *Technique de la Jurisprudence en Droit Privé*, vol. I, p. 155-156. Os autores citados invocam jurisprudência copiosa. Releva notar, entretanto, que seria talvez precipitado, no foro criminal, repelir, sem reservas, a antiga parêmia, embora, ainda naquele campo de investigação jurídica, autoridades de prestígio universal, como Bentham, Blackstone e Pincherli, considerem inaceitável a preocupação com o número das testemunhas (Antonio Dellepeane – *Nueva Teoria General de la Prueba*, Buenos Aires, 1919, p. 155; Pincherli, op. cit., p. 19-20). Ellero, adversário do adágio vetusto, reconhece, todavia, a impossibilidade de provar plenamente a existência ou a prática de um delito *mediante uma só espécie de prova*. De fato, seria arriscado formar convicção quanto ao fato principal e respectiva autoria, sem o auxílio de outros elementos de certeza, que em maior ou menor escala sempre é possível obter, ou imediatamente, ou com o transcorrer do tempo. Para Ellero, o mal não estaria em basear-se o julgado num só depoimento é, sim, em condenar-se um homem com o apoio exclusivo da prova testemunhal (Ellero, op. cit., p. 197-198).

312 – Apesar de aceito o apotegma pelos discípulos de Maomé, não o aplicam os tribunais franceses da Argélia, nem sequer rios pleitos em que o autor e o réu são muçulmanos[74].

Até em Portugal, Neves e Castro, obrigado à observância do Código Civil, renova a cena de Galileu, como que repete o e *pur si muove*, com estas informações sinceras:

> "Nem se pode estabelecer a proibição absoluta da admissão de uma só testemunha, nem admitir como prova plena o depoimento de duas testemunhas.
>
> *Atualmente tem prevalecido a máxima de que* os depoimentos das testemunhas devem ser pesados *e não* – contados. Muitas vezes podem valer mais dois depoimentos, *e mesmo um só*, do que quatro ou mais. Efetivamente, o *depoimento de uma testemunha pode manifestar um caráter indubitável de verdade*, que pode faltar aos depoimentos de duas ou mais, cuja qualidade seja suspeita"[75].

Com efeito, o "depoimento de uma única testemunha pode ser tão preciso, tão completo, tão imparcial, tão isento de qualquer hesitação, que venha a produzir no espírito mais escrupuloso a mais forte e a mais profunda convicção"[76].

313 – Nos Estados Unidos, repelem o brocardo, por ser "contrário ao gênio das instituições americanas"[77]. Não seria lícito pensar de outro modo no Brasil.

Releva notar que em França, apesar de ter o valor de *fonte*[78], em relação ao Código Civil, o livro de Pothier, favorável à parêmia, considera-se eliminada esta,

---

Esta opinião aproxima-se do parecer correto de Framarino Dei Malatesta: para este, um só testemunho, isolado de qualquer outra prova, não basta para formar convicção jurídica acerca da existência de um crime, ou de quem foi o seu autor; porém, liquidados estes doia pontos graves e essenciais, qualquer outro fato da causa, qualquer circunstância do delito, qualquer elemento favorável, ou desfavorável, ao imputado pode ser provado por um só testemunho, sem defeitos, inconteste (Nicola Framarino Dei Malatesta – *La Logica delle Prove in Criminale*, 3ª ed., vol. II, p. 216-224).

Em resumo: seria imprudente decidir um feito e aplicar uma pena quando se não achasse o depoimento único apoiado e corroborado ao menos por indícios veementes, ou qualquer outro elemento de certeza; porém, ainda mesmo que se ouvissem, no processo, duas ou mais pessoas, continuaria deficiente, insegura, mal fundada a convicção, desde que se baseasse apenas em prova testemunhal.

[74] Garsonnet, vol. III, § 855, nota 6; Bonnier, vol. I, n° 292, p. 372.

[75] Neves e Castro, op. cit., p. 307 e 308. Bonnier exprime-se em termos idênticos (vol. I, p. 369, n° 292).

[76] Philipps – *On the Law of Evidence*, liv. I, part. I, cap.VII, sec. I.

[77] Greenleat, *apud* Bonnier, vol. I, n° 292, p. 371.

[78] Vede a dissertação sobre – *Argumento de Autoridade*, n° 341.

unicamente por não haver sido reproduzida no repositório legal, promulgado por Napoleão[79], o que é razoável; porquanto as disposições de ordem pública, e imperativas, ou proibitivas, interpretam-se estritamente[80]. O argumento que vingou em França para eliminar o brocardo da prática judiciária aplica-se também ao Brasil, onde, aliás, ocorre outro: não se verifica apenas a revogação *implícita* da Ordenação do livro III, título 52; existe ainda a ab-rogação *explícita*, constante do art. 1,807 do Código Civil, assim concebido: "Ficam revogadas as *Ordenações*, Alvarás, Leis, Decretos, Resoluções, Usos e Costumes concernentes às matérias de Direito Civil reguladas neste Código."

Em boa hora o legislador brasileiro, como o francês, ao tratar da prova, que é, na essência, matéria de Direito Substantivo[81], absteve-se, nos arts. 129 a 144, de prestigiar a máxima incompatível com a ciência moderna e repelida pela jurisprudência dos povos cultos. Foi além: *expressamente* anulou o repositório filipino que impusera respeito à parêmia. Logo, no Brasil, como em todas as nações policiadas, não se ampara em sólidas razões aquele que ainda invoca o brocardo – *Testis unus, testis nullus*[82].

313-A – *Falsa demonstratio non nocets* "a impropriedade da denominação nenhum prejuízo acarreta".

Nihil interest de nomine, cum de corpore constat: "Nada interessa o nome, a expressão usada, desde que o principal, a essência, a realidade está evidente."

Actus, non a nomine sed ab effectu, judicatur: "O ato jurídico é apreciado, tomando-se em consideração, em vez do simples nome, o efetivamente desejado, querido, resolvido."

A denominação falsa, imperfeita, ou errada, de objeto, ato ou fato, não influi no valor e aplicabilidade de preceito, cláusula, ou conjunto de disposições; a realidade prima sobre as palavras: se ao legado chamam herança, ao legató-

---

[79] Bonnier, vol. I, nº 292, p. 371.

[80] Vede os capítulos – *Leis de Ordem Pública* e – *Direito Excepcional*, nºs 266-267 e 270 e segs.

[81] C. Maximiliano – *Comentários à Constituição Brasileira*, 3ª ed., nº 305.
A essência e a qualidade da Prova constituem objeto de Direito Substantivo; o Adjetivo indica apenas o modo e a oportunidade de a oferecer em juízo o processo da sua apresentação e a fase da lide em que tem cabimento.

[82] Aqueles mesmos que ainda rezam pela velha cartilha admitem exceções dignas de registro pela circunstância dupla de terem valor prático e porem em relevo a fragilidade da regra; para eles, faz prova plena *uma* testemunha quando depõe sobre fato próprio, em causa cível e módica; ou – sobre assunto que diz respeito ao seu cargo ou função pública (*in iis credendum quoe ad officium eiuum spectant*, na frase de Melo Freire) (Valasco – Cons. 73, nº 5; Pascoal José de Melo Freire – *Institutionum Juris Civilis Lusitani*, Liber IV, tít. 17, § 11; Barão de Ramalho – *Praxe Brasileira*, 2ª ed., § 199, p. 284).

rio – herdeiro, à cessão ou concessão – doação, ou vice-versa; prevalece, neste particular, o ato jurídico respectivo; o juiz corrige o engano, dá eficiência ao que foi efetivamente resolvido e em termos impróprios designado.

313-B – *Ad impossibilia nemo tenetur*: "Ninguém está obrigado ao impossível."

Não se interpreta um texto de modo que resulte fato irrealizável, deliberação em desacordo com a lei, dever superior às possibilidades humanas comuns.

Evidente a impossibilidade do cumprimento cessa a obrigação respectiva.

313-C – *Prior in tempore, potior in jure*: "Quem antecede em tempo, avantaja-se em direito."

Somente com o maior critério na prática se aplica este brocardo.

313-D – *In his quoe contra rationem juris constituta sunt, non possumus sequi regulam juris*[83]: "Ao que foi determinado, introduzido, realizado em contraste com a razão de direito, não podemos aplicar a regra de Direito."

O estabelecido para o que é vulgar, não se aplica às exceções; e, vice-versa, o estatuído para uns casos excepcionais não se observa como regra geral.

As violações da lei não geram direitos para o transgressor, nem tiram o direito de terceiros que decorreria da aplicação da mesma.

313-E – *Quod raro fit, non observant legislatores*: "Os legisladores não têm em vista aquilo que só acontece raramente."

Presume-se que a lei, disposição, frase ou cláusula se refere "ao que é vulgar, ao que mais comumente acontece" – *quod plerumque fit, ou quod plerumque accidit*; não a casos raros, excepcionais.

As leis, os livros de ciência, os expositores do Direito, ou se referem ao que é geral, ou, pelo menos, dão primeiro a regra e deixam claras, depois, as exceções, Alusões a estas não se tiram por inferência ou presunção.

Provado um fato comum, não pode o julgador deixar de decidir de acordo com ele pela circunstância de às vezes verificar-se outro, oriundo de causa diversa ou tendente a produzir efeito diferente. Só é lícito inclinar-se pela exceção quando evidenciado que se deu esta, e não o comum, o geral, "o que mais vulgarmente resulta ou acontece" – *quod plerumque accidit*.

---

[83] Juliano, em o Digesto, liv. 1º, tít. 3º – de legibus, fragmento 15.

BROCARDOS E OUTRAS REGRAS DE HERMENÊUTICA E APLICAÇÃO DO DIREITO | 237

313-F – *Posteriores leges ad priores pertinent, nisi contrarix sínt*: "As leis posteriores constituem prolongamento das anteriores, se entre elas antagonismo não há."

313-G – *Nemo locupletari debet cum aliena injuria vel jactura*: "Ninguém deve locupletar-se com o dano de outrem, ou com a *jactura* alheia."

Usa-se, comumente, brocardo mais resumido – "ninguém deve locupletar-se com a *jactura* alheia".

No *Digesto*, livro V, título III – *De hereditatis petitione*, fragmento 38, se nos depara preceito semelhante, de Paulo: *non debet petitor ex aliena jactura lucrum facere*: "O postulante não deve tirar lucro da jactura alheia."

313-H – *Utile per inutile non vitiatur*: "O útil não é viciado pelo inútil."

O que é expletivo, embora eivado de nulidade, em nada prejudica o aproveitável ou necessário. Defeitos no que é acidental ou superabundante, não atingem o que é essencial.

O aforismo acima entrosa-se no seguinte: *quod abundat non nocet*: "O que superabunda, não prejudica. Dado mais do que o indispensável, daí nenhuma nulidade resulta."

313-I – *Pronuntiatio sermonis in sexu* masculino, *ad utrunque sexum plerumque porrigitur*: "Enunciado um preceito no masculino, estende-se, as mais das vezes, a um e outro sexo."

Em geral, as normas são redigidas como se referindo ao masculino, o que não impede de as aplicar, em regra, ao feminino também: por exemplo, em aludindo a filho, ou filhos, compreendem-se como amparando a filha, ou as filhas.

313-J – *Res inter alios acta vel judicata aliis non nocet nec prodest*: "O assunto ocorrido (tratado, pactuado) ou decidido entre alguns aos outros não prejudica nem aproveita"; ou, por outras palavras: "A ninguém prejudica ou aproveita o que entre terceiros foi assentado ou judicialmente concluído."

As obrigações, em regra, vinculam, apenas, os contraentes e os respectivos sucessores. Decisões judiciais só aproveitam ou prejudicam aos que do feito participaram: não se pode alegar *coisa julgada*, sem haver identidade de pessoas entre a demanda anterior e a posterior.

Este brocardo, como todas as regras, comporta exceções: por exemplo, em se tratando de atos ou sentenças que produzem efeito *erga omnes*, e não só entre os interessados imediatos; assim ocorre com as decisões sobre estado de pessoa e com a escritura de dote ou doação com a cláusula de reversão ou de inalienabilidade.

313-K – *In dubio pro libertate. Libertas omnibus rebus favorabilior est*: "Na dúvida, pela liberdade! Em todos os assuntos e circunstâncias, é a liberdade que merece maior favor"[84].

313-L – *Nemo creditur turpitudinem suam allegans* (ninguém alcança acolhida alegando a própria torpeza). *Nemo de improbitate sua consequitur actionem* (ninguém consegue ação vitoriosa graças a improbidade sua).

Butera (*Simulazione*, p. 245), Ferrara (*Simulação*, tradução portuguesa, p. 377) e Demogue (*Obligations*, vol. I, nº 169) opõem restrições a este apotegma, que é apoiado pelo art. 104 do Código Civil Brasileiro. O brocardo prevalece, porém, não de modo absoluto; deve-se aplicar *cum grano salis*, com prudência, com a máxima inteligência.

313-M – *Unumquodque dissolvitur e o modo quod fuerit colligatum* (cada coisa dissolve-se do mesmo modo pelo qual tenha sido concertada; ou por outras palavras – tudo se dissolve do mesmo modo pelo qual se constituíra). O que foi estabelecido mediante sentença (interdição, por exemplo), só por meio de nova sentença pode ser eliminado. *Mutatis mutandis*, o mesmo se diga do que adveio de escritura pública ou testamento.

314 – *Quando a lei faculta, ou prescreve um fim, presumem-se autorizados os meios necessários para o conseguir, contanto que sejam justos e honestos*[85].

O mesmo acontece quando outorga um direito, investe de certa autoridade, ou impõe um dever: implicitamente permite, ou assegura os elementos indispensáveis para corresponder ao objetivo da norma[86].

Compreendem-se, entretanto, na autorização tácita só os meios estritamente necessários para atingir o escopo do dispositivo, apenas as consequências lógicas da regra em apreço[87].

315 – *Se o fim é vedado, consideram-se proibidos todos os meios próprios para o atingir*[88].

---

[84] O segundo apotegma advém da lição do jurisconsulto Gaio, exarada no Digesto, liv. 50, tít. 17 – De regulis juris, frag. 122.
Vede nº 435.

[85] Paula Batista, op. cit., § 40; Gianturco, vol. I, p. 121; Dias Ferreira – *Código Civil Português Anotado*, vol. I, p. 31-35; Trigo de Loureiro – *Direito Civil*, vol. I, § LV, regra 7ª.

[86] Sutherland, vol. II, §§ 504, 508 e 510.

[87] Black, op. cit., p. 93-94.

[88] Ferrara, vol. I, p. 223; Gianturco, vol. I, p. 121.

BROCARDOS E OUTRAS REGRAS DE HERMENÊUTICA E APLICAÇÃO DO DIREITO | 239

316 – Para entender bem um texto, é forçoso conhecer a natureza da relação que o mesmo regula.

Por exemplo: só interpreta, com segurança, preceitos sobre negócios de bolsa quem estudou as operações de bolsa; a exegese de certas normas penais pressupõe conhecimentos de Medicina Legal; e assim por diante[89].

317 – *Concepções puras, definições, não as estabelece normalmente o legislador.*

Por isso, não se presumem incluídas nos textos. Com um caráter obrigatório, em geral só se formulam regras positivas[90].

Não se interpreta um texto de modo que resulte a má-fé, o dolo, a fraude, a cavilação.

318 – O dolo não se presume: na dúvida, prefere-se a exegese que o exclui.

Todas as presunções militam a favor de uma conduta honesta e justa; só em face de indícios decisivos, bem fundadas conjeturas, se admite haver alguém agido com propósitos cavilosos, intuitos contrários ao Direito, ou à Moral.

Por sua vez a lei não autoriza o dolo, nem favorece a fraude, o embuste, a deslealdade, a cavilação. Interpretam-se, quanto possível, as disposições escritas de modo que não deixem margem àqueles expedientes e traços oriundos da má-fé[91].

A lei ampliativa ou declarativa de outra por ela se deve entender.

Frases referentes não dão mais direito do que as referidas.

319 – Quando uma proposição é ampliativa, ou declarativa, de outra, interpreta-se de conformidade com a letra e o espírito desta[92]. A mais antiga exerce uma função semelhante à do elemento histórico e, assim, contribui para a exegese da moderna. Verifica-se o que foi que se pretendeu explicar, ou dilatar, e colhe-se deste modo alguma orientação para a descoberta do conteúdo e alcance da nova regara. Não se fica, entretanto, adstrito ao sentido da norma primitiva; o hermeneuta adquire a liberdade do historiador: investiga autono-

---

[89] Coviello, vol. I, p. 70.

[90] Geny, vol. I, p. 280.

[91] Coelho da Rocha, vol. I, § 45, regra 6ª; Trigo de Loureiro, vol. I, *Introdução*, § LVII, regra 22; M. I. Carvalho de Mendonça – *Doutrina e Prática das Obrigações*, 2ª ed., vol. II, nº 563; Giorgio Giorgi – *Teoria delle Obbligazioni*, 7ª ed., vol. II, nº 40.

[92] Trigo de Loureiro, vol. I, § LIV, regra 12; Carlos de Carvalho, op. cit., art. 63; Ribas, vol. I, 297; Borges Carneiro, vol. I, § 12, nº 24.

micamente; em torno do preceito vetusto procura elementos para demonstrar a razão de ser do mais moderno[93].

"Quando as leis novas se reportam às antigas, ou as antigas às novas, interpretam-se umas pelas outras, segundo a sua intenção comum, naquela parte que as derradeiras não têm ab-rogado"[94]; atingem todas o mesmo objetivo: as recentes não conferem mais regalias, vantagens, direitos do que as normas a que explicitamente se referem[95], salvo disposição iniludível em contrário.

Quando uma regra positiva, ou simples frase, alude a outra, de modo específico; as duas proposições, referentes e referidas, devem ter o mesmo efeito. Se a referência se limita a uma parte de outro dispositivo, só essa parte se interpreta como a que a ela se reporta[96].

Proposições incidentes ou enunciativas valem menos que as principais.

320 – Em um texto há uma parte culminante, decisiva, e outras meramente explicativas ou expositivas; a primeira tem maior valor, prepondera sobre as demais: a ela se presta maior atenção, particular acatamento. "As proposições *enunciativas* ou incidentes da lei, e as suas razões de decidir, não têm a mesma força que as suas decisões"[97]. Entretanto, umas e outras mutuamente se auxiliam na exegese: as proposições principais entendem-se conforme as explicações ou restrições que as incidentes lhes trazem[98].

Quando duas disposições dimanam de um princípio comum, interpretam-se no mesmo sentido. As consequências explicitamente previstas servem para melhor entender os antecedentes, a regra geral, o princípio enunciado, de que derivam[99].

Na verdade, a proposição principal vale mais do que as incidentes, que lhe ficam subordinadas; na dúvida, é ela que prevalece, a regra geral; nunca a restrição. Será, todavia, de bom aviso procurar sempre conciliá-las e combinar todas, de modo que, ao invés de uma se sobrepor a outras, reciprocamente se completem[100].

---

[93] Walter Jellinek – *Gesetz, Gesetzesanwendung und Zweckmaessigkeitserwagung*, 1913, p. 171.

[94] Domat, trad. Correia Teles, *in Código Filipino*, vol. III, p. 436, XVIII.

[95] Carlos de Carvalho, op. cit., art. 62, § 2º.

[96] Sutherland, vol. II, § 405.

[97] Assento 237, de 14 de junho de 1740; Carlos de Carvalho, op. cit., art. 62, § 7º; Ribas, vol. I, p. 297; Borges Carneiro, vol. I, § 12, nº 25.

[98] Bernardino Carneiro, op. cit., § 38.

[99] Charles Brocher – *Étude sur les Principes Généraux de L'Interprétation des Lois*, 1870, p. 93-94.

[100] Bernardino Carneiro, op. cit., § 39.
Outros brocardos ainda valiosos para a Hermenêutica e a Aplicação do Direito foram lembrados e comentados, especial ou incidentemente, em várias seções desta obra; por isso, dos mesmos se não faz menção neste capítulo.

BROCARDOS E OUTRAS REGRAS DE HERMENÊUTICA E APLICAÇÃO DO DIREITO | 241

321 – *O Poder Executivo não tem competência para interpretar, por meio de aviso ou regulamento, disposições de lei cuja execução esteja exclusivamente a cargo do Poder Judiciário*[101].

322 – A uniforme *interpretação legislativa* de uma norma constitui objeto de particular acatamento por parte do aplicador do Direito.

Não há propriamente jurisprudência parlamentar; mas os *precedentes* mantidos inalterados pelo Congresso podem ser invocados como contribuição para a Hermenêutica[102].

Se durante lapso apreciável de tempo o parlamento mostrou entender do mesmo modo um texto, ordinário ou básico, essa exegese uniforme e relativamente diuturna merece o respeito dos outros poderes constitucionais. Milita, a favor da mesma, forte presunção de certeza; logo não a devem postergar senão depois de maduro exame e em face de argumentos sólidos em contrário. O apoio das Câmaras constitui justo motivo de acatamento a determinada interpretação[103].

COMPETÊNCIA

323 – Competência *não se presume*; entretanto, uma vez assegurada, entende-se conferida com a amplitude necessária para o exercício do poder ou desempenho da função a que se refere a lei[104].

Desde que se outorgou a um tribunal certa competência, não se supõe revogada por haver sido investido outro juízo de atribuições semelhantes[105]. Procure-se conciliar os dois dispositivos; visto se dever atender também à circunstância de se presumirem *exclusivas* as funções conferidas, a uma autoridade, se o legislador não prescreveu, a respeito, evidentemente o contrário: a divisão dos poderes é a *regra*; a sua confusão, fato excepcional[106].

Quando a norma atribui competência excepcional ou especialíssima, interpreta-se estritamente; opta-se, na dúvida, pela competência ordinária[107].

---

[101] Carlos Maximiliano – *Comentários à Constituição Brasileira*, 5ª ed., nº 359; A. J. Ribas – *Curso de Direito Civil Brasileiro*, 1880, vol. I, p. 289; Lei nº 23, de 30 de outubro de 1891, art. 9º, § 2º. Vede o capítulo – Interpretação Autêntica.

[102] Sutherland, vol. II, § 476.

[103] Vede nºs 99 e 204.

[104] Fabreguettes, op. cit., p. 384.

[105] Black, op. cit., p. 138; Sutherland, vol. II, § 569.

[106] Sutherland, vol. II, § 568; Caldara, op. cit., nº 205.

[107] Caldara, op. cit., nº 205; Fabreguettes, op. cit., p. 384.
Não se confunda *excepcional com especial*. Vede nº 274 e o capítulo – *Leis Penais*, nº 389.

Título, epígrafe.

Preâmbulo, ementa.

324 – Os títulos, as epígrafes e as rubricas da lei em conjunto, ou de capítulo ou parágrafo, não fazem parte, propriamente, da norma escrita, não foram discutidos nem votados, não contêm uma regra explícita. Entretanto, foram presentes aos legisladores e aceitos como acessórios da lei, destinados a indicar a ordem e a correlação entre as suas partes.

Deve-se presumir ser a epígrafe oportuna, expressiva, regular; na falta de argumento sólido em contrário, admite-se que apenas compreende o objeto exato da norma, e, portanto, serve para deduzir o sentido e o alcance desta.

Entretanto, a lei não se equipara a um manual teórico; a disposição das suas matérias não é feita com o rigor escolar. Muitas vezes o título figurou no Projeto e é mantido apesar de haver o Congresso dilatado, ou restringido os termos das disposições primitivas; daí resulta a necessidade de atribuir ao texto um alcance mais amplo, ou mais estreito, do que a epígrafe parece indicar[108].

Pelas razões expostas, o título ajuda a deduzir os *motivos* e o objeto da norma; presta, em alguns casos, relevante serviço à exegese; auxilia muito a memória, é fácil de reter, e por ele se chega à lembrança das regras a que se refere; porém oferece um critério inseguro; o argumento *a rubrica* é de ordem *subsidiária*; vale menos do que os outros elementos de Hermenêutica, os quais se aplicam diretamente ao texto em sua íntegra[109].

325 – O *preâmbulo* dá ideia do "estado de coisas que se resolveu mudar, dos males destinados a serem remediados, das vantagens amparadas ou promovidas pela lei nova, ou das dúvidas referentes a dispositivos anteriormente em vigor e removidas pelo texto recente"[110].

---

[108] Brocher, op. cit., p. 67-71; Fabreguettes, op. cit. p. 391-392; Caldara, op. cit., nº 138; Black, op. cit., p. 244-252; Sutherland, vol. II, §§ 399-340; Barriat Saint-Prix, op. cit., nᵒˢ 78-79; Paula Batista, op. cit., § 33.
Distanciaram-se da verdade os dois mestres que se colocaram em extremos opostos: Merlin negava qualquer valor às epígrafes relativamente à interpretação; Cujácio chamava-lhes *claves legum* "chaves das leis" (Caldara, op. cit., nº 138; Berriat Saint-Prix, op cit., nº 80).

[109] Paula Batista, Berriat Saint-Prix, Fabreguettes, Brocher, Sutherland, Black e Caldara, loc. cit.

[110] Black, op. cit., p. 253.
"A *ementa* da lei facilita a sua inteligência" (Assento 282 de 29 de março de 1770; Carlos de Carvalho, op. cit., art. 62).

BROCARDOS E OUTRAS REGRAS DE HERMENÊUTICA E APLICAÇÃO DO DIREITO | **243**

Põe em evidência *as causas* da iniciativa parlamentar e o *fim da norma*; por isso, conquanto não seja parte integrante desta, merece apreço como elemento de exegese. Quase sempre traduz o motivo, a orientação, o objetivo da lei, em termos concisos, mas explícitos. Todavia não restringe nem amplia o sentido decorrente das próprias regras positivas; por isso o seu valor, embora maior do que o dos simples *títulos ou rubricas*, é inferior ao dos processos aplicados diretamente às disposições escritas[111].

Influi, para a interpretação e aplicabilidade, *o lugar em que um trecho está colocado.*

326 – Qualquer um poderia ser condenado à forca, desde que o julgassem por um trecho isolado de discurso, ou escrito, da sua autoria: vetusto e certo é este conceito, O valor de cada regra, ou frase, varia conforme o lugar em que se acha, "Uma lei deve aplicar-se à ordem de coisas para a qual foi estabelecida. Os objetos que são de ordem diversa, não podem ser decididos pelas mesmas leis"[112].

Denomina-se argumento *pro subjecta materia* o que se deduz do lugar em que se acha um texto. Tem vários pontos de contato com o argumento *a rubrica*[113]. "Muitas disposições, observa Dupin, se as generalizassem, conduziriam ao erro os que se deixassem surpreender, visto deverem ser restringidas à rubrica sob a qual estão colocadas; *legis mens, et verba ad titulum sub quo sita sunt, accommodanda, et pro subjecta materia vel amplianda vel restringenda*"[114] – "o sentido e as palavras da lei devem afeiçoar-se ao título sob o qual se acham colocados; ampliem-se ou restrinjam-se conforme o assunto a que estão Subordinados".

327 – É comum no foro tomarem expressões genéricas, escritas com um objetivo, e adaptá-las a outro, violentamente, apesar de haver, no mesmo livro ou repositório de normas, preceito especial para a hipótese vertente[115]. "Em regra,

---

[111] C. Maximiliano, op. cit., 3ª ed., nº 90; Sutherland, vol. II, 341-342; Black, op. cit., p. 253-258; Caldara, op. cit., nº 137.

[112] *Livro Preliminar* do Projeto de Código Civil francês, tít. 5, art. 4º; Caldara, op. cit., nº 175; Saredo, op. cit., nº 14, art. IV.
Vede nº 141, *a*.

[113] Fabreguettes, op. cit., p. 384; Berriat Saint-Prix, op. cit., nº 81.

[114] Paula Pessoa – *Código Criminal do Império do Brasil*, 2ª ed., comentário ao art. 2º.

[115] "Muitas disposições há que, generalizadas, induziriam a erro os incautos, e devem ser restringidas à matéria própria do título (ou capítulo) de que foram extraídas" – *Multa generaliter accepta incautos fallerent et restringi debent ad argumentum tituli unde desumpta sunt.* "Os títulos e as divisões das leis são como que bandeiras, que indicam a que corpo cada um pertence" (Conselheiro Paula Pessoa, op. cit., comentário ao art. 2º).

244 | Hermenêutica e Aplicação do Direito · Carlos Maximiliano

é preciso em cada gênero de negócios consultar as leis que lhe são próprias"[116]. Deve-se buscar em capítulo especial sobre um assunto a doutrina relativa a este[117].

Cai em erro quem se serve, para resolver um caso jurídico, ou documentar um parecer, de disposições relativas a objeto diferente e fim distinto. A isto se denomina, em França, usar *d'arguments de raccroc*, "argumentos de *bambúrrio*"[118].

"Não se aplica uma proposição alhures verdadeira a uma decisão que lhe é estranha"[119]. Indague-se bem se se trata de um caso geral ou de especial, de regra ou da exceção; e, assim esclarecido, procure-se, *no lugar próprio*, o dispositivo logicamente indicado. "A necessidade e evidência deste postulado são intuitivas." Todo objeto particular ou especial de uma regra apresenta aspectos próprios característicos; do que resulta ordenar aquela em um sentido ao invés de outro. Refere-se, pois, a relação determinada; é provável que o mesmo preceito se não adapte a outras relações, de ordem diferente. Pode até encontrar-se, para a hipótese particular, disposição especial, clara, iniludível; porém *noutro lugar*[120].

328 – Cumpre verificar se se trata de um princípio amplo ou preceito excepcional; do gênero ou da espécie; de um ou de outro ramo do Direito; pois, conforme a hipótese, varia a norma, e a maneira de interpretar[121]. Entre duas disposições à primeira vista aplicáveis ao caso em apreço, prefere-se a que mais direta e especificamente se refere ao assunto de que se trata: *illud potissimum habetur quod ad speciem directum est*: "Prefira-se aquilo que concerne diretamente à espécie em apreço"[122].

Nem mesmo quando se aplica um texto por semelhança, extensão, analogia, ou se recorre aos princípios gerais de Direito, é lícito deixar de atender à *natureza das coisas*, aos elementos objetivos, a todos os fatores que determinam a espécie jurídica à qual pertence um caso concreto[123].

---

[116] Paula Batista, op. cit., § 21.

[117] Giovanni Lomonaco – *Instituzioni di Diritto Civile*, 2ª ed., vol. IV, p. 330; *Código Civil do Chile*, art. 22, alínea (transcrito em o nº 44-A).

[118] Berriat Saint-Prix, op. cit., nº 149 e nota 2.

[119] Berriat Saint-Prix, op. cit., nº 143.

[120] Caldara, op. cit., nº 175.

[121] Max Gmür – *Die Anwendung des Rechts nach Art. I des Schweizerischen Zivilgesetzbuches*, 1908, p. 52; Caldara, op. cit., nº 230.

[122] Papiniano, *apud Digesto*, liv. 50, tít. 17, frag. 80; Black, op. cit., p. 328; Brocher, op. cit., p. 91-92.

[123] J. X. Carvalho de Mendonça – *Tratado de Direito Comercial Brasileiro*, vol. I, 1910, nº 148; Alves Moreira – *Instituições do Direito Civil Português*, vol. 1, 1907, p. 47; Enneccerus, vol. I, p. 115.

BROCARDOS E OUTRAS REGRAS DE HERMENÊUTICA E APLICAÇÃO DO DIREITO | **245**

329 – Tomada a interpretação sob o aspecto formal ou técnico-sistemático, deve-se ter em vista, *acima de tudo*, o lugar em que um dispositivo se encontra[124]. Especialmente das relações com os parágrafos vizinhos, o instituto a que pertence e o conjunto da legislação se deduzem conclusões de alcance prático, elementos para fixar as raias de domínio da regra positiva[125].

Até mesmo em se aplicando o processo sistemático de exegese, deve-se ter o cuidado de confrontar e procurar conciliar disposições que se refiram ao *mesmo* assunto ou à matéria *semelhante*, embora insertas em leis diversas[126].

O que caracteriza o verdadeiro jurisconsulto, é exatamente a segurança com que descobre a norma apropriada para cada hipótese rara, enquanto os indoutos aplicam a regra geral a simples exceções, ou fazem pior: generalizam preceitos destinados só a estas, forçam analogias, transplantam disposições para terreno que as repele, enquadram os casos de certa categoria em artigos de lei feitos para relações dessemelhantes *na essência*.

DISPOSIÇÕES TRANSITÓRIAS

330 – *As Disposições Transitórias*, com servirem – para regular a passagem das relações jurídicas pendentes, do domínio de uma lei para o de outra, quase sempre indicam direta ou indiretamente motivos e escopo da norma promulgada por último[127]. Às vezes até, na vigência das novas regras positivas surgem de modo imprevisto, no texto, circunstâncias e fatos que as *Disposições Transitórias* resolveriam, e é força recorrer a elas, como elemento subsidiário[128].

Pode e Deve.

331 – Propende o Direito moderno para atender mais ao conjunto do que às minúcias, interpretar as normas com complexo ao invés de as examinar isoladas, preferir o *sistema à particularidade*. Se isto se diz da regra escrita em relação ao todo, por mais forte razão se repetirá acerca da *palavra* em relação à *regra*.

---

[124] Gmür, op. cit., p. 52; Caldara, op. cit., nº 220.

[125] Gmür, op. cit., p. 52.

[126] Courtenay Ilbert – *The Mechanics of Law Making*, 1914, p. 120, nº 2.

[127] Caldara, op. cit., nº 137.

[128] Exemplo: De três em três anos se elegia, em cada Estado, um senador, que terminaria o mandato daí a nove. Quando, por motivo ocasional, havia duas vagas, como saber qual o que terminaria o tempo do antecessor e qual o que exerceria um mandato, completou? – Resolvia-se o caso pelo art. 1º §§ 5º a 7º das *Disposições Transitórias* da Constituição de 1891; não havia outro meio.

246 | Hermenêutica e Aplicação do Direito • Carlos Maximiliano

Ater-se aos vocábulos é processo casuístico, retrógrado. Por isso mesmo se não opõe, sem maior exame, *pode* a *deve*, *não pode* a *não deve* (*soll* e *muss*, *kann nicht* e *darf nicht*, dos alemães; *may* e *shall*, dos ingleses e norte-americanos)[129].

332 – Em geral o vocábulo pode (*may*, de anglo-americanos; *soll, koenne*, dos teutos) dá ideia de ser o preceito em que se encontra, meramente, *permissivo*, ou *diretório*, como se diz nos Estados Unidos; e deve (*shall, must*, de anglo-saxônios; *muss, dürfe*, de alemães) indica uma regra imperativa[130].

Entretanto, estas palavras, sobretudo as primeiras, nem sempre se entendem na acepção ordinária. Se, ao invés do processo filológico de exegese, alguém recorre ao sistemático e ao teleológico, atinge, – às vezes, resultado diferente: desaparece a antinomia verbal, *pode* assume as proporções e o efeito de *deve*[131]. Assim acontece quando um dispositivo, embora redigido de modo que traduz na aparência, o intuito de *permitir, autorizar, possibilitar*, envolve a defesa contra males irreparáveis, a prevenção relativa a violações de direitos adquiridos, ou a outorga de atribuições importantes para proteger o interesse público ou franquia individual[132]. Pouco importa que a competência ou autoridade seja conferida, direta ou indiretamente; em forma positiva, ou negativa: o efeito é o mesmo[133]; os valores jurídico-sociais conduzem a fazer o *poder* redundar em *dever*, sem embargo do elemento gramatical em contrário[134].

Um chefe de escola filosófica do Direito, grande professor de Goettingen, generaliza a regra: para ele o intuito *permissivo* se não presume; em geral, quais-

---

[129] Carl Crome – *System des Deutschen Bürgerlichen Rechts*, vol. I, 1900, p. 99.

[130] Ludwig Enneccerus – *Lehrbuch des Bügerlichen Rechts*, 15ª ed., 1921, vol. I, p. 113, § 51 (a obra toda é de Enneccerus, Kipp e Wolff; mas o vol. I é feito por Enneccerus); Black, op. cit., p. 129-130.

[131] Crome, vol. I, p. 69, notas 8 e 9; Enneccerus, vol. I, § 51, notas 1 e 2; Black, op. cit., p. 529-532; Sutherland, vol. II, § 840; *Bouvier-Law Dictionary*, 8ª ed., 1914, verbo "May"; James Ballentine – *A Law Dictionary*, 1916, verbo "May".

[132] Sutherland, vol. II, § 640; Black, op. cit., p. 528-532; Bouvier, loc. cit.; Ballentine, op. cit., verbo "May"; C. Maximiliano – *Comentários à Constituição*, 5ª ed., nº 133.
"É lícito interpretar como um dever imposto a determinada autoridade pública o *poder* à mesma conferido: *may = shall* (em português: *pode = deve, é obrigado*)" Ilbert – *The Mechanics of Law Making*, 1914, p. 121, nº 9).

[133] Epitácio Pessoa – *Mensagem Presidencial*, de 1920, trecho relativo à Intervenção Federal no Estado da Bahia; C. Maximiliano – *Comentários*, nº 131; Constituição de 1891, arts. 6º e 72, §§1º, 8º, 11, 13 e 30.

[134] Enneccerus, vol. I, § 51, notas 1 e 2; Crome, vol. I, p. 99, notas 8 e 9; Sutherland, vol. II, § 640.

BROCARDOS E OUTRAS REGRAS DE HERMENÊUTICA E APLICAÇÃO DO DIREITO | 247

quer que sejam as palavras da lei, sempre se deve preferir entendê-la como *imperativa*. Eis o ensinamento textual de Rodolfo von Jhering:

> "A forma *imperativa*, isto é, a forma *prática imediata* de uma proibição ou de uma ordem, é a forma regular sob a qual o Direito aparece nas leis. Pouco importa, aliás, que a *expressão* seja imperativa ou não; o caráter imperativo jaz na coisa, na ideia. Na boca do legislador, *é* tem o sentido de *deve ser* (por exemplo, a ação é prescrita em dois anos, significa: deve ser prescrita). A forma do Direito em que a expressão e a ideia correspondem em toda a linha, é historicamente a primeira, e quando a comparo à que lhe sucede, eu a denomino forma *inferior*"[135].

333 – Em regra, *para a autoridade*, que tem a prerrogativa de ajuizar, por alvedrio próprio, da oportunidade e dos meios apropriados para exercer as suas atribuições, o *poder* se resolve em *dever*.

Generaliza-se a acepção peremptória, na esfera do Direito Público: onde a linguagem da Constituição outorga *poder*, este é compreendido como *dever*; não se interpreta a lei suprema como descendo a fixar preceitos não necessários, regular matérias não essenciais, formular normas que se observariam à vontade. Presumem-se *imperativas*, ou peremptórias, as suas disposições; e só em casos de evidência plena, quando do sentido lógico, da exegese ampla não resulte dúvida sobre serem permissivas ou diretórias, será lícito entendê-las neste caráter[136]. Há, pois, exceções, como o da Constituição de 1891, art. 3º, combinado com o 34, § 13; porém só prevalecem quando, não só a letra, mas também o espírito, concordantes o elemento filológico e o sistemático, levem a concluir por simples autorização, possibilidade, competência facultativa.

334 – Observa-se, às vezes, o inverso, principalmente nos domínios do Direito Privado: a linguagem é *imperativa*, porém do exame do contexto resulta uma norma facultativa ou *permissiva*; *deve* resolve em *pode*. Das simples palavras não se deduz a força obrigatória *absoluta*, a pena implícita de nulidade para a inobservância da regra[137].

Também se *autoriza* em termos que envolvem *proibição*[138].

---

[135] R. Von Jhering – *L'Esprit du Droit Romain*, trad. Meulenaere, ed., vol. III, p. 50, § 46.

[136] Black, op. cit., p. 27-28; Sutherland, vol. II, § 640.

[137] Martinho Garcez – *Nulidades dos Atos Jurídicos*, 2ª ed., vol. I, nos 83-97; Aubry & Rau – *Cours de Droit Civil Français*, 5ª ed., vol. I, § 37. Vede nos 256-265.

[138] Enneccerus, vol. I, § 51, notas 1 e 2; Sutherland, vol. II, § 640; Bouvier, op. cit., verbo "Shall".

ARGUMENTO DE AUTORIDADE

335 – Sempre se usou nas lides judiciárias, com excessiva frequência, bombardear o adversário com as letras de arestos e nomes de autores, como se foram argumentos[139].

O Direito é ciência de raciocínio; curvando-nos ante a razão, não perante o prestígio profissional de quem quer que seja. O dever do jurisconsulto é submeter a exame os conceitos de qualquer autoridade, tanto a dos grandes nomes que ilustram a ciência, como a das altas corporações judiciárias. Estas e aqueles mudam frequentemente de parecer, e alguns têm a nobre coragem de o confessar; logo seria insânia acompanhá-los sem inquirir dos fundamentos dos seus assertos, como se eles foram infalíveis[140]. *Nullius addictus jurare in verba magistri*: "Ninguém está obrigado a jurar nas palavras de mestre algum."

336 – O argumento *ab auctoritate* gozou até de prestígio oficial; no caso de contraste de opiniões, era de rigor; outrora, a preferência, não pelos fundamentos lógicos, e, sim, pelos autores.

Justiniano explicitamente ordenara que seguissem Papiniano, Ulpiano e Paulo, desprezassem Marciano, e acima de todos colocassem o primeiro, optassem pelo seu parecer – *propter honorem splendidissimi Papinianis* "em virtude da consideração devida ao brilhantíssimo Papiniano"[141]. A lista exarada na constituição de Teodósio II era maior, compreendia também Modestino e Gaio; mas assegurava a preeminência a Papiniano[142].

Na Idade Média aureolaram de prestígio avassalador os *glosadores*[143]; o maior de todos foi Acursio (1182-1260), o *ídolo dos jurisconsultos*, autor da *Grande Glosa*, observada como se fora um código. Bartolo destronou-o em o século imediato, e foi a figura central entre os juristas de mais de duzentos anos, que preferiam o Direito romano às *Glosas dos doutores*.

---

[139] Cogliolo – *Filosofia del Diritto Privato*, 1888, p. 133; Fabreguettes, op. cit., p. 386.

[140] Laurent, vol. I, nº 280.
Aristóteles assim justificava o proceder em desacordo com o seu grande mestre: *Amicus Plato, sed magis amica veritas*: "Platão é meu amigo; porém maior amiga minha é a verdade."

[141] Código Justinianeu, liv. I, tít. 17, frag. 1, § 6º.

[142] Cogliolo – *Scritti Varii*, vol. I, p. 16-17.

[143] Fulgosio verberava o fanatismo pelos postglosadores, nestes termos: "assim como os antigos adoravam ídolos em vez dos deuses, assim também os advogados adoram glosadores como se foram evangelistas" – *sicut antiqui adorabant idola pro diis ita advocati adorant glossatores pro evangelistis* (Cogliolo – Filosofia, p. 133).

BROCARDOS E OUTRAS REGRAS DE HERMENÊUTICA E APLICAÇÃO DO DIREITO | **249**

Até hoje, em cada país, prevalece, num ou noutro ramo do Direito, uma autoridade sem par. Na Alemanha foram os favoritos Windscheid, para o Direito Civil, e Staubs para o Comercial[144]; substituíram-nos Planck e Endemann. Predominaram, na Suíça, Windscheid e Jaegers[145]; em França, Aubry & Rau, para o Civil; Garsonnet, em Processo; LyonCaen & Renault, em Direito Comercial[146]; no Brasil-Império Teixeira de Freitas foi o *primus inter pares*; na República prevaleceram Rui Barbosa, no Direito Constitucional; Clóvis Beviláqua, no Civil, e J. X. Carvalho de Mendonça, no Comercial, embora nenhum dos três haja desfrutado predomínio igual ao de Teixeira de Freitas, entre nós; Windscheid, entre os povos de raça germânica, e Papiniano, em Roma[147]. Em todo o caso, os seus pareceres foram ouvidos com particular acatamento; inclinaram-se perante eles, de preferência, os juízes e os estudiosos.

337 – Vários sentimentos levam o magistrado a apoiar-se no argumento de *autoridade*: o medo de errar se acaso se fia em suas próprias luzes; o receio de constituir opinião isolada; a aversão às novidades, comum nos velhos e nos que publicaram o seu modo de pensar; o desejo de obter assentimento de outros, vitórias, aplausos[148]. Da parte dos advogados aquele processo é aproveitado com o objetivo de especular com o instinto de imitação, a preguiça intelectual, a timidez, a ignorância do juiz e o *horror da responsabilidade*: insinuam uma solução já feita, para não correr, o julgador, os azares de uma nova, em que se arriscaria a errar e ver o seu *veredictum* repelido pelos colegas, dissecado pelos causídicos ou reformado pelo tribunal superior[149].

A facilidade em achar autoridades *pró* e *contra*, sobre todas as questões sérias, demonstra a fraqueza de semelhante modo de persuadir e vencer. Repitam-se as razões, não os nomes apenas; afirmações, sem justificação *expressa*, podem ser o fruto de inadvertência. Quando os argumentos são fracos, insuficientes, ou nem existem sequer, diminuída há de ser a confiança na doutrina, embora de alto tribunal, ou grande jurisconsulto[150]. Excetuam-se os assertos relativos a questões pacíficas, os quais os escritores repetem sem justificar.

---

[144] Gmür, op. cit., p. 121 e nota 3.

[145] Gmür, loc. cit.

[146] Fabreguettes, op. cit., p. 250, nota 3, e p. 387, nota 1.

[147] Séculos depois do reinado de Justiniano ainda o grande Cujácio opinava que, a não ser por irrisão, ninguém poderia ser comparado a Papiniano: *nemo unquam Papiniano oequari potest, nisi per deridiculum* (Fabreguettes, op. cit., p. 196, nota 1).

[148] Berriat Saint-Prix, op. cit., nº 115.

[149] Berriat Saint-Prix, op. cit., nº 113.

[150] Berriat Saint-Prix, op. cit., nºˢ 113 e 114.

Hermenêutica e Aplicação do Direito • Carlos Maximiliano

Há um caso em que o argumento *de autoridade* se torna muito forte; é se ele se reveste dos característicos da boa jurisprudência, isto é, se traduz um parecer *uniforme e constante*. "Quando a doutrina dos escritores aparece como um feixe compacto, um bloco, melhor ainda quando é unânime, constitui uma autoridade muito positiva, que, sem excluir absolutamente o critério profissional do intérprete, lhe impõe grande prudência para romper, de frente, contra o que a mesma lhe sugere"[151].

338 – Apesar da fraqueza do argumento *de autoridade*, não deve abandoná-lo, em absoluto, o profissional. Faz efeito na multidão; e o advogado, ou polemista, não pode desprezar esse fator de prestígio e êxito. Convém invocá-lo, para contrabalançar o triunfo resultante de citações de autores e arestos pelo contraditor[152].

Serve principalmente para evitar prolixidade e como remate a uma argumentação mais sólida: depois de acumular elementos lógicos, as melhores razões; completaria o efeito de trabalho o declarar afinal, por exemplo, o seguinte: sufragam a mesma doutrina os escritores F, G, e H e os tribunais A, B e C. Bastaria, nesse caso, citar os livros e páginas ou parágrafos respectivos, e as datas dos julgados.

No foro, sobretudo, nada se deve desdenhar que possa concorrer para o êxito da causa; nas lides judiciárias, provas, argumentos, enfim elementos de convicção e fatores de vitória nunca são demais[153].

339 – Não é delicado e produz mau efeito o invocar a autoridade daquele perante o qual ou contra quem se pleiteia ou discute; especula-se, deste modo, com a vaidade, que interdiz o abandono e a retratação do erro. Chama-se argumento *ad hominem, ad judicem* ou *ad curiam,* conforme se refere o anterior parecer *do contraditor, de um juiz,* ou *de tribunal coletivo.* Tal processo fere ao mesmo tempo as conveniências e a lógica[154].

340 – Quase nenhum apreço merece o argumento, aliás frequente, e formulado mais ou menos nestes termos: assim pensam *todos* os homens, a *unanimidade* dos mestres, *a torrente dos jurisconsultos,* a *maioria* dos escritores e tribunais. É difícil verificar e, sobretudo, documentar a veracidade de tal afirmativa[155]. Se valem pouco os simples nomes, o fato de serem muitos não eleva bastante a im-

---

[151] Geny – *Méthode d'Interprétation*, vol. II, p. 54-55.

[152] Berriat Saint-Prix, op. cit., nᵒˢ 116 e 119.

[153] Berriat Saint-Prix, op. cit., nᵒ 119.

[154] Berriat Saint-Prix, op. cit., nᵒˢ 113 e 120.

[155] Berriat Saint-Prix, op. cit., nᵒ 167.

BROCARDOS E OUTRAS REGRAS DE HERMENÊUTICA E APLICAÇÃO DO DIREITO | **251**

portância do processo; ao contrário, impressiona melhor, e com justiça, o mencionar as autoridades com indicações *honestas* dos seus trabalhos e do lugar em que se encontra o parecer favorável: página de livro, ou data de sentença. Aludir a autoridades em globo só parece aceitável, embora de medíocre efeito, ao encerrar uma dissertação, apoiada em argumentos sólidos e copiosas citações eruditas.

341 – Não se confunda o argumento de autoridade com o *de fonte*. Merece este muito maior apreço, e verifica-se quando se invoca um livro, ou texto legislativo, que indiscutivelmente serviu de base para o trabalho de legislador. Assim aconteceu em França a respeito da obra de Pothier, elevada ao prestígio de Direito Subsidiário, porque inspirou, na íntegra, a parte do Código Civil relativa às Obrigações[156]; o mesmo se deu no Brasil, com o livro do Desembargador Saraiva, de que proveio o Direito Cambial em vigor no país[157].

Com o argumento *ab auctoritate* o processo é diferente: um preopinante cita autores e julgados, *sem lhes reproduzir os dizeres, nem trasladar sequer a súmula dos conceitos*; o contraditor invoca outros escritores e arestos; refere-se este à primeira edição de um livro; replica o outro com a segunda; e assim prossegue o bombardeio a distância, de nomes de mestres e datas de acórdãos, sem descer à essência da matéria, às razões científicas de decidir[158].

Quando a *fonte* de uma disposição é o texto de lei estrangeira, a exegese adotada para este, no país onde o mesmo vigora, orienta, melhor do que outra qualquer, o intérprete brasileiro.

APAIXONAR-SE NÃO É ARGUMENTAR

342 – É comum no foro, na imprensa e nas câmaras substituírem as razões, os fatos e os algarismos pelos adjetivos retumbantes em louvor de uma causa,

---

[156] Julien Bonnecase – *L'École de l'Exégèse en Droit Civil*, 1919, n°s 25-28; Berriat Saint-Prix, op. cit., n°s 95-112. Vede o capítulo – *Elemento Histórico*.
Nem o próprio argumento de *fonte* é decisivo: vede a dissertação sobre – *Testis unus...*, n° 313.

[157] José A. Saraiva – *A Cambial*, 2ª ed., 1918. Vede J. X. Carvalho de Mendonça – *Tratado de Direito Comercial Brasileiro*, vol. V, Parte II, 1922, n° 534, nota*; Paulo de Lacerda – *A Cambial no Direito Brasileiro*, 3ª ed., Prefácio.

[158] Racine, em sua comédia *Les Plaideurs*, ato III, cenas III e IV, satiriza o abuso do argumento de *autoridade*: descreve um *juiz* (*Dandin*) impaciente, enquanto o advogado se alonga a invocar "a autoridade do Peripatético", e a citar "Pausânias, Rebuffe, o grande *Cujácio*, Hermenopolus", até que o magistrado adormece profundamente, para despertar ainda atordoado, esboçar, a princípio, condenação desarrazoada e iníqua, e propender, enfim, para o sentimentalismo e a absolvição.

ou em vitupério da oposta. Limitam-se alguns a elevar às nuvens os autores ou as justificativas que invocam, e a deprimir os do adversário; outros chamam irretorquíveis, decisivas, esmagadoras às próprias alegações, e absurdas, sofísticas, insustentáveis, às do contraditor. Exaltar, enaltecer com entusiasmo, ou maldizer detratar com veemência não é argumentar; será uma ilusão de apaixonado, ou indício de inópia de verdadeiras razões[159].

A ironia leva a palma ao vitupério. O que impressiona bem (saibam os novos, mais ardorosos e menos experientes) é a abundância e solidez dos argumentos aliados à perfeita cortesia, linguagem ponderada e modéstia habitual[160].

REFORMA DA LEI SEM ALTERAR O TEXTO

343 – Não pode o intérprete alimentar a pretensão de melhorar a lei com desobedecer às suas prescrições explícitas. Deve ter o intuito de cumprir a regra positiva, e, tanto quanto a letra o permita, fazê-la consentânea com as exigências da atualidade. Assim, pondo em função todos os valores jurídico-sociais, embora levado pelo cuidado em tornar exequível e eficiente o texto, sutilmente o faz melhor, por lhe atribuir espírito, ou alcance, mais lógico, adiantado, humano, do que à primeira vista a letra crua pareceria indicar[161].

O hermeneuta de hoje não procura, nem deduz, o que o legislador de anos anteriores quis *estabelecer*, e, sim, o que é de presumir que ordenaria, se vivesse no ambiente social hodierno. Sem esbarrar de frente com os textos, ante a menor dúvida possível o intérprete concilia os dizeres da norma com as exigências sociais; mostrando sempre o puro interesse de cumprir as disposições escritas, muda-lhes insensivelmente a essência, às vezes até malgrado seu, isto é, sem o desejar; e assim exerce, em certa medida, função *criadora*: comunica espírito *novo* à lei *velha*[162].

344 – Até mesmo no campo do Direito Constitucional a Hermenêutica e o Costume exercem o seu papel sutilmente modificador, apesar de ser ali maior o

---

[159] Berriat Saint-Prix, op. cit., nº 164.

[160] "A ironia, que eu aconselho, não é cruel. É doce e benévola. O seu riso desarma a cólera, e é ela que nos ensina a zombar dos maus e dos tolos, que, se não fora esse derivativo, poderíamos ter a fraqueza de odiar" (Anatole France – *Le Jardin d'Épicure*, 1923, p. 94-95).

[161] E. R. Bierling – *Juristische Prinzipienlehre*, 1911, vol., IV, p. 262, nota 54; Cogliolo – *Scritti Varii*, vol. I, p. 39 e 42.
Doutrina Jeremias Bentham: "Nunca é a própria lei que está em desacordo com a razão; é sempre algum malvado intérprete da lei que a corrompeu e dela abusou – *It is never the law itself that is in the wrong; it is always some wicked interpreter of the law that has corrupted and abused it* (*apud* Brunken & Register – *Science of Legal Method*, 1917, p. 223).

[162] Bierling, vol. IV, p. 228-230.

BROCARDOS E OUTRAS REGRAS DE HERMENÊUTICA E APLICAÇÃO DO DIREITO | 253

rigor, mais profundo o respeito pela letra dos preceitos supremos, tanto que os próprios corifeus da livre-indagação, da *Freie Rechtsfindung*, não ousam aplicá-la ao estatuto básico[163].

> "Seria erro capital de análise jurídica o construir apoiado na letra dos documentos ordinários ou constitucionais sem atender à evolução lenta e contínua, à qual se devem ter adaptado os poderes e os institutos da república"[164].

> "Há outra espécie de revisão, invisível e poderosa, é a que resulta da ação contínua dos costumes políticos: uma Constituição revê-se cada dia pela sua própria aplicação; porque as instituições que ela estabeleceu têm por elementos, sem cessar renovados, homens que pensam e que atuam em face de uma realidade mutável"[165].
> "A simetria das formas constitucionais dissimula muitas vezes, mais do que revela, o equilíbrio real das forças políticas; e para conhecer o regime constitucional de um país, não basta ler a sua Constituição. Os textos, com efeito, nunca formam uma rede bastante cerrada, nem bastante firme para impedir os costumes parlamentares e governamentais de fazerem prevalecer tacitamente contra a Constituição regular uma constituição oculta que a excede e pode desnaturá-la: quer dizer que todos os países têm uma Constituição costumária, mesmo aqueles que parecem viver sob o regime de uma Constituição escrita"[166].

Na Alemanha imperial Laband e Jorge Jellinek registraram várias alterações constitucionais sem se modificar a letra do estatuto básico. Frisch observou na Suíça fenômeno idêntico[167], e Cruet, em França e nos Estados Unidos[168].

Todo o regime parlamentar é mais o fruto de *costumes* político-jurídicos do que de disposições escritas.

Nos Estados Unidos ao Presidente não incumbia a livre-escolha dos Ministros: dependia de aprovação do Senado a investidura. Passou esta câmara a homologar sistematicamente as nomeações; e assim prevaleceu, de fato, a competência exclusiva do Chefe de Estado, atributo intrínseco do regime presidencial[169].

---

[163] Gmür, op. cit., p. 134. Vede o capítulo – Livre-Indagação, nº 77.

[164] Carmelo Caristia – *Il Diritto Costituzionale Italiano nella Dottrina Recentissima*, 1915, p. 153.

[165] Jean Cruet – *A Vida do Direito e a Inutilidade das Leis*, trad. portuguesa, 1908, p. 93.

[166] Cruet, op. cit., p. 88-89.

[167] Walter Jellinek, op. cit., p. 186-187 e nota 35; Frisch – *Widersprüche In der Literatur und Praxis des Schweizerischen Staatsrecht*, 1912, p. 30 e segs.

[168] Cruet, op. cit., p. 94-102.

[169] Houve uma exceção em 1925: o Senado desaprovou a nomeação de Warren para *Attorney General*, que nos Estados Unidos acumula funções exercidas no Brasil pelo Procurador-Geral da República e pelo Ministro da Justiça.

254 | Hermenêutica e Aplicação do Direito • *Carlos Maximiliano*

345 – Caso típico de melhoria na lei por meio de interpretação e do *costume* verifica-se a respeito da reeleição do primeiro magistrado da República. Existe a tendência democrática universal, contrária à longa continuidade no governo[170]. Daí resulta insinuar-se, a despeito da lei escrita, o princípio vedador das reeleições.

Permite-as o estatuto norte-americano, *indefinidamente.* Washington recusou a segunda; prevaleceu a sua conduta como futura regra impreterível. O General Grant, havendo sido reeleito, tentou, depois de intervalo de quatro anos, voltar ao poder: foi repelido, firmou-se c, preceito consuetudinário; nem com o interregno de um ou mais períodos presidenciais se admite segunda reeleição[171].

Pelo texto fundamental francês o Presidente é reelegível indefinidamente. Teve o mandato renovado, *uma só vez*, Júlio Grevy, forçado a renunciar no decurso do novo septênio. Houve segunda tentativa de renovação de investidura, a favor de Emílio Loubet, que a recusou, em 1906, e o fato constituiu precedente *costumeiro*, firmou doutrina, e definitiva, contra as reeleições, prestigiada pelo sucessor de Loubet, Armando Fallières[172]. Entretanto, o texto da Lei Constitucional de 25 de fevereiro de 1875, que em França rege a espécie, prescreve:"Art. 2º: O Presidente da República é eleito, por maioria absoluta dos sufrágios, pelo Senado e pela Câmara dos Deputados reunidos em Assembleia Nacional. É nomeado por sete anos; é *reelegível*!"

A ninguém é lícito fazer tudo o que *pode*: o dever opõe barreiras ao poder. *Non omne quod licet honestum est*: "Nem tudo o que o Direito permite, a Moral sanciona"[173].

346 – Observam-se também no Brasil interpretações e práticas modificadoras do espírito de dispositivos do código supremo: *a)* Reduziram-se a letra morta as palavras"diversificando as leis destes", do art. 60, letra *d*, do estatuto de 1891. *b)* A semelhança do que se deu nos Estados Unidos quanto à investidura dos Secretários de Estado verifica-se no Brasil, relativamente aos Ministros diplomáticos e

---

[170] A. Esmein – *Eléments de Droit Constitutionnel Français et Comparé*, 7ª ed., 1921, vol. II, p. 38.

[171] James Bryce – *The American Commonwealth*, 3ª ed., vol. I, p. 45-46; Esmein, vol. II, p. 40. O princípio costumeiro norte-americano forma o art. 58 da Constituição da Tcheco-Eslováquia, de 1920 (Esmein, vol. II, p. 40).
Em 1940, Roosevelt quebrou a tradição, obteve terceiro mandato.

[172] Léon Duguit – *Traité de Droit Constitutionnel*, 1911, vol. II, p. 418-419.
Sob o pretexto de manter a continuidade governamental às portas da guerra, em 1939 o Parlamento abriu exceção à excelente norma consuetudinária, em favor de um Presidente que foi, meses depois, forçado a renunciar.

[173] Paulo, no Digesto, liv. 50, tít. 17, frag. 144.

BROCARDOS E OUTRAS REGRAS DE HERMENÊUTICA E APLICAÇÃO DO DIREITO | 255

aos do Supremo Tribunal Federal, a invariável homologação do ato presidencial pelo Senado, até mesmo nos casos em que o novo juiz nunca tenha revelado o *notável saber* exigido pelo art. 56[174]. Portanto, na prática, o Presidente goza da prerrogativa de escolher *livremente* aqueles funcionários.

347 – Na esfera do Direito Privado a liberdade do hermeneuta é maior ainda do que em Direito Público; e por isso ali avulta a tolerância em relação aos *costumes* formados paralelamente ao texto rígido. Não é, pois, de admirar que o professor Coglioli registre, na Itália, maneiras de considerar o dote e a locação de serviços de operários, mais adiantadas e louváveis do que a decorrente da letra crua das leis civis[175].

O moderno hermeneuta é, sem o pretender, até o aperfeiçoador sutil, o sociólogo do Direito.

IMPRESCRITIBILIDADE DA DEFESA

347-A – *Merece relevo especial e comentário esclarecedor o brocardo vetusto – quoe temporalia sunt ad agendum, perpetua sunt ad excipiendum*: "O que é temporário, em se tratando de ações, é perpétuo no tocante às exceções"; ou, mais sinteticamente, "o direito de acionar é temporário; o de defesa, perpétuo".

Ao apotegma romano correspondem o francês – *tant dure la demande, tant dure L'exception*: "Tanto quanto dura a demanda, perdura a exceção" e o alemão – *Ans pruchvergeth, Einrede besteht*: "A ação passa, a exceção fica."

Nenhum fundamento de defesa perde a eficácia enquanto persiste, para o adversário, a faculdade de acionar. Se um termo é preestabelecido em lei para se fazer valer determinado direito por meio de ação, o decurso do prazo referido não impede o titular, do mesmo direito, de o alegar como base de contestação, em sendo demandado[176]. Exemplo: Para se livrar de credores, Caio vende imóvel simuladamente a Tício. Este faz citar o herdeiro universal daquele, para cumprir o contrato com a entrega do bem de raiz. O demandado alega o vício da venda; o suposto adquirente objeta que decorreram mais de quatro anos e, por isto, a eiva da simulação prescreveu. O sucessor de Caio triunfará, pelo menos neste ponto;

---

[174] No primeiro quadriênio da República o Senado recusou aprovar três nomeações, aliás escandalosas: de um médico e dois generais, amigos do vice-presidente em exercício, Floriano Peixoto, para magistrado da mais alta corte judiciária do País! Prevaleceu a regra de só escolher para a suprema judicatura os bacharéis em Direito, e passou a ser sistemática a homologação.

[175] Pietro Cogliolo – *Scritti Varii*, vol. I, p. 39-40.

[176] Ricci, Batista, Caire & Piola – Corso di Diritto. Vede nº 347-E, letras a e b.

pois ele e o *de cujus* conservaram o seu direito, visto que mantiveram a posse e não trataram da execução do contrato, a exceção não prescreveu; em quatro anos prescreveu a *ação*[177].

A máxima latina se não refere só aos casos de nulidade e rescisão, como, interpretado literalmente, parece indicar o conhecido preceito do jurisconsulto Paulo[178], origem clássica do brocardo genérico; tem um alcance amplo[179]. Compreende todos os meios *diretos* de ilidir a ação, as *exceções peremptórias*, dos doutores[180], como sejam: *a de nan adimpleti contractus* (não cumprimento das cláusulas a que se obrigara o autor); de coisa julgada; novação ou transação; pagamento; prescrição; erro; dolo, medo, simulação, direito de retenção, falta de prestação de garantia, ou de capacidade do obrigado, e semelhantes arguições de defesa[181].

347-B – Com as razões seguintes é justificada tradicionalmente a prevalência do preceito romano: *a)* A *ação* exercita-se à vontade do titular do direito; o mesmo não se dá com a *exceção*, a qual ninguém pode opor quando queira; o seu titular precisa aguardar o ataque por parte do adversário; por isto, não seria cabível alegar inércia do defendente, e, consequentemente, prescrição[182].

---

[177] Giorgio Giorgi – Teoria delle Obbligazioni, 7ª ed., vol. VIII, nº 236.

[178] Digesto, liv. 44, tít. 4º – De doli mali et metus exceptione, fragmento 59, § 6º: Non sicut de dolo actio certo tempore finitur, ita etiam exceptio eodem tempore danda est; nam haec perpetuo competit: cum actor quidem in sua potestate habeat, quando utatur suo jure; is autem cum quo agitur, non habeat potestatem, quando conveniatur: "Embora a ação motivada por dolo termine dentro de certo tempo, não precisa ser oferecida no mesmo prazo a exceção de igual natureza; porquanto esta é cabível perpetuamente: ao passo que o autor tem em seu poder fixar o momento de usar o próprio direito; à pessoa, porém, contra a qual ele age, não assiste o arbítrio de fazer prevalecer o seu quando lhe pareça conveniente."

[179] Théophile Huc – Commentaire du Code Civil, vol. VIII, nº 189.

[180] Petroncelli, monografia in Nuovo Digesto Italiano, 1937-1940, vol.V, verbo "Eccezione", nº 6; João Monteiro – Processo Civil, vol. II, §§ 102, 108 e 110; A. J. Ribas – Consolidação das Leis do Processo Civil, arts. 558 e 581.
O brocardo não se refere às exceções dilatórias: à de incompetência ratione personae, por exemplo.

[181] Código Civil italiano, de 1885, arts. 1.300 e 1.302; Staudinger – Kommentar zum Bürgerlichen Gesetzbuch, 9ª ed., vol. I, coment. 8º ao art. 194; Enneccerus, Kipp & Wolff – Lehrbuch des Bürgelischen Rechts, 8ª ed., vol. I, parte 1ª, § 218, V; Ehrenzweig – System des Oesterreichischen Allgemeinen Privatrechts, vol. I, § 134; Biermann – Bürgerliches Recht, vol. I, § 37; Pacifici-Mazzoni – Istituzioni di Diritto Civile, vol. II, nº 198; Fadda & Bensa, notas ao vol. I, § 112, das Pandette, de Windscheid.

[182] Windscheid & Kipp – Lehrbuch des Pandektenrechts, 8ª ed., vol. I, § 112; Nicola Coviello – Manuale di Diritto Civile, 2ª ed., vol. I, § 143, p. 462.
Este argumento inspira-se, à evidência, no preceito, transcrito, de Paulo.

BROCARDOS E OUTRAS REGRAS DE HERMENÊUTICA E APLICAÇÃO DO DIREITO | **257**

b) A negligência, que motiva a prescrição, está em abster-se o titular de exercer uma ação que lhe daria o gozo de um direito do qual está privado; o que se defende acha-se no gozo da parte essencial do direito próprio. *c)* Um dos fins da prescrição é diminuir o número de processos; certo da imprescritibilidade das exceções, o indivíduo não toma a iniciativa processual; só se ergue, para repelir o ataque e inutilizar o litígio por outrem intentado. *d)* Com a demora, aumentam as dificuldades do réu, por isto, se estabelece para o autor o dever jurídico de agir logo; ao passo que, se é o réu que invoca o direito cuja ação prescreveu, a tardança em fazer semelhante alegação só a ele prejudica[183].

347-C – Como o primeiro fundamento (o da letra *a*) é o geralmente invocado, em o destruir porfiam os adversos à aplicabilidade do brocardo. No seu conceito, não tem mais cabimento, hoje, a imprescritibilidade, das exceções; porque desapareceu a sua própria razão de ser: a quem contratou por erro, ou dolo, por exemplo, é facultado não esperar a exigência do adversário relativa ao cumprimento da obrigação; pode acioná-lo imediatamente, para anular o ato que, ludibriado, subscreveu[184].

Aos defensores do aforismo "pareceu justo que a exceção, arma defensiva, conservada fosse tanto tempo quanto a ação nascida do contrato pode ser utilizada como arma ofensiva"; portanto as exceções adequadas a repelir determinada ação duram tanto como esta; podem ser utilmente levantadas em qualquer tempo em que a demanda surja no pretório[185]. Acresce um argumento: os Códigos só aludem à prescrição *das ações*; silenciam quanto às exceções, e a matéria em apreço é de direito estrito, não comporta ampliação por analogia[186].

---

183 Savigny – Traité de Droit Romain, tradução Guenoux, vol. V, § 254.

184 Marcel Planiol – Traité Élémentaire de Droit Civil, 7ª ed., vol. II, nº 1.291.

185 Chironi – Istituzioni di Diritto Civile, 2ª ed., vol. I, § 109; Lomonaco – Istituzioni di Diritto Civile, 2ª ed., vol. V, p. 359; De Filippis – Corso di Diritto Italiano Comparato, vol. IV, nº 133; Chironi & Abello – Trattato di Diritto Civile, vol. I, p. 688; Pacifici-Mazzoni, vol. II, nº 198; Aubry & Rau e Bartin – Cours de Droit Civil, 5ª ed., vol. XII, § 771; p. 529; Bufnoir – Propriété et Contrat, p. 739.

186 Manifestam-se contrários à aplicação do brocardo: Colmet de Santerre, Marcadé e Duranton, citados por Luigi Borsari – Commentario del Codice Civile, vol. III, parte 2ª, § 3.262; Laurent – Principes de Droit Civil, vol. 19, nos 57-80, e vol. 32, nº 372; Baudry-Lacantinerie & Tissier – De la Prescription, nos 609-612; Marcel Planiol, vol. II, nº 1.291; Unterholzer, citado por Savigny, vol. V, p. 451, nota d; Brinz, citado por Puchta – Pandekten, § 95, nota b; Coviello, vol. I, p. 461-463; Ricci & Battista, vol. V, nº 147; Clóvis Beviláqua – Teoria Geral do Direito Civil, 1ª ed., § 86; João Monteiro, vol. II, § 109, nota 4; Aureliano de Gusmão – Processo Civil e Comercial, vol. I, nº 125.
Vede nº 284.

347-D – Alguns escritores restringem a aplicabilidade do axioma às exceções verdadeiras e exclusivas, isto é, quando visam proteger um direito que não pode ser garantido ou alegado por meio de ação, e, sim, em contradita oposta a uma demanda[187]. Outros mestres julgam mister que o obrigado tenha ficado na posse de todos os seus direitos, como se o ato merecedor da sua repulsa judiciária não existisse; pois, neste caso, a ele não incumbia provocar a ação; estava, e devia continuar, na expectativa[188].

Entretanto, a jurisprudência do Tribunal Supremo da Alemanha, da Áustria e do Brasil; bem como das Cortes de Cassação de França e da Itália prestigia o brocardo na plenitude do respectivo alcance; bastante numerosa ainda, entre os expositores da ciência jurídica, se nos antolha a falange propugnadora da perpetuidade das exceções peremptórias.

O Código Civil italiano de 1865, art. 1.302, e o português, art. 693, explicitamente asseguram a imprescritibilidade da defesa que pleiteie nulidade ou rescisão.

347-E – O brocardo merece acolhida, com as restrições seguintes, não recusadas nem pelos seus mais extremos apologistas:

a) Só não prescrevem as exceções propriamente ditas, meios jurídicos de repelir ações. Não prevalece a parêmia quando, sob a aparência de exceção, colimam fazer vingar o objeto próprio de uma verdadeira ação, isto é, quando, de fato, apenas se contrapõe um pedido a outro, de sorte que a matéria da defesa e a da demanda têm existência autônoma, nenhuma relação de dependência há entre uma e outra, não se baseiam ambas sobre o mesmo título jurídico. É preciso, portanto, que a contradita não envolva uma exigência nova, não se funde sobre uma pretensão, porém sobre determinados fatos adequados a ilidir o litígio (sobre o dolo, por exemplo)[189]. Não se perpetua, por conseguinte, o direito de alegar *compensação*[190], nem o de *reconvenção*[191]: Élio é acionado por Nóvio e teve contra este um crédito, que deixou prescrever; não o pode trazer

---

[187] Lomonaco, vol. V, p. 360; Pacifici-Mazzoni, vol. II, nº 198; Acórdãos das Cortes de Apelação de Florença, Nápoles e Messina, apud Ricci & Battista, vol. V, nº 147.

[188] Larombière – Théorie et Pratique des Obligations, vol. V, coment. 34, ao art. 1.304; Toullier & Duvergier – Le Droit Civil Français, 7ª ed., vol. IV, nº 602.

[189] Zachariae Von Lingenthal & Crome, trad. cit., vol. I, § 149 e nota 1; Kipp, nota 3 ao § 112 do vol. I de Windscheid; Staudinger, vol. I, coment. 8 ao art. 194; Stolfi, vol. III, nº 1.165; Cunha Gonçalves, vol. III, nº 415; Mirabelli – Della Prescrizione, nº 114-118.

[190] Windscheid, vol. I, 112, nota 8, além da nota 3, de Kipp; Keller, apud Puchita, op. cit., 95, nota b; Staudinger, vol. I, coment 8 ao art. 194; Stolfi, vol. III, nº 1.165; Bartolo, apud Ricci & Battista, loc. cit.

[191] Coviello, vol. I, p. 463; Baudry-Lacantinerie & Tissier, op. cit., nº 611; Crome, vol. I, § 114, nota 11; Giorgi, vol. VIII, nº 235; João Mendes, op. cit., tít. 3º, cap. 6º, nº V.

BROCARDOS E OUTRAS REGRAS DE HERMENÊUTICA E APLICAÇÃO DO DIREITO | **259**

a *compensar* o débito posterior ao lapso prescricional referido; nem, tampouco, o aduzir em simples *reconvenção*.

b) O campo de ação do brocardo não se estende à réplica oposta à contestação apresentada pelo réu; não pode o autor, em revide aos argumentos da defesa, alegar direito seu cuja ação esteja prescrita; pois quem replica a uma exceção, não está de posse do direito reclamado[192].

c) O apotegma não abroquela defesa fundada em direito extinto pela *decadência*; esta não se confunde com a prescrição; atinge a ação e a *execução*[193]. Exemplo: se uma jovem oriunda de justas núpcias propõe contra o presumido pai ação de alimentos e este lhe argui a ilegitimidade, depois de transcorrido o termo fixado pelo Código Civil, art. 178, § 3º, e § 4º, nº I; sucumbe o contestante; porque o prazo de dois meses para o progenitor impugnar a filiação é de *decadência*; constitui lapso *preclusivo*, não *prescricional*; o seu decurso fere de morte o direito do chefe de família, que o não pode mais alegar nem sequer como fundamento de defesa.

DECADÊNCIA

347-F – Ocorre a *decadência* (*Déchéance*, dos franceses; *decadenza*, dos italianos; *Ausschlussfrist, Gesetzliche Befristung* ou *Praeklusivbefristung*, dos alemães), quando a lei criadora de um direito subordina a existência do mesmo a determinado prazo. A norma positiva concede ação especial, sob a condição de ser, esta, proposta dentro de certo lapso de tempo. Por outras palavras: dá-se a *decadência* quando um preceito de lei assegura a *faculdade* de agir judicialmente e ao mesmo tempo a subordina à condição de a exercer dentro de prazo predeterminado. Exemplo: o Código Civil brasileiro outorga ao doador a faculdade de punir o ingrato como lhe retirar o benefício; porém tal prerrogativa é limitada no tempo; há de ser exercida dentro de um ano, a contar do dia em que o autor da liberalidade teve conhecimento do fato que o levou a desestimar o outrora amado e favorecido (arts. 1.181-1.184).

---

[192] Aubry & Rau e Bartini, vol. XII, § 711, p. 530; Baudry-Lacantinerie & Tissier, op. cit., nº 611; João Mendes, op. cit., tít. 3º, cap. 6º, nº V, p. 193-194.

[193] Josserand – Cours de Droit Civil, vol. II, nº 1.005; vol. III, nº 1.636; Enrico Gropallo, in Nuovo Digesto Italiano, 1937-1940, vol. X, in verbis "Prescrizione Civile", nº 18; Coviello, vol. I, p. 485; Planiol & Ripert, Esmein, Radouant e Gabolde – Traité Pratique de Droit Civil, vol. VII, nº 1.402, com o apoio de 3 arestos; Huc, vol. XIV, nº 318; Aubry & Rau e Bartin, vol. XII, § 771; Cunha Gonçalves, vol. III, nº 420; Keller, apud Puchta, op. cit., § 95, nota b, Venzi, nota a; Pacifici-Mazzoni, vol. II, p. 595 e segs.; Crome, vol. I, § 114, nº 1; Gianturco, vol. I, p. 393, com o apoio de Arndts, Unterholzner e Windscheid; Seve Navarro, apud Clóvis Beviláqua, op. cit., § 86. Vede: Carlos Maximiliano – Decadência, na revista "Direito", vol. I, janeiro e fevereiro de 1940, p. 41-50.

260 | Hermenêutica e Aplicação do Direito • *Carlos Maximiliano*

Assemelham-se a *decadência* e a *prescrição extintiva*, tanto que os elaboradores do Código Civil brasileiro, por evidente engano, intercalaram casos concretos daquela entre os consagrados geralmente como pertencentes a esta. Não se confundem os dois institutos jurídicos; há entre eles diferenças irrefragáveis, não assinaladas, aliás, pelos incomparáveis jurisconsultos romanos, porém hoje reconhecidos universalmente nos domínios da doutrina e nas conclusões da prática[194]. Se um moderno professor fulgurante, como Chironi[195], ainda resiste à corrente, isto acontece apenas em aparência; porquanto ele próprio classifica as hipóteses de *decadência* como de uma *prescrição especial*, oferecendo requisitos e consequências que a prescrição comum não depara; foi precisamente por causa desta diversidade que a técnica preferiu criar mais um instituto jurídico[196].

Como elementos esclarecedores de uma tese difícil, transladam-se conceitos de expositores prestigiosos, no tocante ao assunto ora versado.

Modica, autor de livro notável sobre a matéria, proclamou: "*Decadência* é o fim da ação por não haver o interessado exercido o direito dentro do termo peremptório fixo, estabelecido por lei, sentença, convenção ou testamento"[197].

É a perda de uma faculdade, de um direito ou de ação, resultante da só expiração de um termo extintivo predeterminado. O que a caracteriza é, pois, o não repousar sobre uma presunção de aquisição, nem de liberação qualquer; muito se assemelha aos prazos processuais[198].

Quando a lei concede ação sob a condição do seu exercício em um tempo determinado e de um modo prefixo, a expiração deste termo traz a *decadência*[199]. Esta resulta, quando norma positiva impõe um prazo prefixado para a realização de um ato, em geral para a utilização de uma *faculdade*[200].

"Incorre-se em *decadência*, quando a lei ou a vontade do homem estabelece um termo peremptório para o exercício de um direito ou a propositura de uma ação judiciária"[201].

---

[194] São expressões sinônimas de decadência: caducidade e prazo preclusivo.

[195] Istutuzioni di Diritto Civile, vol. I, § 105.

[196] Laurent – Principes de Droit Civil, vol. 32, nº 10; Aubry & Rau e Bartin – Cours de Droit Civil, 5ª ed., vol. XII, § 771.

[197] Modica – Teoria della Decadenza nel Diritto Civile Italiano, vol. I, nº 220, p. 206, apud Giorgi – Teoria delle Obbligazioni, 7ª ed., vol. VIII, p. 367, nota 1.

[198] Théophile Huc – Commentaire du Code Civil, vol. XIV, nº 316.

[199] Aubry & Rau e Bartin, vol. XII, § 771.

[200] Planiol & Ripert, Esmein, Radouant e Gabolde, vol. VII, nº 1.403.

[201] Nicola Stolfi – Diritto Civile, vol. III, nº 1.197.

BROCARDOS E OUTRAS REGRAS DE HERMENÊUTICA E APLICAÇÃO DO DIREITO | 261

"Para haver *decadência* é necessário que a existência do direito, que dá lugar a ação, e, por isto, também a existência desta, seja limitada por lei a um certo tempo"[202]. Ocorre, portanto, quando um texto explícito concede ação, porém condicionada ao requisito de se efetuar a propositura dentro de um lapso exato.

"Os prazos, isto é, o tempo durante o qual é determinado, permitido ou vedado realizar certos atos, constituem a principal fonte das *decadências*"[203].

347-G – Sob vários aspectos divergem *decadência* e *prescrição extintiva*.

a) As duas pessoas que figuram em caso de *decadência* são, ambas, titulares de direito: o de uma, permanente; o da outra, contingente, efêmero, sujeito a desaparecer quando não exercido dentro de curto prazo. Nas hipóteses de prescrição, ao contrário, só se nos depara um portador de direito; a outra parte nenhum direito tem, na espécie; sobre ela pesa, antes, um dever, uma *obrigação*, a qual se extingue em consequência da negligência ou bondosa inércia do credor. Exemplo do primeiro caso: o filho oriundo de justas núpcias tem os direitos decorrentes da legitimidade; ao pai assiste o direito de cassar semelhante regalia; o direito do descendente é limitado no tempo; dura dois meses o do ascendente, isto é, extingue-se, desde que não seja exercido dentro de sessenta dias contados do nascimento do filho (Código Civil, arts. 344 e 178, § 3º). Exemplo do segundo caso: o *tomador* de nota promissória tem o direito de haver a importância da mesma, em qualquer tempo; ao *emitente* nenhum direito assiste; ao contrário, ele suporta a *obrigação* de pagar; decorridos cinco anos do vencimento do título, *pode* livrar-se da cobrança alegando *prescrição*. *b)* A *prescrição* é a definitiva consolidação de um estado *de fato* de que uma pessoa está gozando, oposta ao *direito* de outra; a *decadência* conserva e corrobora um estado jurídico preexistente. *c)* A primeira extingue um direito; a segunda respeita um direito *em via de formação*. *d)* A *prescrição* favorece a quem tinha um estado *de fato*, convertido, depois, pela inação de outrem, em estado *de direito*; com a *decadência* aproveita quem estava já fruindo *um direito* e tinha como o adversário o igualmente titular *de direito*, de uma ação que se extinguiu e era destinada a aniquilar o outro *estado de direito*[204], *e)* A primeira só vem *da lei*; a segunda pode também advir de determinação de juiz ou de ato jurídico (unilateral ou bilateral, gratuito ou oneroso)[205], *f)* O escopo da *prescrição* é pôr fim a um direito que, por não ter sido utilizado, deve supor-se abandonado; o da *decadência* é preestabelecer o tempo em que um direito

---

[202] Pacifici-Mazzoni – Istituzioni, vol. II, nº 196.

[203] Garsonnet – Traité de Procédure, 2ª ed., vol. II, § 512.

[204] Cunha Gonçalves, vol. III, nº 420.

[205] Giorgi, vol. VIII, nº 225.

262 | Hermenêutica e Aplicação do Direito • Carlos Maximiliano

possa ser utilmente exercido[206]. *g)* A *prescrição* visa apenas *ações*; a *decadência* nem sempre: compreende ações e direitos: refere-se também a prazos que se não relacionam com ações, como, por exemplo, o relativo à celebração de casamento (Código Civil, art. 181, § 1º)[207]. *h)* A *prescrição* só é alegada em *exceção*, isto é, como matéria *de defesa*; a *decadência* pode dar lugar à *ação*[208]. *i)* Aquela, em regra, abrange obrigação ou direito real, somente; compreende, pois, os elementos do *patrimônio*, apenas; campo mais vasto, como, por exemplo, o das relações de *família*, a *decadência* atinge[209]. *j)* O direito sujeito a *decadência* já surge como uma faculdade limitada no tempo; o subordinado a *prescrição* abrolha em caráter ilimitado, quanto ao tempo[210]. *k)* Em regra, os prazos estipulados em artigos de código não colocados no capítulo referente à *prescrição* e nos quais se não declara explicitamente versarem sobre tal instituto, dizem respeito a *decadência*[211]. A recíproca, entretanto, não é verdadeira: no art. 178 do repositório brasileiro de normas civis, há numerosos casos de *decadência* misturados com os de *prescrição* e postulados como se pertencessem a esta espécie jurídica.

347-H – Mais esclarecedora do que quaisquer regras será uma lista, embora incompleta sempre, meramente *exemplificativa*, jamais *taxativa*, de hipóteses consagradas de *decadência*[212]. Eis a que se nos depara no Código Civil [de 1916]:

a) Anulação de casamento promovida pelo cônjuge (art. 178, § 1º, § 5º, I [art. 1.560, VI do CC/2002], § 7º, I [art. 1.560, III, do CC/2002]);

b) Anulação de casamento promovida pelo menor ou pelo pai (art. 178, § 4º, II [art. 1.555 do CC/2002], § 5º, II [art. 1.560, I, do CC/2002]);

c) Anulação de casamento de menor de dezesseis ou dezoito anos (arts. 178, § 5º, III [art. 1.555 do CC/2002]; 183 [art. 1.521 do CC/2002] e 213-216 [arts. 1.552 a 1.555 do CC/2002);

---

[206] Nicola Coviello, vol. I, § 150, p. 484.

[207] Biermann – Buergerliches Recht, vol. I, § 98, nº 4; Staudinger, vol. I, p. 763; Enneccerus, Kipp & Wolff, vol. I, parte 4º, § 211, III; Planiol & Ripert, Esmein, Radouant e Gabolde, vol., VII, nº 1.403.

[208] Giorgio Giorgi – Teoria delle Obbligazioni, 7ª ed., vol. VIII, nº 225.

[209] Laurent, vol. 32, nº 10; Huc, vol. XIV, nº 317.

[210] Armin Ehrenzweig – System des Oesterreichischen, Allgemeinen Privatrechts, vol. I, parte 1ª, § 125; VI; Biermann, vol. I, § 98, nº 4.

[211] Giorgi, vol. VIII, nº 225.

[212] Os casos, enunciados em seguida, encontram-se mencionados nas obras citadas de Clóvis Beviláqua – Código Civil Comentado, vol. I, comentário ao art. 178; Carpenter, Modica – Teoria della Decadenza, Giorgi, Gropallo, Stolfi, Mirabelli, Staudinger, Crome, Josserand, Huc, Aubry & Rau, Planiol & Ripert e Cunha Gonçalves.

BROCARDOS E OUTRAS REGRAS DE HERMENÊUTICA E APLICAÇÃO DO DIREITO | 263

d) Anulação de casamento efetuado perante autoridade incompetente (art. 208 [art. 1.550, VI do CC/2002]);

e) Prazo para o casamento, depois de publicados os editais respectivos (art. 181 [art. 1.527 do CC/2002]);

f) Prazo para as testemunhas de casamento *in extremis* confirmarem em juízo o que ouviram do enfermo (art. 200 [art. 1.541 do CC/2002]);

g) Impugnação de legitimidade de filho nascido na constância do matrimônio (arts. 178, §§ 3º e 4º, I, e 344 [art. 1.601 do CC/2002]);

h) Perda de terreno pela *avulsão* (arts. 178, § 6º, XI, e 541-542 [art. 1.251 do CC/2002]);

i) Aceitação formal da herança (art. 1.584 [art. 1.807 do CC/2002]);

j) Separação dos patrimônios, do defunto e dos herdeiros (art. 1.769, § 2º);

k) Exclusão de herdeiro *indigno* (art. 178, § 9º, IV [art. 1.815 do CC/2002]);

l) Revogação de doação por ingratidão (arts. 178, § 6º, I, e 1.184 [art. 559 do CC/2002]);

m) Prazo para desobrigar ou reivindicar bens onerados ou vendidos ilegalmente pelo pai e pertencentes a filho menor (art. 178, § 6º, III e IV);

n) Pacto de melhor comprador, no contrato de compra e venda (art. 1.158, parágrafo único);

o) Preferência atribuída ao condômino, em caso de alienação de parte da coisa comum (art. 1.139 [art. 504 do CC/2002]);

p) Vício redibitório em móvel, suprimento de preço, etc. (art. 178, § 5º, IV [art. 445 do CC/2002]);

q) Vício redibitório em coisa móvel (art. 178, § 2º [art. 445 do CC/2002]);

r) Cláusula de *resgate*, em compra e venda (arts. 178, § 8º, e 1.141 [art. 505 do CC/2002]);

s) Remissão de imóvel hipotecado (art. 815 [art. 1.481 do CC/2002]);

t) Responsabilidade do empreiteiro pela solidez e segurança da construção (art. 1.245 [art. 618 do CC/2002]);

u) Interdito possessório (art. 523 [art. 558 do CPC/2015]);

v) Prazo para o inventário (art. 1.770 [art. 1.796 do CC/2002]);

w) Prazo para aceitar proposta de contrato (art. 1.081, III [art. 428, III do CC/2002]);

x) Direito de *preempção* (art. 1.153 [art. 516 do CC/2002]);

y) Escusa de tutela (art. 416 [art. 1.738 do CC/2002]);

z) Prazo para propor ação rescisória (art. 178, § 10º, VIII [art. 975 do CPC/2015]);

aa) Prazo para exigir que se desfaça janela, sacada, terraço ou goteira sobre o seu prédio (art. 576 [art. 1.302 do CC/2002]).

264 | Hermenêutica e Aplicação do Direito · *Carlos Maximiliano*

Encontravam-se no Direito Comercial os seguintes casos de *decadência*:

a) Responsabilidade do transportador por diminuição ou avaria em gêneros a ele confiados (Código, art. 109 [art. 754 do CC/2015]);

b) Vício redibitório (Código, art. 211 [art. 445 do CC/2002]);

c) Prazos concernentes ao pagamento de cambial ou nota promissória, e ao protesto dos referidos títulos de crédito (Lei Cambial, Decreto nº 2.044, de 3 de dezembro de 1908, arts. 20, 21, 22, 26, 28, 30 e 32);

d) Prazos de pagamento, etc., concernentes ao cheque (Lei sobre Cheques, Decreto nº 2.591, de 7 de agosto de 1912, art. 15, combinado com os artigos citados do Decreto nº 2.044);

e) Prazo para anular, por meio de ação, o registro de marca de indústria ou comércio (Lei nº 1.236, de 1904, art. 10, nº 2; Decreto nº 5.424, de 1905, art. 33; Decreto-lei nº 7.903, de 1945, art. 156, § 1º).

Não raro sucede, sobretudo na esfera comercial, que se exija a prática de determinados atos e se declare que, se eles se não realizarem dentro de certo prazo, a ação respectiva não terá ingresso em juízo, ficará extinta: semelhantes hipóteses devem figurar entre as de *decadência* (não se olvide que esta, ao contrário da prescrição, tanto pode ser estabelecida em lei, como em contrato ou ato benéfico)[213].

Em regra, os prazos estipulados em artigos de Código Civil [de 1916] ou Comercial, não colocados no capítulo referente à *prescrição* e nos quais se não declara explicitamente versarem sobre tal instituto, diziam respeito a *decadências* (3). A recíproca, entretanto, não é verdadeira: no art. 178 do repositório brasileiro de normas civis [de 1916] há numerosos casos de *decadência* misturados com os de *prescrição extintiva*.

Em geral, os prazos processuais (para apelar, agravar, embargar, recorrer extraordinariamente, por exemplo, são de *decadência*. Caso típico é o do prazo fatal para a propositura da ação competente imposto ao impetrante de arresto, sequestro, busca e apreensão, sob pena de cessar o efeito destas providências acauteladoras (Código de Processo Civil [de 1973], art. 806 [art. 308 do CPC/2015]); assim como os fixados para a ação sumária especial, art. 13 da Lei nº 221, de 1894; para iniciar-se o mandado de segurança, art. 18 da Lei nº 1.533, de 1953 [art. 23 da Lei 12.016/2009]; para o exercício da ação de renovação de contrato de arrendamento de prédio destinado a uso comercial ou industrial, art. 4º do Decreto nº 24.150, de 1934 [atualmente revogado].

Na defesa *administrativa*, constituem casos de *decadência* os concernentes aos prazos fixados para reclamações dos interessados, em leis e regulamentos sobre Estradas de Ferro, Correios e Telégrafos, na Consolidação das Leis das Alfândegas,

---

213   Enrico Gropallo, in Nuovo Digesto Italiano, 1937-940, vol. X, in verbis "Prescrizione Civile", nº 18.

BROCARDOS E OUTRAS REGRAS DE HERMENÊUTICA E APLICAÇÃO DO DIREITO | 265

nas disposições positivas acerca de Indenização de Acidentes do Trabalho, Depósitos em Caixas Econômicas e impugnação de lançamento de impostos e taxas.

No Direito Constitucional Brasileiro há um caso original de *decadência*: o do prazo de seis meses para o interessado recusar a naturalização tácita (Constituição de 1891, art. 69, 4º).

347-I – Releva, ainda, fixar as estremas entre *prescrição* e *decadência, caducidade* ou *prazo preclusivo*, quanto à diferença entre os dois institutos jurídicos em relação aos respectivos *efeitos*.

a) O curso do prazo *preclusivo* não fica *suspenso* durante a incapacidade, nem na constância do matrimônio, como acontece, comumente, com o da *prescrição*[214].

b) A *decadência*, não só se não *suspende*, mas também se não *interrompe* como a *prescrição*: os meios adequados a evitar esta não se aplicam àquela, cujos prazos são *improrrogáveis*[215]. Alguns escritores excetuam um meio interruptivo – o da propositura da ação competente. Na realidade, em tal hipótese, o prazo cessa de correr; porém isto, longe de constituir exceção ao preceito legal, afigura-se pura e simplesmente o cumprimento do exigido em lei; esta impõe que o titular do direito aja em determinado prazo; com acionar, ele age, faz o que a norma positiva lhe impunha sob *pena de decadência*. Tanto se não trata de *interrupção*, que o efeito da propositura, nas duas espécies jurídicas, não é o mesmo: se o autor torna à inércia, no decurso da causa, durante o lapso *prescricional*, o seu direito fenece; ao contrário, uma vez proposta a demanda, estreme de nulidades, em juízo competente, não mais se renova o curso da *decadência*, por mais longa que seja a inatividade do pleiteante: há prescrição *intercorrente*, porém, jamais caducidade posterior à contestação da lide[216].

---

214 Chironi & Abello, vol. I, p. 692; Josserand, vol. III, nº 1.636; vol. II, nº 1.005; Chironi, vol. I, § 105; Stolfi, vol. III, nº 1.198; Coviello, vol. I, p. 484; Giorgi, vol. VIII, p. 467, nota 1; Pacifici--Mazzoni – Istituzioni, vol. II, nº 196; Codice Civile Italiano Commentato, vol. XII, nº 206; Gropallo, loc. cit.; Laurent, vol. 32, nº 10; Huc, vol. XIV, nº 318; Aubry & Rau e Bartin, vol. XII, nº 771; Planiol & Ripert, Esmein, Radouant e Gabolde, vol. VII, nº 1.402; Almeida Oliveira, op. cit., nº 49; Clóvis Beviláqua, vol. I, coment. 1 ao art. 178; Cunha Gonçalves, vol. III, nº 420; De Ruggiero – Istituzione, 7ª ed., vol. I, 34, p. 232.

215 Alves Moreira, vol. I, nº 283; Almeida Oliveira, op. cit., p. 49; Cunha Gonçalves, vol. III, nº 420; Gropallo – Nuovo Digesto, loc. cit.; Coviello, vol. I, p. 484; Chironi, vol. I, § 105; Giorgi, vol. VIII, p. 367, nota 1, e p. 370; Stolfi, vol. III, nº 1.198; Josserand, vol. II, nº 1.005; vol. III, nº 1.636; Robert de Ruggiero, Prof. da Universidade de Roma – Istituzioni di Diritto Civile, 7ª ed., vol. I, § 34, p. 323.

216 Gianturco, vol. I, nota 2 à p. 387; Gropallo – Nuovo Digesto, loc. cit.; Coviello, vol. I, p. 484; Chironi & Abello, vol. I, p. 692.

c) Por ser a *decadência* estabelecida por motivos particularíssimos de interesse público, é decretada *ex officio*, independentemente de qualquer provocação de interessado; ao passo que a *prescrição* depende, sempre, de arguição *expressa* de uma das partes litigantes, só em sendo alegada é que perime a demanda[217].

d) Faculta-se *renunciar* a *prescrição* cujo lapso haja transcorrido; o que, em regra, não se admite no tocante à *decadência*[218].

e) Prescrito um direito, não pode o seu titular *acionar*; alega-o, entretanto, *em defesa*, contestando a demanda contra ele iniciada; em caso de *decadência*, porém, sucede o oposto; a faculdade ou prerrogativa extinguiu-se integralmente, em consequência do decurso do prazo preclusivo; nada adianta invocá-la, nem ao *acionar*, nem ao *excepcionar*[219]: o brocardo romano – *quoe temporalia sunt ad agendum perpetua sunt ad excipiendum* – é de aplicar-se, apenas, à prescrição propriamente dita; jamais à caducidade.

---

[217] J. X. Carvalho de Mendonça – Tratado de Direito Comercial, vol. VI, nº 17; Almeida Oliveira – A Prescrição, p. 50; Alves Moreira, vol. I, nº 283; Cunha Gonçalves, vol. III, nº 420; Carl Crome, vol. I, § 112; Enneccerus, Kipp & Wolff, vol. I, § 211; III; Staudinger, vol. I, p. 763; Biermann, vol. I, § 98, nº 4; Chironi, vol. I, § 105; Giorgi, vol. VIII, nº 225; Pacifici-Mazzoni & Venzi – Istituzioni, vol. II, nº 196; Codice Commentato, vol. XII, nº 206; Josserand, vol. II, nº 1.005.

[218] Crome, vol. I, § 112; Gianturco, vol. I, p. 387, nota 2; Chironi & Abello, vol. I, p. 692; Cunha Gonçalves, vol. III, nº 420; Alves Moreira, vol. I, nº 283; Josserand, vol. II, nº 1.005.

[219] Gropallo – Nuovo Digesto Italiano, 1937-1940, vol. X, in verbis "Prescrizione Civile", nº 18; Coviello, vol. I, p. 485; Josserand, vol. II, p. 1.005; vol. III, nº 1.636; Huc, vol. XIV, nº 318; Aubry & Rau e Bartin, vol. XII, § 771; Planiol & Ripert, Esmein, Radouant e Gabolde, vol. VII, nº 1.402; Cunha Gonçalves – Tratado de Direito Civil em Comentário ao Código Civil Português, vol. III, nº 420.

PRINCÍPIOS GERAIS DE DIREITO

348 – Todo conjunto harmônico de regras positivas é apenas o resumo, a síntese, o *substratum* de um complexo de altos ditames, o índice materializado de um sistema orgânico, a concretização de uma doutrina, série de postulados que enfeixam princípios superiores. Constituem estes as *diretivas* ideias do hermeneuta, os pressupostos científicos da ordem jurídica. Se é deficiente o repositório de normas, se não oferece, explícita ou implicitamente, e nem sequer por analogia, o meio de regular ou resolver um caso concreto, o estudioso, o magistrado ou funcionário administrativo como que renova, em sentido inverso, o trabalho do legislador: este procede de cima para baixo, do geral ao particular; sobe aquele gradativamente, por indução, da ideia em foco para outra mais elevada, prossegue em generalizações sucessivas, e cada vez mais amplas, até encontrar a solução colimada. Por exemplo: em se tratando de um caso de *Sucessões,* investiga, em primeiro lugar, no *capítulo* correspondente à hipótese controvertida; em falta de êxito imediato, inquire entre institutos afins, no *livro* quarto do Código, em seu conjunto; vai depois ao Direito Civil, integral; em seguida ao Direito Privado (Civil e Comercial); mais tarde a *todo* o Direito Positivo; enfim à ciência jurídica em sua universalidade.

Recorre o aplicador do texto aos princípios gerais: *a*) de um instituto jurídico; *b*) de vários institutos afins; *c*) de uma parte do Direito Privado (Civil ou Comercial); ou de uma parte do Direito Público (Constitucional, Administrativo, Internacional, etc.); *d*) de *todo* o Direito Privado, ou de *todo* o Direito Público; *e*) do Direito Positivo, *inteiro*; *f*) e, finalmente, do Direito em sua plenitude, sem distinção nenhuma. Vai-se gradativamente, do menos ao mais geral: quanto menor for a amplitude, o raio de domínio adaptável à espécie, menor será a possibilidade de falhar o processo indutivo, mais fácil e segura a aplicação à hipótese controvertida[1].

---

[1] Coviello, vol. I, p. 8; Ferrara, vol. I, p. 228-229. Na Itália a jurisprudência não admite o sexto recurso, acima lembrado: vede adiante, nº 350.

Alteia-se o aplicador do Direito desde os fatos comezinhos da vida diária até a cúspide do saber profissional; da realidade terra a terra ele ascende às razões econômico-sociais; age, enfim, como jurista sociólogo[2].

349 – Do exposto já se colige que os termos do art. 7 º da antiga Lei de Introdução do Código Civil[3] abrangem, não só as ideias básicas da legislação nacional, mas também os princípios filosóficos, fundamentais do Direito sem distinção de fronteiras. Embora avance passo a passo, justamente receoso das generalizações precipitadas e prenhes de perigos, o executor da lei poderá afinal atingir à universalidade da ciência jurídica. As perquirições não se restringem à órbita do Direito Positivo[4].

Em vez das palavras finais do art. 7º, figuravam no Projeto do Código Civil as seguintes: "Princípios deduzidos do espírito *da lei.*" Prevaleceram os princípios *gerais de direito*. Já o elemento histórico, portanto, deixa compreender que o investigador pode ir além das ideias em que assenta a legislação pátria: recorrer às induções da ciência do Direito e aos preceitos universais da técnica[5].

A tradição jurídica, no Brasil, palmilhou sempre igual trilha; já se buscavam outrora, no chamado Direito Natural, elementos para suprir as lacunas e completar o sentido dos textos em vigor[6]. Apelava-se para a generalização máxima, a filosofia jurídica, os postulados orgânicos de uma ciência reguladora suprema da coexistência humana.

Em Portugal, cuja legislação tem as mesmas origens da brasileira, o Código Civil, que deve apenas consolidar a doutrina vitoriosa no país, ordena explicitamente, no art. 16, o recurso aos "princípios do *Direito Natural*", quando de nada valerem, para resolver a hipótese controvertida, nem o texto escrito, nem o espírito, nem o processo analógico[7].

---

[2]   Chironi & Abello – *Trattato di Diritto Civile Italiano,* vol. I.

[3]   "Art. 4º Quando a lei for omissa, o juiz decidirá o caso de acordo com a analogia, os costumes e os princípios gerais de direito" (Lei de Introdução às Normas do Direito Brasileiro de 1942).

[4]   Ferreira Coelho – *Código Civil Comparado, Comentado e Analisado,* vol. II, 1920, p. 134-136, nº 869; Clóvis Beviláqua – *Teoria Geral do Direito Civil,* 1908, p. 46; e *Código Civil Comentado,* vol. I, p. 108; Espínola – *Breves Anotações ao Código Civil Brasileiro,* vol. 1, 1918, p. 37-38; Paulo de Lacerda – *Manual do Código Civil Brasileiro,* vol. I, 1918, p. 500-502; Mucius Scaevola – *Código Civil Espanhol,* vol. I, Coment. ao art. 6º, p. 251-253.

[5]   C. Beviláqua, Professor da Faculdade de Direito do Recife – *Teoria,* p. 46, e vol. I, cit., p. 108; Espínola, vol. I, p. 33-34.

[6]   Paula Batista, op. cit., § 16; Trigo de Loureiro, vol. 1, § 48 da Introdução.

[7]   Vede Dias Ferreira, vol. I, p. 36-38; Alves Moreira, vol. I, p. 41.

PRINCÍPIOS GERAIS DE DIREITO | **269**

Também na Áustria suprem as lacunas das disposições vigentes com aplicar os "princípios da justiça natural"[8].

350 – O Código Civil italiano de 1865, art. 3º, orientados os seus elaboradores; pelo Código Sardo ou Albertino, admitiu uma regra muito semelhante à que o brasileiro depara: "Quando não seja possível decidir uma controvérsia com uma disposição precisa de lei, recorrer-se-á às disposições que regulam casos seme-lhantes ou matérias análogas: se o caso permanecer ainda em dúvida, decidir--se-á de acordo com *os princípios gerais do Direito.*"

Pois bem, os comentadores modernos acham que o art. 3º compreende só os princípios supremos nos quais se baseia a legislação pátria, princípios filosó-ficos do Direito *Positivo* princípios que se deparam no sistema jurídico *vigente,* se acham em germe no Código, existem em potência no Direito *Nacional,* ou se supõem latentes no âmago das regras explícitas. Em resumo, a solução se não procura no Direito, em geral, e, sim, na Filosofia do Direito *Positivo,* apenas[9].

Refere-se o art. 3º aos postulados que resultam da coordenação das várias normas legislativas[10]; "ao direito que vive na consciência comum do povo e deve ser a expressão lógica dos princípios reguladores dos institutos jurídicos em seu complexo orgânico"[11].

351 – Parece haverem adotado, na França, Bélgica e República Argentina, o mesmo parecer vitorioso nos pretórios da Itália[12]. Entretanto, até mesmo

---

[8] Art. 7º do Código Civil austríaco: "Quando o caso não puder ser decidido de acordo com a letra do texto, nem com o espírito da lei, atender-se-á às prescrições análogas contidas claramente nas leis, bem como aos princípios aplicáveis a disposições relativas a assuntos semelhantes. Se o caso permanecer ainda duvidoso, decidir-se-á depois de coligir e apreciar cuidadosamente todas as circunstâncias envolventes, de acordo com os *princípios da justiça natural.*"

[9] Cesare Vivante – *Trattato di Diritto Commerciale,* 3ª ed., vol. I, nº 24; G. P. Chironi – *Istituzioni di Diritto Civile Italiano,* 2ª edição, 1912, vol. I, p. 24; Luigi Miraglia – *Filosofia del Diritto,* 2ª ed., I, p. 250; Filomusi Guelfi – *Enciclopedia Giuridica,* 6ª ed., nota 1 à p. 154; Coviello, vol. I, p. 87; Giantureo, vol. I, p. 122-123; Ferrara, vol. I, p. 228 e 230; Caldara, op. cit., nºs 48, 230 e 234; Nicola Stolfi – *Diritto Civile,* 1919-1934, vol. I, parte 1ª, nº 844.

[10] Cogliolo – *Scritti Varii di Diritto Privato,* 1913, vol. II, p. 6.

[11] Pasquale-Fiori – *Delle Disposizioni Generali sulla Pubblicazione, Applicazione ed Interpreta-zione delle Leggi,* 1890, vol. II, nº 990.
O Código de 1938, no art. 3º, especificou: "Princípios gerais da ordem jurídica do Estado."

[12] C. Demolombe – *Cours de Code Napoléon,* vol. I, nº 113; Berriat Saint-Prix, op. cit., nºs 127-128 (de acordo, em parte); Charles Maynx – *Cours de Droit Romain,* 5ª ed., vol. I, p. 22; Raymundo Salvat – *Tratado de Derecho Civil Argentino,* vol. I, 1917, nº 108, *b;* Geny, vol. I, p. 33.

neste último país, excetuam a hipótese de ser transplantado, sem reservas, para a legislação nacional um instituto jurídico estrangeiro: neste caso será lícito ir buscar no Direito de origem, embora de povo diverso, os princípios gerais complementares da ideia, do sentido e alcance das normas assimiladas[13].

352 – A restrição nacionalista, com que interpretam o art. 3º, separa, neste particular, menos do que parece à primeira vista, o Direito italiano do brasileiro. Ruiu a supremacia da Escola Histórica, empenhada em instituir um complexo de regras jurídicas original, peculiar a um *meio* restrito, produto da ação lenta e constante de fatores locais. Savigny foi deslocado por Jhering à frente da falange evolucionista. Reveste-se o Direito, gradativamente, de todos os característicos de verdadeira ciência, um dos quais é a universalidade. Um Código é estudado e interpretado à luz de ensinamentos formulados em diversos idiomas, graças ao ascendente moderníssimo da legislação comparada. O que os mestres italianos pretendem, portanto, não há de ser o esplêndido isolamento, o apego orgulhoso a uma tradição milenária, uma espécie de xenofobia científica. Desejam, como os brasileiros e franceses, que o aplicador não paire em altura demasiada, vertiginosa; não se perca em abstrações, no mundo puramente filosófico. Desça à realidade: ao invés de escolher os princípios pelo seu mérito objetivo, em pleno ideal, portanto, prefira como critério da seleção a influência verificável ou presumível que tiveram na gênese do pensamento, isto é, do fato subjetivo do qual brotou o texto vigente[14]. Dilate o alcance deste com os materiais fornecidos pela teoria definitivamente vitoriosa, *consagrada* (*a bewaehrte Lehre*, dos suíços), vulgarizada pelos expositores do Direito, de evidente aplicabilidade prática e *consentânea com o espírito do sistema jurídico vigorante e a índole do regime.*

Saredo e Salvat parecem, pois, escudados em boa doutrina quando adiantam que os princípios gerais invocáveis nas cátedras e pretórios, em qualquer controvérsia, encontram-se em última análise, pelo menos em germe, em potência, latentes, entre os preceitos fundamentais do Direito Público, em o espírito da Constituição[15]. Por outro lado, o perigo de se perder o indouto em um terreno demasiado amplo e um tanto vago, acha-se mais ou menos conjurado hoje; porque o leigo não busca em pessoa os princípios aplicáveis à espécie em apreço, encontra-os expostos nas obras dos escritores, nas preleções dos mes-

---

[13] Caldara, op. cit., nº 232.

[14] J. Xavier Carvalho de Mendonça – *Tratado de Direito Comercial Brasileiro*, vol. I, 1910, nº 146; Geny, vol. I, p. 291.

[15] Giuseppe Saredo, op. cit., nº 631; Salvat, vol. I, nº 108, *b*.

tres, em pareceres e alegações de jurisconsultos e causídicos, e nas sentenças luminosas de juízes ilustrados[16].

Assim entendida a doutrina italiana, resulta ser mais aparente do que real a sua divergência com a brasileira, neste particular muito adiantada, à altura da sua época.

Em verdade, na própria terra de Bartolo, proclamam os mestres, em vitoriosa maioria, que "os princípios gerais latentes no sistema das normas positivas devem ser reconstruídos mediante um processo de generalizações sucessivas e cada vez mais amplas"[17].

353 – Para esclarecimento complementar compulsemos o Código Civil suíço, de 1907, e as obras dos respectivos exegetas.

Prescreve o art. 1º que, se nem a letra, nem o espírito de algum dos dispositivos da lei, nem o Direito Consuetudinário oferecerem a solução para um caso concreto, decida o juiz "de acordo com a regra que ele próprio estabeleceria se fora legislador. Inspire-se na *doutrina* e na jurisprudência *consagradas*"[18].

À primeira vista pareceria suspeita a fonte de informação por atribuir ao magistrado um poder que é do Congresso. Entretanto, aplicado com discreta reserva e superior critério, o Código suíço talvez se não distancie da prática judiciária universal e se distinga de outros repositórios de normas civis – menos na essência do que pela audácia da expressão. De fato, quando começou o descrédito da coorte de hermeneutas que via na exegese a simples pesquisa da *vontade do legislador*, prevaleceu logo, entre os próprios *tradicionalistas*, a corrente empenhada em salvar a ideia periclitante, mediante o acréscimo de um pensamento complementar: busque o intérprete descobrir, e aplique em seguida, não só o que o legislador quis, mas também o que este *quereria se vivesse na atualidade e se lhe deparasse o caso em apreço*[19]. Ora, decidir de acordo com a regra que o legislador hoje estipularia e julgar segundo a norma que ele, juiz, traçaria, se fora legislador na atualidade, parecem uma e a mesma ideia, pelo menos na essência, com ligeira variante de forma; um só núcleo, mudada apenas a roupagem, outrora mais discreta, hoje talhada de modo que deixa exposta, em maiores proporções, a nudez da verdade. Assim entenderam duas autoridades abso-

---

[16]   J. X. Carvalho de Mendonça, vol. I, nº 147; Fiore, vol. II, nº 900.

[17]   Giovanni Pacchioni, Prof. de Direito Civil na Real Universidade de Milão – *Delle Leggi in Generale*, vol. I, do *Corso di Diritto Civile*, 1933, p. 132, nota 1.

[18]   Vede o capítulo sobre – *Livre-Indagação*, nºs 72-73.

[19]   R. Saleilles – *Prefácio de Méthode d'Interprétation*, de Geny, p. XV-XVI; Geny, vol. I, p. 35. Vede os capítulos – *Vontade do Legislador*, e – *Livre-Indagação*, nºs 32, 34 e 72-74.

lutamente insuspeitas, Planiol e Fabreguettes, o primeiro, professor de Direito em Paris, o segundo, conselheiro, isto é, membro da Corte de Cassação; ambos acordes em reconhecer que, no fundo, o repositório helvético apenas consolida um preceito em uso diário nos pretórios das nações policiadas[20].

354 – O Código suíço ainda restringe a autonomia do magistrado, mediante uma exigência que prevalece entre todos os povos cultos: manda atender à jurisprudência, e também à doutrina estabelecida, generalizada, definitivamente *consagrada (Bewaehrte Lehre)*. Este preceito final completa a noção de *princípios gerais do Direito*. Não se encontram em pleno ideal, nas alturas vertiginosas da abstração pura; e, sim, na parte da teoria jurídica hodierna que se acha em contato com a ciência do exterior e as correntes sociais do país[21]. Não bastam opiniões isoladas, individuais, nem tampouco os ensinamentos de jurisconsultos, sem distinção nenhuma; exige-se até algo mais do que a *communis opinio doctorum*: a doutrina *consagrada*, indiscutivelmente vitoriosa *(bewaehrte)*, aceita por mestres de consolidado prestígio e reconhecida competência[22].

A doutrina helvética afeiçoa-se integralmente à legislação brasileira. Por conseguinte, na hipótese de lacuna legislativa não preenchível por meio da *analogia,* nem por isto o juiz adquire liberdade absoluta; há um limite ao seu arbítrio; deve ele orientar-se pela jurisprudência, tomado este vocábulo em sentido lato, isto é, compreendendo os tratados de Direito, nacional e estrangeiro, e arestos de tribunais do mundo civilizado[23].

---

[20] Acerca da hipótese de não haver a lei estatuído sobre um caso concreto, ensina o mestre: "Deve então (o intérprete) *adivinhar* qual seria a decisão do legislador se fora chamado a resolver diretamente a questão que lhe é submetida" (Marcel Planiol – *Traité Élémentaire de Droit Civil*, 7ª ed., vol. I, nº 221).

Informa o juiz do pretório supremo da França: "O Código Civil suíço, recentemente promulgado, está de *absoluto acordo* com a jurisprudência da Corte de Cassação e com a minha opinião." Passa, em seguida, o magistrado a expor a doutrina do art. 1º (M. P. Fabreguettes – *La Logique Judiciaire et l'Art de Juger*, 1914, p. 372).

Leciona um catedrático Italiano, de fama universal: "Quando o intérprete, por deficiência ou obscuridade da palavra, deve recorrer à *vontade da lei ou* aos *princípios gerais do Direito*, então é possível tomar em apreço as exigências sociais da atualidade, e decidir de acordo com o que o legislador *quereria hoje*, se devesse *hoje* legiferar sobre a espécie acerca da qual se controverte" (Cogliolo – *Scritti Varii*, vol. I, p. 38).

[21] Eugen Curti-Forrer – *Schweizerisches Zivilgesetzbuch mit Erlaeuetrungen*, 1911, p. 4; Gmür, op. cit., p. 123.

[22] Gmür, op. cit., p. 120-121; Curti-Forrer, op. cit., p. 4, nº 10; Chironi & Abello, vol. I, p. 52.

[23] Pacchioni, op. cit., p. 47-49 e 145-147.

PRINCÍPIOS GERAIS DE DIREITO | 273

355 – Deve o aplicador das normas jurídicas atender à *natureza* do objeto para o qual a doutrina institui determinado princípio: pode este servir para questões de Direito Comercial, por exemplo, e não de Civil, ou Penal[24].

356 – Relativamente ao Direito escrito, como também aos usos, costumes e atos jurídicos, seguir-se-á a gradação clássica, formulada, em parte, pelo Código Civil: depois de apurar a inutilidade, para o caso vertente, dos métodos adotados para descobrir o sentido e alcance dos textos, e de verificar também que os caracteres da hipótese em apreço não comportam o emprego do processo analógico; terá pleno cabimento, em último grau, o recurso aos princípios gerais do Direito[25].

Entretanto se não julga forçoso seguir sempre, de modo invariável, absoluto, fatal, a ordem descrita pelo art. 7º (hoje art. 4º). Às vezes, à primeira vista já se percebe a inaplicabilidade dos outros processos, principalmente do analógico[26]. Demais, tudo é relativo no mundo moral. Apenas cumpre ter presente que a gradação estabelecida constitui a *regra*.

---

[24]   J. X. Carvalho de Mendonça, vol. I, nº 148; Coviello, vol. I, p. 87; Vivante, vol. I, nº 24.

[25]   Desembargador Ferreira Coelho – *Código Civil Comparado, Comentado e Analisado*, vol. II. p. 132; Clóvis Beviláqua, vol. I, p. 107-108; Espínola, vol. I, p. 37; Vivante, vol. I, nos 16 e 24; Gmür, op. cit., p. 20-21, 103 e 128-131; Chironi & Abello, vol. I, p. 51.
O art. 7º da antiga Introdução do Código Civil, já transcrito, é explícito: e, *não as havendo*, os princípios gerais do Direito.

[26]   Caldara, op. cit., nº 223; Espínola, vol. I, p. 36-37.

VARIA A INTERPRETAÇÃO CONFORME O RAMO DO DIREITO

357 – Preceito preliminar e fundamental da Hermenêutica é o que manda definir, de modo preciso, o caráter especial da norma e a matéria de que é objeto, e indicar o ramo de Direito a que a mesma pertence, visto variarem o critério de interpretação e as regras aplicáveis em geral, conforme a espécie jurídica de que se trata[1]. A teoria orientadora do exegeta não pode ser única e universal, a mesma para todas as leis, imutáveis no tempo; além dos princípios gerais, observáveis a respeito de quaisquer normas, há outros especiais, exigidos pela natureza das regras jurídicas, variável conforme a fonte de que derivam, o sistema político a que se acham ligadas e as categorias diversas de relações que disciplinam. O que não partir desse pressuposto, *essencial* à boa Hermenêutica, incidirá em erros graves e frequentes[2].

As disposições de Direito Público se não interpretam do mesmo modo que as do Direito Privado; e em um e outro ainda os preceitos variam conforme o ramo particular a que pertencem as normas: os utilizáveis no Constitucional diferem dos empregados no Criminal; no Comercial não se procede exatamente como no Civil, e, no seio deste, ainda a exegese dos contratos e das leis excepcionais se exercita mediante regras especiais[3].

---

[1] Emílio Caldara – *Interpretazione delle Leggi*, 1908, nº 166; Francesco Degni – *L'interpretazione della Legge*, 2ª ed., 1909, p. 8, nº 6.

[2] Degni op. cit., p. 44.

[3] Sabino Jandoli – *Sulla Teoria della Interpretazione delle Leggi con Speciale Riguardo alle Correnti Metodologiche*, 1921, p. 36-38; Paula Batista – *Compêndio de Hermenêutica Jurídica*, 5ª ed., § 29; Degni, op. cit., p. 9-20.

DIREITO CONSTITUCIONAL

358 – O grau menos adiantado de elaboração científica do Direito Público, a amplitude do seu conteúdo, que menos se presta a ser enfeixado num texto, a grande instabilidade dos elementos de que se cerca, determinam uma técnica especial na feitura das leis que compreende. Por isso, necessita o hermeneuta de maior habilidade, competência e cuidado do que no Direito Privado, de mais antiga gênese, uso mais frequente, modificações e retoques mais fáceis, aplicabilidade menos variável de país a país, do que resulta evolução mais completa, opulência maior de materiais científicos, de elemento de certeza, caracteres fundamentais melhor definidos, relativamente precisos. Basta lembrar como variam no Direito Público até mesmo as concepções básicas: relativas à ideia de Estado, Soberania, Divisão de Poderes, etc.[1]

A técnica da interpretação muda, desde que se passa das disposições ordinárias para as constitucionais, de alcance mais amplo, por sua própria natureza e em virtude do objetivo colimado redigidas, de modo sintético, em termos gerais[2].

Deve o estatuto supremo condensar princípios e normas asseguradoras do progresso, da liberdade e da ordem, e precisa evitar casuística minuciosidade, a fim de se não tornar demasiado rígido, de permanecer dúctil, flexível, adaptável a épocas e circunstâncias diversas, destinado, como é, a longevidade excepcional. Quanto mais resumida é uma lei, mais geral deve ser a sua linguagem e maior, portanto, a necessidade, e também a dificuldade, de interpretação do respectivo texto[3].

---

[1] Degni, op. cit., p. 9.

[2] Filomusi Guelfi – *Enciclopedia Giuridica*, 5ª ed., p. 150-151; Campbell Black – *Handbook on the Construction and Interpretation of the Laws*, 2ª ed., p. 18.

[3] C. Maximiliano – *Comentários à Constituição Brasileira*, 5ª ed., nos 69 e segs.; Bryce – *The American Commonwealth*, 3ª ed., vol. I, p. 372.

276 | Hermenêutica e Aplicação do Direito • *Carlos Maximiliano*

359 – A força do *Costume* avulta no Direito Público; ali ele se forma com frequência maior e exerce em larga escala o seu papel de tornar mais humana, melhorar sutilmente e completar as disposições escritas. Merece, por esse motivo, atenção particular; pois chega a reduzir a simples formalidades, sem alcance prático, até alguns trechos peremptórios[4].

360 – Por outro lado, as leis fundamentais devem ser mais rigorosamente obrigatórias do que as ordinárias, visto pertencerem, em geral, à classe das *imperativas* e *de ordem pública;* ao passo que as comerciais e as civis se alinham, em regra, entre as *permissivas* e *de ordem privada;* aquela circunstância obriga o hermeneuta a precauções especiais e à observância de reservas peculiares à espécie jurídica. A própria *Freie Rechtsfindung* moderada, a escola da Livre-Indagação *proeter legem*, escrupuliza em transpor as raias do Direito Privado[5].

361 – O Direito Constitucional apoia-se no elemento político, essencialmente instável, a esta particularidade atende, com especial e constante cuidado, o exegeta. Naquele departamento da ciência de Papiniano preponderam os valores jurídico-sociais. Devem as instituições ser entendidas e postas em função de modo que correspondam às necessidades políticas, às tendências gerais da nacionalidade, à coordenação dos anelos elevados e justas aspirações do povo[6].

362 – A diferença entre os dois grandes ramos do Direito estende-se até os dados filológicos. Em geral, no Direito Público se emprega, de preferência, a linguagem técnica o dizer jurídico, de sorte que, se houver diversidade de significado do mesmo vocábulo, entre a expressão científica e a vulgar, inclinar-se-á o hermeneuta no sentido da primeira. Ao contrário, o Direito Privado origina-se de *costumes* formados por indoutos, visa disciplinar as relações entre os cidadãos, fatos ocorridos no seio do povo; é de presumir haja sido elaborado de modo se

---

[4] Degni, op. cit., p. 9. Vede a dissertação – *Reforma da lei*, n°s 344-346.
O *Costume* não tem a influência acima descrita, no ramo *criminal* do Direito Público.

[5] Max Gmür – *Die Anwendung des Rechts nach Art. I des Schwelzerischen Zivilgesetzbuches*, 1908, p. 134. Vede a dissertação – *pode – deve*, e o capítulo – *Leis de ordem pública...*, n°s 251-256.

[6] Degni, op. cit., p. 9.
Robert de Ruggiero, Prof. da Universidade de Roma – *Istituzione di Diritto Civile*, 7ª ed., vol. I, § 17, p. 124, expende este ensinamento: "Inspira-se a interpretação em critério menos rígido, no Direito Constitucional e no Administrativo, nos quais predomina o elemento político, do que resulta maior mutabilidade nas relações e nos conceitos."

DIREITO CONSTITUCIONAL | **277**

adapte integralmente ao *meio* para o qual foi estabelecido, posto ao alcance do vulgo, vazado em linguagem comum[7].

363 – Por ser a Constituição também uma lei, que tem apenas mais força do que as outras às quais sobreleva em caso de conflito, contribuem para a inteligência da mesma os processos e regras de Hermenêutica expostos comumente para o Direito Privado: o elemento filológico, o histórico, o teleológico, os fatores sociais, etc.[8]. Entretanto, por causa do objetivo colimado e do fato de abranger matéria vastíssima em um complexo restrito, nem sempre se resolvem as dúvidas ou se atinge o alcance preciso das disposições escritas com aplicar os preceitos da vulgar exegese jurídica, adequados a leis minuciosas, relativamente mais perfeitas e destinadas a fins particulares mais ou menos efêmeros. Dentre as próprias regras clássicas, algumas se empregam especialmente e de modo peculiar, à interpretação constitucional.

Existem preceitos que só servem para o Direito Público. Há mister fixá-los e compreendê-los bem[9]. São eles, em seguida, expostos e explicados; aclara-se, também, o uso particular que algumas regras interpretativas das leis ordinárias têm na exegese do estatuto básico.

364 – I. O Código fundamental tanto prevê no presente como prepara o futuro. Por isso ao invés de se ater a uma técnica interpretativa exigente e estreita, procura-se atingir um sentido que torna efetivos e eficientes os grandes princípios de governo, e não o que os contrarie ou reduza a inocuidade[10].

Bem observa Story:"O governo é uma coisa prática, feita para a felicidade do governo humano, e não destinada a propiciar um espetáculo de uniformidade que satisfaça os planos de políticos visionários. A tarefa dos que são chamados a exercê-lo é dispor, providenciar, decidir; e não debater; seria pobre compensação haver alguém triunfado numa disputa, enquanto perdíamos um império; termos reduzido a migalhas um poder e ao mesmo tempo destruído a República"[11].

365 – II. Forte é a presunção da constitucionalidade de um ato ou de uma interpretação, quando datam de grande número de anos, sobretudo se foram

---

[7]   E. R. Bierling, *Juristische Prinzipienlehre*, 1911, vol. IV, p. 214-215.

[8]   Bierling, vol. IV, p. 256-257.

[9]   Endlich – *A Commentary of the Interpretation of Statutes*, 888, § 506.

[10]   Endlich, op. cit., § 458; Black, op. cit., p. 17-18.

[11]   Joseph Story – *Commentaries on the Constitution of the United States*, 5ª ed., vol. I, § 456.

278 | Hermenêutica e Aplicação do Direito • *Carlos Maximiliano*

contemporâneos da época em que a lei fundamental foi votada. *Minime sunt mutanda, quoe interpretationem certam semper habuerunt*[12].

Todavia o princípio não é absoluto. O estatuto ordinário, embora contemporâneo do Código supremo, não lhe pode revogar o texto, destruir o sentido óbvio, estreitar os limites verdadeiros, nem alargar as fronteiras naturais[13]. Recorda Story várias interpretações e plausíveis conjeturas triunfantes nos primeiros anos de prática constitucional e totalmente abandonadas depois[14]. Observou-se no Brasil o mesmo fato: *exempli gratia* – por quantos estádios passou, entre nós, até a vitória da doutrina sã e definitiva, a inteligência do dispositivo que assegura as imunidades parlamentares!

366 – III. Todas as presunções militam a favor da validade de um ato, legislativo ou executivo; portanto, se a incompetência, a falta de jurisdição ou a inconstitucionalidade, em geral, não estão *acima de toda dúvida* razoável, interpreta-se e resolve-se pela manutenção do deliberado por qualquer dos três ramos em que se divide o Poder Público. Entre duas exegeses possíveis, prefere-se a que não infirma o ato de autoridade[15]. *Oportet ut res plus valeat quam pereat.*

Os tribunais só declaram a inconstitucionalidade de leis quando esta é evidente, não deixa margem a séria objeção em contrário. Portanto, se, entre duas interpretações mais ou menos defensáveis, entre duas correntes de ideias apoiadas por jurisconsultos de valor, o Congresso adotou uma, o seu ato prevalece. A bem da harmonia e do mútuo respeito que devem reinar entre os poderes federais (ou estaduais), o Judiciário só faz uso da sua prerrogativa quando o Congresso viola claramente ou deixa de aplicar o estatuto básico, e não quando opta apenas por determinada *interpretação* não de todo desarrazoada[16].

---

12 Paulo, no *Digesto*, liv. I, tít. III, frag. 23; J. G. Sutherland – *Statutes and Statutory Construction*, 2ª ed., vol. II, 476.
Vede nº 303.

13 Willoughby – *On the Constitution*, 1910, §§ 11 e 12; Cooley – *Constitutional Limitations*, 1903, p. 103.

14 Story, vol. I, § 407, nota 1.

15 Bryce, vol. I, p. 397; Black, op. cit., p. 105-118 e 334-335.
Vede nº 304.

16 "É um dever de justo respeito à sabedoria, à integridade e ao patriotismo do corpo legislativo pelo qual passou uma lei, presumir a favor da sua validade, até que a violação do Código fundamental seja provada de maneira que *não reste a menor dúvida* razoável (Cooley, op. cit., p. 254: as palavras *acima de toda dúvida razoável* – *beyond all reasonable doubt* – encontram--se em todos os comentadores do estatuto norte-americano).
Até 1911, isto é, durante 124 anos, a Corte Suprema dos Estados Unidos julgou inconstitucionais 33 atos do Congresso Federal e 248 leis estaduais ou municipais (Everett Kimball – *The*

DIREITO CONSTITUCIONAL | 279

367 – IV. Sempre que for possível sem fazer demasiada violência às palavras, interprete-se a linguagem da lei com reservas tais que se torne constitucional a medida que ela institui, ou disciplina[17].

368 – V. A constitucionalidade não pode decorrer só dos *motivos* da lei. Se o parlamento agiu por motivos reprovados ou incompatíveis com o espírito do Código supremo, porém a lei não é, no texto, contrária ao estatuto básico, o tribunal abstém-se de a condenar[18].

369 – VI. Existe a inconstitucionalidade *formal* alegável em todos os países e decorrente do fato de não ter o projeto de lei percorrido os trâmites regulares até a *publicação* respectiva; e a *intrínseca* ou *substancial,* relativa à incompatibilidade entre o estatuto ordinário e o supremo, da qual os tribunais brasileiros, argentinos, mexicanos e norte-americanos tomam conhecimento, porém não pode ser ventilada nos pretórios europeus, em geral[19].

National Government of the United States, 1920, p. 410). A inconstitucionalidade foi alegada em 1.138 litígios, dos quais apenas 218 versava sobre deliberações do Poder Legislativo *Nacional*. Percebe-se que o povo, temeroso dos escrúpulos da magistratura em relação ao julgamento das resoluções dos outros poderes *federais*, raramente se afoita a negar a validade das mesmas; e, ainda assim, os casos de vitória para os arguidores de inconstitucionalidades não passam de 15%. Não se observa, nem parece lógico igual rigor em se tratando de atos de autoridades regionais; por isso avultam os pleitos contra estes; e os triunfos dos impugnadores elevam-se a 25 1/2% das ações propostas com o intuito referido.

A Corte Suprema, por alvedrio seu, espontâneo, só admite o pronunciamento da inconstitucionalidade, pelo voto da maioria *absoluta* dos seus membros; e, ainda assim, mostra a maior repugnância e discreta reserva ao ter de declarar irritas quaisquer deliberações do Congresso Nacional. Apesar disso, e talvez porque houvesse, depois de 1904, pequeno aumento anual de casos vitoriosos contra a Legislatura da Federação, e maior contra as estaduais, bastante se avolumou a corrente limitadora da prerrogativa do Judiciário, e multiplicaram-se as sugestões para restringir a possibilidade de anulação de atos das Câmaras (William Meiga – *The Relation of the Judiciary to the Constitution*, 1919, p. 240; Haines – *The American Doctrine of Judicial Supremacy*, 1914, p. 320-353; Kimball, op. cit., p. 410).

[17] Willoughby, professor da Universidade de John Hopkins, vol. I, p. 15.

[18] Cooley, Professor da Universidade de Michigan, op. cit., p. 257; Willoughby, vol. I, p. 18.

[19] A. Esmein. Professor da Faculdade de Direito da Universidade de Paris – *Éléments de Droit Constitutionnel Français et Comparé*, 7ª ed., 1921, vol. I, p. 538, 586-660 e nota 94; Racioppi & Brunelli – *Commento allo Statuto dei Regno*, 1909, vol. III, §§ 754-757.

Também adotaram, neste particular, o modelo dos Estados Unidos: o Canadá, Austrália, República da África do Sul, Nova Zelândia, Bolívia, Colômbia, Venezuela, Cuba e Rumânia (Meigs, op. cit., p. 12).

Houve quem sustentasse no Congresso este despautério: pode-se, no Brasil, arguir de inconstitucional uma lei, por haver antinomia entre os seus dizeres e os do Código supremo; mas a ninguém é lícito deixar de cumprir e aplicar a norma promulgada, unicamente porque a

370 – VII. Embora as expressões nas leis supremas sejam, mais do que nas ordinárias, vazadas em linguagem técnica, nem por isso entenderão aquelas como escritas em estilo arrevesado e difícil, inacessível à maioria, e, sim, em termos claros, precisos. Não se resolve contra a letra expressa da Constituição, baseado no elemento histórico ou no chamado Direito natural. Cumpre-se o que ressalta dos termos da norma suprema, salvo o caso de forte presunção em contrário: às vezes o próprio contexto oferece fundamento para o restringir, distender ou, simplesmente, determinar[20].

Não podem os tribunais declarar inexistente um decreto, legislativo ou executivo, apenas por ser contrário aos princípios da justiça, às noções fundamentais do Direito: é de rigor que viole a Constituição, implícita ou explicitamente[21]. Em todo caso, do exposto se não conclui que o só elemento filológico baste para dar o verdadeiro sentido e alcance das disposições escritas[22].

371 – VIII. O elemento histórico auxilia a exegese do Código básico, mantida a cautela de só atribuir aos debates no seio da Constituinte o valor relativo que se deve dar, em geral, aos *trabalhos parlamentares*[23].

A história da Constituição e a de cada um dos seus dispositivos contribuem para se interpretar o texto respectivo. Estudem-se as origens do Código fundamental, as fontes de cada artigo, as causas da inserção das diversas providências na lei, os fins que se tiveram em mira ao criar determinado instituto, ou vedar certos atos. Tente-se compreender o estatuto brasileiro à luz da História e da evolução dos princípios republicanos; examine-se quais as ideias dominantes na época do advento do novo regime, o que se pretendeu manter, o que se preferiu derrocar. Compare-se o texto vigente com a Constituição Imperial e a dos Estados Unidos, não olvidando que o espírito destas duas, bem como os casos da *Common Law* e *Equity*, colhidos em clássicos e brilhantes comentários, guiam o escrupuloso intérprete da lei básica de 24 de fevereiro de 1891[24].

---

mesma não é o fruto de um processo parlamentar acorde com o texto fundamental. Quem pode o mais, pode o menos; àquele a quem compete pronunciar a inconstitucionalidade *substancial*, logicamente incumbe decretar a formal, que, aliás, decorre da *inobservância* dos arts. 67 a 72 do estatuto básico de 1946.
Vede o capítulo – *Exegese e crítica*, nº 46-47.

[20] Willoughby, vol. I, § 17, Cooley, op. cit., p. 89.

[21] Willoughby, vol. 1, § 25 e nota 47.

[22] Vede o capítulo – *Elemento filológico*.

[23] Vede o capítulo – *Elemento histórico*, nº 148 e segs.

[24] "Os estatutos dos povos cultos e especialmente os que regem as relações jurídicas da República dos Estados Unidos da América do Norte, os casos de *Common Law* e *Equity* serão também

DIREITO CONSTITUCIONAL | 281

É de rigor o recurso aos *Anais* e a outros documentos contemporâneos, a fim de apurar qual era, na época da Constituinte, a significação verdadeira e geralmente aceita dos termos técnicos encontrados no texto[25].

372 – IX. Quando a nova Constituição mantém, em alguns dos seus artigos, a mesma linguagem da antiga, presume-se que se pretendeu não mudar a lei nesse particular, e a outra continua em vigor, isto é, aplica-se à atual a interpretação aceita para a anterior. O texto do Código fundamental do Império e os respectivos comentários facilitam a exegese do estatuto republicano, assim como o Direito inglês é invocado pelos publicistas dos Estados Unidos. Ainda mais: os direitos assegurados pela Constituição antiga prevalecem, na vigência da nova, nos pontos em que esta não revogou aquela[26].

373 – X. A Constituição aplica-se aos casos modernos, não previstos pelos que a elaboraram. Faz-se mister supor que os homens incumbidos da nobre tarefa "de distribuir os poderes emanados da soberania popular e de estabelecer preceitos para a perpétua segurança dos direitos da pessoa e da propriedade tiveram a sabedoria de adaptar a sua linguagem às emergências futuras, tanto como às presentes; de sorte que as palavras apropriadas ao estado então existente da comunidade e ao mesmo tempo capazes de ser ampliadas de modo que abranjam outras relações mais extensas não devem ser afinal restringidas ao seu mais óbvio e imediato sentido, se, de acordo com o objetivo geral dos autores e os verdadeiros princípios do contexto, podem elas ser estendidas a diferentes relações e circunstâncias criadas por um estado aperfeiçoado da sociedade"[27].

Cumpre ao legislador e ao juiz, ao invés da ânsia de revelar inconstitucionalidades, mostrar solicitude no sentido de enquadrar na letra do texto antigo

---

subsidiários da jurisprudência e processo federais" (Decreto nº 848, de 11 de outubro de 1890, art. 387).

25 Willoughby, vol. I, § 14, exemplifica: "Leis retroativas, *habeas corpus*, forma republicana de governo, impostos, comércio, etc."

26 Cooley, op. cit., p. 96-97.

27 Story, vol. I, § 456, nota *a*.
Até mesmo aqueles que ainda reduzem a exegese a uma pesquisa de *vontade*, não mais procuram saber só o que o legislador *quis*; acham dever cumprir-lhe também saber o que ele *quereria*, se vivesse na atualidade e se lhe deparasse a hipótese em apreço (Wach, Binding e Kohler, *apud* Ludwig Enneccerus – *Lehrbuch des Bürgerlichen Rechts*, 15ª ed., 1921, vol. I, p. 110). Vede o capítulo – *Vontade do legislador*, nos 25, 28, 32 e 34.
O Direito romano, cujo prestígio só há pouco entrou em declínio, tem suprido as deficiências da legislação moderna em litígios sobre estradas de ferro e outros assuntos de que se não poderia ter cogitado diretamente na Cidade Eterna.

o instituto moderno. Só assim é possível perdurar cento e quarenta anos uma Constituição, como a norte-americana, e um terço de século outra, que foi a brasileira de 1891. Dependem a felicidade, a paz e o progresso do país de que tais leis se não alterem, nem substituam com frequência Enquanto a França foi dominada pelo prurido de reformas constitucionais, não houve ali governo estável, poder pacificamente transmitido, tranquilidade, riqueza[28].

A Constituição é a égide da paz, a garantia da ordem, sem a qual não há progresso nem liberdade. Forçoso se lhe torna acompanhar a evolução, adaptar-se às circunstâncias imprevistas, vitoriosa em todas as vicissitudes, porém, quanto possível, inalterada na forma.

374 – XI. Quando a Constituição confere poder geral ou prescreve dever franqueia também, implicitamente, todos os poderes particulares, necessários para o exercício de um, ou cumprimento do outro[29].

É força não seja a lei fundamental casuística, não desça a minúcias, catalogando poderes especiais, esmerilhando providências. Seja entendida inteligentemente: se teve em mira os fins, forneceu meios para os atingir. Variam estes com o tempo e as circunstâncias: descobri-los e aplicá-los é a tarefa complexa dos que administram.

A regra enunciada acima é completada por duas mais: *a)* Onde se mencionam os meios para o exercício de um poder outorgado, não será lícito implicitamente admitir novos ou diferentes meios, sob o pretexto de serem mais eficazes ou convenientes; *b)* Onde um poder é conferido em termos gerais, interpreta-se como *estendendo-se* de acordo com os mesmos termos, salvo se alguma clara *restrição* for deduzível do próprio contexto, por se achar ali expressa ou implícita[30].

---

[28] Com atribuir sempre os seus males ao estatuto básico, a França reformava-o com frequência, sem que eles cessassem: pretendendo curá-los, agravava-os. Só a paz e a estabilidade das instituições a fizeram respirar e progredir. Teve, em 84 anos, as seguintes leis fundamentais: Constituição de 1791; Constituição de 1793; Constituição do ano III (1795); Constituição do ano VIII (1799); Senatus-consulto de 16 termidor (1802); Senatus-consulto de 28 floreal do ano XII (1804); Carta de 1814; Carta de 1830; Constituição de 1848; Constituição de 1852; Atos da Assembleia Nacional de 1871 (17 de fevereiro e 31 de agosto); Lei modificadora do último Ato, 13 de março de 1873, e Leis Constitucionais de 1875, até 1946 em vigor.

[29] Cooley, op. cit., p. 98.
    Com o maior rigor se verifica se um poder foi outorgado, implícita ou explicitamente; porém há liberalidade na interpretação da maneira de o exercer; o *fim* é de direito estrito, porém a autoridade que o deve conseguir goza, na escolha dos *meios*, de faculdade *discricionária*, isto é, fica ao seu critério a escolha dos meios. Para os que abusam, há o pretório da opinião e o processo de responsabilidade (Woodburn, Professor da Universidade de Indiana – *The American Republic and its Government*, 1910, p. 40).

[30] Cooley, op. cit., p. 98.

375 – XII. Quando o estatuto fundamental define as circunstâncias em que um direito pode ser exercido, ou uma pena aplicada, esta especificação importa proibir implicitamente qualquer interferência legislativa para sujeitar o exercício do direito a condições novas ou estender a outros casos a penalidade[31].

376 – XIII. A prática constitucional longa e uniformemente aceita pelo Poder Legislativo, ou pelo Executivo, tem mais valor para o intérprete do que as especulações engenhosas dos espíritos concentrados[32]. São estes, quase sempre, amantes de teorias e ideias gerais, não habituados a encontrar dificuldades e resolvê-las a cada passo, na vida real, como sucede aos homens de Estado, coagidos continuamente a adaptar a letra da lei aos fatos inevitáveis.

A Constituição não é repositório de doutrinas; é instrumento de governo, que assegura a liberdade e o direito, sem prejuízo do progresso e da ordem.

Entretanto a exegese adotada pelas Câmaras, ou pelo Executivo, não influi *peremptoriamente* nas decisões do Judiciário, senão nos casos políticos[33].

377 – XIV. Interpretam-se estritamente os dispositivos que instituem exceções às regras gerais firmadas pela Constituição. Assim se entendem os que favorecem algumas profissões, classes, ou indivíduos, excluem outros, estabelecem incompatibilidades, asseguram prerrogativas, ou cerceiam, embora temporariamente, a liberdade, ou as garantias da propriedade. Na dúvida, siga-se a regra geral[34].

Entretanto em Direito Público esse preceito não pode ser aplicado à risca: o *fim* para que foi inserto o artigo na lei, sobreleva a tudo[35]. Não se admite interpretação estrita que entrave a realização plena do escopo visado pelo texto. Dentro da letra rigorosa dele procure-se o objetivo da norma suprema; seja este atingido, e será perfeita a exegese.

"Raros os casos nos quais é lícito supor que um poder, embora outorgado em termos gerais, seja exercido para opressão permanente do povo. Entretanto, será fácil referir exemplos de se haver verificado que a limitação de um tal poder tenha dado mau resultado na prática, incitado a agressão estrangeira, ou favorecido a desordem intestina"[36].

---

[31] Cooley, op. cit., p. 99.

[32] Story, vol. I, § 408.

[33] Willoughby, vol. I, § 12. O Poder Judiciário é o intérprete supremo da Constituição.

[34] Black, op. cit., p. 464 e 476. Vede o capítulo – *Direito Excepcional*.

[35] Black, op. cit., p. 449.

[36] Story, vol. I, § 425.

284 | Hermenêutica e Aplicação do Direito • *Carlos Maximiliano*

Quando as palavras forem suscetíveis de duas interpretações, uma estrita, outra ampla, adotar-se-á aquela que for mais consentânea com o fim transparente da norma positiva[37].

378 – XV. Aplica-se à exegese constitucional o processo sistemático de Hermenêutica, e também o *teleológico*, assegurada ao último a preponderância. Nesse terreno consideram-se ainda de alta valia a *jurisprudência*, sobretudo a da Corte Suprema; os precedentes parlamentares; os fatores sociais e a *apreciação do resultado*, a *Werturteil*, dos tudescos[38].

379 – XVI. O brocardo – *inclusio unius alterius est exclusio*, como todo argumento *a contrario*, exige, talvez, ainda maior e mais discreta reserva da parte de quem o empregue no Direito Constitucional, do que se reclama em se tratando de Direito Privado. Nem sempre o fato de se mencionar um caso determinado obrigará a excluir todos os outros; nem tampouco a negativa a respeito de uma hipótese particular implicará a afirmativa tocante às demais[39].

380 – XVII. A Constituição é a lei suprema do país; contra a sua letra, ou espírito, não prevalecem resoluções dos poderes federais, constituições, decretos ou sentenças federais, nem tratados, ou quaisquer outros atos diplomáticos[40].

381 – XVIII. *Interpretação autêntica* do texto constitucional só se obtém pelo processo estabelecido, no art. 217 de 1946, isto é, por meio de emenda ao estatuto básico. Nem sequer um ato da assembleia que elaborou a Constituição ou a respectiva reforma teria o valor de exegese obrigatória[41].

Podem-se decretar leis orgânicas para a execução completa do Código supremo; como, por exemplo, a relativa à organização da Justiça Nacional. Serão normas complementares, porém não *interpretativas*[42].

---

[37] Story, vol. I, § 419.

[38] Tucker – *The Constitution of the United States*, 1899, vol. I, § 179; Story, vol. I, § 419; Cooley, op. cit., p. 91.

[39] Story, vol. I, § 448. Vede o capítulo – *Brocardos*, nos 296-299.

[40] Tucker, Professor da Universidade de Washington e Lee, vol. I, p. 375-376.

[41] Marnoco e Sousa, Professor da Universidade de Coimbra – *Constituição Política da República Portuguesa. Comentário*, 1913, p. 407-409; Cooley, op. cit., p. 77, nota 1; Beard, Professor da Universidade de Colúmbia – *The Supreme Court and the Constitution*, 1912, p. 32.

[42] C. Maximiliano – *Comentários à Constituição Brasileira*, 5ª ed., nos 88-89.

DIREITO COMERCIAL

382 – Não preside à exegese das leis comerciais critério inteiramente igual ao adotado para as leis civis. A própria índole das relações mercantis, a prevalência dos objetivos econômicos, a maior variabilidade de operações e ampla despreocupação de fórmulas; enfim a liberdade de contratar e a rapidez de assumir compromissos e realizar transações imprimem peculiar ductilidade ao ramo do Direito Privado mais intimamente ligado à atividade dos homens de negócios, e forçam-no a um constante apelo aos usos e costumes, o que o intérprete precisa levar em conta, a fim de atingir à verdade, à regra objetiva, que exterioriza o pensamento gerador da lei, ou à *vontade subjetiva declarada* num ato jurídico[1].

Entretanto entre os dois ramos da mesma ciência a diferença verificável relativamente à Hermenêutica, sobre não ser radical, diminui dia a dia, à proporção que no campo das normas civis o formalismo perde prestígio e a liberdade se afirma e prevalece. O próprio influxo do Direito Comercial sobre o Direito comum contribui, em larga escala, para esse resultado.

Demais as linhas de fronteira entre os dois campos esvanecem aos poucos; de tal sorte que, em países de notável cultura jurídica, as águas de uma corrente já se misturaram com as da outra, em certo trecho; a Suíça reuniu em um só repositório as normas relativas a *obrigações civis* e comerciais. Por outro lado, jurisperitos de fama tentam ir mais longe, até a fusão dos dois grandes ramos do Direito Privado. No Brasil, transitou pelo Congresso um Projeto de Código Comercial, cujo autor, Inglês de Sousa, apensou, dispositivos conducentes à formação de um Código de Direito Privado, para serem adotados se acaso se inclinassem por semelhante ideia as duas Câmaras. Embora pareça prematura, até mesmo nas eminências da doutrina, a confiança na vitória do tentâmen uni-

---

[1] Degni, op. cit., p. 19.

286 | Hermenêutica e Aplicação do Direito • *Carlos Maximiliano*

ficador, é força reconhecer diversas e importantes generalizações obtidas pelo Direito Comercial, consequências prováveis das leis de imitação, que atuam sobre os mestres e os elaboradores, do Civil[2]. Dá-se uma como penetração lenta, insensível, subterrânea, porém constante, das normas mercantis sobre as comuns; o braço de um rio avoluma-se e tende a voltar e espraiar-se pelo álveo da corrente onde nasceu, como sucede, não raro, na própria natureza.

Em resumo: há ligeira divergência quanto à orientação do intérprete, porém não quanto aos processos e regras de Hermenêutica; aplicam-se ao Direito Comercial os preceitos geralmente expostos para a exegese das leis civis. Os *meios* são os mesmos; o critério para se servir deles é que varia: num caso, no da mercancia, há mais largueza, desafogo, amplitude; no outro, mais rigor, preocupação maior com a lei escrita e com as formas preestabelecidas; posto que em ambas as hipóteses modernamente se reconheça a liberdade do juiz em interpretar os textos positivos e a concomitante subordinação de todos aos ditames da moral, boa-fé e lealdade[3].

A semelhança, quanto à Hermenêutica, entre os dois ramos do Direito Privado, é tão grande que os expositores brasileiros invocam, em esfera civil, as regras para interpretar os atos jurídicos exarados nos arts. 130 a 132 do Código Comercial [art. 113 do CC/2002][4]; e tratados minuciosos de Direito Mercantil existem que não contêm capítulo nenhum referente à interpretação; aludem à analogia e à equidade ao mencionarem as *fontes* daquele Direito[5].

383 – Na esfera científica tem grande importância a tecnologia empregada; de um vocábulo impróprio ou frase imprecisa resultam enganos, dúvidas, controvérsias. No campo do Direito, sobretudo, o ideal é a certeza; a segurança, a estabilidade jurídica dependem muito das expressões corretas e claras dos textos e da linguagem feliz, guiadora, escorreita dos expositores.

Como o Direito Comercial proveio do Civil e este é o Direito Privado *comum*, acharam seria aquele o *não comum*, e, portanto, *de exceção*. Parece melhor cha-

---

2   Charles Laurent – *De la Fusion du Droit Civil et du Droit Commercial*, 1903, p. 66.

3   Heinrich Thoel, Professor da Universidade de Goettingen – *Das Handelsrecht*, 6ª ed., vol. I, § 21, II; Konrad Cosak – *Lehrbuch des Handelsrechts*, 6ª ed., § 23. I e II; Umberto Navarrini – *Trattato Teorico-Pratico di Diritto Commerciale*, 1913-1921, vol. 1, nº 58; Cesare Vivante – *Trattato di Diritto Commerciale*, 3ª ed., vol. I, p. 60, nº 4.

4   Carlos de Carvalho – *Direito Civil Brasileiro Recopilado*, arts. 284-289; Clóvis Beviláqua – *Direito das Obrigações*, § 76.

5   Exemplos: as obras monumentais de Lyon Caen & Renault, Vidari, Marghieri e outros. Na verdade, a *analogia* serve não propriamente para *interpretar*, e sim para *aplicar o Direito*. Vede o capítulo – *Analogia*, nºs 240 e 250.

DIREITO COMERCIAL | **287**

mar-lhe Direito *Especial,* ou preferir outra denominação que não deixe margem a equívocos. O preceito *excepcional* interpreta-se estritamente; não admite os suplementos da analogia, nem a exegese extensiva. Nos casos não expressos aplica-se o Direito comum. Assim, entretanto, não sucede com o Direito Comercial. O hermeneuta considera-o como *regra geral,* dentro da esfera da sua competência; em segundo lugar, apela para os usos, costumes e praxes *mercantis;* só em último turno recorre ao Civil, como simples *subsidiário;* não como *principal*[6].

Nem é lógico chamar *excepcional* a um ramo inteiro da ciência jurídica, dentro do qual se encontra espaço bastante para numerosas regras e respectivas exceções. Seriam estas *exceções de exceções,* se prevalecesse o parecer insustentável, hoje combatido geralmente.

Correm paralelas as normas de Direito Comercial e as do Civil; cada grupo domina, com a maior independência, o respectivo campo de aplicação[7].

384 – Se existe autonomia, e não as relações de dependência da exceção para com a regra, conclui-se que se aplicam aos dispositivos relativos à mercancia os vários preceitos e métodos de Hermenêutica, sem excluir a interpretação extensiva, nem dispensar os suplementos da *analogia* e da *equidade*[8].

385 – No foro comercial, mais frequentemente que no civil, o juiz se vê forçado a interpretar, além das palavras, também o *silêncio.* Assim acontece quando o *negociante* em grosso envia a um vendedor a retalho o que pensa convir a este, embora não tenha sido pedido, e o recebedor se abstém de reclamar; ou quando se toma *conhecimento* da fatura e se não impugna coisa alguma dentro de dez dias; e em inúmeras outras hipóteses relativas a preço, moeda, época do pagamento, etc.[9].

---

[6] Decreto nº 737, de 25 de novembro de 1850, art. 2º; Vivante, Professor da Universidade de Roma, vol. I, p. 60, § 5º, nº 4.

[7] José Xavier Carvalho de Mendonça – *Tratado de Direito Comercial Brasileiro*, 1910-1922, vol. I, nºs 8 e 150; Descartes de Magalhães – *Curso de Direito Comercial*, vol. I, 1919, p. 262; Alberto Marghieri, Professor da Universidade de Nápoles – *Il Diritto Commerciale Italiano*, 2ª ed., vol. I, p. 39-40; Ercole Vilari – *Corso di Diritto Commerciale*, 5ª ed., vol. I, nº 83; Vivante, vol. I, p. 60-61, § 5º, nº 4. Vede o capítulo *Direito excepcional*, nº 274.

[8] Lisandro Segovia – *Explicación y Crítica del Nuevo Código de Comercio de la República Argentina*, 1892, vol. I, p. 6-7; Carvalho de Mendonça, vol. I, nºs 145-149; Descartes Magalhães, vol. I, p. 263-264; Vilari, Professor da Universidade de Pavia, vol. I, nºs 148-149; Vivante, vol. I, p. 61, § 5º, nº 4 e nota 5; Navarrini, vol. I, nºs 36 e 58.

[9] Código Comercial, arts. 12, 133, 193, 195, 219, alínea, e outros; Cosak, op. cit., p. 112, III.

386 – Em regra as leis comerciais têm caráter *dispositivo* ou *enunciativo,* e não *imperativo* ou *absoluto;* por isso prevalecem somente no *silêncio* das partes, e podem pelos contraentes ser, de fato, revogadas, deixadas em olvido, salvo poucas exceções, isto é, de normas que *ordenam,* ou *vedam.* Só se não alteram na prática, ao arbítrio dos interessados, nem interpretam extensivamente, as leis *de ordem pública* em sendo *imperativas,* ou *proibitivas.*

Por motivos de *interesse geral* se prescrevem formalidades *constitutivas, essenciais* para certos atos; a inobservância das mesmas induz nulidade e dá margem a outras penas, seja qual for a vontade das partes. A estas se não atribui o poder de convencionar o contrário do que uma norma *imperativa* ou *proibitiva* dispôs como substancial, intrínseco ou de ordem pública. Assim acontece com os preceitos que regulam a circulação das mercadorias e dos títulos de crédito, os requisitos das letras de câmbio e notas promissórias, a organização exterior das sociedades, os termos de outorga de mandato[10].

---

[10] W. Endemann, Professor da Universidade de Bonn – *Handbuch des Deutschen Handels, See und Wechslrechts,* vol. I, p. 35-36, § 8º, nº 3; G. Massé – *De Droit Commercial dans ses Rapports avec le Droit des Gens et le Droit Civil,* vol. I, nᵒˢ 67-69; Cosak, Professor da Universidade de Bonn, op. cit., p. 229; V. Vivante, vol. I, p. 63-64, § 5º; Navarrini, vol. I, nº 62.

LEIS PENAIS

387 – Em Roma, sobretudo na esfera criminal, não se distinguia, como hoje, entre as funções de legislador e as de juiz; gozava este de autoridade enorme, quase sem peias. Era natural que a restringissem os vindouros, cerceadores de toda onipotência, zelosos da própria liberdade. Entretanto ainda perdurou, relativamente, o arbítrio do magistrado até o século dezoito, quando se generalizou a reação, vitoriosa, contra ele. Daí o *nullum crimen, nulla poena sine lege*: "Não há crime, nem pena, senão quando previstos em lei."

Como sucede com todas as revoltas, caíram em evidente exagero, no extremo oposto: só admitiam condenação, se o caso concreto era clara, explícita, irretorquivelmente mencionado na lei penal. Resultavam até absurdos irrisórios; p. ex., o de se julgar isento de culpa e pena o que desposara três mulheres, porque o texto só previa o casamento com duas, a bigamia; e o de absolver o que obtivera, por dinheiro, *um* depoimento favorável, por se referir a lei ao suborno de *testemunhas, no plural*.

Em país nenhum do mundo prevalece hoje semelhante modo de pensar, incompatível com o grau de progresso das ideias sobre as funções do Estado, os deveres da magistratura e os objetivos da repressão. Desapareceram os velhos antagonismos entre o interesse público e o particular; não há mais a desconfiança, prevenção relativamente ao Poder; existe entendimento, colaboração, esforço sinérgico, onde outrora se expandiam atividades divergentes. Demais, um texto não pode ser casuístico, incluir em fórmulas gerais ou típicas os casos múltiplos e variadíssimos da vida real. Portanto, ou se aceita a intervenção do hermeneuta, ou se decreta implicitamente a impunidade para a maioria dos delinquentes e contraventores. Houve outrora justo motivo para temer sobretudo o arbítrio; hoje se incorre no risco oposto, de concorrer para o florescimento da criminalidade, pelo excesso de benevolência, mormente entre os povos latinos.

290 | Hermenêutica e Aplicação do Direito · *Carlos Maximiliano*

Interpreta-se a lei penal, como outra qualquer, segundo os vários processos de Hermenêutica[1]. Só compreende, porém, os casos que especifica. Não se permite estendê-la, por analogia ou paridade, para qualificar faltas reprimíveis, ou lhes aplicar penas; não se conclui, por indução, de uma espécie criminal estabelecida para outra não expressa, embora ao juiz pareça ocorrer na segunda hipótese a mesma razão de punir verificada na primeira[2].

Ainda que hajam sido postergados os ditames da justiça, se não se verifica um só dos característicos do delito previsto pelo Código, ou falta qualquer dos elementos constitutivos do ato para o qual foi cominado castigo legal, absolvem o réu, não perseguem judicialmente o imputado[3]. Não continua o processo, nem condenam o indiciado, se não concorrem os dois requisitos seguintes: 1º)

---

[1] João Vieira de Araújo – *Código Penal Comentado*, 1896, Parte Geral, vol. I, p. 19; Paula Batista – *Compêndio de Hermenêutica Jurídica*, § 46, nota 1; Adolphe Prins – *Science Pénale et Droit Positif*, 1899, p. 41, nº 68; R. Garraud – *Traité Théorique et Pratique du Droit Pénal Français*, 2ª ed., vol. I, p. 228, nº 125; Giulio Crivellari – *Il Codice Penale*, 1890, vol. I, p. 24-25; Ferdinando Puglia – *Manuale di Dir. Penale*, 2ª ed., vol. I, p. 19-20, Paul Vander Eycken – *Méthode Positive de l'Interprétation Juridique*, 1907, p. 317; Theodor Rittler – *Lehrbuch des Oesterreichischen Strafrechts*, vol. I, § 6, p. 23; N. Hungria, p. 68, vol. I, *Comentário ao Código Penal*.

[2] Código Penal de 1890, art. 1º, alínea; Carlos Perdigão – *Manual do Código Penal Brasileiro*, 1882, vol. I, p. 6; Paula Pessoa – *Código Criminal do Império do Brasil*, 2ª ed., p. 12-13; Giuseppe Saredo – *Trattato delle Leggi*, nº 671; G. B. Impallomeni – *Il Codice Penale Italiano*, 2ª ed., vol. I, p. 22; João Vieira, Professor da Faculdade de Direito do Recife, vol. I, p. 17-19; Carl Stoods – *Die Grundzüge des Schweizerischen Strafrechts*, 1892, vol. I, p. 129.
O Código Penal russo, de 1926, e a Lei alemã sobre Analogia, de 28 de junho de 1935, mandam suprir por *analogia* as lacunas das leis penais.
Eis o texto soviético: "Art. 6º – Toda vez que uma ação socialmente perigosa não esteja expressamente prevista pelo presente Código, o fundamento e os limites da relativa responsabilidade inferem-se dos artigos do Código que contemplam os *delitos de índole mais análoga.*"
A norma tudesca estatui: § 2º – É punido quem comete um fato que a lei declara punível, ou que mereça pena segundo o conceito fundamental de uma lei penal e segundo o sentimento são do povo. Toda vez que uma determinada lei penal não encontre imediata aplicação ao fato, este será punido com *base na lei cujo conceito fundamental ao mesmo se adapte melhor*" (*apud* Battaglini – *Diritto Penale – Teorie Generali*, nº 18, p. 34).
Oxalá se não generalizem enormidades tais!
O Código Penal italiano de 1931 declara: "Art. 1º – Ninguém pode ser punido por um fato que não esteja *expressamente* previsto como crime pela lei, nem com penas que não sejam pela mesma estabelecidas." O Código Penal suíço de 1937 estatui: "Art. 1º – Ninguém pode ser punido se não cometeu um ato *expressamente reprimido* pela lei."

[3] Silva Ferrão, Conselheiro do Supremo Tribunal de Justiça de Lisboa, *Teoria do Direito Penal*, 1856, vol. I, p. 24.

constituírem os fatos da causa *tal* delito previsto pelo artigo *tal* da lei; 2º) cominar esta a pena *tal* para a violação das injunções ou proibições que ela encerra[4].

Só o legislador, não o juiz, pode ampliar o catálogo de crimes inserido no Código e em leis posteriores. O Direito Criminal é, como proclamam professores alemães, essencialmente *típico:* o Código concatena *tipos* de transgressões puníveis; qualquer falta que se não enquadre em algum daqueles moldes ou tipos, embora do mesmo aproximada, escapa ao alcance da justiça repressiva[5].

A tendência moderna e louvável no sentido do *assouplissement du droit*, caracterizada por disposições amplas, elásticas, flexíveis, de extensa aplicabilidade, portanto; só mesmo com a mais discreta reserva se observará no campo do Direito de punir[6].

Estritamente se interpretam as disposições que restringem a liberdade humana, ou afetam a propriedade[7]; consequentemente, com igual reserva se aplicam os preceitos tendentes a agravar qualquer penalidade[8]. O contrário se observa relativamente às normas escritas concernentes às causas que justificam os fatos delituosos e dirimem ou atenuam a criminalidade: devem ter aplicação *extensiva* desde que os motivos da lei vão além dos termos da mesma[9]; em tais circunstâncias, até a *analogia* é invocável[10].

---

[4] Garraud, Professor da Universidade de Lyon, vol. I, p. 229, nº 125.

[5] Beling – *Grundzuege des Strafrechts*, 11ª ed., p. 21, 27 e 29; Theodor Rittler, Professor da Universidade de Innsbruck – *Lehrbuch des Oesterreichischen Strafrechts*, vol. I, 1933, § 10, p. 43.

[6] Giulio Battaglini, Prof. da Universidade de Bolonha – *Diritto Penale – Teorie Generali*, 1937, nº 7, p. 13.

[7] Crivellari, vol. I, p. 24. Vede o capítulo – *Direito excepcional*, nºs 75-77.

[8] Battaglini, op. cit., nº 18, p. 35. No campo doutrinário desponta, com algum vigor, na Alemanha, Áustria e Itália, uma corrente que, em matéria penal, admite interpretação *extensiva*, embora se avançar até ao recurso à *analogia* Bruett – *Kunst der Rechtsauwendung*, p. 157; Ritter, op. cit., p. 24-25; Battaglini, op. cit., nºs 17, 18 e 39 (com a restrição de só apelar para a exegese extensiva em caso de "absoluta exigência lógica"; por outras palavras – "nos limites da estrita necessidade"); Del Giudice – *Istituzioni di Diritto Canonico*, 3ª ed., 1936, p. 77). A parte preliminar no novo Código Civil italiano, promulgada juntamente com o Livro I, em 24 de abril de 1939, depara o seguinte: "Art. 4º – *As leis penais* e as que fazem exceção a regras gerais ou a outras leis, não se aplicam além dos casos e tempos nas mesmas considerados."

[9] Pasquale Tuozzi – *Corso di Diritto Penale*, 2ª ed., vol. I, p. 74; Haus – *Principes Généraux du Droit Pénale Belge*, vol. I, p. 102 e nota 7; Prins, Prof. da Universidade de Bruxelas, op. cit., nº 70.

[10] Rittler, op. cit., vol. I, p. 25.

292 | Hermenêutica e Aplicação do Direito · *Carlos Maximiliano*

388 – Parecem intuitivas as razões pelas quais se reclama exegese rigorosa, estrita, de disposições cominadoras de penas. As deficiências da lei civil são supridas pelo intérprete; não existem, ou, pelo menos, não persistem, lacunas no Direito Privado; encontram-se, entretanto, entre as normas *imperativas* ou *proibitivas,* de Direito Público. No primeiro caso, está o juiz sempre obrigado a resolver a controvérsia, apesar do silêncio ou da linguagem equívoca dos textos; no segundo, não; por ser mais perigoso o arbítrio de castigar sem lei do que o mal resultante de absolver o ímprobo não visado por um texto expresso. No campo do Direito Privado a recusa de decidir perpetuaria o conflito de interesses, a desordem social, a exploração dos fracos pelos fortes, as irregularidades de proceder para com terceiros, embaraçadoras da cooperação, óbices à coexistência humana acorde, pacífica.

389 – Escritores de prestígio excluem a exegese extensiva das leis penais, por serem estas *excepcionais,* isto é, derrogatórias do Direito comum; a outros se não afigura logicamente possível enquadrar em tal categoria um ramo inteiro da ciência jurídica. Para estes a razão da originalidade é outra; as disposições repressivas interpretam-se estritamente porque, além de serem preceitos *de ordem pública, mandam fazer* ou *proíbem que se faça.* Em geral, as normas concernentes a determinada função de interesse público *ordenam* ou *vedam* a estas injunções ou proibições, destinadas a assegurar o equilíbrio social, aplicam-se no sentido *exato;* não se *dilatam,* nem *restringem* os seus termos. *Permittitur quod non prohibetur:* "O que não está proibido, é permitido." Admite-se a extensão quando as leis não são *imperativas,* nem *proibitivas;* mas *indicativas, reguladoras, organizadoras;* porque, nesse caso, não interessam os fundamentos da ordem de coisas estabelecida[11].

O Título Preliminar do Código Civil italiano de 1865 evitou habilmente a controvérsia e satisfez assim o requisito de precisão no dispositivo: embora o art. 4º tivesse como fonte as antigas leis napolitanas, absteve-se de enquadrar, como estas fizeram[12], as disposições penais entre as derrogatórias do Direito comum; e preferiu equiparar as primeiras às segundas, colocar as duas num só preceito, lado a lado, nestes termos: "As leis penais e as que restringem o livre-exercício dos direitos ou criam exceções às regras gerais ou a outras leis, que não se estendem além dos casos e tempos que especificam."

---

[11] Pacifici-Mazzoni – *Istituzioni di Diritto Civile Italiano,* 3ª ed., vol. I, p. 52; Vander Eycken, op. cit., p. 314-315 e 318-321.

[12] Francesco de Filippis – *Corso Completo di Diritto Civile Italiano Comparato,* 1908-1910, vol. I, p. 88 e nota 10 texto de 1939 encontra-se na nota 387 – (8).

390 – Do exposto já se conclui que se não deve correr o risco de avançar demais, pelo menos inconscientemente, graças ao uso, e também ao abuso, de expressões impróprias. Porque se proibiram as ilações, a interpretação *extensiva*; logo exigiram a *restritiva*. Com evitar um erro, incide-se em outro, embora oposto. Se um extremo prejudica, o contrário arrasta a deslizes talvez mais danosos para a coletividade. A exegese deve ser criteriosa, discreta, prudente: *estrita*, porém não *restritiva*. Deve dar *precisamente* o que o texto exprime, porém *tudo* o que no mesmo se compreende; nada de mais, *nem de menos*. Em uma palavra, será *declarativa*, na acepção moderna do vocábulo[13].

A regra da exegese estrita não decorre somente da alínea do art., 1º do Código Penal de 1890; observaram-na sob o Império e em Portugal, baseados os jurisconsultos nacionais e reinícolas apenas no preceito que manda não reconhecer crime "sem uma lei anterior que o qualifique"[14].

391 – Alguns autores admitem a interpretação *extensiva* por força de *compreensão* e *indução*[15]; outros distinguem entre analogia *jurídica*, isto é, a que argumenta com os princípios gerais do *Direito* a fim de preencher as lacunas do texto; e analogia *legal*, quando aplica às hipóteses não previstas expressamente as disposições sobre casos semelhantes ou matérias análogas. Toleram a última, embora obrigado o juiz a proceder com a máxima cautela a fim de evitar o perigo que ela própria, empregada sem grande discrição, poderia acarretar para a segurança pública e a liberdade dos cidadãos[16].

Essas distinções devem ser afastadas do campo acidentado do Direito Criminal, sobretudo as primeiras: têm sido, aliás, umas e outras, por vários autores consideradas supérfluas e um tanto artificiais; a verdade é que, na esfera penal, ao invés de guiarem o hermeneuta aclarando-lhe o caminho, aumentam a con-

---

13 E. Garçon, *in Les Méthodes Juridiques, Leçons faites au Collège Libre des Sciences Sociales en 1910*, p. 203-204; João Vieira, vol. I, p. 17-21; Paula Batista, op. cit., §§ 47-48; Pacifici-Mazzoni, vol. I, p. 52-53, nº 21; Garraud, vol. I, p. 228, nota 1; Crivellari, vol. I, p. 24-25; Impallomeni, vol. I, p. 22; Tuozzi, Prof. da Universidade de Pádua, vol. I, p. 74; Rittler, vol. I, p. 24, com apoio de Hafter e Kohler.

14 Código Criminal do Império, art. 1º; Perdigão, vol. I, p. 6; Código Português, art. 5º; Ferrão, vol. I, p. 23-24; Constituição do Império, art. 179, nº XI; Constituição da República, de 1946, art. 141, § 27.

15 Lima Drummond, nas suas *Preleções de Direito Criminal*; João Vieira, vol. I, p. 21, nº 4. Vede nº 223.

16 Justus Olshausen – *Kommentar zum Strafgesetzbuch*, 6ª ed., vol. I, p. 43, nº 4, em parte; Karl Janka – *Das Oesterreichische Strafrecht*, 4ª ed., p. 40-41, em parte; Crivellari, vol. I, p. 24-25; Puglia, Prof. da Universidade de Messina, vol. I, p. 19-20: limita-se a referir as opiniões, sem se pronunciar a favor ou contra.

294 | Hermenêutica e Aplicação do Direito • *Carlos Maximiliano*

fusão[17]. Exclua-se também a linguagem absoluta dos que opinam pela exegese *restritiva*. Fique-se no meio-termo, fácil de atingir: procure-se, com os recursos da Hermenêutica, apreender bem o espírito do dispositivo; não se vá além das expressões da lei; porém, aplique-se na íntegra tudo o que nas mesmas se contém; nada de mais, nem de menos. Talvez seja isto o que rigorosamente caiba na exegese *extensiva por força de compreensão*; parece, entretanto, mais preciso denominar-se interpretação *estrita*; pelo menos oferece esta menos margem a equívocos e divergências.

391-A – Não se confunda exegese *estrita* com imobilidade da Hermenêutica: até mesmo no campo do Direito Penal a interpretação adapta-se à época, atende aos *fatores sociais*, afeiçoa a norma imutável às novas teorias, à vitoriosa orientação da ciência jurídica. Todo Direito é vivo, dinâmico[18].

392 – A *equidade* não auxilia a exegese dos textos em que se cominam penas de qualquer natureza[19]; nem tampouco se admite o *costume*, no papel de suprir as lacunas ou esclarecer as obscuridades das leis restritivas da liberdade ou de direito de propriedade[20].

O costume influi como força criadora de novas regras positivas, ou aperfeiçoadora da obra legislativa. Também serve para pôr de acordo o preceito expresso, com a vida e a realidade social[21]. Variando, por exemplo, o conceito de honra, Medicina, religião, etc., pelo novo se orienta o juiz ao apreciar delitos contra a honra alheia, o exercício da arte de curar, etc.

393 – *In Dubio Pro Reo* é máxima decaída, em parte, do seu prestígio de outrora, e só aplicável hoje com discreta reserva.

Não basta ser duvidoso o sentido do texto, para se resolver a favor do indiciado. Incumbe ao juiz lançar mão dos recursos da Hermenêutica, a fim de escla-

---

[17] Vincenzo Manzini – *Trattato di Procedura Penale e di Ordinamento Giudiziario*, 1920, vol. I, p. 40, nº III; Emilio Caldara – *Interpretazione delle Leggi*, 1908, p. 187-188, nº 191.

[18] Hippel – Deusches Strafrecht, vol. II, 1930, p. 38; Mezger – Strafrecht, 2ª ed., 1933, p. 85; Rittler, vol. I, p. 23-24.

[19] Garraud, vol. I, p. 229, nº 126; Prins, op. cit., p. 43; Saredo, op. cit., nº 670.

[20] Stoss, vol. I, p. 129; Olshausen, vol. I, p. 443, nº 4; João Vieira, vol. I, p. 21, nº 5; Gmür, op. cit., p. 134; Rittler, vol. I, p. 20; Battaglini, op. cit., nº 11, p. 18-19.
Quanto a esclarecer as obscuridades e derrogar pelo desuso, vem se impondo, no campo da doutrina, uma prestigiosa corrente favorável (Hafter – *Lehrbuch des Schueizerischen Strafrechts*, vol. I, p. 15; Hippel, vol. II, p. 40-41; Mezger, op. cit., p. 84; Rittler, vol. I, p. 20-22). Vede nº 451.

[21] Battaglini, op. cit., p. 18-20; Rittler, vol. I, p. 20-21.

recer o dispositivo, atingir a verdade, revelar o escopo alvejado pela prescrição legal. Só mesmo quando todo esse trabalho resulte inútil e a dúvida persista, será aconselhável pronunciar-se no sentido mais benigno, em prol do acusado. Aí, sim, terá cabimento o – *In dubio mitius interpretandum est*; ou – *Interpretationes legum poenoe molliendoe sunt potius quam asperandoe*; ou, ainda – *In poenalibus causis benignus interpretandum est*[22]: "Opte-se, na dúvida, pelo sentido mais brando, suave, humano"; "Prefira-se, ao interpretar as leis, a inteligência favorável ao abrandamento das penas ao invés da que lhes aumente a dureza ou exagere a severidade""Adote-se nas causas penais a exegese mais benigna."

Tanto ao apurar a criminalidade como ao verificar a existência de circunstâncias agravantes, o fanal do juiz deverá ser a interpretação exata, o sentido estrito da lei. O brocardo não autoriza o julgador a criar pena mais branda, nem a forçar a exegese de modo que resulte absolvição, ou, pelo menos, castigo menor: permiti-lo importaria em escancarar a porta ao arbítrio sentimental, à piedade mórbida, em se tratando de aplicar o Direito. Quer no campo da prova, quer no da Hermenêutica, o tribunal procurará sempre atingir a verdade, e só depois de verificada a impossibilidade de a descobrir e revelar, nítida, precisa, optará pela solução mais benigna[23].

394 – Pode haver, não simples impropriedade de termos ou obscuridade de linguagem, mas também engano, lapso, na redação. Este não *se presume*; é de rigor seja demonstrado cabalmente. Precisa-se verificar, não só a inexatidão, mas também a causa da mesma, a fim de ficar plenamente provado o erro, ou simples descuido. Releva ponderar que no Direito Criminal se não tolera a retificação efetuada pelo intérprete, quando prejudicial ao acusado; por outro lado, é de rigor fazê-la, quando aproveite ao réu[24].

395 – A rubrica – *Leis Penais*, aposta a este capítulo, compreende todas as normas que impõem penalidades, e não somente as que alvejam os delinquentes e se enquadram em Códigos criminais. Assim é que se aplicam as mesmas

---

[22] *Digesto*, liv. 48, tít. 19, frag. 42; *De Regulis Juris*, liv. 50, tít. 17, frag. 155, § 2º; Crivellari, vol. I, p. 24; Prins, op. cit., 42.

[23] Olshausen, vol. I, p. 42, nº I; Garraud, vol. I, p. 231, nº 126; Tolomei, *apud* Crivellari, vol. I, p. 26, nota 1; Impallomeni, vol. I, p. 22; Manzini, vol. I, p. 39, nº 24; Paula Batista, op. cit., § 48, nota I.

Ortolan só admite o *in dubio pro reo*, quando se trata de casos insolúveis (João Vieira, vol. I, p. 19). Manzini, (loc. cit.) é mais radical; chega a considerar *falso* o princípio contido naquele brocardo, na parte relativa à Hermenêutica; tolera-o, em termos, quanto à *Prova* somente.

[24] Charles Brocher – *Étude sur des Principes Généraux de L'Interprétation des Lois*, 1.870, p. 27-28.

296 | Hermenêutica e Aplicação do Direito • *Carlos Maximiliano*

regras de exegese para os regulamentos policiais, as posturas municipais e as leis de finanças, quanto às disposições cominadoras de multas e outras medidas repressivas de descuidos culposos, imprudências ou abusos, bem como em relação às castigadoras dos retardatários no cumprimento das prescrições legais. Os preceitos mencionados regem, também, disposições de Direito Privado, de caráter punitivo: as relativas *à indignidade* do sucessor, por exemplo, e diversas concernentes *à falência*. Toda norma *imperativa* ou *proibitiva* e de *ordem pública* admite só a interpretação *estrita*[25].

Sabiamente o *Codex Juris Canonici*, no c. 19, estabeleceu: *Leges quoe poenam statuunt, aut liberum jurium exercitium coarctant, aut exceptionem a lege continent, strictoe subsunt interpretationi*: "As leis que estatuem pena, ou coartam o livre-exercício de direitos, ou contêm exceção a preceito geral, estão sujeitas a exegese *estrita*."

---

[25] Caldara, op. cit., nº 195; Francesco Degni – *L'Interpretazione della Legge*, 1909, p. 23, nota 2, e p. 38, nºs 13 e 20; Mário Rotondi, monografia *in Nuovo Digesto Italiano*, 1937-1940, verbo "Legge" (*Interpretazione della*), nº 4.
Vede o capítulo – *Direito Excepcional*, nº 275.

PROCESSO CRIMINAL

396 – Como a exegese extensiva só se proíbe acerca de dispositivos que cominam pena ou agravam a criminalidade, segue-se que a forma rigorosa de interpretar concernente às leis penais não persiste relativamente ao Processo. Aplicam-se às prescrições de Direito Adjetivo as regras comuns de Hermenêutica; nem sequer o recurso à analogia é vedado[1]. Entretanto o preceito não é absoluto: quando se tratar de exceções às regras gerais, bem como de limitações à liberdade individual, ao exercício de direitos ou a interesses juridicamente protegidos, o texto considerar-se-á *taxativo*, será compreendido no sentido rigoroso, *estrito*. Assim sucederá, p. ex., quanto às prescrições que autorizem a prisão preventiva, o sequestro dos bens do indiciado, ou restrições ao direito de defesa[2].

---

[1] C. Civoli, Professor da Universidade de Turim – *Manuale di Procedura Penale Italiana*, 1921, nº 11, p. 14-15; Caldara, op. cit., nºs 197-198, p. 194-196; Battaglini, op. cit., nº 18, p. 36.

[2] Battaglini, op. cit., nº 18, p. 36; Vicenzo Manzini, vol. I, p. 3-40, I e II.

LEIS FISCAIS

DIREITO DE TRIBUTAR – IMPOSTOS E TAXAS

397 – É um direito soberano lançar impostos e taxas para custear as despesas com os serviços públicos. A sua amplitude sofre apenas as limitações expressas no estatuto básico e consagradas pelas ciências econômicas. Quanto ao poder federal, nenhuma restrição se presume: observa-se apenas a que o texto supremo homologa explícita ou implicitamente[1].

As atribuições financeiras das legislaturas estaduais e das municipais decorrem do Código básico da União, em primeiro lugar; do Estado, em segundo; da edilidade, em último. Daí resultam variantes na maneira de entender e aplicar os textos.

398 – No terreno tributário, como no político, existe no país só uma soberania plena[2]. Neste particular até mesmo nos Estados Unidos se observou evolução contínua no sentido de fortalecer o poder federal. A princípio vingou na esfera fiscal o preceito da Constituição, muito semelhante ao do art. 65, nº 2, do estatuto brasileiro de 1891, preceito que declara ser facultado aos Estados, em regra, todo e qualquer poder, ou direito que lhes não for negado por cláusula expressa ou implicitamente contida nas cláusulas expressas do Código supremo do país. Graças ao ascendente do grande Juiz Marshall, entrou em voga doutrina oposta, apoiada no princípio de Direito que faz da Constituição Federal e das disposições ordinárias decorrentes da mesma a lei suprema da terra.

---

[1] Campbell Black – *Handbook of American Constitutional Law*, 3ª ed., p. 245-253; C. Maximiliano – *Comentários à Constituição Brasileira*, 5ª ed., nºs 168 e segs.

[2] Frederick Judson – *A Treatise on the Power of Taxation*, 1917, §§ 5-6; C. Maximiliano – *Comentários*, nºs 98-101.

Preferiram à letra do estatuto o espírito do sistema vigente, a índole do regime. O texto foi elaborado sob a preocupação de prestigiar, sobretudo, os Estados e, na dúvida, resolver pela autoridade destes contra a da União, simples detentora de poderes delegados por eles. Entretanto, a audaciosa e previdente exegese judiciária completou a passagem do sistema confederativo, primordial e um tanto amorfo, para a federação verdadeira, e esta mesma cada vez mais atenuada graças à crescente supremacia da autoridade nacional[3].

399 – Considera-se, hoje, bem ampla a faculdade tributária do Congresso[4]; na dúvida entre a mesma e a de qualquer das circunscrições políticas do país, prevalece a que obteve a preeminência, a da legislatura da República. Assim, pois, fica o poder federal como a *regra*; o estadual, como *exceção* relativamente àquele; à medida que dilataram o primeiro, introduziram restrições ao último[5].

Vigora o mesmo preceito dentro das circunscrições políticas: o município goza apenas das prerrogativas financeiras outorgadas pelo estatuto regional; se uma dúvida resiste aos processos de Hermenêutica, opta-se pelo Estado, contra os poderes locais. Acresce o seguinte: quando da exegese não resulta a competência da legislatura estadual, ou da municipal, para lançar determinado tributo, decide-se a favor do contribuinte e contra o fisco, do Estado ou da edilidade[6].

Entretanto, firmada a competência, esta se exerce em toda a sua plenitude, respeitadas apenas as limitações gerais, como sejam a *territorial*, a *igualdade*, o objetivo do interesse público (*fim social* do imposto) e a decretação pelos representantes do povo. Ressalvados estes requisitos precípuos, nenhuma outra restrição ao poder de tributar se presume: só prevalece quando se demonstra existir, explícita ou implicitamente, no âmago de uma regra positiva[7].

---

[3] Everett Kimball – *The National Government of the United States*, 1920, p. 39 e 357; Judson, op. cit., §§ 1-5.

[4] Charles Beard – *American Government and Politics*, 3ª ed., 1920, p. 358; Thomas Cooley – *A Treatise on the Law of Taxation*, 3ª ed., p. 178 e 180.

[5] Willoughby – *The Constitutional Law of the United States*, 1910, vol. I, §§ 23 e 33; Judson, op. cit., § 5º; Kimball, op. cit., p. 39 e 357.

[6] J. G. Sutherland – *Statutes and Statutory Construction*, 2ª ed., vol. II, § 541; Campbell Black – *Handbook on the Construction and Interpretation of the Laws*, 2ª ed., p. 501-503; Cooley, vol. I p. 455, 466-468, e notas respectivas.
Prevalece a regra de exegese estrita, quer as transferências do poder de tributar se deem em caráter permanente, quer decorram de leis ordinárias, concessões, ou convênios: *nunca se presume o* intento de abrir mão de direitos inerentes à autoridade suprema.
Vede C. Maximiliano – *Comentários*, etc., nos 168 e segs.

[7] Black – *Constitutional Law*, nos 452-453; Willoughby, vol. I, 23 e 33; Cooley, vol. I, p. 177-178. Todas as presunções se inclinam a favor do exercício ilimitado da faculdade de tributar.

400 – Explicado o modo de entender a faculdade de distribuir pelo povo os encargos pecuniários do erário, cumpre fazer saber agora como se interpretam os textos em que o legislador usa daquela prerrogativa soberana.

I. Pressupõe-se ter havido o maior cuidado ao redigir as disposições em que se estabelecem impostos ou taxas, designadas, em linguagem clara e precisa, as pessoas e coisas alvejadas pelo tributo, bem determinados o modo, lugar e tempo do lançamento e da arrecadação, assim como quaisquer outras circunstâncias referentes à incidência e à cobrança. Tratam-se as normas de tal espécie como se foram rigorosamente *taxativas;* deve, por isso, abster-se o aplicador de lhes restringir ou dilatar o sentido. Muito se aproximam das penais, quanto à exegese; porque encerram prescrições *de ordem pública, imperativas* ou *proibitivas*, e afetam o livre-exercício dos direitos patrimoniais. Não suportam o recurso à analogia, nem a interpretação extensiva; as suas disposições aplicam-se no sentido rigoroso, *estrito.*

Também no campo do Direito Fiscal se observa, *com as reservas já enunciadas*, o brocardo célebre – *In dubio pro reo*, ou o seu semelhante – *In dubio contra fiscum:* "Na dúvida, contra o fisco"[8].

O contraste merece especial registro: quando se trata de competência para decretar ônus fiscais, decide-se, na dúvida, pelo poder de tributar; quando se interpreta lei de impostos, observa-se o inverso – opina-se, de preferência, a favor do contribuinte e contra o erário. Presume-se o *direito de lançar* taxas; não se presume o *lançamento.*

---

8   Karl Wurzel – *Das Juristische Denken, in* "Oesterreichisches Zentralblatt für die Juristische Praxis", vol. 21, p. 674, nota 4; Bernardino Carneiro – *Primeiras Linhas de Hermenêutica Jurídica e Diplomática*, 2ª ed., § 53; Sutherland, vol. II, §§ 536-537; Cooley, vol. I, p. 453-456; Degni, op. cit., p. 23, nota 2; Pacifici-Mazzoni, vol. I, nº 21; Caldara, op. cit., nºs 199-201; Vander Eycken, op. cit., p. 321; Paula Batista, op. cit., §§ 46-47. Vede o capítulo *Leis Penais*, nº 393.

Aplica-se o brocardo – *In dubio contra fiscum* – somente às disposições taxativas que decretam impostos, e assim mesmo quanto a *regras gerais*, não quanto às exceções, que se resolvem, na dúvida, a favor do fisco. Exemplo do último caso: as isenções de impostos previstas na própria lei que os institui (nº 402).

Opostas ao *in dubio contra fiscum*, até hoje universalmente vitorioso na jurisprudência, despontam objeções no campo da doutrina, fundadas em não ser, hoje, o tributo uma imposição arbitrária e talvez caprichosa de potentado, como outrora; porém a consequência do reconhecimento espontâneo de um dever para com a pátria e a sociedade feito pelos próprios contribuintes: estes, representados pelos seus eleitos, decretam o ônus para si próprios, consentem no lançamento, apoiam-no de antemão. Tal parecer não granjeou maioria entre os teóricos do Direito; o brocardo prevalece ainda, atenuado, embora, como *o in dubio pro reo* (Mantellini – *Lo Stato e il Codice Civile*, vol. I, p. 233 e segs.; Benvenuto Griziotti – *Principii di Politica, Diritto e Scienza delle Finanze*, 1929, p. 200-206; Ezio Vanoni – *Natura ed Interpretazione delle Leggi Tributarie*, 1932, p. 3-35).

LEIS FISCAIS | 301

401 – II. Entretanto não se interpreta a lei tendo em vista só a defesa do contribuinte, nem tampouco a do Tesouro apenas. O cuidado do exegeta não pode ser unilateral: deve mostrar-se equânime o hermeneuta e conciliar os interesses em momentâneo, ocasional, contraste[9].

Não atende somente à *letra,* nem se deixa dominar pela preocupação de *restringir;* resolve de modo que o *sentido* prevaleça e o fim óbvio, o transparente objetivo seja atingido. O escopo, a razão da lei, a causa, os valores jurídico-sociais *(ratio legis,* dos romanos; *Wertuteil,* dos tudescos) influem mais do que a linguagem, infiel transmissora de ideias.

Experimenta, em suma, o intérprete os vários processos de Hermenêutica; abstém-se de exigir *mais* do que a norma reclama; porém extrai, para ser cumprido, *tudo,* absolutamente tudo o que na mesma se contém. Se depois desse esforço ainda persiste a dúvida, aplica afinal a parêmia, resolve contra o fisco e a favor do contribuinte[10].

402 – III. O rigor é maior em se tratando de disposição excepcional, de isenções ou abrandamentos de ônus em proveito de indivíduos ou corporações. *Não se presume* o intuito de abrir mão de direitos inerentes à autoridade suprema. A outorga deve ser feita em termos claros, irretorquíveis; ficar provada até à evidência, e se não estender além das hipóteses figuradas no texto; jamais será inferida de fatos que não indiquem irresistivelmente a existência da concessão ou de um contrato que a envolva. No caso, não tem cabimento o brocardo célebre; na dúvida, se decide contra as isenções totais ou parciais, e a favor do fisco; ou, melhor, presume-se não haver o Estado aberto mão da sua autoridade para exigir tributos[11].

403 – IV. Entretanto, as comutações de impostos e multas seguem a regra oposta, interpretam-se em tom liberal e amplo; ante a incerteza persistente, resolve-se a favor do contribuinte[12].

404 – V. Prevalecem os mesmos preceitos ainda que as isenções sejam concedidas com referência a coisas, e não a pessoas: p. ex., quando libertam de im-

---

[9]   Black – *On Interpretation*, p. 517-518; Cooley, vol. I, p. 460-461.

[10] Black – *On Interpretation*, p. 520-521; Sutherland, vol. II, § 537; Cooley, vol. I, p. 449, 452, 462-463.

[11] Judson, op. cit., §§ 76, 88 e 93, Black – *On Interpretation*, p. 509-513; Sutherland, vol. II, § 539; Cooley – *On Taxation*, vol. I, p. 112-113; Acórdão do Supremo Tribunal, de 26 de agosto de 1908, *in Revista de Direito*, vol. X, p. 80.

[12] Black – *Interpretation*, p. 513.

302 | Hermenêutica e Aplicação do Direito • *Carlos Maximiliano*

posto predial imóveis de institutos profissionais, igrejas, edifícios para escolas, etc.; bem como a importação de máquinas agrícolas, ou o funcionamento de indústrias dignas de proteção animadora[13].

405 – VI. Os privilégios financeiros do erário não se estendem a pessoas, nem a casos não contemplados no texto, mas também se não interpretam de modo que resultem diminuídas as garantias que o legislador pretendeu estabelecer em favor do fisco[14].

406 – VII. Em resumo: sempre que surge uma exceção ao Direito comum ou a dispositivo da mesma lei de finanças, o aplicador atende, primeiro, à natureza do preceito divergente da regra geral, bem como ao fim colimado e às consequências prováveis, e também ao valor, para o caso, dos vários princípios de Hermenêutica; depois conclui se a exegese há de ser mais estrita, ou menos[15].

406-A – VIII. Ainda que o texto pareça admitir dupla tributação do mesmo objeto, valor ou ato jurídico, paga, direta ou indiretamente, pela mesma pessoa; cumpre interpretar a norma compulsória como se o legislador não tivesse tido o intento de lançar, ou autorizar, ônus repetido. Servem de fanal do hermeneuta os cânones das ciências econômicas, e a estes contraria a incidência do mesmo imposto duas vezes sobre o mesmo bem e o mesmo contribuinte: as exceções ao *ne bis in idem*, preceito sábio, vetusto e universal, prevalecem quando clara, evidente, indiscutivelmente estabelecidas; não se presumem, nem se deduzem por simples inferência[16].

406-B – *In dubio contra fiscum*, embora brocardo ainda dominador, não obriga o presidente de corporação administrativa ou judiciária a desempatar a favor do contribuinte; o voto de Minerva só existe no crime, e ali mesmo como velharia indefensável em face das doutrinas hodiernas sobre delinquência e sua repressão.

---

[13] Degni, op. cit., p. 38, nº 20; Sutherland, vol. II, § 539.

[14] Caldara, op. cit., nº 208.

[15] Sutherland, vol. II, § 518.

[16] Cooley, vol. I, p. 398-400.
Relativamente à matéria deste capítulo oferece esclarecimentos outro, que trata do Direito Excepcional, sobretudo nos nº 274, 275, d e q, 280-283.

INTERPRETAÇÃO DE ATOS JURÍDICOS

CONTRATOS E TESTAMENTOS

407 – A interpretação é uma só; entretanto sofrem, na prática, os seus preceitos ligeiras variantes conforme o ramo do Direito a que se aplicam, e, não raro, são substituídos ou completados por outros, especiais.

A teoria da *vontade*, batida no terreno da Hermenêutica geral, resistiu, com espantosa galhardia, no campo estreito da exegese de *Obrigações* e, com persistência mais generalizada e relativamente defensável, na dos *Testamentos*. Entretanto, se à maioria dos bons expositores pareceu dificílimo, e às vezes impossível, descobrir a *vontade do legislador*[1], também se não antolha como promissora de resultado imediato a tarefa de revelar a intenção do estipulante, pelo menos em contrato bilateral. Resulta este da convergência de intuitos, porém não da identidade entre os mesmos: um propõe por um motivo, o outro aceita por diversa razão, e, não raro, o que Alfeu deseja e cala, ao coobrigado Tício não convém de modo nenhum; portanto, quando se realiza a vontade do primeiro, contraria-se a do segundo. Se a tarefa do magistrado consistisse apenas, como pretende a Escola Clássica, em investigar e converter em realidade a intenção de um ou de vários estipulantes, em mais de um caso achar-se-ia o julgador em conjuntura insolúvel.

Como na Hermenêutica *tradicional*, recorrem a *ficções*, para resolver, ou iludir dificuldades, os obstinados partidários da velha doutrina: admitem a vontade *implícita* e a *presumida*, levadas ao exagero. Na verdade, no matrimônio entre partes que não cogitaram do regime dos bens, prevalece a comunhão porque se *presu-*

---

[1] Vede o capítulo – *Vontade do Legislador*.

304 | Hermenêutica e Aplicação do Direito • *Carlos Maximiliano*

me que preferiram o estabelecido em lei. Pois bem; segundo a Escola Clássica, em se tratando dos *delitos*, e *quase delitos*, geradores de obrigações *contra* o desejo do indivíduo, o artifício usado para explicar o fenômeno jurídico é o seguinte: no contrato e quase contrato a obrigação decorre da vontade em concordância com a lei; nos delitos e quase delitos, da vontade também, porém contrária à lei[2]. Para os *tradicionalistas*, o ato exterior, a manifestação do intuito, constitui apenas o meio *de prova*; não é da essência do contrato, nem do legado.

408 – *A vontade do legislado* poderosamente concorreu para se transformar em norma escrita o preceito resultante da evolução jurídica da coletividade; perdeu-se, entretanto, no passado; não pode ser o pivô da exegese. Também a vontade do estipulante contribuiu, direta ou indiretamente, para se praticar o ato unilateral ou celebrar o contrato sinalagmático; porém um e outro decorreram menos do processo mental, íntimo, subjetivo, do que da exteriorização regular do pensamento.

A *vontade*, que se interpreta e converte em realidade, não é o que uma pessoa quis e possivelmente deixou fora do alcance da percepção do coobrigado, ou legatário; porém o que *aparece* como aceito por uma das partes e pensado e proposto pela outra[3]. Pode-se alimentar, em silêncio, um desejo; daí não abrolham deveres para o indivíduo, nem direitos para terceiros. Não se castigam intenções; a ninguém aproveita o intuito benéfico, porém réfluo, não exteriorizado em ações. Logo a *declaração de vontade* é da *essência* do ato ou contrato; não constitui simples *meio de prova*.

409 – Nenhuma ideia prevalece e domina por muito tempo, sem um fundo de verdade. Tem alguma base a teoria da *vontade;* porque sem esta, sem o intuito deliberado de agir neste ou naquele sentido, não haveria quase nenhum ato jurídico; procede, em parte, também a da *declaração;* porque o desejo íntimo não gera obrigações.

Entretanto, não vingará o exclusivismo da Escola Clássica, nem tampouco da outra, de origem germânica. Confundem-se e completam-se as duas. A simples *declaração*, por engano ou gracejo, não prevalece; admite prova em contrário a favor da *vontade efetiva*, real. Por outro lado, poderá esta ser mal expressa; imperfeita, obscuramente enunciada: neste caso, aclara-se, corrige-se, interpreta-

---

2   Georges Dereux – *De l'Interprétation des Actes Juridiques Privés*, 1905, p. 315; Duguit – *L'État, le Droit Objectif et la Loi Positive*, p. 221.
     Prefere-se dizer hoje: obrigações decorrentes da lei (em vez de quase contratos) e resultantes de fatos ilícitos (em vez de quase delitos).

3   R. Leonhard – *Der Allgemeine Teil des Bürgerlichen Gesetzbuchs*, 1900, p. 350.

INTERPRETAÇÃO DE ATOS JURÍDICOS | **305**

-se a *declaração*; porém não é lícito prescindir da mesma, substituí-la[4]. Tal é a regra geral, que admite as exceções para os casos de declaração implícita, vontade presumida: matrimônio sem contrato antenupcial, sucessão *ab intestato*, condições usuais em certos contratos, etc.

410 – Parece que o Direito das Obrigações é a derradeira cidadela do *misoneísmo* no campo jurídico; ali se acastelam, os últimos adversários da organização democrática, no sentido mais amplo e liberal da expressão[5]. Entretanto, até ali a vontade individual vai cedendo terreno, embora a custo, à solidariedade, à utilidade social. Contudo o progresso é lento; aqueles mesmos que abandonaram a *teoria da vontade,* relativamente à interpretação das leis, lhe atribuem valor exagerado na exegese dos contratos[6]. Estes não decorrem apenas do acordo *livre* e *espontâneo* das partes; porquanto o próprio acordo é subordinado à consideração de utilidade social e do crédito público. Quando se procura, através da declaração, a vontade real, verdadeira, não vítima do erro ou desfigurada por expressões imperfeitas, a *wirkliche Wille*, dos tudescos; atende-se, como bem observou Saleilles, às necessidades do crédito, às exigências da lealdade e às tendências da vida moderna; ampara-se ao mesmo tempo o interesse do indivíduo e o da sociedade[7].

411 – Desde que se abandonou a *teoria da vontade,* a evolução da doutrina prosseguiu no sentido da socialização do Direito. Esvanece o individualismo inspirador da Escola Clássica. A intenção, enquanto íntima, individual, recôndita, a ninguém obriga nem aproveita, juridicamente; para atingir o seu fim social, ter eficiência, converter o desejo em fato, interessar à coletividade, precisa ser exteriorizada, publicada, *declarada;* e ainda não basta; a vontade manifesta, conhecida, não prevalece desde que se contraponha à justiça e ao interesse geral. O contrato de trabalho e o de construção executam-se, quando acordes com os preceitos de higiene concretizados em lei. Ao pai se não permite contratar soldadas para o filho de modo que o obrigue ao labor diário superior a oito horas, ou em lugares mal arejados, insalubres; porque isso prejudicaria a humanidade futura, aumentaria a legião dos degenerados, enfermos, inúteis. O empreiteiro não abrirá janelas a menos de metro e meio de prédio vizinho, a fim de não privar este do ar e luz indispensáveis. Não prevalece a convenção prejudicial a terceiros,

---

[4]   Léon Duguit – *Les Transformations Générales du Droit Privé*, 1912, p. 87-88; Ludwig Enneccerus – *Lehrbuch des Bürgerlichen Rechts*, de Enneccerus, Kipp e Wolff, vol. I, p. 531.

[5]   Francesco Consentini – *La Réforme de la Législation Civile*, 1913, p. 279.

[6]   Comparem-se os dois livros de Clóvis Beviláqua: *Teoria Geral do Direito Civil*, 1908, n°s 36 e 37; e *Código Civil Comentado*, vol. I, 1916, observação ao art. 85, *in fine*.

[7]   Consentini, Prof. da Universidade Nova, de Bruxelas, op. cit., p. 284 e 301.

306 | Hermenêutica e Aplicação do Direito • *Carlos Maximiliano*

nem tampouco a que reduz, em demasia, a liberdade de um dos contraentes. É inoperante o ato que não tem objeto lícito. Enfim a autonomia da vontade individual vai sendo pouco a pouco restringida pelas conveniências sociais[8].

O juiz faz respeitar a intenção, declarada, das partes; porém inspira-se, de preferência, na ideia do *justo*. As obrigações contratuais fundam-se no conceito de utilidade individual e social; por isso mesmo é que merecem acatamento: conciliam o bem do homem isolado com o dos seus concidadãos em conjunto[9]. Atendem ao *útil* e ao justo. O Código de simples Direito Privado transforma-se na prática, e até sem alterar a letra, em Código de Direito Privado Social[10].

412 – Não há necessidade de *ficção alguma*. Não nascem os atos jurídicos exclusivamente da vontade individual *declarada*, e, sim, também da *lei*, isto é, decorrem dos princípios de equidade e justiça e são condicionados pelo interesse superior da coletividade[11]. Da imprudência, negligência, ou imperícia, bem como de um ato civil culposo, resulta um mal *involuntário*, gerador de obrigações para um, e de direitos para outro. Por que a *ficção* de admitir *vontade contrária à lei*, quando não houve intenção alguma? Se existisse, não mais se falaria em *quase delito;* seria o caso de crime, propriamente, ou *dolo* pelo menos, e, portanto, agravação da responsabilidade, penal ou civil. A ausência de vontade é suprida pelas disposições legais, pelos princípios de justiça – *neminem loedere*.

413 – São semelhantes as regras de interpretação das leis e as relativas aos atos jurídicos; porém não se confundem, como alguns pensam. Entre as primeiras, as mais importantes aplicam-se, com algumas variantes às vezes, aos casos visados pelas segundas; e entre estas existem diversas espécies, não abrangidas pelas destinadas à exegese das normas escritas[12]. Uma e outra colimam o mesmo objetivo: a descoberta do verdadeiro sentido e alcance das expressões adotadas.

---

[8] Duguit – *Les Transformations Générales du Droit Privé*, p. 86-93; Dereux, op. cit., p. 343-349, 372-375 e 540. Vede Carlos Maximiliano – *Comentários à Constituição Brasileira, Poder de Polícia*, em os nᵒˢ 523-533 e 535.

[9] Consentini – *Filosofia del Diritto*, 1914, p. 303-304; *La Réforme*, cit. p. 297.

[10] Dereux, op. cit., p. 25; Consentini – *Filosofia*, p. 304.

[11] Luigi Miraglia – *Filosofia del Diritto*, 2ª ed., vol. I, p. 451.

[12] Theophilus Parsons – *The Law of Contracts*, 9ª ed., 1904, vol. II, nº 494; Savigny – *Traité de Droit Romain*, tradução Guenoux, vol. III, p. 256; Lacerda de Almeida – *Obrigações*, 2ª ed., 1916, p. 271-272, nota ao § 68.
Crome afirma que as duas espécies de interpretação (das leis e de atos jurídicos) marcham paralelas (*System des Deutschen Bürgerlichen Rechts*, 1900-1912, vol. I, p. 407). Bierling não encontra, entre as duas, diferença *fundamental* (*Juristische Prinzipienlehre*, 1911, vol. IV, p. 233).
Vede nota 1 à epígrafe do capítulo – *Processos de Interpretação*.

INTERPRETAÇÃO DE ATOS JURÍDICOS | **307**

Menor ainda é a diferença entre a interpretação dos contratos e a dos testamentos. Em todo caso, na última se cogita mais da vontade (expressa ou presumida) do estipulante; na primeira, as dúvidas resolvem-se por maior número de modos, e com atender à boa-fé, aos usos comerciais, às praxes adotadas em determinados negócios, de natureza civil, ao interesse comum das partes e aos ditames da equidade[13].

414 – A amplitude do campo da interpretação dos atos jurídicos decorre de não constituírem estes o seu próprio *fim*, porém *meios* para atingir um proveito prático, e neste sentido devem ser considerados e compreendidos.

Entretanto não toma o hermeneuta igual interesse por tudo o que as palavras revelam: examina, de preferência, o que forma o cerne, o âmago, a substância do contrato, ou testamento, isto é, o que juridicamente conduz ao objetivo colimado pelo prolator, ou por ambos os contraentes[14].

415 – Na exegese dos atos jurídicos, unilaterais ou sinalagmáticos, ao juiz se atribui ampla discrição. O seu alvedrio é apenas condicionado pelo interesse social, pelos princípios de justiça e pelas regras especiais de Hermenêutica, em cuja apreciação ele goza, ainda, de toda autonomia, que, aliás, se não confunde com a independência plena, com a liberdade ilimitada[15].

416 – Expostas a doutrina geral e as atribuições dos magistrados, é tempo de voltar as atenções para os processos e regras de interpretação aplicáveis aos atos jurídicos.

---

13   Josef Kohler – *Lehrbuch des Bürgerlichen Rechts*, 1906-1919, vol. I, § 238, p. 534-535.
      Os escritores em geral englobam as regras sobre contratos e as relativas aos testamentos, expostas na ocasião as pequenas diferenças quanto à aplicabilidade a uns ou a outros atos. Também os Estatutos da Universidade de Coimbra, de 1772, prescreviam, nos termos seguintes, a exposição em conjunto: "Da mesma sorte (o professor) não adotará sem exame o grande número das (regras) que dão os doutores; formando diferentes regras em cada matéria: estabelecendo umas para os *contratos;* outras para os *testamentos;* outras para os *benefícios;* e outras para os *privilégios.* Porque grande parte das que eles estabelecem é escura, duvidosa e falsa. E todas se podem reduzir comodamente às que são mais comuns, e servem geralmente para a interpretação de todos os atos."

14   R. Leonhard – *Der Allgemeine Teil*, p. 348.

15   Endemann – *Lehrbuch des Bürgerlichen Rechts*, 9ª ed., 1919-1920, vol. III. *Erbrecht*, parte I, p. 250; Baudry-Lacantinerie & Colin – *Traité Théorique et Pratique de Droit Civil, Des Donations entre Vifs et des Testaments*, 3ª ed., 1905, vol. II, p. 10-11, nº 1.841: Crome vol. I, p. 408.

308 | Hermenêutica e Aplicação do Direito • Carlos Maximiliano

I. Por método, principie-se, como na Hermenêutica legal, pelos dados filológicos; procure-se compreender bem as expressões dos estipulantes, as palavras dos contratos e testamentos. Devem elas traduzir, implícita, ou explicitamente, a intenção; porque, se esta existe porém se não revela pelos meios regulares, não tem eficiência jurídica[16].

Não é lícito fazer violência às palavras para atingir uma exegese mais aproximada da vontade, inspiradora, desconhecida, do ato. Quando se evidencia que a letra deste não corresponde ao intuito do estipulante, mostra-se apenas que a vontade efetiva, real, não foi *declarada*, por isso não tem existência jurídica, é um fato subjetivo apenas, sem valor nenhum para o intérprete, sem os característicos indispensáveis para se impor ao acatamento e ao apoio da coletividade. Os pretórios fulminariam a tentativa de substituir o que as partes estipularam sem o desejar, pelo que pretenderam estabelecer porém não consta de palavras suas[17]. O hermeneuta esclarece, não completa o texto: deduz a disposição definitiva, exequível, pelo que está especificado no próprio ato jurídico, e não algures[18].

Também nos instrumentos reveladores de última vontade a letra adquire importância considerável; porque se deve nos mesmos designar, em forma suficientemente nítida, não só a intenção dadivosa do testador, mas também o objeto da liberalidade e o respectivo beneficiário[19]. O ato escrito concretiza o intuito generoso, especifica em que consiste o legado, com todas as individuações necessárias, e com a possível clareza indica ainda a pessoa a quem o mesmo se destina. O silêncio guardado sobre qualquer dos três requisitos não é suprido por nenhum gênero de prova; inutiliza o testamento.

Entretanto, quer em atos unilaterais, quer nos sinalagmáticos, se a declaração não *falta,* se é apenas obscura, de dois sentidos, imprecisa, duvidosa; prevalece afinal. O intérprete esclarecerá o texto mediante os elementos vários da Hermenêutica[20].

---

[16] Schneider & Fick – *Commentaire du Code Fédéral (Suisse) des Obligations du 30 Mars 1911*, trad. Porret, 1915, vol. I, art. 18, nota 2; Clark – *Handbook of the Law of Contracts*, 3ª ed., 1914, p. 504; Endemann, vol. III, parte I, p. 254-255; Crome, vol. I, p. 407; Bierling, vol. IV, p. 235.

[17] Johannes Biermann – *Bürgerlichen Recht*, 1908, vol. I, p. 166; Parsons, vol. II, p. 650-651.

[18] Staudinger – *Kommentar zum Bürgerlichen Gesetzbuch*, vol. V. *Erbrecht, erlauter von* Felix Herzfelder, 1914, p. 380; Crome, vol. V, *Erbrecht*, p. 89, § 652 e nota 12.

[19] Baudry-Lacantinerie & Colin, vol. II, n° 1.841.
"Se o objeto do legado ou o beneficiário não estão indicados de modo suficiente, nulo é o legado por ser indeterminado" (Edouard Jenks – *Digeste de Droit Civil Anglais*, trad. de Baumann & Goulé sobre a edição de 1922, Paris, 1923, vol. II, art. 1.997).

[20] Enneccerus, vol. I, p. 530-531.

INTERPRETAÇÃO DE ATOS JURÍDICOS | **309**

Em resumo: o processo gramatical ou *filológico* tem maior valor na exegese dos atos jurídicos do que na das leis. Contudo ainda ali se não atém o aplicador à interpretação literal do texto, nem sequer naquele terreno limitado vigora a parêmia – *In claris cessat interpretatio*[21]. Se as disposições contratuais, ou de última vontade, não parecem obscuras nem ambíguas, nem equívocas, prevalece o significado natural das palavras segundo o modo comum de as entender; porém nesta hipótese ainda se admite a dúvida sobre se os vocábulos explícitos correspondem razoavelmente à intenção do estipulante. Aceita-se a exegese contrária, desde que evidencia engano, lapso, impropriedade da expressão para o efeito colimado, sentido amplo em demasia (*plus dictum quam cogitatum*: "Expresso mais do que se pensou") ou restrito em excesso (*minus dictum quam cogitatum*: "Expresso menos do que se pensou")[22].

417 – II. É sempre aplicável o processo *lógico* de Hermenêutica; busca-se através das palavras o sentido e o alcance das disposições; a letra não prevalece contra a verdadeira intenção[23]. Se o desacordo é radical, absoluto, evidente, infirma o ato, inutiliza-o. Quando apenas há defeitos de forma, ligeiros enganos, intervém a Interpretação e sana as deficiências ou desvios reparáveis[24].

Se os contratantes designam um objeto, pessoa ou data, e é evidente que pretendiam referir-se ao que se conhece por denominação diversa, ou se houve lapso ao indicar o ano, mês ou dia, o juiz corrige o engano ou descuido e faz observar a disposição defeituosa. Por exemplo: um indivíduo habituado a chamar, por gracejo, de sua *biblioteca* a adega, ao vender ou legar esta, emprega por inadvertência a sua expressão familiar; outro contempla em testamento ou contrato o seu criado *Antônio*, e escreveu *Pedro*. Também se *não presume* haver sido o contrato ou testamento redigido em linguagem técnico-jurídica; se

---

[21] Paul Koehne & Richard Feist – Die Nachlassbehandlung *dans Erbrecht, Familienrecht und Vormundschaftsrecht*, 3ª ed., 1912, vol. I, § 78, p. 150; Enneccerus, Kipp & Wolff – *Lehrbuch des Bürgerlichen Rechts*, 3ª parte, vol. II. de Theodor Kipp – *Das Erbrecht*, 4ª ed., 1921, p. 60-61, § 18; Oertmann e outros – *Komentar zum Bürgerlichen Gesetzbuche*, vol. V; *Erbrecht, von* Dr. Franz Leonhard, 2ª ed., 1912, p. 236, II, A.
Preceitua o Código Civil: "Art. 85 – Nas declarações de vontade se atenderá mais à sua intenção que ao sentido literal da linguagem. Art. 1.666 – quando a cláusula testamentária for suscetível de interpretações diferentes, prevalecerá a que melhor assegure a observância da vontade do testador".

[22] Giorgio Giorgi – *Teoria delle Obbligazioni*, 7ª ed., vol. IV, 1908, nos 179 e 187; M. I. Carvalho de Mendonça – *Contratos no Direito Civil Brasileiro*, 1911, vol. I, p. 30.

[23] Código Civil, arts. 85 e 1.666, transcritos.

[24] Virgile Rossel – *Manuel du Droit Fédéral des Obligations*, 4ª ed., Lausanne, 1920, vol. I, nº 58; Dias Ferreira – *Código Civil Português Anotado*, vol. IV, art. 1.761, nota; Clark, op. cit., 506; Herzfelder, vol. V, p. 380, 1.

o texto denomina *herdeiro* o indivíduo a quem se deixou um *legado*, ou chama *usufruto* ao *fideicomisso*, estes defeitos de forma não abalam a solidez do instrumento escrito. Concilia-se, em todas as hipóteses semelhantes às citadas como exemplos, a letra com o espírito, e o ato é executado como planejara o estipulante. *Falsa demonstratio non nocet. In testamentis plenius voluntates testantium interpretantur:* "A ninguém prejudicam declarações incorretas. Interpretam-se nos testamentos, de preferência e em toda a sua plenitude, as vontades dos testadores"[25].

Procura-se, por *todos* os meios de Direito e com o emprego dos vários recursos da Hermenêutica, a vontade real, efetiva, e não só o que as palavras parecem exprimir[26]. Também se não confunda o intuito de realizar o ato, com a simples inclinação para o concluir[27].

Por outro lado, não se admitem reservas mentais, nem a mudança de querer influir sobre a validade do testamento ou contrato, desde que se não alterou o contexto. A vontade que se perquire e tem valor é a que o estipulante ou os contraentes tiveram no momento de celebrar o ato jurídico e *efetivamente quiseram declarar*[28].

Presume-se, entretanto, que os interessados pretenderam, de fato, aquilo que os vocábulos traduzem; incumbe o ônus da prova àquele que nega a correspondência entre a intenção do estipulante e a respectiva linguagem.

Enfim, conforme já se adiantou algures, não prevalece a *vontade* sem a *declaração*, nem esta sem aquela. As duas se completam; e são indispensáveis. Na falta de uma, o ato perde a eficiência; respeitam-se, entretanto, as disposições

---

[25]   Paulo, no *Digesto*, liv. 50, tít. 17, frag. 12; Emil Strohal – *Das Deutsche Erbrecht*, 3ª ed., vol., I, p. 133, § 24 e nota 8; Leonhard, Prof. da Universidade de Marburg – *Erbrecht*, p. 237; Endemann, vol. III, parte I, p. 252; M. I. Carvalho de Mendonça, vol. I, p. 30; Dias Ferreira, vol. IV, nota ao art. 1.761.
Prescreve o Código Civil, art. 1.670: "O erro na designação da pessoa do herdeiro, do legatário, ou da cousa legada anula a disposição, salvo se, pelo contexto do testamento, por outros documentos, ou por fatos inequívocos, se puder identificar a pessoa ou cousa a que o testador queria referir-se."

[26]   Trigo de Loureiro – *Instituições de Direito Civil Brasileiro*, 3ª ed., vol. II, §§ 413 e 647; Enneccerus, vol. I, p. 520-530; Endemann, vol. III, parte I, p. 251-252; Rossel, membro do Tribunal Federal suíço, vol. I, nº 58; Schneider & Fick, vol. I, p. 25, nº 37.

[27]   Horaz Kransnopolski – *Oesterreichisches Privatrecht*, 1910-1914, vol. III, p. 91.

[28]   Max Gmür – *Die Anwendung des Rechts nach Art. I des Schweizerischen Zivilgesetzbuches*, 1908, p. 43; Bierling, vol. IV, p. 237.

escritas, se o desacordo entre elas e o intuito do estipulante não foi demonstrado por meio de prova plena, convincente até a evidência[29].

Em regra, não se tem em mente contrair determinada obrigação, realizar o fato material que é depois ajuizado; pretende-se apenas um *efeito de Direito* e, para o conseguir, celebra-se o ato bilateral. Por exemplo, nenhuma das partes pensou propriamente em hipoteca: uma desejou obter dinheiro, para um fim econômico; a outra pretendeu pôr a juros, e sem risco, o fruto da sua parcimônia; e o meio de chegar ao acordo das vontades, isto é, de conciliar os interesses opostos, foi o contrato de empréstimo garantido pelo ônus real sobre o imóvel do devedor. Aceitaram a *construção jurídica;* porém tinham em mira apenas o seu *efeito*[30].

418 – III. A declaração pode não ser explícita, e, sim, *presumida apenas.* Se um comerciante remete a um freguês mercadoria não pedida e o outro não recusa no prazo legal, fica obrigado ao pagamento. Presumem-se também estipuladas as condições usuais ou do costume no gênero de negócio ou trabalhos contratados, bem como as peculiares à natureza do ato ou transição. Entretanto, como se encontra a hipótese em desacordo com a regra geral visto que o silêncio só *excepcionalmente* supre a falta de declaração expressa, ele terá esse efeito quando conferido pelo Direito vigente, escrito ou consuetudinário[31].

419 – IV. A inteligência simples e adequada ao objeto de que se trata, bem como ao verdadeiro espírito, índole e natureza do ato, prevalece contra o sentido resultante da literal interpretação das palavras[32].

---

[29]   Puchta – *Pandekten,* § 66; Lacerda de Almeida – *Obrigações,* p. 273; Rossel, vol. I, nº 58; Crome, vol. I, p. 410-411; Dereux, cit., p. 432 e 443-444; Clarck, op. cit., p. 506-507.

[30]   Enneccerus, *apud* Dereux, op. cit., p. 363-364.

[31]   Código Comercial, art. 133; Manuel Inácio Carvalho de Mendonça – *Doutrina e Prática das Obrigações,* 2ª ed., vol. II, p. 179-182; Correia Teles – *Digesto Português,* 4ª ed., vol. I, nº 386; Lacerda de Almeida, Prof. da Faculdade de Direito do Rio de Janeiro, op. cit., p. 275; Trigo de Loureiro, vol. II, p. 242; Dereux, op. cit., p. 315-316 e 320-322.

[32]   Carlos de Carvalho – *Direito Civil Brasileiro Recopilado,* art. 284; Ribas – *Curso de Direito Civil Brasileiro,* 1880, vol. II, p. 442; Coelho da Rocha – *Instituições de Direito Civil Português,* 4ª ed., vol. I. § 110; Mackeldey – *Manuel du Droit Romain,* trad. Beving, 3ª ed., § 188; Charles Maynz – *Cours de Droit Romain,* 5ª ed., vol. I, p. 476; Espínola, vol. II, p. 675; Lacerda de Almeida, op. cit., p. 274; Carvalho de Mendonça – *Obrigações,* nº 604; Correia Telles, vol. I, nº 383; Código Comercial, art. 131, I; Giorgi, vol. IV, p. 198; Chironi – *Istituzioni di Diritto Civile Italiano,* 2ª ed., 1912, vol. I, p. 174.

420 – V. Prefere-se adotar, como base da exegese, o significado vulgar dos vocábulos ao invés do científico, a linguagem própria da localidade, de determinada época, dos profissionais de um ramo de ocupações, ou peculiar ao que ditou ou redigiu o ato; e tomam-se em consideração até os gracejos habituais dos indivíduos, Nas declarações unilaterais atende-se ao modo de falar regional, ou pessoal, do estipulante; nas bilaterais o mesmo se verifica somente quando a outra parte se exprime semelhantemente, ou conhecia o dizer original do coobrigado, Nos contratos entre ausentes prevalece o sentido atribuído aos vocábulos na zona em que reside o proponente. Os termos verdadeiramente técnicos entendem-se na acepção técnica. Se, apesar de todas estas precauções, a luz se não faz, completa, satisfatória, sobre a verdadeira inteligência do ato, ou cláusula, empregam-se outros recursos da Hermenêutica[33].

421 – VI. Toma em apreço o exegeta os costumes e usos do País, Estado ou Município; bem como os recebidos, quer na profissão dos contraentes, quer no gênero de negócios de que se trata; atende igualmente aos hábitos, afeições e preferências do estipulante; às relações dos interessados, às suas condições financeiras e classe social; ao estado, situação e natureza da coisa que é objeto do ato jurídico; às circunstâncias em que se propôs, celebrou e começou a executar o pacto, ou resolveu fazer o testamento[34].

422 – VII. Empregue-se o processo *sistemático*, experimentado já na Hermenêutica geral: considera o ato como um todo, sem incoerências nem contradições; compara com as demais a frase duvidosa, e do conjunto das disposições deduz o sentido de cada uma. As cláusulas sobre cuja significação os interessados não chegaram a acordo, interpretam-se pelas que não despertaram diver-

---

[33]   Ribas, vol. II, p. 422-423; Lacerda de Almeida, op. cit., p. 274; Coelho da Rocha, vol. I, § 110; Trigo de Loureiro, vol. II, § 413; Código Comercial, art. 130; Puchta, op. cit., § 66; Clarck, op. cit., p. 502-503; Biermann, vol. I, p. 166-167; Bierling, vol. IV, p. 247-248; Gmür, op. cit., p. 39 e nota 2; Endemann, vol. III, parte I, p. 252; Enneccerus, vol. I, p. 530 e 533; Krasnopolski, vol. V, p. 120; Heinrich Dernburg – *Das Bürgerliche Recht des Deutschen Reichs und Preussens*, 3ª ed., vol. V, § 42, VI, e nota 6; Koehne & Feist, vol. I, § 78, p. 150; Crome, vol. V, p. 90, § 652 e nota 18, Leonhard – *Erbrecht*, p. 236, II, B.

[34]   Espínola, vol. II, p. 675; Ribas, vol. II, p. 422; Coelho da Rocha, vol. I, § 110; Mackeldey, op. cit., § 188; Correia Teles, vol. I, nº 384; Código Comercial, arts. 130 e 131, IV; Miraglia, vol. I, p. 460; Dias Ferreira, vol. II, nota ao art. 684; Giorgi, vol. IV, p. 199-200; Chironi, vol. I, p. 174; Schneider & Fick, vol. I, p. 26-27; Parsons, vol. II, p. 655; Bierling, vol. IV, p. 248; Biermann, vol. I, p. 167; Rumpf – *Gezetz und Richter*, 1906, p. 177; Kipp, Prof. da Universidade de Berlim, vol. V, § 42, nota 6; Koehne & Feist, vol. I, p. 150, § 78; Alves Moreira – *Instituições do Direito Civil Português*, vol. II, *Das Obrigações*, 1911, p. 598-599.

INTERPRETAÇÃO DE ATOS JURÍDICOS | **313**

gência; com harmonizar as antecedentes com as subsequentes, explicam-se as ambíguas[35].

423 – VIII. A *Moral* deve presidir à feitura de todos os atos jurídicos, e é, por isso, um guia do hermeneuta. Interpretam-se os contratos de acordo com os ditames da lealdade e boa-fé; nem aqueles, nem os testamentos podem conter disposições contrárias à ordem pública nem aos bons costumes. Na hipótese de alguém manifestar uma vontade que efetivamente não tinha, absolvem--no se agiu com intenção honesta e sincera; condenam, pelo menos, a ressarcir perdas e danos, se procurou iludir ou causou prejuízo a terceiros. É possível e justo, porém muito difícil, verificar, por meio das circunstâncias que rodearam o caso, hábitos do estipulante e outros meios de prova, se houve engano repa-rável, bem como se foi tomado a sério um simples gracejo sem consequências prejudiciais a outrem[36].

424 – IX. Entre duas exegeses verossímeis, prefere-se a que se aproxima da regra geral fixada em norma positiva.

Na dúvida, presume-se que as partes quiseram conformar-se com a lei. As-sim, pois, em contratos antenupciais opina-se pela comunhão de bens; no caso de última vontade, pela sucessão legítima, embora não especificado o direito à evicção, o vendedor é obrigado a garanti-la ao comprador; as disposições ex-pressas implicam a aceitação de uma consequência tácita quando necessária para a validade ou eficiência das primeiras; declarado o *fim*, empregam-se os *meios* estabelecidos em lei ou *costume* para atingir àquele; se o objeto do ato é uma universalidade de coisas, compreende todas as coisas particulares que a universalidade abrange: quem quer o mais, subentende-se também querer o menos; o acessório segue o principal[37].

425 – X. Presume-se que o estipulante, ou as partes, não pretenderam um absurdo, nem convieram tampouco em um ato, ou cláusula, sem efeito prático

---

[35] Lacerda de Almeida, op. cit., p. 273; Carlos de Carvalho, op. cit., art. 285; Código Comercial, art. 131, II; Espínola, vol. II, p. 676; Correia Teles, vol. I, nº 387; Trigo de Loureiro, vol. II, § 647; Miraglia, vol. I, p. 460; Giorgi, vol. IV, p. 199; Clark, op. cit., p. 504; Parsons, vol. II, p. 657; Koehne & Feist, vol. I, p. 150, § 78.

[36] M. I. Carvalho de Mendonça, Prof. da Faculdade de Direito do Rio de Janeiro – *Obrigações*, vol. II, p. 179 e 281-282; Endemann, vol. III, parte I, p. 250; Schneider & Fick, vol. I, p. 27, nºs 51-54, e p. 55, nºs 7-8; Giorgi, vol. IV, p. 211; Dereux, op. cit., p. 304-307.

[37] Espínola, vol. II, p. 677; Ribas, vol., II, p. 424; Dias Ferreira, vol. II, nota ao art. 684; Giorgi, vol. IV, p. 210; Endemann, vol. III, parte I, p. 250; Parsons, vol. II, p. 656.

ou juridicamente nulos. Prefere-se a inteligência que torna eficazes e acordes com o bom senso as disposições duvidosas e, portanto, válido o testamento, exequível a obrigação. Em resumo: se de uma exegese resulta nulo ou praticamente inútil o ato, ao todo ou em parte, e de outra – não, adota-se a última. *Oportet ut res plus valeat quam pereat*[38].

Os juízes fazem da interpretação um meio fecundo para tornar eficiente, cumprida a vontade das partes; só em desespero de causa, anuem em reduzir uma obrigação ou determinação lícita a um simples dever de consciência[39].

A respeito de atos de última vontade ainda se verifica o que os escritores tudescos denominam *tratamento favorável dos testamentos: favorabele Behandiung der Testamente*. Prefere-se, em qualquer hipótese, a exegese de que resulte um ato válido; atende-se, com esse intuito, à parte substancial do instrumento, pouco importando que deixem de ter eficiência, por absurdas, nulas ou inexequíveis, a parte secundária, meramente acessória das disposições, ou as simples condições. Já proclamavam os romanos antigos – *Positus in conditione non, est positus in dispositione:* "O declarado acerca de simples circunstâncias não tem o vigor do preceituado nas disposições;" ou, por outras palavras – "o mencionado na parte enunciativa não se equipara ao estabelecido na parte dispositiva"[40].

Vai além o Direito moderno: ao passo que no campo das *Obrigações* a nulidade ou inexequibilidade absoluta de uma cláusula inutiliza *todo* o ato jurídico; em se tratando de matéria atinente às *Sucessões,* o mesmo só se verifica no caso de ser evidente o propósito do estipulante de não permitir as demais liberalidades sem a observância integral da disposição defeituosa. Se essa *vontade* não resulta claríssima, acima de toda dúvida, anula-se apenas a cláusula imperfeita e prevalecem as demais[41].

---

[38] H. Dernburg, vol. V, *Erbrecht*, p. 120-121, § 42, IV; Windscheid – *Lehrbuch des Pandektenrechts*, 8ª ed., vol. III, p. 228; Savigny – *Das Obligationenrecht*, vol. II, p. 190; Crome, vol. V, p. 93, § 652, 5; Krasnopolski, vol. III, p. 91 e vol. V, p. 120; Pereira Alves, vol. XIX, do *Manual do Código Civil Brasileiro*, de Paulo de Lacerda, 1917, p. 171; Coelho da Rocha, vol. I, § 110; Lacerda de Almeida, op. cit., p. 273; Maynz, vol. I, p. 476; Chironi, vol. I, p. 174.
Commodissimum est, id accipi, quo res de qua agitur, magis valeat quam pereat (Juliano, *apud Digesto*, liv. 34, tít. 5, frag. 12). Vede o capítulo – *Brocardos*, nº 304.

[39] Perreau, Prof. da Faculdade de Direito de Tolosa – *Technique de la Jurisprudence en Droit Privé*, 1923, vol. II, p. 12-16.

[40] Dernburg, vol. V, p. 120-121; Crome, vol. V, p. 93, § 652, 5, Leonhard – *Erbrecht*, p. 236; *Kipp – Erbrecht*, p. 61, II; Herzielder – *Erbrecht*, p. 55, 5.

[41] Leonhard – *Erbrecht*, p. 239; Koehne & Feist, vol. I, p. 150, § 78; Kipp – *Erbrecht*, p. 62, § 18, III.

INTERPRETAÇÃO DE ATOS JURÍDICOS | **315**

426 – XI. Somente porque se fez referência direta a um caso para mostrar que as estipulações até a ele se estenderiam, não se deve julgar ter havido o intuito de as restringir àquele caso isolado, quando elas por direito são extensivas a outros, não expressos. Inaplicável à hipótese o brocardo – *Inclusio unius exclusio alterius.*

Todavia os pactos, ou cláusulas, exorbitantes das regras do Direito comum interpretam-se estritamente[42].

427 – XII. Oriente-se o intérprete pelo *fim* econômico, prático ou afetivo que o estipulante, ou as partes, pretenderam atingir por meio do ato jurídico ou da simples cláusula; ressalve o modo particular de utilidade que determinou os interessados a convirem na obrigação; procure realizar, em conjunto e plenamente, os objetivos colimados pelo testador, ou por todos os contraentes. Não é só na Hermenêutica legal que o processo *teleológico* merece ficar no primeiro plano e se lhe não conhece superior em eficácia[43].

428 – XIII. A conduta posterior e concorde dos estipulantes, que tiver relação com o objeto principal, será ótimo elemento para explicar o intuito dos interessados ao celebrarem o ato jurídico. Todavia a explicação resultante de palavras, ações ou omissões de *uma das partes*, no contrato, não pode ser invocada contra a *outra*[44].

Alguns escritores chamam *interpretação autêntica* a esse processo[45]; outros opõem restrições a semelhante ideia, sobretudo por causa da força obrigatória, que lhes não parece existir como na exegese autêntica das leis[46].

O que é vedado relativamente aos contratos, admite-se como elemento valioso a respeito de testamentos: atos ou expansões posteriores de *uma* das partes

---

42 Trigo de Loureiro, vol. II, § 647; Correia Teles, vol. I, nos 390-391; Espínola, vol. II, p. 677; Lacerda de Almeida, op. cit., p. 274; Pacifici-Mazzoni – *Istituzioni di Diritto Civile Italiano*, 3ª ed., vol. IV, nº 64.
Vede nº 296.

43 Parsons, vol. II, p. 655; Maynz, vol. I, p. 475; Giorgi, vol. IV, p. 198; Miraglia, vol. I, p. 460; Biermann, vol. I, p. 167.

44 Carlos de Carvalho, op. cit., art. 286; Espínola, vol. II, p. 672, nota 352; Código Comercial, art. 131, II; Clark, op. cit., p. 510; Puchta, op. cit., § 66; Pacifici-Mazzoni, vol. IV, nº 64; M. I. Carvalho de Mendonça – *Contratos*, vol. I, nº 31.

45 Coelho da Rocha, vol. I, § 110; Ribas, vol. II, p. 420-421; Lacerda de Almeida, op. cit., p. 272-273; Giorgi, vol. IV, p. 196-197.

46 Espínola, vol, II, p. 672; Windscheid, vol. I, p. 381 e nota l2; Clark, op. cit., 510; M. I. C. Mendonça – *Contratos*, vol. I, p. 31.

merecem registro, para esclarecer as disposições pela mesma estabelecidas em benefício de herdeiro ou legatário seu[47].

429 – XIV. Se designaram a moeda, peso ou medida em termos imprecisos que se aplicam a quantidades ou valores diversos, prefira-se o que seja de uso em atos de natureza igual ou semelhante[48].

430 – XV. Para prevalecerem devem ser *expressas* as disposições de que resulte fiança ou garantia, renúncia, cessão, transação, e interpretam-se estritamente como os contratos benéficos[49].

431 – XVI. Pode-se recorrer a um ato estranho, sobretudo quando a ele se fez referência no contrato ou no instrumento revelador da última vontade; é também convinhável buscar esclarecimentos no esboço, rascunho ou projeto de testamento. Entretanto, serve somente este processo para explicar, jamais para suprir ou completar a declaração[50].

432 – XVII. Quando em um ato jurídico houver conflito entre a parte *impressa* e a *escrita,* prevalecerá a última, por dever traduzir melhor a vontade dos interessados, visto que foi feita adrede para exprimir a intenção do testador, ou dos contraentes[51].

433 – XVIII. A *causa* e os *motivos* merecem o apreço do intérprete somente quando influíram na vontade *declarada,* do estipulante, ou das partes[52].

434 – XIX. Aplicam-se aos testamentos as regras seguintes: *a)* tem valor o testemunho de quem redigiu ou escreveu o ato jurídico[53]; *b)* declarações feitas pelo

---

[47]   Kipp – *Erbrecht,* p. 60-61; Dernburg, vol. V, § 42, IX e nota 6; Koehne & Feist, vol. I, p. 150, § 78.

[48]   Carlos de Carvalho, op. cit., art. 289; Código Comercial, art. 132.

[49]   M. I. Carvalho de Mendonça – *Obrigações,* vol. I, p. 668, e vol. II, p. 281; Lacerda de Almeida, op. cit., p. 276; Coelho da Rocha, vol. I, § 110; Mainz, vol. I, p. 476; Código Civil, art. 1.090; Clark, op. cit., p. 509.

[50]   Chironi, vol. II, p. 468; Parsons, vol. II, p. 700 e 702.

[51]   Preston Shealey – *The Law of Government Contracts,* 1919, p. 81; Bouvier – *Law Dictionary,* 8ª ed., verbo *Interpretation;* Clark, op. cit., p. 510.

[52]   Bierling, vol. IV, p. 237-238.

[53]   Almeida e Sousa, de Lobão – *Coleção de Dissertações Jurídico-Práticas,* Suplemento e vol. IV das *Notas a Melo,* p. 535.

de cujus propositada ou ocasionalmente, não completam, mas *explicam* o instrumento[54]; *c)* entre várias disposições inconciliáveis, prevalece a última, em virtude da natureza do ato, que deve espelhar o sentir derradeiro do estipulante[55].

435 – XX. Quando as regras enunciadas não bastem para solver as dúvidas, interprete-se a cláusula obscura ou ambígua:

a) contra aquele em benefício do qual foi feita a estipulação;

b) a favor de quem a mesma obriga, e, portanto, em prol do devedor e do promitente;

c) contra o que redigiu o ato, ou cláusula, ou, melhor, contra o causador da obscuridade ou omissão.

Estas três regras comportam explanações:

a) os atos unilaterais interpretam-se a favor do respectivo autor. Não se presumem as liberalidades. Entretanto, nos testamentos, se o debate surge acerca da existência mesma de uma deixa, devem decidir a favor do beneficiado; pois o ato de última vontade é feito exatamente para substituir a sucessão legítima pela dativa[56];

b) toda obrigação restringe a liberdade; por esse motivo, só prevalece quando provada cumpridamente. *In dubio pro libertate. Libertas omnibus rebus favorabilior est* (Gaio, no *Digesto,* liv. 50, tít. 17, frag. 122). Se não estipularam com a necessária clareza o preço, opina-se pela menor quantia; nos contratos de empréstimo resolve-se contra o mutuante ou prestamista, em caso de dúvida razoável; nos de venda, em prol do comprador[57];

c) todas as presunções militam a favor do que recebeu, para assinar, um documento já feito. Às vezes pouco entende do assunto e comumente age com a máxima boa-fé: lê às pressas, desatento, confiante. É justo, portanto, que o

---

[54]   Almeida e Sousa, vol. cit., p. 353.

[55]   Endemann, vol. II, parte I, p. 251; Parsons, vol. II, p. 669-670.

[56]   Beudant, Conselheiro da Corte de Cassação de França – *Les Donations entre Vifs et les Testaments,* vol. II, 2ª ed., 1934, nº 362; Lodovico Barassi, Prof. da Universidade Católica de Milão – *La Successione Testamentaria,* 1936, p. 502; Perreau – *Technique de la Jurisprudence en Droit Privé,* vol. II, p. 16-17; Laurent, Prof. da Universidade de Gand – *Principes de Droit Civil,* 4ª ed., vol. XIV, nº 163; William Borland – *The Law of Wills,* p. 326-327, apoiado em 56 decisões judiciárias.

O enunciado afinal, acima, desfaz a contradição aparente entre a regra exposta sob a letra *a,* do nº 435, e a exarada no nº 424: na dúvida sobre se houve ou não liberalidade, é de opinar pela prevalência desta. Entretanto há disposições dúbias, como, por exemplo, a seguinte: 'Deixo aos descendentes de *B* e aos colaterais de *C*.' Observa-se em semelhante caso a gradação estabelecida para a herança legítima.

[57]   Vede nº 313-L.

318 | Hermenêutica e Aplicação do Direito · *Carlos Maximiliano*

elaborador do instrumento ou título sofra as consequências das próprias ambiguidades e imprecisões de linguagem, talvez propositadas, que levaram o outro a aceitar o pacto por o ter entendido em sentido inverso do que convinha ao coobrigado. Casos frequentes desta espécie de litígio verificam-se a propósito de apólices de seguros, e notas promissórias. Palavras de uma proposta interpretam-se contra o proponente; de uma aceitação, contra o aceitante[58].

Assim, pois, as dúvidas resultantes de obscuridade e imprecisões em apólices de seguro interpretam-se contra o segurador. Presume-se que ele conheça melhor o assunto e haja tido inúmeras oportunidades práticas de verificar o mal resultante de uma redação, talvez propositadamente feita em termos equívocos, a fim de atrair a clientela, a princípio, e diminuir, depois, as responsabilidades da empresa na ocasião de pagar o sinistro[59].

436 – XXI. Além das regras tradicionais, destinadas a esclarecer a intenção, expressa ou presumida, do estipulante, ou o sentido em que se efetuou o acordo das vontades, guiam o hermeneuta o interesse geral, a lei, os princípios fundamentais da justiça, os ditames da *equidade* não pode haver conflito entre as aspirações econômicas do cidadão e a ordem jurídica estabelecida. O egoísmo é condicionado pela finalidade humana; o bem do indivíduo prevalece em função do conquistado evolutivamente pela espécie. Respeita-se a vontade *declarada;* porém há de pairar bem alta a ideia de justiça. Assim se resolvem todas as dúvidas. Onde a intenção se não descobre, nítida, precisa, em um ato revestido dos requisitos legais, orienta-se o magistrado pela *equidade* e pelo interesse social. Embora difíceis de apreender, nem por isso valem menos os dois elementos modernos de exegese dos atos jurídicos[60].

---

[58] Lacerda de Almeida, op. cit., p. 275-276; Trigo de Loureiro, vol. II, § 647; Clóvis Beviláqua – *Direito das Obrigações*, 1896, § 76; Espínola, vol. II, p. 676; Ribas, vol. II, p. 423; M. I. Carvalho de Mendonça – *Obrigações*, vol. II, nº 604; Correia Teles, vol. I, nº 388; Carlos de Carvalho, op. cit., art. 288; Código Comercial, art. 131, V; Pacifici-Mazzoni, vol. IV, nº 64; Chironi, vol. I, p. 174; Mackeldey, Prof. da Universidade de Bonn, op. cit., § 188; Maynz, vol. I, p. 475; Savigny – *Obligationenrecht*, vol. II, p. 193; Clark, op. cit., p. 508; Parsons, vol. II, p. 662-663; Rossel, vol. I, p. 52, nº 58; Schneider & Fick, vol. I, p. 27, nº 54; Krasnopolski, vol. II, p. 82.

[59] Cesare Vivante – *Trattato di Diritto Commerciale*, 3ª ed., vol. IV, nº 1.875; Clark – *Handbook of the Law of Contracts*, 3ª ed., p. 508, nº 6; Aubry & Rau – *Cours de Droit Civil Français*, 5ª ed., vol. IV, § 347, nota 4.

[60] Dereux, op. cit., p. 23, 25, 343-349, 372-375, 460, 470-473, 486-488; Schneider & Fick, vol. I, p. 55, nº 8; Francisco Degni – *L'interpretazione della Legge*, p. 298-300.
Preceituavam os Estatutos da Universidade de Coimbra, de 1772, liv. II, tít. VI, cap. VI, § 7º: "Todas as questões de Direito se discutem e se resolvem pelos meios do exame da propriedade das palavras; da indagação da *equidade*; e da exploração das conjeturas da vontade."

INTERPRETAÇÃO DE ATOS JURÍDICOS | 319

437 – XXII. O contrato importa em uma restrição voluntária da *liberdade*; o testamento, em uma *liberalidade* espontânea; por isso não aproveitam nem obrigam além dos seus termos; na aplicação das cláusulas respectivas não há lugar para a *analogia*[61]. Esta é a simples integração de uma regra mediante disposições semelhantes[62]; logo acrescenta imprevistas estipulações, supre as deficiências *verificadas*, com aquilo de que não cogitaram os contraentes, ou o testador, o que se não coaduna com a natureza dos atos jurídicos, produtos da vontade *declarada*, insubsistentes, nulos quando a mesma não existe ou se não revela, expressa ou presumidamente.

> "Não se raciocina por analogia a respeito de uma intenção. Esta, por sua própria natureza, não se estende senão aos fatos dos quais se teve consciência; o que não foi objeto direto da previsão *consciente* do estipulante, não poderia de direito enquadrar-se no sistema intencional"[63].

Excetuados os casos não expressos que se presumem declarados em virtude de lei, uso ou costume quando não haja estipulação inconciliável com os mesmos, goza o juiz de autonomia somente para *interpretar;* nega-se-lhe a faculdade de *suprir*. Não há *lacunas* no Direito; mas pode haver nos testamentos e contratos. Admite-se a hipótese de o estipulante exprimir *mal* a vontade ou designar *imprecisamente* a pessoa, ou o objeto da liberalidade ou da obrigação; porém o que não determina de modo algum, jamais será suprido pelo intérprete[64].

Cumpre esclarecer bem, a fim de evitar equívocos deploráveis, como os que se verificaram algures: *apenas*, se não admite sem *expressa* autorização preencher as *lacunas* do texto. A pessoa e o objeto do legado, por exemplo, devem ser *declarados*; porém não é de rigor que o sejam de modo integral e absolutamente correto: a exegese esclarece as dúvidas, obscuridades e imprecisões; corrigem-se lapsos, enganos verificáveis[65].

Não se admite o recurso ao *processo analógico*, a respeito de atos jurídicos; entretanto, como se trata de restrição *voluntária* da liberdade, ou de liberalidade *espontânea*, o sentido poderá ser ampliado ou restringido de acordo com

---

[61]   Endemann, vol. III, parte I, p. 258.

[62]   Emilio Caldara – *Interpretazione delle Leggi*, 1908, p. 226.

[63]   Vander Eycken – *Méthode Possitive de l'Interprétation Juridique*, 1908, p. 317.

[64]   George Thompson – *The Law of Wills*, 1916, n⁰ˢ 165 e 200-201; Clark, op. cit., p. 505; Parsons, vol. II, p. 670; Biermann, vol. I, p. 166; Baudry-Lacantinerie & Colin, vol. II, n⁰ˢ 1.841 e 1.845 *bis*.

[65]   Strohal, Prof. da Universidade de Lípsia (*Leipzig*), vol. I, p. 133, § 24, 1; Crome, vol. V, p. 92, § 652 e notas 30-37.

320 | Hermenêutica e Aplicação do Direito · *Carlos Maximiliano*

os ensinamentos da Hermenêutica; existe margem para a interpretação *estrita*, e também para a *extensiva*, exceto, quanto à última, nos contratos *benéficos*[66].

438 – XXIII. *Os contratos benéficos interpretam-se estritamente.* Acha-se esta regra exarada no Código Civil, art. 1.090, que apenas consolidou preceito vetusto e ainda hoje corrente no campo da doutrina. Decide-se, na dúvida, a favor do que se obrigou[67].

Chama-se *benéfico* ou *a título gratuito* o contrato por meio do qual intenta alguém propiciar a outrem uma vantagem sem exigir compensação equivalente. O proveito, o interesse principal, a verdadeira utilidade redunda a favor de um só dos contraentes. Classifica-se entre os contratos *unilaterais*, posto que não abranja toda esta categoria, em que há obrigações gratuitas e outras *onerosas*.

Consideram-se puramente benéficos, em geral, o comodato, a doação e a fiança; podem ser a título gratuito, ou oneroso, o mútuo, o depósito e o mandato[68].

---

[66] Herzfelder – Erbrecht, p. 382, 11; Dernburg, vol. V, p. 120-121, § 42, nota 6; *Kipp – Erbrecht*, p. 60-61, § 18. Lede nota 1 ao número seguinte.
Vede o capítulo – *Brocardos*, no qual se encontram vários preceitos aplicáveis à interpretação de Atos Jurídicos.

[67] Clóvis Beviláqua – *Código Civil Comentado*, vol. IV, p. 254; Demolombe – *Cours de Code Napoléon*, vol. XXV, nº 25; M. I. Carvalho de Mendonça – *Obrigações*, vol. II, p. 281, nº 604. O art. 1.090 faz compreender que nos contratos onerosos se admite interpretação *extensiva*, em virtude do brocardo – *Inclusio unius alterius est exclusio*.

[68] Alves Moreira – *Instituições do Direito Civil Português*, vol. II, *Das Obrigações*, 1911, p. 612-614, nº 196; Lacerda de Almeida, op. cit., p. 262; Espínola, vol. II, *Obrigações*, p. 574; Carvalho de Mendonça – *Obrigações*, vol. II, nº 609; Pacifici-Mazzoni, vol. IV, nº 43; Demolombe, vol. XXIV, nº 24; F. Laurent – *Principes de Droit Civil*, 4ª ed., vol. XV, nᵒˢ 440-442.
O dote conferido por terceiro a um dos cônjuges pode ser classificado como oneroso; o mesmo se não verifica a respeito de doações *entre esposos*, feitas mediante convenção antenupcial, as quais se consideram contratos *a título gratuito* (Aubry & Rau, vol. IV, § 13, 2 *a*).

REVOGAÇÃO DO DIREITO

439 – O presente capítulo é complemento natural daquele em que se tratou do Processo Sistemático de interpretação: ambos estudam as antinomias, reais ou aparentes, nas expressões do Direito[1].

Contradições absolutas *não se presumem*. É dever do aplicador comparar e procurar conciliar as disposições várias sobre o mesmo objeto, e do conjunto, assim harmonizado, deduzir o sentido e alcance de cada uma. Só em caso de resistirem as incompatibilidades, vitoriosamente, a todo esforço de aproximação, é que se opina em sentido eliminatório da regra mais antiga, ou de *parte da mesma*, pois que ainda será possível concluir pela existência de antinomia irredutível, porém *parcial*, de modo que afete apenas a perpetuidade de uma fração do dispositivo anterior, contrariada, de frente, pelo posterior.

Em resumo: sempre se começará pelo Processo Sistemático; e só depois de verificar a inaplicabilidade ocasional deste, se proclamará ab-rogada, ou derrogada, a norma, o ato, ou a cláusula.

440 – Quando cessa *em parte* a autoridade da lei, ou do *costume*, dá-se a *derrogação*; quando se extingue *totalmente*, é o caso de *ab-rogação*. Um termo genérico – *revogação* abrange uma e outra hipótese[2]. *Derogatur legi, aut abrogatur. Derogatur legi, cum pars detrahitur; abrogatur legi, cum prorsus tollitur:*

---

[1] Sobre o assunto ainda existe outro capítulo, com a epígrafe – *Disposições contraditórias*.

[2] Eduardo Espínola – *Breves Anotações ao Código Civil Brasileiro*, vol. I, 1918, p. 19; Borges Carneiro – *Direito Civil de Portugal*, 1826, vol. I, p. 51; Carlos de Carvalho – *Direito Civil Brasileiro Recopilado*, art. 22; Clóvis Beviláqua – *Teoria Geral do Direito Civil*, 1908, p. 59; Teixeira de Freitas – *Vocabulário Jurídico*, verbo *Ab-rogação e Derrogação*; Ferreira Borges – *Dicionário Jurídico-Comercial*, 2ª ed., verbo *Ab-rogação e Derrogação*; James Ballentine, Prof. da San Francisco Law School – *A Law Dictionary*, 1916, verbo *Abrogate e Derogatur*,

322 | Hermenêutica e Aplicação do Direito • Carlos Maximiliano

"Derroga-se ou ab-roga-se a lei: derroga-se quando uma parte da mesma deixa de subsistir; ab-roga-se quando a norma inteira perde o vigor"[3].

O Código Civil Brasileiro, em um mesmo artigo (4º da antiga Introdução), de começo emprega impropriamente o verbo *revogar* como oposto a *derrogar*; do primeiro se utiliza depois com acerto, a fim de indicar, tanto os casos em que *parte* do disposto em lei cessa de obrigar em geral, como aqueles em que a regra jurídica *em sua totalidade* perde a eficácia[4].

441 – A revogação é *expressa,* quando declarada na lei nova; *tácita,* quando resulta, implicitamente, da incompatibilidade entre o texto anterior e o posterior. O primeiro caso é raro e de pouca importância[5]; dele se encontra exemplo no Código Civil, cujo artigo último, 1.807, reza: "Ficam revogadas as Ordenações, Alvarás, Leis, Decretos, Resoluções, Usos e Costumes concernentes às matérias de Direito Civil reguladas neste Código."

Dá-se revogação *expressa* em declarando a norma especificadamente quais as prescrições que inutiliza; e não pelo simples fato de se achar no último artigo a frase tradicional – *revogam-se as disposições em contrário*: uso inútil; superfetação, desperdício de palavras, desnecessário acréscimo! Do simples fato de se promulgar lei nova *em contrário,* resulta ficar a antiga revogada[6]. Para que perderem tempo as Câmaras em votar mais um artigo, se o objetivo do mesmo se acha assegurado pelos anteriores? Nos textos oficiais se não inserem palavras supérfluas.

442 – Pode ser promulgada nova lei, sobre o mesmo assunto, sem ficar tacitamente ab-rogada a anterior: ou a última restringe apenas o campo de aplicação da antiga; ou, ao contrário, dilata-o, estende-o a casos novos; é possível até transformar a determinação especial em regra geral[7]. Em suma: a incompati-

---

etc.; Bouvier – *Law Dictionary,* 8ª ed., verbo *Abrogation* e *Derogation*; Alves Moreira, vol. I, p. 20-21, nº 15.

[3] Modestino, em o *Digesto,* liv. 50, tít. 16, frag. 102.

[4] Espínola, vol. I, p. 20.
Eis o texto do art. 4º: "A lei só se *revoga,* ou derroga, por outra lei; mas a disposição especial não revoga a geral, nem a geral revoga a especial, senão quando a ela, ou ao seu assunto, se referir alterando-a explícita ou implicitamente."
Seria desejável que assim começasse: "A lei só se *ab-roga,* ou derroga..."; ou, simplesmente: "A lei só se *revoga* por outra lei, etc."

[5] Coviello – *Manuale di Diritto Civile Italiano,* 2ª ed., vol. I, p. 94.

[6] Alves Moreira, vol. I, p. 21: Espínola, vol. I, p. 22; Planiol – *Traité Elémentaire de Droit Civil,* 7ª ed., vol. I, nº 228; Saredo – *Trattato delle Leggi,* nº 810; Dalloz – *Répertoire,* verbo *Lois* nº 555; Raymundo Salvat – *Tratado de Derecho Civil Argentino, Parte general,* nº 89.

[7] Puchta – *Pandekten,* 12ª ed., § 18.

bilidade implícita entre duas expressões de direito *não se presume;* na dúvida, se considerará uma norma conciliável com a outra. O jurisconsulto Paulo ensinara que – as leis posteriores se ligam às anteriores, se lhes não são contrárias; e esta última circunstância precisa ser provada com argumentos sólidos: *Sed et posteriores leges ad priores pertinent, nisi contrarioe sint idque multis argumentis probatur*[8].

Para a ab-rogação a incompatibilidade deve ser absoluta e formal, de modo que seja impossível executar a norma recente sem postergar, destruir praticamente a antiga[9]; para a derrogação basta a inconciliabilidade parcial, embora também absoluta quanto ao ponto em contraste. Portanto a abolição das disposições anteriores se dará nos limites da incompatibilidade; o prolóquio a lei posterior derroga a anterior *(lex posterior derogat priori)* deve ser aplicado em concordância com o outro, já transcrito *leges posteriores ad priores pertinent*. Se em um mesmo trecho existe uma parte conciliável e outra não, continua em vigor a primeira[10].

443 – I. Se a lei nova cria, sobre o mesmo assunto da anterior, um sistema inteiro, completo, diferente, é claro que todo o outro sistema foi eliminado. Por outras palavras: dá-se ab-rogação, quando a norma posterior se cobre com o conteúdo todo da antiga[11]. Fez parte do projeto revisto pela Comissão do Governo a seguinte alínea: "Também se considerará revogada a lei anterior quando a posterior regular por completo a matéria." Tal dispositivo foi eliminado, como *redundante;* logo se acha implicitamente incluído no antigo art. 4º, e vigora, para destruir tanto a regra geral precedente, como a especial[12].

444 – II. Quando o princípio fundamental da velha e o da nova regra legal se contradizem absolutamente, considera-se ab-rogada a primeira[13].

445 – III. Extinta uma disposição, ou um instituto jurídico, cessam todas as determinações que aparecem como simples consequências, explicações, limitações, ou se destinam a lhe facilitar a execução ou funcionamento, a fortalecer

---

[8]   *Digesto*, liv. I, tít. 3, frag. 28.

[9]   Espínola vol. I, p. 22; Saredo, op. cit., nos 815-816. Vede o capítulo – *Disposições contraditórias*, nos 140-141.

[10]   Demolombe, vol. I, nº 126; Coviello, vol. I, p. 94; Planiol, vol. I, nº 228; Black – *Handbook on the Construction and Interpretation of the Laws*, 2ª ed., p. 355.

[11]   Chironi & Abello – *Trattato di Diritto Civile Italiano*, 1904, vol. I, p. 32; Demolombe, vol. I, nº 128; Enneccerus, vol I, § 41, nota 5.

[12]   Paulo Lacerda – *Manual do Código Civil Brasileiro*, vol. I, p. 320-321 e 285, nº 188, nota 1. Vede a nova *Lei de Introdução*, art. 2º, § 1º.

[13]   Enneccerus, vol. I, § 41, nota 5.

324 | Hermenêutica e Aplicação do Direito · *Carlos Maximiliano*

ou abrandar os seus efeitos. O preceito principal arrasta em sua queda o seu dependente ou acessório[14].

Entretanto, do simples fato de serem abolidos o princípio diretor da norma antiga e todos os seus corolários, não se infere que ficam extintas também as *exceções;* porque se baseiam em razões diversas daquelas sobre que se fundava o princípio referido[15]. É indispensável que a disposição especial seja explícita ou implicitamente abrangida pela lei posterior; porque a regra divergente já existia, isto é, já havia a incompatibilidade com a disposição geral; por esse motivo é necessário ficar bem claro que se haja pretendido eliminar também o preceito particular, com o contrariar de frente ou regular o assunto inteiro abrangido por ele[16].

Parece delicado o caso: exige critério jurídico o exame atento das menores circunstâncias. Quando a lei geral estabelece novos princípios absolutamente incompatíveis com aqueles *sobre que se baseava a especial anterior,* fica a última extinta[17]; do objeto, espírito e fim da norma geral é bem possível inferir que se teve em mira eliminar até as exceções antes admitidas[18].

446– IV. Do exposto já se deduz que, embora verdadeiro, precisa ser inteligentemente compreendido e aplicado com alguma cautela o preceito clássico: "A disposição geral não revoga a especial." Pode a regra geral ser concebida de modo que exclua qualquer exceção; ou enumerar taxativamente as únicas exceções que admite; ou, finalmente, criar um sistema completo e diferente do que decorre das normas positivas anteriores: nesses casos o poder eliminatório do preceito geral recente abrange também as disposições especiais antigas[19]. Mais ainda: quando as duas leis regulam o mesmo assunto e a nova não reproduz um dispositivo particular da anterior, considera-se este como ab-rogado

---

14   Planiol, vol. I, nº 228; Enneccerus, vol. I, § 41, nº 2.
        Prescrevia o Projeto de Código Civil, de Felício dos Santos, no *Título Preliminar*: "Art. 6º – Quando uma lei é revogada em suas principais disposições, abrange essa revogação as disposições secundárias que emanam daquelas."

15   Gianturco – *Sistema di Diritto Civile Italiano*, 3ª ed., vol. I, p. 125.

16   Clóvis Beviláqua – *Código Civil Comentado*, vol. I, 1916, p. 100.
        Estabelecia o projeto de Código de Coelho Rodrigues, em sua *Lei Preliminar*, art. 10, alínea: "Todavia a disposição excepcional posterior não revoga a geral anterior; nem a geral posterior revoga a excepcional anterior, se não se refere a esta explícita ou implicitamente, para alterá-la, ou regular de novo toda a respectiva matéria."

17   Alves Moreira, vol. I, p. 21.

18   Pasquale Fiore – *Delle Disposizioni Generali sulla Pubblicazione, Applicazione ed Interpretazione delle Leggi*, 1890, vol. II, nº 1.013.

19   Coviello, vol. I, p. 95; Demolombe, vol. I, nº 128, citado.

REVOGAÇÃO DO DIREITO | **325**

tacitamente[20]. *Lex posterior generalis non derogat legi priori speciali* ("a lei geral posterior não derroga a especial anterior") é máxima que prevalece apenas no sentido de não poder o aparecimento da norma ampla causar, só por si, sem mais nada, a queda da autoridade da prescrição especial vigente[21]. Na verdade, em princípio se não presume que a lei geral revogue a especial; é mister que esse intuito decorra claramente do contexto[22]. Incumbe, entretanto, ao intérprete verificar se a norma recente eliminou só a antiga regra geral, ou também as exceções respectivas[23].

447 – V. A disposição especial afeta a geral, apenas com restringir o campo da sua aplicabilidade; porque introduz uma exceção ao alcance do preceito amplo, exclui da ingerência deste algumas hipóteses. Portanto o derroga só nos pontos em que lhe é contrária[24]. Na verdade, a regra especial posterior só inutiliza *em parte a geral anterior*, e isto mesmo quando se refere ao seu assunto, implícita ou explicitamente, para alterá-la. Derroga a outra naquele caso particular e naquela matéria especial a que provê ela própria[25].

448 – VI. As expressões de Direito podem ser ab-rogadas ou derrogadas somente por outras da mesma natureza, ou de autoridade superior. Um dispositivo constitucional é eliminado por outro, estabelecido de acordo com o art. 217 do Código supremo de 1946 (arts. 46-59 da Constituição de 1969). A lei revoga à lei, o aviso ao aviso, o regulamento ao regulamento, o *costume* ao *costume*. A nova regra constitucional extingue a lei, esta o decreto do Executivo, regulamento, aviso, *costume*. Um tratado, ou ajuste, internacional ou interestadual, aprovado pelo Poder Legislativo, revoga tacitamente as disposições legais contrárias[26].

---

20   Demolombe, vol. I, nº 128.

21   Enneccerus, vol. I, p. 95, § 31, nº 3.

22   Demolombe, vol. I, nº 127.

23   Enneccerus, vol. I, § 41, nº 3.

24   Black, op. cit., p. 355; Planiol, vol. I, nº 228.

25   Pacifici-Mazzoni, vol. I, p. 285.

26   Planiol, vol. I, nº 229; Coviello, vol. I, p. 95.
      O tratado internacional revoga todas as leis federais, estaduais e municipais; o ajuste interestadual elimina disposições contrárias das leis do Estado e do Município. Entretanto o Regulamento autorizado pelo Congresso não pode ser alterado pelo Executivo, sem nova autorização.

449 – Não é absoluto o preceito: as expressões de Direito só se revogam por *outras*, da mesma natureza ou de autoridade superior. Admite exceções.

VII. Às vezes a norma traz em si o germe da própria morte: ou declara o tempo da sua duração, como os decretos de estado de sítio, e as autorizações e concessões, de efeito transitório; ou por sua natureza dura certo número de meses, como a lei de orçamento e a de fixação de forças de terra e mar. Entretanto, algumas disposições da lei temporária sobrevivem a esta: assim acontece quando alteram normas ordinárias em vigor[27].

Cessam a regra geral e as exceções respectivas quando desaparece o instituto jurídico a que se referem, ou se torna impossível um fato que era pressuposto necessário da lei[28].

Incumbe ao intérprete verificar se a norma foi promulgada somente para atender a uma circunstância ocasional, como acontece em relação às leis de emergência; ou se apenas o fato transitório deu impulso à atividade do Congresso e fez criar providências para hipóteses que podem reproduzir-se. No primeiro caso, os dispositivos extinguem-se com as circunstâncias que lhes deram vida[29]; no segundo, perduram, a fim de serem aproveitados quando se renovem as ocorrências que os puseram em foco.

Em geral, o Congresso trabalha depressa unicamente quando premido pela necessidade, por acontecimentos graves e inesperados; mas as providências, que então decreta, entram para o corpo da legislação permanente. Assim surgiram, e ficaram, as leis sobre *indesejáveis*; repressão do banditismo, da vadiagem, do fabrico de moeda falsa; redescontos bancários; crédito agrícola, e outras. Constituem *exceções*, portanto, as normas de efeito e duração efêmeros; *em regra* as expressões de Direito Positivo não desaparecem com as circunstâncias que lhes deram vida e foram a sua razão de ser[30].

450 – VIII. Respeita-se a hierarquia dos poderes estabelecidos. Por isso não se verifica o inverso do que acima ficou exposto: lei, ordinária ou anua, jamais derrogará a suprema. Alvarás, Decretos do Executivo, Provisões, Avisos, Regula-

---

[27] C. Maximiliano – *Comentários à Constituição Brasileira*, 5ª ed., nº 338; Espínola, vol. I, p. 23; O. Kelly – *Manual de Jurisprudência Federal*, nº 1.347, 1º suplemento, nº 1.000.

[28] Karl Gareis – *Rechtsenzykiopaedie und Methodologie*, 5ª ed., 1920, p. 63; Coviello, vol. I, p. 95.

[29] Enneccerus, vol. I, p. 95.

[30] De Filippis – *Corso Completo di Diritto Civile Italiano Comparato*, 1908-1912, vol. I, p. 90; Pacifici-Mazzoni, vol. I, nº 128; Cattaneo & Borda – *Il Codice Civile Italiano Annotato*, 1ª ed., vol. I, p. 32.

REVOGAÇÃO DO DIREITO | **327**

mentos ou Portarias não extinguem leis[31]; a estas falece autoridade para tornar sem efeito, implicitamente, as convenções internacionais. Lei federal não pode ser ab-rogada por estadual, nem esta por municipal; embora só a Constituição do país inutilize estatutos, ordinários ou básicos, regionais, e estes os locais.

451 – IX. *Costumes*, por mais antigos e generalizados que sejam, não revogam o Direito escrito[32]. O mesmo se deve dizer dos usos, e também do *desuso*: não substituem as leis; não as tornam inexequíveis[33]. É o que decorre do texto explícito do art. 4º da antiga Introdução do Código Civil: "A lei só se revoga, ou derroga, por outra lei."

Existe o poder dos fatos, a influência dos costumes públicos; bastante sensíveis para se não executarem certas disposições, como, p. ex., a que autoriza a punir a mulher adúltera, ou o marido que tiver concubina teúda e manteúda[34];

---

[31] Borges Carneiro, vol. I, p. 51.
A Constituição de 1946, no art. 87, nº 1, autoriza o Presidente a expedir decretos e regulamentos – para a *fiel execução* (jamais para – revogação) das leis.

[32] Clóvis Beviláqua, vol. I, p. 99; Enneceerus, vol. I, p. 95; Des. A. Ferreira Coelho – *Código Civil Comparado, Comentado e Analisado*, vol. II, p. 103, nº 844.
A lei da Boa Razão, de 18 de agosto de 1769, § 14, deu autoridade só ao costume revestido de três requisitos: *a*) ser conforme à boa razão; *b*) não ser contrário às leis em coisa alguma; *c*) ser antigo a ponto de exceder o tempo de cem anos.

[33] Carlos de Carvalho, op. cit., art. 23; Ferreira Coelho, vol. II, p. 103, nº 844; Demolombe, vol. I, nºs 35 e 130; Cattaneo & Borda – *Il Codice Civile Italiano Annotato*, 1ª ed., vol. I, p. 32.
Alfredo Barros Errazuriz, Prof. de Direito Civil na Universidade Católica de Santiago do Chile – *Curso de Derecho Civil*, 4ª ed., 130, vol. I, nº 58, p. 78; Ferrara, vol. I, p. 255; Geny, vol. I, nº 129.
Lê-se no *Título Preliminar* do Projeto de Código Civil de Nabuco de Araújo:
"Art. 5º A Lei só pode ser derrogada por outra lei, não sendo, por consequência, admissível, contra ela:
§ 1º Nem a alegação de desuso;
§ 2º Nem a suposição de ter cessado a sua razão."
Determinava o Projeto Felício dos Santos, no *Título Preliminar*:
"Art. 5º Não se considera revogada a lei com o seu desuso, com o uso em contrário, ou por ter cessado a sua razão."
Preceituam três Códigos Civis estrangeiros, no respectivo *Título Preliminar*:
Da Espanha – "*Art. 5º – Las leyes sólo se derogan por otras leyes posteriores, y no prevalecerá contra su observancia el desuso, ni la costumbre o la práctica en contrário.*"
Do Peru – "*Art. VI – Las leyes no se derogan por la costumbre ni por el desuso.*"
Do Uruguai – "*Art. 9º – Las leyes no puedem ser derogadas, sino por otras leyes; y no valdrá alegar contra su observancia el desuso ni la costumbre o práctica en contrario.*"

[34] Theodor Rittler, Prof. da Universidade de Innsbruck – *Lehrbuch des Oesterreichischen Strafrechts*, vol. I, 1933, p. 20-21.
Vede nº 392, nota de rodapé 20.

328 | Hermenêutica e Aplicação do Direito · *Carlos Maximiliano*

porém, nem por isso é lícito considerar revogado o artigo de código, regulamento ou norma especial[35].

452 – X. Considera-se expressa ou tacitamente ab-rogada a regra anterior, não em data da publicação da lei nova, e sim no dia em que esta se torna obrigatória (Código Civil, art. 2º, da antiga Introdução)[36].

453 – XI. Quando o fim da lei é único e foi atingido, ela desaparece[37]; assim acontece em se autorizando despesas ou diversas providências excepcionais, por ocasião de guerra, peste, revolta, ou qualquer outra calamidade pública. *Em regra*, entretanto, não se extinguem as normas por haverem cessado os *motivos* das mesmas ou a ordem de coisas para a qual se legislou[38]. Muitas vezes se torna difícil, senão impossível, descobrir a causa a razão da lei, e até o fim colimado pelos seus prolatores; raramente figuram explicitamente no título, no preâmbulo, ou em qualquer outro lugar. Demais, pode a expressão de Direito sobreviver ao seu motivo principal, por perdurarem os secundários; talvez, ainda, novos motivos supervenientes deem margem à aplicação justa do texto e não incompatível com a letra respectiva[39].

As regras jurídicas, uma vez promulgadas, adquirem existência autônoma; independente do fim respectivo e da sua inicial razão de ser. As leis de guerra, p. ex., sobrevivem ao flagelo, desde que sejam expressas em termos gerais; podem regular fatos semelhantes, no futuro. É do contexto, sobretudo, que o hermeneuta infere se as normas positivas têm caráter transitório ou permanente.

Laboram em erro os que julgam sem efeito uma disposição escrita, pelo fato de desaparecerem as causas da mesma, apoiados no prolóquio – *Cessante ratione legis cessat lex ipsa* ("com o desaparecer a razão da lei, perde a eficácia a lei mesma"). Refere-se a máxima aos preceitos derrogatórios do Direito comum, os quais se não baseiam nos mesmos princípios que a regra geral; por esse motivo se entendem de modo estrito; não admitem extensões, nem analogias; vigoram nos limites rigorosos e visíveis que o seu espírito, ou razão, claramente atinge. O aforismo romano pertence à Hermenêutica, e não à Aplicação do Direito; não recorda um meio indireto para ab-rogar os textos, e sim uma base para os *interpretar estrita-*

---

35   Demolombe, vol. I, nº 130.

36   Pacifici-Mazzoni, vol. I, nº 126; Coviello, vol. I, p. 93.

37   Coviello, vol. I, p. 95.

38   Enneccerus, vol. I, § 41 e nota 8; Coviello, vol. I, p. 95; Alves Moreira, vol. I, p. 22; Espínola, vol. I, p. 22-23; e o art. 59 do *Título Preliminar* dos Projetos de Código Civil de Nabuco e Felício dos Santos.

39   Saredo, op. cit., nº 803; Demolombe, vol. I, nº 129.

mente quando envolvem disposições excepcionais[40]. Enfim: aplica-se ao art. 6º da antiga Introdução do Código Civil; jamais será possível estendê-lo ao art. 4º[41].

454 – XII. O Poder Judiciário, com declarar inconstitucional uma lei, não a revoga nem sequer implicitamente: apenas provoca a sua revogação expressa; descobre e revela a *antinomia entre* aquele estatuto e o fundamental; indica, entre leis existentes e incompatíveis, a qual das duas se deve obediência em *virtude da Constituição*. Não expunge, anula ou suprime uma regra: declara-a inaplicável à *espécie,* por existir, sobre o assunto, preceito diferente e superior em autoridade.

A norma atingida pelo aresto já estava revogada pela Constituição, o regulamento, por uma lei, e assim por diante; e é isto que a sentença reconhece e proclama[42].

455 – Se é revogada, pura e simplesmente, uma lei revogatória de outra, volta esta, *ipso facto,* ao seu antigo vigor?

O caso de ab-rogação expressa é raro[43]; mais ainda o tem sido o de uma norma exclusivamente revocatória de outra por sua vez eliminadora de uma terceira.

Na Itália Gianturco parece ter ficado isolado no apoio a antigos arestos da Corte de Cassação de França, que respondera afirmativamente à pergunta acima repetida; aliás ele ainda opôs uma condição: não haver cessado a razão histórica e política da lei revogada pela que é por sua vez tornada sem efeito, agora[44].

Em geral as Câmaras, ao mesmo tempo em que extinguem a autoridade de uma norma, proveem sobre o assunto que a mesma regulava. Beudant insiste para que se indiquem formalmente as disposições ab-rogadas e se insiram entre as regras novas a antiga que se quer conservar. Conclui assim: "A precaução é sobretudo necessária na hipótese de ab-rogação de uma lei que encerra por sua vez outra ab-rogação, porquanto as complicações resultantes têm nesse caso maior gravidade"[45].

Eminentes jurisconsultos acham que a doutrina dos arestos franceses anteriores a 1851 produziria o caos legislativo, com fazer ressurgirem, de plano, ora

---

40   De Filippis, vol. I, p. 91; Pacifici-Mazzoni, vol. I, nº 128; Enneccerus, vol. I, § 41, nota 8.

41   Vede o capítulo – *Direito excepcional*, nºs 271-272, 288 e 290.

42   C. Maximiliano – *Comentários à Constituição*, 5ª ed., capítulo *Inconstitucionalidade* e nºs 90, 426-428, 441-444; Ferreira Coelho, vol. II, nº 105, nº 847.

43   Alves Moreira, vol. I, p. 22; Pacifici-Mazzoni, vol. I, nº 124.

44   Gianturco, vol. I. p. 126.

45   Ch. Beudant – *Cours de Droit Civil Français, Introduction*, 1896, nº 109 e nota 2.

no todo, ora em parte, inúmeras regras positivas extintas. Do contexto da última norma deve o intérprete inferir se houve o intuito de restaurar as disposições abolidas pela lei agora revogada. Se a nova regra silencia a esse respeito, presume-se haverem preferido os poderes públicos deixar as coisas no estado em que a derradeira norma as encontrou. Na dúvida, não se admite a ressurreição da lei abolida pela ultimamente revogada. Exige-se a prova do propósito restaurador, a declaração expressa, a *legge repristinatoria*, dos italianos[46].

Parece que esta é a melhor doutrina, aplicável, todavia, com uma ressalva: se a lei eliminada de modo expresso, ou tácito, não *ab-rogava*, apenas *derrogava*, outra, com introduzir uma exceção ao seu preceito amplo; há de ser consequência da última norma revocatória fazer prevalecer, na íntegra, a primitivamente abolida em parte[47]. Assim acontece, por se dever sempre, na dúvida, optar pela regra geral. Ressurge esta logo que se extingue a exceção.

456 – O último artigo do Código Civil determina: "Ficam revogadas as Ordenações, Alvarás, Leis, Decretos, Resoluções, Usos e Costumes concernentes às matérias de Direito Civil reguladas neste Código."

Do texto peremptório se não infere a proibição genérica de invocar, em digressões esclarecedoras, o Direito anterior brasileiro, bem como o romano, o canônico e o de Portugal. Cumpre distinguir entre *leges* e *jura,* isto é, entre as disposições positivas e o complexo de elementos e fatores constitutivos da ciência jurídica nacional. Revogaram-se as *leis* anteriores; continuou de pé o sistema de princípios e regras formados em torno das mesmas. O Direito evolveu apenas; tem o presente as suas raízes no passado; estuda-se este, para compre-

---

[46] Saredo, op. cit., nº 806; Coviello, vol. I, p. 96; Francesco Ferrara – *Trattato di Diritto Civile Italiano*, vol. 1, 1921, p. 254; Di Ruggiero – *Istituzioni di Diritto Civile*, 2ª ed., vol. I, p. 201. Dalloz espanta-se de haver a jurisprudência admitido até o restabelecimento de dispositivo *penal* pelo simples fato de ser ab-rogada a lei que o aboliu. Exclama: "Não se pode deixar de gemer sobre semelhante *esquecimento dos princípios.*" Anteriormente, um aresto que a tanto se aventurara, fora cassado, graças ao requisitório de Merlin; entendera a Corte Suprema de França não ser admissível o restabelecimento *tácito* de uma pena; dever a restauração de cominações de tal espécie constar dos termos explícitos da norma posterior revogatória de outra (Dalloz – *Répertoire de Législation, de Doctrine et de Jurisprudence*, verbo *Lois*, nº 561-562).

[47] Se o Parlamento suprimiu a exceção apenas, é claro que teve em mira deixar em vigor, *sem restrições*, a regra geral.
O conceito acima decorre do que; entre outros, expõem: Carlos de Carvalho, op. cit., art. 22, parágrafo único; Coviello, vol. I, p. 96; Dalloz, op. cit., verbo *Lois*, nº 561).

ender aquele. Promulgaram nova *lex;* mas o *jus* ficou firme, ininterrupto, embora rejuvenescido, arejado, loução[48].

457 – A revogação distingue-se da *anulação,* nos seus efeitos: esta age sobre o passado; aquela, sobre o futuro, obediente ao princípio da *irretroatividade.* Os fatos novos não são regidos pela norma revogada; mas os anteriores continuam a sê-lo. Os efeitos da ab-rogação são *instantâneos,* isto é, a lei fica eliminada *para o futuro*[49]. Isto prevalece quer a propósito de simples regra revocatória de outra, quer no tocante à hipótese de preceito que ab-rogue outro por sua vez ab-rogador de um anterior: os fatos ocorridos no intervalo entre os dois últimos atos, legislativos ou executivos, ficam de pé e regidos pela lei ou regulamento em vigor na época respectiva[50]. Por exemplo: elimina-se imposto ou taxa; a cobrança cessa em relação ao exercício financeiro atual; porém é exigível o tributo referente ao exercício anterior. Ao contrário: se o ônus é declarado inconstitucional, expungem-se todos os lançamentos que ao mesmo se reportem.

---

[48] Giovanni Pacchioni, Prof. de Direito Civil na Real Universidade de Milão – *Delle Leggi in Generale*, 1933, p. 150-152; Giuseppe Saredo, Conselheiro de Estado – *Trattato delle Leggi*, n°s 829-834 – (indiretamente).

[49] Henri de Page – *Traité Élémentaire de Droit Civil.*
O conceito emitido pelo escritor belga foi, por vezes, reproduzido acima, quase literalmente.

[50] Gabba, Prof. da Universidade de Pisa – *Teoria della Retroattività delle Leggi*, 3ª ed., vol. I, parte I, cap. III, p. 33.

APÊNDICE

SUPREMO TRIBUNAL FEDERAL
17ª SESSÃO – TRIBUNAL PLENO

LEIS DE INTRODUÇÃO AO
CÓDIGO CIVIL BRASILEIRO

SUPREMO TRIBUNAL FEDERAL

Tribunal Pleno

17ª SESSÃO, EM 18 DE JUNHO DE 1941

O Sr. Presidente, Ministro Eduardo Espínola – Informado de que se acha presente o nosso eminente colega Exm.º Sr. Ministro Carlos Maximiliano, que nos vem trazer as suas despedidas, nomeio, para receber S. Ex.ª, uma comissão composta dos seus colegas da Turma, os Exm.ᵒˢ Srs. Ministros Bento de Faria, Cunha Melo, José Linhares e Orosimbo Nonato.

O Sr. Presidente, Ministro Eduardo Espínola – Queira V. Ex.ª, Sr. Ministro Carlos Maximiliano, ocupar a cadeira que tanto honrou.

Tem a palavra o Exmo. Sr. Ministro Carlos Maximiliano.

ORAÇÃO DE DESPEDIDA DO MINISTRO CARLOS MAXIMILIANO

No carrilhão inexorável do tempo soou a hora costumeiramente merencória da despedida.

Parto, levando deste santuário do Direito a mais grata lembrança. Os juízes, íntegros e cultos, evitaram as consequências dos meus erros e exaltaram a lucidez dos meus acertos. Com eles convivi sete anos, sem nunca se me deparar toldado o ambiente pela sombra de um atrito, na mais jucunda e ampla camaradagem, em fraternal solidariedade e mútua compreensão, nas horas de alegria e nos momentos graves, de lancinantes apreensões.

Timbro em mostrar-me em público em extremo grato a S. Ex.ª, o Sr. Presidente da República, o qual me nomeou espontaneamente para quatro cargos de relevo e agora, no momento de me afastar da atividade judicante, enviou o seguinte honrosíssimo telegrama:

"Ao assinar decreto da sua aposentadoria, em virtude dos dispositivos constitucionais, quero testemunhar-lhe o meu particular apreço pela forma elevada e digna com que exerceu, no meu Governo esse e outros altos cargos, demonstrando sempre perfeita compreensão patriótica, sereno e íntegro espírito de julgador e a competência reconhecida de mestre nas letras jurídicas brasileiras. Reitero-lhe a segurança da minha amizade e consideração pessoal."

Muito sensibilizado também me deixara o esclarecido Governo de minha terra natal, que, ao ler a nova de estar eu forçado pela Constituição a arredar-me do pretório supremo enviou este documento eloquente e solene de apreço pela minha atuação em altas funções da vida pública:

"Ao se retirar eminente brasileiro exercício função pública, Governo Estado tem honra congratular-se ilustre filho Rio Grande sua valiosa colaboração nossas letras jurídicas e relevantes serviços prestados Nação."

Com evidente propriedade, ao Ministério Público se chamou *Magistratura* de pé: os seus membros, como os juízes, colocam o interesse coletivo acima do individual; completam e integram a obra construtora realizada pelos julgadores; de pé, entretanto, atuam também, isto é, como advogados da Fazenda Nacional e defensores dos sagrados interesses dos incapazes. Folgo em consignar que a investidura de tais cargos, no Distrito Federal, não se norteou pelo critério falso da cabala e do filhotismo; os Governos revelaram escrúpulo nas nomeações; de sorte que para jovens de valor moral e excelente cultura em todos os tempos se inclinou a preferência do Executivo. Tanto ao nobre chefe, o preclaro Procurador--Geral, como aos seus auxiliares, devemos nós, Ministros, cooperação eficiente, oportuna, inapreciável, que ora agradeço com a franqueza e sinceridade habituais.

Pela segunda vez na vida se me deparou a ditosa oportunidade de aquilatar o valor de uma secretária bem constituída intelectualmente; evita os deslizes, aponta falhas, sugere providências, traz, célere, o de que necessitamos. Cada funcionário no seu setor, desde o chefe até o mais novo contínuo, sem olvidar os bibliotecários, os taquígrafos e os dactilógrafos, todos, como à porfia, nos ajudam, modesta e eficazmente, na realização da tarefa árdua e patriótica. Encontram-se, aqui, servidores do Brasil, aos quais um Governo esclarecido poderia confiar, sem vacilação, o exercício de funções muito mais relevantes do que as desempenhadas até agora. Levo, pois, de tais colaboradores preciosos e dedicados gratíssima lembrança.

Nunca me sentei hieraticamente na curul, olhando os advogados de cima para baixo. Para mim, aqueles cavalheiros destros e gentilíssimos, foram os

336 | Hermenêutica e Aplicação do Direito • *Carlos Maximiliano*

camaradas valorosos e os pioneiros argutos e vigilantes, que desbravavam o terreno por onde eu passaria, iluminavam o caminho, tornavam visível a meta verdadeira. Nesta hora solene, recebam, num largo amplexo, todo o meu reconhecimento pela sua inestimável cooperação.

A imprensa, aqui representada por bem orientados e cultos juristas, ao Tribunal e a cada um de nós presta serviços de superior valia: chama a atenção do público em relação às decisões inovadoras e aos votos eruditos, secunda as resoluções oportunas, divulga e apoia sugestões, protestos e aplausos emanados do pretório excelso. Membro espontâneo de tal corporação outrora, colaborador da mesma em todos os tempos, desta curul lhe envio o fraternal aperto de mão de colega antigo e amigo constante, perenemente grato.

Há três meses, amigo distinto, que desempenhara com invulgar brilho altas funções políticas e administrativas, lamentava o meu próximo afastamento do pretório; porque eu nascera magistrado completo. Não era a vez primeira que me feria a outiva semelhante conceito. Quando eu era Secretário de Estado, entre 1914 e 1918, auxiliar criterioso e leal, encanecido no gabinete ministerial, testemunhava o zelo e a energia com que eu processava juízes e escrivães, demitia membros do Ministério Público e escreventes juramentados, e me desdobrava em esforços e vigilância para que as promoções por merecimento coubessem aos funcionários de maior valor, e, nos concursos para professores ou empregados públicos, houvesse rigor e seriedade, nomeando-se, afinal, os triunfadores, pela ordem da respectiva classificação. Apreciando os obstáculos de toda sorte, os aborrecimentos e as contrariedades que, à semelhança de espinheiros em vereda alcantilada e angusta, de cima e de baixo se me deparavam, dia a dia, ao realizar aquela tarefa cívica de reerguimento moral e cultural do Brasil; o auxiliar prestimoso e experimentado, certa feita, se animou a dizer-me: "V. Ex.ª deve pleitear o lugar de Ministro do Supremo Tribunal; pode aspirar a tanto, porque é jurista e publicou um livro de Direito que mereceu louvores de homens da estatura de Rui Barbosa, Pedro Lessa, Clóvis Beviláqua e Lacerda de Almeida; ali é o seu lugar; V. Ex.ª nasceu juiz; há de sempre desgostar os políticos e sofrer a sua guerrilha; porque não querem saber de justiça; eles sobem e se mantêm, distribuindo favores e obtendo-os para os que melhor os servem e para os respectivos clientes, sem se importar com o talento, a virtude, o patriotismo."

Reina, até no vitupério, a tirania da moda: esta se compraz em maldizer dos homens públicos; deblateram contra eles até os cidadãos que nunca foram outra coisa em sua descuidada peregrinação pela terra. A crítica mordaz e a ojeriza generalizada misturam, confundem, enredam na mesma trama os parlamentares ou ministros de vistas largas e os políticos profissionais, químicos de eleições, sumos-sacerdotes da duplicidade, catedráticos da lisonja, oráculos da subserviência, Pantagruéis de Orçamentos. A estes, por certo, Plutão inscreveu, com letras vermelhas, na coluna dos grandes pecadores, no registro de réprobos do tenebroso Tártaro. Espera-os Satã, sopesando, em riste, pontiagudo tridente e tendo ao alcance da mão comburentes do seu laboratório horrendo usados em banho lustral. Seguramente, sorte igual não aguardava, à margem do Estige, na barca de Caronte, José Bonifácio, Padre Feijó, Alves Branco, Marquês do Paraná, Visconde do Rio Branco, Angelo Moniz, Floriano Peixoto, Saraiva, Silveira Martins ou Campos Sales. É meia verdade, apenas, impedirem, por sistema, os vexilários das facções a ascensão de homens que tenham personalidade e a coragem cívica de antepor o interesse público ao dos indivíduos e corrilhos. Coleia em todas as concorrências, políticas e apolíticas, e agita a língua úmida de peçonha a víbora da inveja, a cascavel do despeito, a surucucu da mentira e da calúnia. A mim os mentores da opinião cortejaram mais do que hostilizaram. Cinco vezes fui eleito deputado federal; mantive-me durante um quadriênio inteiro, em época atribulada e sombria, à frente do Ministério da Justiça e Negócios Interiores, que abrangia a competência de duas pastas atuais; recusei a candidatura à Presidência do Rio Grande do Sul em 1922, e ninguém ignora que, em 1937, quando deflagrava campanha presidencial com prenúncios de desordem, o meu nome andou de boca em boca, exaltado pelas diversas correntes partidárias, para realizar as aspirações gerais como candidato de conciliação.

A existência correr-me-ia plácida, se, ao deixar a Academia, eu optasse por uma toga, no Rio Grande do Sul, onde havia, outrora, mais comarcas vagas do que aspirantes à judicatura. Orientei a carreira por uma diretriz diametralmente oposta. Açacalada a envergadura nas fráguas da orfandade, da pobreza e do sofrimento, avancei na vida, quase só, como um peregrino que, animoso e resoluto, atravessa o deserto, confiante em si próprio e na sua estrela guiadora e cintilante. Em vez de uma função com a renda certa, preferi a profissão árdua e prenhe de perigos de advogado no interior.

Redobrei de audácia em setor diverso. Eleição era uma farsa em todo o Brasil; no Rio Grande ninguém podia aspirar a coisa alguma, nem sequer manter-se em cargo remunerado, se não fosse governista ortodoxo; era desalentadora a condição das oposições vencidas em três anos de guerra civil. Pois entrei nas suas fileiras, entusiasta e ativo; aos vinte e três anos era redator-chefe do órgão oficial do Partido: *victrix causa diis placuit; victa Catoni*. Mais tarde, depois de morto Silveira Martins, empolgante condutor de homens, inspirador formidando de dedicações e fanatismos, quando a Lei Rosa e Silva destruiu a unanimidade nas representações parlamentares, abrolharam os apetites, rebentou ardente e feia disputa de lugares de deputados. Declarei, logo, que não seria candidato a nenhuma cadeira da representação nacional e preguei, afoutamente, a modernização do programa e dos processos. Batalhei, ainda, até falecer o meu grande amigo e inolvidável chefe, General Silva Tavares, o heroico vanguardei-

338 | Hermenêutica e Aplicação do Direito • *Carlos Maximiliano*

ro de Aquidabã. Incompreendido, maltratado, retirei-me afinal. Deu-me razão o tempo: a coorte valorosa dissolveu-se lenta e progressivamente; no fim de dois lustros, até o nome desapareceu. Fizeram-me justiça, depois: oferecendo-me a candidatura a Presidente do Estado, contra a segunda reeleição, que eu desaprovava, do Dr. Borges de Medeiros. Por preferir os princípios à cadeira de deputado, entrei no ostracismo, em 1923, conscientemente, e com alegria juvenil até. Portanto, eu nasci justo.

Em verdade, sofri bastante, porém resignado e inabalável *(impavidum ferient ruinoe)*, norteado pelo amor à Justiça, que é, na frase lapidar do sociólogo Ferrari, a utopia eterna, guiadora do gênero humano, a qual todas as religiões transportam ao céu.

Diplomado em Direito, enquanto não me resolvia por uma situação definitiva, instalei, a título provisório, a banca de advocacia na cidade rio-grandense de Cachoeira, para onde me chamaram a fim de pleitear uma questão de desquite e outra, de falência. Ocorreu ali um crime sensacional: trucidaram barbaramente, com intuito de latrocínio, um taberneiro italiano. Despontaram indícios contra um de tantos indivíduos que a guerra civil estraga: de boa família, operosos, perdem o amor ao trabalho e desenvolvem o hábito da vida errática, pontilhada de violências. Odiava-o e temia-o a cidade inteira; porque, advindo de outras terras, surgira em Cachoeira comandando pequena força legal, durante a revolta de 1893, e extremara-se em ameaças e desrespeitos, sobretudo contra os próprios correligionários. As suspeitas generalizaram-se, transformando-se em certeza peremptória, conforme é da psicologia das multidões. A mim, entretanto, pareceram mais convincentes os indícios contra dois irmãos, filhos de homem excelente, porém já envolvidos em delitos, de cujo castigo foram salvos pela influência do progenitor: nas cidadezinhas e vilas o tribunal popular na realidade julga os parentes dos réus, em vez dos próprios acusados. Horrorizado com a pronúncia do ex-tenente legalista, ofereci-me para o defender de graça. Espantaram-se os meus amigos: eu nunca ocupara a tribuna judiciária; era paupérrimo; ia iniciar a carreira por uma derrota certa. Lutei uma tarde e uma noite, inteiras. Insisti em mostrar que atuavam contra o acusado, os seus erros passados, não as provas fragílimas do presente, as quais esmerilhei; portanto, quando a verdade rebrilhasse e o mancebo ficasse livre, retornasse à família, ao trabalho, à cordura, à bondade, tradicional entre os seus maiores. Pela madrugada, o réu unanimemente condenado a cumprir a pena máxima.

A minha defesa impressionou profundamente a população, que enchia literalmente a sala do tribunal e se espalhava pela calçada e praça fronteiras, Vinte e quatro horas depois, três dos cinco jurados declaravam-se arrependidos do *veredictum*, cruel. É assim o rio-grandense: arrebatado, impressionável; porém, passando, subitamente, da ojeriza à generosidade. Como eu demonstrara serem

APÊNDICE | 339

mais veementes os indícios concernentes aos dois irmãos referidos, multiplicaram-se contra mim as ameaças e as esperas; porém, naquele tempo me encantava e conduzia a flâmula do gaúcho autêntico: em briga ele paga para não entrar; porém, se o fazem entrar, paga para não sair. Tal divisa fulge como uma paráfrase do sarcástico dizer francês como revide aos irritados contra atos meditados e conscientes: *si cette chanson vous embête, nous allons la recommencer*. Avolumaram-se as provas circunstanciais contra os que eu apontara como matadores; a pronúncia, decretada contra ambos, causou forte emoção na cidade. Evadiu-se o mais suspeitado; o outro os jurados absolveram, enternecidos pelas súplicas do pai. O foragido, acutilado numa rixa em outro município, confessou, às portas da morte, haver sido ele o assassino do comerciante italiano. Raiou tarde a alvorada da Justiça: o inocente, habituado à vida errante e aventurosa, não resistira à condição sedentária de presidiário; morrera cardíaco. Eu mantinha, na cidade de Santa Maria e em vários municípios, próspera advocacia: não precisava do prestígio daquela vitória moral e jurídica, prova, apenas, de que nasci justo.

Como deputado da maioria e membro ativo da Comissão de Constituição e Justiça, durante o Governo do Marechal Hermes, tal respeito revelei pelas opiniões alheias, nas refregas tribunícias, que ficaram meus amigos os vultos dominantes da oposição parlamentar organizada e pugnaz: Carlos Peixoto, Irineu Machado, Cincinato Braga, Eduardo Sócrates; inclusive Alfredo Rui, que, afetuoso e tolerante, sorria quando lhe chamávamos *Aiglon*. A luta era tremenda e quase diária; porém jamais se esboçou a aspereza de um atrito entre mim e qualquer dos colegas, por mais combativos que fossem. Por este e outros motivos, eu fui indicado pelo presidente da Câmara, Sabino Barroso, para ministro da Justiça, na administração Wenceslau Brás. Esforçamo-nos, com êxito, o chefe de Estado e eu, para restabelecer a concórdia e a mútua compreensão entre a Corte Excelsa e o Poder Executivo; acatamos, sem reservas, os arestos definitivos, e timbramos em colocar nas curuis prestigiosos homens cujo saber e reputação impoluta estivessem acima de toda controvérsia. O presidente sugeriu os dois primeiros nomes, que aceitei sem vacilar – Viveiros de Castro e Edmundo Lins; o último foi um dos mais conspícuos dirigentes desta casa preclara. Depois, o Dr. Wenceslau se reservou a tarefa de joeirar os preferíveis, em uma lista tríplice por mim organizada por ordem sua: nesta incluí três jurisconsultos de escol e caracteres sem jaça – João Mendes, Pires e Albuquerque e Pedro dos Santos. Investimos das altas funções os dois primeiros; a nomeação do terceiro foi um ato que honra o governo do meu eminente amigo e brasileiro ilustre Epitácio Pessoa.

Depois de perlustrar as eminências do poder e prosperar como profissional, aceitei esta curul dignificadora e radiosa, obediente mais às aspirações da família do que à inclinação do meu próprio espírito. Entretanto, como nas ocupações anteriores, de professor, jornalista, advogado, secretário de Estado,

340 | Hermenêutica e Aplicação do Direito · *Carlos Maximiliano*

consultor e procurador-geral, redobrei de esforços para me colocar e manter à altura do ministério augusto cujas responsabilidades afrontara. Até mesmo quando era vastíssima a competência do pretório supremo, nunca esgotei os prazos regimentais; autos raramente permaneceram mais de dez dias no meu gabinete de trabalho. Li atentamente, sempre que me eram enviados a tempo, os memoriais dos advogados. Não trepidei em mudar de voto, pública e declaradamente, toda vez que novos argumentos ou provas concludentes me convenceram do desacerto do *veredictum* anterior: acima do melindre pessoal de cada um está a sacrossanta causa da Justiça. Sangrava-me o coração quando eu votava contra uma senhora desamparada ou cidadão obscuro, cujo patrono deitara a perder um litígio primitivamente cercado dos atributos da vitória; ou quando o ato de que se queixavam, era injusto, porém não ilegal. Não detestei os opulentos nem deixei de lhes fazer justiça; porém, no pretório, jamais lhes cortejei a simpatia, ou temi a animosidade. Como as normas tributárias são, em regra, mal redigidas e complicadas, livrei de multas o contribuinte, sempre que me parecia evidente agir ele de boa-fé e com o propósito honesto de observar a lei, que descumprira por ignorância comum ou erro evidente. Nunca, entretanto, cortejei a popularidade em prejuízo do Tesouro; a Fazenda Nacional é como as viúvas: todos procuram dilapidar a sua fortuna; poucos pleiteiam e testemunham em seu prol. Prevaricadores e concussionários não mereceram de mim longanimidade alguma, apesar do pranto comovente de filhas e esposas: eles roubaram da pátria, que é sua mãe.

O mais nobre labor da Corte excelsa consiste em corrigir os erros técnicos dos pretórios locais; a Reforma Constitucional de 1924-1925 apequenou a tarefa, multiplicando obstáculos a seu exercício: 95% dos recursos extraordinários morrem na preliminar; não lhes examinam o mérito intrínseco os juízes supremos. O misoneísmo triunfou, neste particular, em posteriores diplomas fundamentais. Timbrei em melhorar a lei, com afeiçoar o texto às necessidades sociais e ampliar, até às raias últimas, o preceito clássico, em vários pretórios diariamente postergado pelo comodismo judicante: na dúvida, ou melhor, ante a menor possibilidade de aceitação, concluir pela acolhida liminar do remédio judiciário, toda vez que a sentença recorrida se distancie do verdadeiro *jus*.

Não olvidei, jamais, que este não pode ser um pretório vulgar, aferrado a fórmulas vetustas, de horizontes estreitos e mal iluminados; é, antes, um tribunal político, na significação elevada do vocábulo. Quando, portanto, se tratava de um precedente péssimo, de um julgado inferior destoante clamorosamente da sã doutrina, em caso raro e excepcional, eu desfraldava com violência hercúlea o lábaro da Justiça e afrontava as suscetibilidades da casuística implacável; sugeria a facilitação da medida heroica; forçava a admissibilidade do recurso interposto pelo vencido; humanizava a lei, dando o máximo elastério à letra crua; pois é bem verdade que o espírito amplia, completa, fertiliza, vivifica o texto incolor, obscuro ou falho. Pelo menos de dois casos tais me recordo agora; tive a ventura suprema de ser acompanhado, no arrojo necessário e vingador da verdade, pela quase unanimidade dos colegas preclaros.

O Direito e a Moral demoram em círculos concêntricos: ao concernente a esta se atribui raio mais longo; menor, ao relativo àquele. Levando em conta esta interdependência visceral, o juiz, ao verificar procedimento contrário às injunções da ética, incline, quanto possível, a aplicabilidade dos textos positivos no sentido daqueles postulados feridos na essência. Se esta orientação se impõe em se tratando de magistrado inferior, com abundância maior de razão tal conduta seria ultralógica em pretório excelso, de autoridade algo política, eminentemente construtora. Norteado em tal sentido, votei e discreteei sempre. Os ímprobos, por mais alto que fosse o seu prestígio social e poderio monetário, jamais encontraram no meu espírito sombra de tolerância, muito menos a mais longínqua simpatia; só os acolhi e suportei quando o jus escrito propendia irrefragavelmente para o seu lado; inclinei-me, então, ante a urgência de lhes fazer justiça; pois, ao magistrado, o imperativo do dever e o culto do Direito sobrelevam às tendências pessoais, íntimas ou ideológicas, aos nobres pendores da inteligência e do coração.

Bastas vezes, depois de ter o voto quase pronto, datilografado originalmente, como é o meu hábito, caminhava um pouco, a fim de fazer a digestão intelectual preconizada por Herbert Spencer nos *Princípios de Psicologia:* se uma objeção aflorava à mente, eu voltava ao exame dos autos, rasgava o trabalho em vias de conclusão, refazia tudo, contente comigo mesmo, embora fatigado pelo redobrar da tarefa.

Por mais amor e estudo que houvesse empregado ao preparar-me para ventilar uma tese, ficava conformado, quando a maioria me não acompanhava. Assim justifico a impassibilidade ante o aparente revés: se acertei, fui o autor ditoso de mais um dos votos vencidos de hoje, oraculares de amanhã; se errei, granjeei a ventura de não concorrer para uma injustiça; o pronunciamento dos colegas preclaros expungiu as consequências possíveis do meu desvio involuntário da vereda luminosa do Direito.

Atento aos exemplos dos grandes juízes do Brasil e dos países cultos, fui sempre me retraindo mais e mais, dominando-me com redobrada e constante energia. Aqui apenas há lugar para a serenidade, a compostura, a resignação consciente. Neste meio século, paixões incendidas e iras onipotentes ulularam, três ou quatro vezes, às portas deste cenáculo. Ignaros admiraram-se de que os sumos-sacerdotes do Direito não bradassem com estentórica veemência. Correta é a atitude dos juízes excelsos: com a circunspeção e o silêncio impressionante, mais atraíram simpatias e requintaram de elegância moral. Quem possui apenas o prestígio da função, do saber e da virtude, adote, como protótipo, o Senado Romano ante a fúria triunfal dos gauleses bárbaros de Breno: sentados majestosamente na curul, os padres conscritos davam a impressão de deuses olímpicos; soldado invasor tateou a barba de um, para verificar se era humano; vibrou-lhe o ancião tremendo golpe com o símbolo ebúrneo da sua autoridade patrícia. Na verdade, salvante o caso de desacato ou calúnia, em que é lógica a desafronta imediata, sirva de padrão sábia advertência dantesca – *non ragioniam di lor, ma guarda e passa*.

Consciente de minha responsabilidade perante a opinião pública, explico por que não me distanciei da curul a 24 de abril e deixei de a ocupar depois de 24 de maio. A aposentadoria compulsória se me afigura automática; pois decorre do estatuto supremo; há uma presunção de incapacidade para o exercício da função judicante, presunção *juris et de jure*, estabelecida pelo Código fundamental; porém *est modus in rebus*; não se infere do postulado recente estar o Executivo obrigado a agir sem tardança, dentro de algumas horas apenas. Não há lei ordinária regulando o cumprimento do texto básico; aplique-se, então, por analogia, o Decreto nº 938, de 29 de dezembro de 1902, que ainda vige, por não ser incompatível com alguma norma posterior, e preceitua: "Art. 2º Dentro de trinta dias depois de verificada a vaga entre os juízes do Supremo Tribunal Federal, o Presidente da República deverá prover o seu preenchimento."

S. Ex.ª o Chefe de Estado certamente protraiu, por alguns dias mais, a assinatura do decreto de aposentadoria, por motivos ponderosos, que nós, juízes, temos obrigação de respeitar; a mim, porém, incumbia aguardar a sua deliberação soberana, arredio do pretório, em obediência à lei das leis, o estatuto fundamental.

Diploma indiscreto e peremptório proclamou aos quatro ventos, no *Diário Oficial*, haver eu atingido idade provecta. Jamais incorri na fraqueza de sonegar anos de existência; agora, porém, temerário me parece ímpar de vigor e juventude; embora mais moço do que Hindenburgo, na época em que salvou a República Alemã; o almirante Horthy, quando expulsou de Budapeste o comunismo sanguinário de Belakum, e Clemenceau, ao organizar a vitória da França; eu sou velho por decreto. Entretanto, se, em verdade, nenhuma lesão me avaria órgão essencial, todavia se me afigura ter feito jus ao *otium cum dignitate*; porque, se é certo que apenas há sete anos partilho da atividade desta colmeia de elaboração do Direito, não menos provado está que sirvo o Brasil há meio século completo. Sim; aos dezoito anos era professor de ginásio; ninguém presta maior serviço a um país novo do que o preceptor da juventude. Atuei, depois, em outros setores de atividade e cerca de quatro lustros em vários cargos públicos, sempre atento ao bem da pátria e à causa da Justiça. Que utilidade advém, aliás, da outorga de aposentadoria para quem, de cabeça tonta e passo tardo e titubeante, se aproxima dos lindes da região das sombras? Talvez fosse mais humano enviar-lhe, em vez de decreto, um pelotão de fuzileiros!

APÊNDICE | 343

É tempo de começar a viver conforme almejei sempre e muito me apraz. Contrafaço o próprio temperamento, nesta vida de renúncia e discreta reserva. O constante receio de aparecer em público em desacordo com as exigências do cargo pesa sobre mim como um rochedo: ao penetrar, por tolerância e com os meus, em *grill-rooms* de cassinos, em *réveillons* partilhados por todo mundo, eu, embora jamais indigitado como baluarte contra as atrações do pecado, experimento algo do constrangimento do seminarista que, por maldosos companheiros convidados para uma tertúlia de família, de súbito sofresse o envolvimento traiçoeiro da ruidosa alegria de venustas beldades livres de compromissos e opulentas de audácia. Perdoem-me, portanto, a franqueza de proclamar que eu sinto anseio ardente de libertação, a necessidade invencível de partir. Escaldado o sangue pela energia tradicional dos dois povos mais combativos do Brasil – pernambucano e rio-grandense, submeti-me em silêncio à dura contingência da prática diária da mais difícil e sublime das virtudes – o domínio sobre si mesmo. De tal sorte me conduzi, inclusive no quadriênio ministerial, que houve quem contestasse a autenticidade do meu *gauchismo* e se comprouvesse em apontar em mim os estigmas da lídima progênie mineira. Talvez contribuísse eu para o êxito da atoarda, com a minha enorme e conhecida afeição pela terra de Tiradentes. Parece que a incompreensão da causa primária de minha serenidade e cordura na administração e nos debates parlamentares ou judiciários avançou até a sublimar semelhantes virtudes como exemplar efeito das palmatoadas célebres do Caraça! ...

Efetivamente, ao transpor os umbrais deste solar do Direito, depus o escudo e o gládio de homem de lutas; guardei-os, porém, em lugar seguro; não os atirei ao fosso do último bastião conquistado.

Creio, como o sociólogo Ferrari, ser o invencível ideal uma exigência que se afirma com a energia das forças elementares. O meu, entretanto, não foi, jamais, constringir o corpo e as iniciativas na estritura de uma toga; almejei sempre libertar-me das exigências pecuniárias da vida, entesourar uma biblioteca selecionada e relativamente completa, sobre assuntos de minha preferência intelectual – Direito, Política, Administração e História, presentes, outrossim, primores das Belas Letras e clássicos do vernáculo; então, isento de obrigações e responsabilidades, consagrar as forças restantes de uma longa peregrinação pela terra a verter em livros e revistas o fruto de amadurecido estudo e diuturna meditação. Embora com a saudade n'alma, deixo a inolvidável camaradagem, com a alegria sã de quem realiza em idade madura um sonho da juventude e atinge o objetivo colimado durante meio século de afanosa existência.

Trabalharei para o meu país noutro setor, pregando ideias, divulgando doutrinas, transmitindo a ciência assimilada. O livro foi o meu animador na indigência, consolo no infortúnio, fonte de prazer inenarrável, em todos os tempos. Com ele entro, resoluto e calmo, no inverno da vida e desaparecerei nos penetrais da eternidade.

Em seguida o Exmo. Sr. Ministro Presidente proferiu o seguinte discurso:

"É Carlos Maximiliano quem hoje neste recinto se encontra numa visita de despedida aos seus colegas."

A simples enunciação desse nome evoca as mais preciosas representações.

É desde logo o notável escritor de Direito, o mestre insigne das letras jurídicas, o sábio e talentoso doutrinador, que nos ocorre à imaginação; habituamo-nos todos a consultá-lo necessariamente sempre que nos absorve o espírito algum problema intrincado da vida profissional.

Comentários à Constituição, Hermenêutica e Aplicação do Direito, Direito das Sucessões, Decadência, tais os mais notórios títulos de capital importância, com que se nos impõe à admiração o grande jurisconsulto.

Mas, logo depois, a figura do Ministro de Estado, que deixou traços indeléveis na administração pública, leva-nos a lançar uma vista retrospectiva sobre o edificante *curriculum vitae* do advogado, do professor, do consultor.

O juiz, porém, deve a maior fidelidade à lei: se a verdadeira interpretação da norma jurídica, conduzida pelo método adequado, com a compreensão inteligente das circunstâncias, o induzir a uma solução que lhe não mereça aplauso, ainda assim, cumpre-lhe acatá-la.

Por isso, ouvimos alguma vez o nosso eminente colega, com a vivacidade e franqueza de seu temperamento, exclamar sem rebuços: lamento profundamente ter de decidir assim, mas é o que a lei determina iniludivelmente.

Raras, felizmente, bem raras, são as ocasiões em que o processo hermenêutico, empregado por um julgador, esclarecido, não consiga desfazer equívocos e contradições, preencher lacunas, habilitando-o a proferir a decisão que corresponda à finalidade da lei, consultando o interesse social.

É certo que uma lei pode ser omissa ou imprevidente, pode algum de seus dispositivos produzir aparente perplexidade por colidir com o de outra lei. Mas, num sistema legislativo, no complexo das normas que constituem o direito positivo de um Estado, não há lacunas, omissões ou contradições.

É tal a razão do princípio geral – com o silêncio, a obscuridade ou indecisão da lei, não se exime o juiz de sentenciar ou despachar (Código Civil, art. 5º, 2ª parte, da Introdução).

Desse modo ainda mais avulta a importância da função judicial.

Quantas vezes nesse escabroso terreno se empenham as opiniões divergentes sobre a solução prática?!

APÊNDICE | 345

Como ilustração, referir-me-ia a dois casos considerados por este Tribunal.

Determina a lei que os rendimentos da Fazenda Pública não podem ser penhorados.

Resulta de outra lei que o remédio pronto do mandado de segurança não se admite contra atos judiciais.

Concedeu um juiz a penhora sobre rendas de um Estado, o qual, por sua vez, impetrou um mandado de segurança contra o ato do juiz.

Como decidir? Recusar o mandado de segurança porque o Estado tem na lei meios regulares de restaurar o seu direito?

Dividiu-se o Tribunal. A maioria concedeu a medida pronta, tendo em vista a necessidade ingente de assegurar ao Estado a utilização e emprego de sua receita. Contra o interesse social, manifestado e premente, não poderia prevalecer uma proibição processual prevista apenas para o caso de interesse privado. Entre as duas leis, a que torna radicalmente nula a penhora sobre os bens públicos e a que interdiz o mandado de segurança contra atos judiciais, tem primazia aquela porque ampara vital interesse público, máxime quando o que aqui se pede é, em última análise, o pronunciamento de uma nulidade absoluta, o que constitui dever do juiz, sempre que a encontre provada (Código Civil, art. 146, parágrafo único).

O primeiro a votar nesse sentido foi o eminente colega, que hoje se despede.

O outro caso prende-se ao respeito da família e ao direito sucessório.

Certo indivíduo separou-se da mulher infiel, sem regularizar a situação por meio do desquite. Muitos anos depois vem a falecer deixando fortuna.

A mulher que, em localidade diferente e distante, passara a viver em companhia de outro homem, do qual teve filhos, cujos nascimentos foram registrados com a descendência espúria, pretendeu, além de sua meação, haver para os filhos da união ilícita a parte que competiria aos filhos de seu marido. A justiça local deu-lhe razão, baseando-se no princípio – *pater est quem justoe nuptioe demonstrant* – e na regra do art. 344 do Código Civil – cabe privativamente ao marido o direito de contestar a legitimidade dos filhos nascidos de sua mulher.

Este Tribunal, porém, considerou o fundamento teleológico da lei – a moralidade da família, a preocupação de evitar devassas importunas nas uniões legítimas – e fez sentir que, além da impossibilidade resultante da ausência do marido e da longa coabitação ilegítima cumpridamente provadas, foram a própria mulher e o pai de seus filhos que se incumbiram de tornar pública a bastardia por meio do registro de nascimentos. Foi reformado, em embargos, por maioria de votos, o acórdão do Tribunal do Estado.

Em todas as controvérsias relevantes, trazidas ao Supremo Tribunal, vimos sempre o insigne magistrado iluminar os debates, empregando os processos hermenêuticos que expôs em sua obra monumental.

346 | Hermenêutica e Aplicação do Direito · *Carlos Maximiliano*

O seu amor ao Direito ressalta a cada passo, a sua fé na ciência jurídica jamais desfaleceu em qualquer das manifestações da vida profissional. O Direito, bem o compreendeu, é para a vida social o que é o oxigênio para a vida animal.

Sempre se ouviu falar em crise de Direito; mas o Direito sempre resistiu a todas as crises.

Ainda no momento atual, a despeito de todas as vicissitudes decorrentes de uma violentíssima luta de extermínio invocam-se a cada momento as regras do Direito Internacional.

Em todos os Estados modernos, a cultura jurídica chegou a estabelecer certos princípios fundamentais, que servem de base aos respectivos sistemas legislativos e que, não obstante a diversidade de origem – romana, germânica, anglo-saxônica – apresentam caracteres profundos de identidade, a ponto de fazer acreditar numa comunhão universal do Direito, como apregoa célebre escola de grande autoridade.

Entretanto, o que mais nos prende a atenção é o relevo com que soube fulgurar nas funções de Procurador-Geral da República e Ministro deste Tribunal.

De uma firmeza impressionante nas suas convicções científicas, jurídicas e sociológicas, adquiridas pelo estudo indefesso e pela meditação, mantendo-se intransigente na franqueza e coragem de seus atos e de suas opiniões, vemo-lo sempre coerente e sobranceiro em todas as manifestações de sua atividade.

Qualquer apreciação, que se faça, das lições divulgadas pelo escritor e das decisões proferidas pelo juiz, servirá de exemplo e de estímulo.

Desde que veio a lume o livro soberbo sobre a Constituição de 1891, conquistou o seu autor uma posição de destaque entre os mais conceituados especialistas.

As belas palavras finais do prefácio da 3ª edição (1929) equivalem a uma profissão de fé do hermeneuta esclarecido: "Desde o tempo dos romanos, ante a esfinge da forma nunca se prosternaram aprimorados hermeneutas. Se há excepcionais conjunturas, em que o Direito impende e sobressalta como o gládio de Dâmocles, em nenhuma constringe como um cilício. Tem a plasticidade das artes: genitor do bem humano e suave como a equidade que o inspira, fortalece e completa – *jus est ars boni et oequi*. Impulsionado pelo apotegma lapidar de Celso e animado pelos precedentes luminosos da judicatura brasileira, timbrou o autor em devassar o caminho para as construções acordes com o texto e orientadas para o futuro. Vingará a seu tempo a jurisprudência criadora, quase imperceptivelmente buriladora das normas severas, solícita em limar as arestas das regras precisas. Não façamos da Constituição gargalheira de potentado, nem chuço de energúmenos. Melhor serve à Pátria quem não torna as suas leis égide do arbítrio nem capa de anarquia: a opressão e a desordem são duas paralelas que se encontram no infinito." É, porém, no livro preciosíssimo sobre – *Hermenêutica e Aplicação do Direito* – que o grande doutrinador firma em páginas lapidares os princípios em que se deve inspirar o intérprete das leis, seja teórico ou prático, para que a norma de conduta, ditada em abstrato pelo legislador, possa corresponder nas aplicações concretas ao fim social a que se destina.

E com tão clarividente critério sociológico o fez, desde o princípio, que pôde declarar no prefácio da última edição publicada este ano: "Na excelente monografia – *Una revolución en la lógica del derecho,* o professor Joaquim Dualde, catedrático de Direito Civil na Universidade de Barcelona, apresentou em 1933, como esplendentes novidades, as doutrinas joeiradas por mim nove anos antes, na primeira edição da *Hermenêutica* – n°s 51-54, 70-89 e 157-171."

Tivemos ensejo de observar em volume especial sobre a interpretação do direito objetivo (*Tratado de Direito Civil*, de Eduardo Espínola e Eduardo Espínola Filho, vol. 4º): "Está-se a ver que o método de interpretação só preencherá a sua função, só conduzirá o aplicador à realidade de uma subsunção ao direito do caso concreto, em ordem a satisfazer, conciliando-os tanto quanto possível, as vantagens dos particulares e os interesses do grupo social em que age, se for assentado em forma tal a poder, praticando-se, dar os resultados positivos que dele se esperam. Quer dizer que esse método de interpretação deve ser apto a, realizando-se, fornecer soluções concretas, correspondentes à finalidade que se reclama da atuação do direito, isto é, a satisfazer às exigências da justiça e da utilidade geral.

Fizemos também ver que o verdadeiro método de interpretação não pode deixar de ser um processo de grande fidelidade à lei, que se aplica invariavelmente à solução das questões inequivocamente reguladas por preceitos seus, *dando a estes o sentido e o conteúdo rigorosamente adequados a satisfazer a sua finalidade prática, como apontada pela natureza das relações jurídicas e pelas exigências sociais, quais se apresentam no momento em que a disposição legal tem de se adaptar aos fatos concretos, e orientada toda essa atividade, que o intérprete desenvolverá livremente para assenhorear-se da verdade, no sentido de ser sempre alcançada a alta finalidade de justiça e de utilidade social representativa do bem comum.*

Bem se percebe que, na movimentação efetiva de tal sistema, as várias normas dão, por sua índole própria, uma latitude, maior ou menor, de liberdade ao aplicador" (p. 417 e 439).

Referimo-nos à variedade do poder coercitivo das regras jurídicas, segundo são absoluta ou relativamente coativas, diversidade tão magistralmente considerada pelo afamado pandectista Fernando Regelsberger.

Foi-nos grato salientar, em nosso livro, a louvável orientação do autor da Hermenêutica, assim como as belas e eruditas considerações expendidas na convincente demonstração de suas teorias, das quais não destoam as nossas convicções.

A coerência do sábio doutrinador se revelou invariavelmente, quer na aplicação dos princípios fundamentais às relações jurídicas examinadas em trabalhos especiais, quer nas decisões dos casos concretos, como juiz deste Tribunal.

Ao jurista, como doutrinador, como intérprete teórico, é permitido julgar a lei e condená-la, quando não corresponda ao sentimento de justiça, quando lhe provoque uma emoção de repulsa, segundo a expressão e o conceito do notável jurista-filósofo Petraziski.

Esse espírito de crítica e repúdio se encontra, exercitado com um critério rigorosamente jurídico-sociológico, nas obras de Carlos Maximiliano.

É de notar que entre os mestres de Direito Internacional Privado, não são apenas os que se denominam *internacionalistas,* como Savigny, Pillet, Frankenstein, por se filiarem a sistemas completos de alcance internacional, mas os próprios *nacionalistas*, que reconhecem a existência de normas ou princípios substanciais, que resultam do estudo comparado dos vários direitos nacionais.

Ainda em obra recentíssima *(Private International Law*, 1ª ed., 1935; 2ª ed., 1938), o notável professor inglês Cheshire, nacionalista como todos os anglo--saxões, não teve dúvida em expor, de acordo com outro nacionalista moderníssimo – Beckett: "As regras de Direito Internacional Privado têm por missão habilitar o juiz a decidir questões que se elevam entre vários sistemas de Direito interno, quer entre o seu próprio sistema e uma legislação estrangeira determinada, quer entre duas legislações estrangeiras. Para que essas regras possam realizar a tarefa que lhes é assinalada, é indispensável que sejam formadas e aplicadas de maneira tal, que se torne possível apreciar por meio delas o caráter das regras e instituições de todas as legislações. As concepções formuladas nessas regras devem, pois, ser de um caráter geral. Essas concepções gerais devem ser hauridas na ciência analítica do Direito, isto é, nessa ciência geral do Direito que, baseada sobre os resultados do estudo do Direito Comparado, procura princípios muito gerais de aplicação universal, e não princípios baseados sobre a legislação de um só país ou só a ela aplicáveis."

O Supremo Tribunal manteve bem alto o culto do Direito, e a sua jurisprudência tem concorrido em grande escala para que o Direito positivo, sem abandonar os respeitáveis princípios tradicionais, se amolde ao processo evolutivo das instituições sociais, não somente na esfera interna, como no mundo internacional, correspondendo integralmente à sua transcendente missão.

Não cesso de proclamar a inestimável contribuição que lhe tem proporcionado a classe nobre e erudita dos advogados de nossos auditórios, dos quais muitos são notáveis professores de Direito ou doutrinadores de larga visão.

O eminente Ministro Carlos Maximiliano, depois de se notabilizar como advogado e como doutrinador, trouxe a esta excelsa Corte de Justiça o fulgor do seu talento, o prestígio de sua imensa autoridade, o valor de sua integridade moral.

APÊNDICE | **349**

Afastando-se desta Casa, por efeito de dispositivo constitucional, conserva, não obstante, em toda a perfeição, as elevadas qualidades e virtudes que lhe valeram a sólida reputação de sábio jurisconsulto e grande juiz.

Embora se encontre fora daqui, não deixaremos, por certo, de lhe ouvir as sábias lições, em livros de doutrina que de sua pena primorosa e de sua grande capacidade ainda é lícito esperar.

Com as nossas saudades e com o nosso pesar, pela ausência do brilhante colega, fazemos votos por sua felicidade.

O Sr. Ministro Presidente Eduardo Espínola – Tem a palavra o Exmo. Sr. Ministro Laudo de Camargo.

O Sr. Ministro Laudo de Camargo (lê):

Meu caro Maximiliano:

Quando para aqui vieste, aqui já me encontraste.

E os nossos conhecimentos outros não eram que os formados à distância.

Essa distância, entretanto, nunca constituiu barreira, para o reconhecimento de valores, que honram a comunidade em que se encontram.

É o teu caso.

Ingressaste nesta casa com credenciais bastantes para captar desde logo a admiração dos teus colegas. E a essa admiração se juntou a amizade, constituída pela convivência de todas as horas e o contato de todos os instantes.

Unimo-nos, então, pelos laços desse sentimento, que sabe mitigar os trabalhos comuns e tornar menos penosa a jornada judiciária.

A vida só é boa quando bem vivida.

E o bom viver está no bem fazer.

Disse-o Nabuco: o bem é uma sugestão divina; a única feita ao homem.

A tua trajetória, na vida pública, e particular, não foge a este postulado.

Na vida parlamentar, não te deixaste ficar inativo, sempre encarando e resolvendo os altos problemas da Nação.

Na vida de advogado, principalmente na tua terra natal, soubeste exercer com proficiência o nobre sacerdócio.

Na vida de juiz foi o que assistimos: a diligência e a correção a serviço da justiça, pronta e eficaz.

Finalmente, na vida particular, e no seu todo austero, "muito quieto, muito consigo", se nota um coração afetivo e a refletir muita bondade.

Portanto, o desfalque de tão útil elemento deste Alto Tribunal somente podia traduzir-se em grande pesar para os colegas que aqui ficam.

Era esta a manifestação que tinha a fazer e que os meus sentimentos estavam a ditar.

Meu caro amigo. Finda está, e com brilho, a tua judicatura.

Mas as letras jurídicas ainda estão a reclamar as tuas luzes de grande jurista.

Essa aposentadoria elas não na concedem.

Respeite-se a da lei e outra te não seja outorgada, pois livre deve ser a caminhada daquele que, com saúde do corpo e saúde do espírito, sempre moço, por certo ainda irá muito trabalhar para muito produzir.

O Sr. Ministro Presidente Eduardo Espínola – Tem a palavra o Dr. Ribas Carneiro.

O Dr. Ribas Carneiro (lê):

Exm.º Sr. Ministro Dr. Carlos Maximiliano:

Despedindo-se hoje V. Ex.ª deste Pretório Excelso, ao receber as homenagens merecidas, para sempre eu me condenaria a amargas penas se deixasse de, obtida do egrégio presidente a necessária vênia, subir a esta tribuna e dirigir-lhe uma saudação.

Exímio conhecedor dos homens, dotado de agudo senso crítico, ponteado mesmo de malícia, V. Ex.ª, por certo, perdoando o canhestro da forma de minha oração, receberá esta como partida livremente de meu coração.

Não posso esconder, Excelência, quanto me sinto emocionado, pois lhe devo um favor imenso, e, convencido da impossibilidade de amortizar sequer meu débito, desejo renovar-lhe honestamente minha confissão de permanente obrigado.

O vínculo que me prende a V. Ex.ª vem de muito longe, bastando dizer que data de minha juventude.

Ingressara eu, em 1911, na Faculdade de Ciências Jurídicas e Sociais do Rio de Janeiro, alimentando o nobre ideal de, findo o curso, receber a láurea de bacharel em Direito, ingressando na advocacia com as prerrogativas de um diploma científico. Eis que, de chofre, se abateu sobre os estudantes uma reforma de ensino extinguindo os títulos tradicionais conferidos pelas escolas superiores permitindo a mais ampla liberdade profissional num nivelamento de valores pelo regime escalpelado por Faguet no seu opúsculo sobre o culto da incompetência.

Todo meu entusiasmo sofreu um verdadeiro traumatismo, apercebendo-me da inutilidade dos estudos jurídicos sob a disciplina de uma escola superior.

Eis que V. Ex.ª, homem público de destacada autoridade na vida política nacional, assume a gestão da pasta da Justiça e Negócios Interiores, logo trazendo à República outra lei de ensino restaurando as tradições culturais do Brasil.

Graças à sua legislação restauradora, pude, em 1915, das mãos do diretor da Faculdade, o saudoso Conde Afonso Celso, receber a láurea de bacharel em Direito, prêmio de meus esforços e incitamento para enfrentar a peleja da vida a que eu me votara.

Lançado ousadamente na advocacia militante, tendo de anonimamente me conservar na planície ignara, jamais deixei de alçar meus olhos fitando a personalidade de V. Ex.ª, mestre de Direito, mestre de verdade, e cidadão prestante a serviço da Pátria. A personalidade de V. Ex.ª, Sr. Ministro, vale, na paisagem brasileira, como um píncaro de cordilheira, pelo porte ereto de seu caráter definido em linhas decisivas, fortemente acentuadas, pela envergadura de sua solerte inteligência largamente arejada com a visão de espraia dos horizontes, pela imponência de sua cultura trabalhada na experiência dos homens e das coisas.

Da baixa onde eu, mediocremente, vivia sempre, apreciei que aquele píncaro jamais se mascarou de brumas, fossem quais fossem as condições atmosféricas do clima político-social do Brasil, ostentando-se majestoso na precisa nitidez de seu alto e sobranceiro porte, exposto à claridade da luz solar.

Os anos foram-se sucedendo.

Depois de longo caminhar pela baixada, pela mão generosa do Presidente Getúlio Vargas ingressei na judicatura federal, e, assim, pude me aproximar do sopé do píncaro altaneiro.

Desempenhava, então, V. Ex.ª o cargo de Procurador-Geral da República e, sucedendo a uma plêiade de ilustríssimos; juristas, iniciava V. Ex.ª funções sob um novo regime, o de Procurador-Geral sem a condição de Ministro deste Egrégio Tribunal. E V. Ex.ª resolutamente se lançou a um trabalho formidável e qual um dínamo patenteou uma capacidade produtiva esplêndida, a cintilar talento, cultura, patriotismo.

Acerquei-me do Mestre timidamente, na ponta dos pés, mas, aos poucos, fui perdendo o enleio e me encorajando.

A sombra protetora que me valera na juventude, não me deixando privado de apoio no iniciar a vida de advogado, serviu-me dadivosamente no início de minha vida de juiz federal.

V. Ex.ª depois tomou definitivo assento neste Egrégio Tribunal, como Ministro, e prosseguiu magnífico em sua atuação.

O magnetismo de sua forte personalidade me atraiu por completo.

Senti a quanto vai sua inteligência de escol, sua cultura de doutor, seu caráter inquebrantável, vibrando eu na mais larga pauta de minha sensibilidade, ao admirar a lealdade sem rebuços; de V. Ex.ª, a intrepidez de suas atitudes, a firmeza de seus conceitos, a energia de seu proceder, o donaire de sua galharda independência, o seu avisado empenho de servir ao bem público, e, permita, a finura de seu espírito crítico que tantas vezes tem inquietado aos simuladores da inteligência.

Homem sem recônditos de pensamento, sem reticências, sem ambiguidades, exato no dizer, exato no sentir, exato no proceder, V. Ex.ª é um forte e forte se afasta deste Tribunal dando a impressão que houve um erro no registrar o ano de seu nascimento na gloriosa terra gaúcha.

Não é do feitio de V. Ex.ª o descanso e por isso, certamente, V. Ex.ª voltará a redigir obras magistrais para a educação jurídica dos brasileiros, notando-se nessa época de turbilhão mundial no servir à Justiça e no servir à Pátria.

O Sr. Ministro Eduardo Espínola (Presidente) – Tem a palavra o Dr. Miranda Jordão, representante dos advogados.

O Sr. Dr. Miranda Jordão – Exm.º Sr. Ministro-Presidente, Exm.ᵒˢ Srs. Ministros do Supremo Tribunal Federal, Exm.º Sr. Ministro Carlos Maximiliano.

Falando de improviso como presidente do Instituto da Ordem dos Advogados Brasileiros, venho prestar uma homenagem a V. Ex.ª não somente em nome dos advogados da Capital da República, mas de todos os advogados deste nosso imenso território pátrio, desde os dos pampas rio-grandenses do Sul, terra do nascimento de V. Ex.ª, até os das ínvias terras do Acre e de Mato Grosso, de todos os advogados desse nosso grande país.

Os advogados brasileiros acostumaram-se a ver, na egrégia figura de V. Ex.ª, a figura consumada de um grande juiz, de um grande jurista, de um grande mestre do Direito, de um grande advogado, de um grande administrador.

V. Ex.ª se revelou um alto Procurador da República e, como magistrado, demonstrou ser o que sempre foi desde o seu ingresso na vida jurídica do país: um grande juiz.

Com a serenidade de julgamento com que sempre pautou os seus atos, como advogado, como administrador, como Consultor, como Procurador-Geral da República, como deputado à Assembleia Nacional, V. Ex.ª se revelou sempre a figura serena e nobre de um perfeito magistrado.

APÊNDICE | **353**

Culto, desapaixonado, firme nos seus conceitos, de uma coragem cívica extraordinária, a figura de V. Ex.ª havia de aparecer sempre egrégia e superior perante toda a classe de advogados da nossa pátria.

Eu saúdo em V. Ex.ª essa figura egrégia e, com a responsabilidade de presidente do Instituto da Ordem dos Advogados Brasileiros, eu declaro que foi um erro do autor da Constituição de 37, que se revelou um mau fisiologista, ao declarar a idade de 68 anos para a aposentadoria compulsória dos eminentes juízes deste Egrégio Supremo Tribunal.

Estou certo de que se propusesse o julgamento imediato e com pleno conhecimento de causa de todos os Ministros do Supremo Tribunal Federal, sem discordância de um só voto, todos haviam de proclamar V. Ex.ª um juiz com absoluta integridade de suas funções mentais.

E neste julgamento, como caso único na vida judiciária do país, V. Ex.ª poderia ser, melhor até que seus colegas, juiz em própria causa, porque V. Ex.ª sabe e V. Ex.ª sente que possui absoluta integridade física e mental.

É assim um erro manifesto deste texto constitucional, e contra a sua rigidez se rebelam todos os juristas do Brasil: aí estão as palavras nobilíssimas do eminente presidente deste Supremo Tribunal, falando em nome de toda a magistratura nacional, as palavras eloquentes e concisas de grande saber do juiz egrégio deste Tribunal, Ministro Laudo de Camargo, que afirmaram este princípio, também as palavras ardorosas do Procurador-Geral da República, que falou em nome do Ministério Público e como representante da Fazenda Nacional, e ainda como representante do Governo da República, perante este Tribunal, a palavra de um nobre juiz desta Capital e, por último, a palavra dos advogados. Todos atestamos e proclamamos a mentalidade perfeita de V. Ex.ª e o desejo que todos fazemos que continue a esclarecer as letras pátrias com o seu profundo saber jurídico.

Sr. Ministro Carlos Maximiliano: os advogados do Brasil podem-se rejubilar, hoje, pela volta de V. Ex.ª à sua bancada de jurisconsultos, mas todos lamentamos, sinceramente, que o Egrégio Supremo Tribunal Federal e que a magistratura nacional percam, com a saída de V. Ex.ª, um dos seus maiores juízes.

(*D. Justiça*, 19.06.1941).

LEI Nº 6.437, DE 27 DE OUTUBRO DE 1961

Dá denominação ao Fórum de Cananeia

O GOVERNADOR DO ESTADO DE SÃO PAULO

Faço saber que a Assembleia Legislativa decreta e eu promulgo a seguinte lei:

Artigo 1º O Fórum de Cananeia passa a denominar-se Fórum *"Carlos Maximiliano Pereira dos Santos"*.

Artigo 2º Esta lei entrará em vigor na data de sua publicação.

Palácio do Governo do Estado de São Paulo, aos 27 de outubro de 1961.

Carlos Alberto A. de Carvalho Pinto

Antônio Queiroz Filho

(*Diário Oficial* — Estado de São Paulo, nº 245, de 28 de outubro de 1961).

LEIS DE INTRODUÇÃO AO CÓDIGO CIVIL BRASILEIRO

LEI Nº 3.071, DE 1º DE JANEIRO DE 1916

Código Civil dos Estados Unidos do Brasil

O Presidente da República dos Estados Unidos do Brasil.
Faço saber que o Congresso Nacional decretou e eu sancciono a seguinte lei:

Código Civil dos Estados Unidos do Brasil

INTRODUCÇÃO

Art. 1º A lei obriga, em todo o território brasileiro, nas suas águas territoriais, e, ainda, no estrangeiro, até onde lhe reconhecerem exterritorialidade, os princípios e convenções internacionais.

Art. 2º A obrigatoriedade das leis, quando não fixem outro prazo, começará no Distrito Federal três dias depois de oficialmente publicadas, quinze dias no Estado do Rio de Janeiro, trinta dias nos Estados marítimos e no de Minas Gerais, cem dias nos outros, compreendidas as circunscrições não constituídas em Estados.

Parágrafo único. Nos países estrangeiros a obrigatoriedade começará quatro meses depois de oficialmente publicadas na Capital Federal.

Art. 3º A lei não prejudicará, em caso algum, o direito adquirido, o ato jurídico perfeito, ou a cousa julgada.

§ 1º Consideram-se adquiridos, assim os direitos que o seu titular, ou alguém por ele, possa exercer, como aqueles cujo começo de exercício tenha termo prefixo, ou condição preestabelecida, inalterável a arbítrio de outrem.

§ 2º Reputa-se ato jurídico perfeito o já consumado segundo a lei vigente ao tempo em que se efetuou.

§ 3º Chama-se cousa julgada, ou caso julgado, a decisão judicial de que já não caiba recurso.

Art. 4º A lei só se revoga, ou derroga por outra lei; mas a disposição especial não revoga a geral, nem a geral revoga a especial, sinão quando a ela, ou ao seu assunto, se referir, alterando-a explícita ou implicitamente.

Art. 5º Ninguém se escusa, alegando ignorar a lei; nem com o silêncio, a obscuridade, ou a indecisão dela se exime o juiz a sentenciar, ou despachar.

Art. 6º A lei que abre exceção a regras gerais, ou restringe direitos, só abrange os casos, que especifica.

Art. 7º Aplicam-se nos casos omissos as disposições concernentes aos casos análogos, e, não as havendo, os princípios gerais de direito.

Art. 8º A lei nacional da pessoa determina a capacidade civil, os direitos de família, as relações dos cônjuges e regime dos bens no casamento, sendo lícita quanto a este a opção pela lei brasileira.

Art. 9º Aplicar-se-á subsidiariamente a lei do domicílio e, em falta desta, a da residência:

I – quando a pessoa não tiver nacionalidade;

II – quando se lhe atribuírem duas nacionalidades, por conflito, não resolvido, entre as leis do país de nascimento, e as do país de origem; caso em que prevalecerá, se um deles for o Brasil, a lei brasileira.

Art. 10. Os bens, móveis, ou imóveis, estão sob a lei do lugar onde situados; ficando, porém, sob a lei pessoal do proprietário os móveis de seu uso pessoal, ou os que ele consigo tiver sempre, bem como os destinados a transporte para outros lugares.

Parágrafo único. Os móveis, cuja situação se mudar na pendência de ação real a seu respeito, continuam sujeitos à lei da situação, que tinham no começo da lide.

Art. 11. A forma extrínseca dos atos, públicos ou particulares, reger-se-á segundo a lei do lugar em que se praticarem.

Art. 12. Os meios de prova regular-se-ão conforme a lei do lugar onde se passou o ato, ou fato, que se tem de provar.

Art. 13. Regulará, salvo estipulação em contrário, quanto à substância e aos efeitos das obrigações, a lei do lugar onde forem contraídas.

Parágrafo único. Mas sempre se regerão pela lei brasileira.

APÊNDICE | 357

I – os contractos ajustados em países estrangeiros, quando exequíveis no Brasil;

II – as obrigações contraídas entre brasileiros em país estrangeiro;

III – os atos relativos a imóveis situados no Brasil;

IV – os atos relativos ao regímen hipotecário brasileiro.

Art. – 14. A sucessão legítima ou testamentária, a ordem da vocação hereditária, os direitos dos herdeiros e a validade intrínseca das disposições do testamento, qualquer que seja a natureza dos bens e o país onde se achem, guardado o disposto neste Código acerca das heranças vagas abertas no Brasil, obedecerão à lei nacional do falecido; se este, porém, era casado com brasileira, ou tiver deixado filhos brasileiros ficarão sujeitos à lei brasileira.

Parágrafo único. Os agentes consulares brasileiros poderão servir de oficiais públicos na celebração e aprovação dos testamentos de brasileiros, em país estrangeiro, guardado o que este Código prescreve.

Art. 15. Rege a competência, a forma do processo e os meios de defesa a lei do lugar, onde se mover a ação; sendo competentes sempre os tribunais brasileiros nas demandas contra as pessoas domiciliadas ou residentes no Brasil, por obrigações contraídas ou responsabilidades assumidas neste ou noutro país.

Art. 16. As sentenças dos tribunais estrangeiros serão exequíveis no Brasil, mediante as condições que a lei brasileira fixar.

Art. 17. As leis, atos, sentenças de outro país, bem como as disposições e convenções particulares, não terão eficácia, quando ofenderem a soberania nacional, a ordem pública e os bons costumes.

Art. 18. Nas ações propostas perante os tribunais brasileiros, os autores nacionais ou estrangeiros, residentes fora do país, ou que dele se ausentarem durante a lide, prestarão, quando o réu requerer, caução suficiente às custas, se não tiverem no Brasil bens imóveis, que lhes assegurem o pagamento.

Art. 19. São reconhecidas as pessoas jurídicas estrangeiras.

Art. 20. As pessoas jurídicas de direito público externo, não podem adquirir, ou possuir, por qualquer título, propriedade imóvel no Brasil, nem direitos susceptíveis de desapropriação, salvo os prédios necessários para estabelecimentos das legações ou consulados.

Parágrafo único. Dependem de aprovação do governo federal os estatutos ou compromissos das pessoas jurídicas estrangeiras de direito privado, para poderem funcionar no Brasil, por si mesmas, ou por filiais, agências, estabelecimentos que as representem, ficando sujeitas às leis e aos tribunais brasileiros.

Art. 21. A lei nacional das pessoas jurídicas determina-lhes a capacidade.

DECRETO-LEI Nº 4.657, DE 04 DE SETEMBRO DE 1942

Lei de Introdução às normas do Direito Brasileiro[1-2]

O presidente da República, usando da atribuição que lhe confere o art. 180 da Constituição, decreta:

Art. 1º Salvo disposição contrária, a lei começa a vigorar em todo o País quarenta e cinco dias depois de oficialmente publicada.

§ 1º Nos Estados estrangeiros, a obrigatoriedade da lei brasileira, quando admitida, se inicia três meses depois de oficialmente publicada.

§ 2º A vigência das leis, que os governos estaduais elaborem por autorização do governo federal, depende aprovação deste e começará no prazo que a legislação estadual fixar.[3]

§ 3º Se, antes de entrar a lei em vigor, ocorrer nova publicação de seu texto destinada à correção, o prazo deste artigo e dos parágrafos anteriores começará a correr da nova publicação.

§ 4º As correções a texto de lei já em vigor consideram-se lei nova.

Art. 2º Não se destinando à vigência temporária, a lei terá vigor até que outra a modifique ou revogue.

§ 1º A lei posterior revoga a anterior quando expressamente o declare, quando seja com ela incompatível ou quando regule inteiramente a matéria de que tratava a lei anterior.

§ 2º A lei nova, que estabeleça disposições gerais ou especiais a par das já existentes, não revoga nem modifica a lei anterior.

---

[1] O Dec.-lei nº 4.657, de 04 de setembro de 1942 (Lei de Introdução ao Cód. Civil Brasileiro), entrou em vigor em 24 de outubro de 1942, *ex vi* do Dec.-lei nº 4.707, de 17.09.1942
[2] Redação de acordo com a Lei nº 12.376, de 2010, que renomeou a Lei.
[3] Revogado pela Lei nº 12.036, de 2009.

APÊNDICE | **359**

§ 3º Salvo disposição em contrário, a lei revogada não se restaura por ter a lei revogadora perdido a vigência.

Art. 3º Ninguém se escusa de cumprir a lei alegando que não a conhece.

Art. 4º Quando a lei for omissa, o juiz decidirá o caso de acordo com a analogia, os costumes e os princípios gerais de direito.

Art. 5º Na aplicação da lei, o juiz atenderá aos fins sociais a que ela se dirige e às exigências do bem comum.

Art. 6º A lei em vigor terá efeito imediato e geral, respeitados o ato jurídico perfeito, o direito adquirido e a coisa julgada[4].

§ 1º Reputa-se ato jurídico perfeito o já consumado segundo a lei vigente ao tempo em que se efetuou.

§ 2º Consideram-se adquiridos assim os direitos que o seu titular, ou alguém por ele, possa exercer, como aqueles cujo começo do exercício tenha termo prefixo, ou condição preestabelecida inalterável, a arbítrio de outrem.

§ 3º Chama-se coisa julgada ou caso julgado a decisão judicial de que já não caiba recurso.

Art. 7º A lei do país em que for domiciliada a pessoa determina as regras sobre o começo e o fim da personalidade, o nome, a capacidade e os direitos de família.

§ 1º Realizando-se o casamento no Brasil, será aplicada a lei brasileira quanto aos impedimentos dirimentes e às formalidades da celebração.

§ 2º O casamento de estrangeiros poderá celebrar-se perante autoridades diplomáticas ou consulares do país de ambos os nubentes[5].

§ 3º Tendo os nubentes domicílio diverso, regerá os casos de invalidade do matrimônio a lei do primeiro domicílio conjugal.

§ 4º O regime de bens, legal ou convencional, obedece à lei do país em que tiverem os nubentes domicílio e se este for diverso à do primeiro domicílio conjugal.

§ 5º O estrangeiro casado, que se naturalizar brasileiro, pode mediante expressa anuência de seu cônjuge, requerer ao juiz, no ato de entrega do decreto de naturalização, se apostile ao mesmo a adoção do regime de comunhão parcial de bens, respeitados os direitos de terceiros e dada esta adoção ao competente registro[6].

§ 6º O divórcio realizado no estrangeiro, se um ou ambos os cônjuges forem brasileiros, só será reconhecido no Brasil depois de três anos da data da sentença, salvo se houver sido antecedida de separação judicial por igual prazo, caso em que a homologação produzirá efeito imediato, obedecidas as condições estabelecidas para a eficácia das sentenças estrangeiras no País. O Supremo

---

4   Redação de acordo com a Lei nº 3.238, de 1957, que acrescentou os três parágrafos.

5   Redação de acordo com a Lei nº 3.238, de 1957.

6   Redação de acordo com a Lei nº 6.515, de 1977.

360 | Hermenêutica e Aplicação do Direito • Carlos Maximiliano

Tribunal Federal, na forma de seu regimento interno, poderá reexaminar, a requerimento do interessado, decisões já proferidas em pedidos de homologação de sentenças estrangeiras de divórcio, de brasileiros, a fim de que passem a produzir todos os efeitos legais[7].

§ 7º Salvo o caso de abandono, o domicílio do chefe de família estende-se ao outro cônjuge e aos filhos não emancipados, e o do tutor ou curador aos incapazes sob sua guarda.

§ 8º Quando a pessoa não tiver domicílio, considerar-se-á domiciliada no lugar de sua residência ou naquele em que se encontra.

Art. 8º Para qualificar os bens e regular as relações a eles concernentes, aplicar-se-á a lei do país em que estiverem situados.

§ 1º Aplicar-se-á a lei do país em que for domiciliado o proprietário quanto aos bens móveis que ele trouxer, ou se destinarem a transporte para outros lugares.

§ 2º O penhor regula-se pela lei do domicílio que tiver a pessoa em cuja posse se encontre a coisa apenhada.

Art. 9º Para qualificar e reger as obrigações, aplicar-se-á a lei do país, em que se constituírem.

§ 1º Destinando-se a obrigação a ser executada no Brasil e dependendo de forma essencial será esta observada, admitidas as peculiaridades da lei estrangeira quanto aos requisitos extrínsecos do ato.

§ 2º A obrigação resultante do contrato reputa-se constituída no lugar em que residir o proponente.

Art. 10. A sucessão por morte ou por ausência obedece à lei do país em que era domiciliado o defunto ou o desaparecido, qualquer que sejam a natureza e a situação dos bens.

§ 1º A vocação para suceder em bens de estrangeiros situados no Brasil será regulada pela lei brasileira em benefício do cônjuge brasileiro e dos filhos do casal, sempre que não lhes seja mais favorável a lei do domicílio.[8]

§ 2º A lei do domicílio do herdeiro ou legatário regula a capacidade para suceder.

Art. 11. As organizações destinadas a fins de interesse coletivo, como as sociedades e as fundações, obedecem à lei do Estado em que se constituírem.

§ 1º Não poderão, entretanto, ter no Brasil filiais, agências ou estabelecimentos antes de serem os atos constitutivos aprovados pelo governo brasileiro, ficando sujeitas à lei brasileira.

§ 2º Os governos estrangeiros, bem como as organizações de qualquer natureza, que eles tenham constituído, dirijam ou hajam investido de funções

---

[7] Redação de acordo com a Lei nº 12.036, de 2009.
[8] Redação de acordo com a Lei nº 9.047, de 1995.

APÊNDICE | **361**

públicas, não poderão adquirir no Brasil, bens imóveis ou suscetíveis de desapropriação.

§ 3º Os governos estrangeiros podem adquirir a propriedade dos prédios necessários à sede dos representantes diplomáticos ou dos agentes consulares.

Art. 12. É competente a autoridade judiciária brasileira, quando for o réu domiciliado no Brasil ou aqui tiver de ser cumprida a obrigação.

§ 1º Só à autoridade judiciária brasileira compete conhecer das ações relativas a imóveis situados no Brasil.

§ 2º A autoridade judiciária brasileira cumprirá, concedido o *exequatur* e segundo a forma estabelecida pela lei brasileira, as diligências deprecadas por autoridade estrangeira competente, observando a lei desta, quanto ao objeto das diligências.

Art. 13. A prova dos fatos ocorridos em país estrangeiro rege-se pela lei que nele vigorar, quanto ao ônus e aos meios de produzir-se, não admitindo os tribunais brasileiros provas que a lei brasileira desconheça.

Art. 14. Não conhecendo a lei estrangeira, poderá o juiz exigir de quem a invoca prova do texto e da vigência.

Art. 15. Será executada no Brasil a sentença proferida no estrangeiro, que reúna os seguintes requisitos:

a) haver proferida por juiz competente;

b) terem sido as partes citadas ou haver-se legalmente verificado a revelia;

c) ter passado em julgado e estar revestida das formalidades necessárias para a execução no lugar em que foi proferida;

d) estar traduzida por intérprete autorizado;

e) ter sido homologada pelo Supremo Tribunal Federal.

Parág. único. Não dependem de homologação as sentenças meramente declaratórias do estado das pessoas.[9]

Art. 16. Quando, nos termos dos artigos precedentes, se houver de aplicar a lei estrangeira, ter-se-á em vista a disposição desta, sem considerar-se qualquer remissão por ela feita a outra lei.

Art. 17. As leis, atos e sentenças de outro país, bem como quaisquer declarações de vontade, não terão eficácia no Brasil, quando ofenderem a soberania nacional, a ordem pública e os bons costumes.

Art. 18. Tratando-se de brasileiros, são competentes as autoridades consulares brasileiras para lhes celebrar o casamento e os demais atos de registro civil e de tabelionato, inclusive o registro de nascimento e de óbito dos filhos de brasileiro ou brasileira nascidos no país da sede do Consulado[10].

---

[9]   Revogado pela Lei nº 12.036, de 2009.

[10]   Redação dada pela Lei nº 3.238, de 1957.

Hermenêutica e Aplicação do Direito • Carlos Maximiliano

§ 1º As autoridades consulares brasileiras também poderão celebrar a separação consensual e o divórcio consensual de brasileiros, não havendo filhos menores ou incapazes do casal e observados os requisitos legais quanto aos prazos, devendo constar da respectiva escritura pública as disposições relativas à descrição e à partilha dos bens comuns e à pensão alimentícia e, ainda, ao acordo quanto à retomada pelo cônjuge de seu nome de solteiro ou à manutenção do nome adotado quando se deu o casamento.[11]

§ 2º É indispensável a assistência de advogado, devidamente constituído, que se dará mediante a subscrição de petição, juntamente com ambas as partes, ou com apenas uma delas, caso a outra constitua advogado próprio, não se fazendo necessário que a assinatura do advogado conste da escritura pública.[12]

Art. 19. Reputam-se válidos todos os atos indicados no artigo anterior e celebrados pelos cônsules brasileiros na vigência do Dec.-Lei nº 4.657, de 04 de setembro de 1942, desde que satisfaçam todos os requisitos legais.

Parág. único. No caso em que a celebração desses atos tiver sido recusada pelas autoridades consulares, com fundamento no art. 18 do mesmo decreto-lei, ao interessado é facultado renovar o pedido dentro em 90 (noventa) dias contados da data da publicação desta lei[13].

Art. 20. Nas esferas administrativa, controladora e judicial, não se decidirá com base em valores jurídicos abstratos sem que sejam consideradas as consequências práticas da decisão[14].

Parág. único. A motivação demonstrará a necessidade e a adequação da medida imposta ou da invalidação de ato, contrato, ajuste, processo ou norma administrativa, inclusive em face das possíveis alternativas.

Art. 21. A decisão que, nas esferas administrativa, controladora ou judicial, decretar a invalidação de ato, contrato, ajuste, processo ou norma administrativa deverá indicar de modo expresso suas consequências jurídicas e administrativas[15].

Parág. único. A decisão a que se refere o *caput* deste artigo deverá, quando for o caso, indicar as condições para que a regularização ocorra de modo proporcional e equânime e sem prejuízo aos interesses gerais, não se podendo impor aos sujeitos atingidos ônus ou perdas que, em função das peculiaridades do caso, sejam anormais ou excessivos.

Art. 22. Na interpretação de normas sobre gestão pública, serão considerados os obstáculos e as dificuldades reais do gestor e as exigências das políticas públicas a seu cargo, sem prejuízo dos direitos dos administrados[16].

---

[11] Incluído pela Lei nº 12.874, de 2013.
[12] Incluído pela Lei nº 12.874, de 2013.
[13] O art. 19 e seu parágrafo foram acrescidos pelo art. 4º da Lei nº 3.238, de 1957.
[14] Incluído pela Lei nº 13.655, de 2018.
[15] Incluído pela Lei nº 13.655, de 2018.
[16] Incluído pela Lei nº 13.655, de 2018.

APÊNDICE | **363**

§ 1º Em decisão sobre regularidade de conduta ou validade de ato, contrato, ajuste, processo ou norma administrativa, serão consideradas as circunstâncias práticas que houverem imposto, limitado ou condicionado a ação do agente.

§ 2º Na aplicação de sanções, serão consideradas a natureza e a gravidade da infração cometida, os danos que dela provierem para a administração pública, as circunstâncias agravantes ou atenuantes e os antecedentes do agente.

§ 3º As sanções aplicadas ao agente serão levadas em conta na dosimetria das demais sanções de mesma natureza e relativas ao mesmo fato.

Art. 23. A decisão administrativa, controladora ou judicial que estabelecer interpretação ou orientação nova sobre norma de conteúdo indeterminado, impondo novo dever ou novo condicionamento de direito, deverá prever regime de transição quando indispensável para que o novo dever ou condicionamento de direito seja cumprido de modo proporcional, equânime e eficiente e sem prejuízo aos interesses gerais[17].

Parág. único. (VETADO).

Art. 24. A revisão, nas esferas administrativa, controladora ou judicial, quanto à validade de ato, contrato, ajuste, processo ou norma administrativa cuja produção já se houver completado levará em conta as orientações gerais da época, sendo vedado que, com base em mudança posterior de orientação geral, se declarem inválidas situações plenamente constituídas[18].

Parág. único. Consideram-se orientações gerais as interpretações e especificações contidas em atos públicos de caráter geral ou em jurisprudência judicial ou administrativa majoritária, e ainda as adotadas por prática administrativa reiterada e de amplo conhecimento público.

Art. 25. (VETADO)[19].

Art. 26. Para eliminar irregularidade, incerteza jurídica ou situação contenciosa na aplicação do direito público, inclusive no caso de expedição de licença, a autoridade administrativa poderá, após oitiva do órgão jurídico e, quando for o caso, após realização de consulta pública, e presentes razões de relevante interesse geral, celebrar compromisso com os interessados, observada a legislação aplicável, o qual só produzirá efeitos a partir de sua publicação oficial[20].

§ 1º O compromisso referido no *caput* deste artigo:

I – buscará solução jurídica proporcional, equânime, eficiente e compatível com os interesses gerais;

II – (VETADO);

---

[17] Incluído pela Lei nº 13.655, de 2018.
[18] Incluído pela Lei nº 13.655, de 2018.
[19] Incluído pela Lei nº 13.655, de 2018.
[20] Incluído pela Lei nº 13.655, de 2018.

III – não poderá conferir desoneração permanente de dever ou condicionamento de direito reconhecidos por orientação geral;

IV – deverá prever com clareza as obrigações das partes, o prazo para seu cumprimento e as sanções aplicáveis em caso de descumprimento.

§ 2º (VETADO).

Art. 27. A decisão do processo, nas esferas administrativa, controladora ou judicial, poderá impor compensação por benefícios indevidos ou prejuízos anormais ou injustos resultantes do processo ou da conduta dos envolvidos[21].

§ 1º A decisão sobre a compensação será motivada, ouvidas previamente as partes sobre seu cabimento, sua forma e, se for o caso, seu valor.

§ 2º Para prevenir ou regular a compensação, poderá ser celebrado compromisso processual entre os envolvidos.

Art. 28. O agente público responderá pessoalmente por suas decisões ou opiniões técnicas em caso de dolo ou erro grosseiro[22].

§ 1º (VETADO).

§ 2º (VETADO).

§ 3º (VETADO).

Art. 29. Em qualquer órgão ou Poder, a edição de atos normativos por autoridade administrativa, salvo os de mera organização interna, poderá ser precedida de consulta pública para manifestação de interessados, preferencialmente por meio eletrônico, a qual será considerada na decisão[23].

§ 1º A convocação conterá a minuta do ato normativo e fixará o prazo e demais condições da consulta pública, observadas as normas legais e regulamentares específicas, se houver.

§ 2º (VETADO).

Art. 30. As autoridades públicas devem atuar para aumentar a segurança jurídica na aplicação das normas, inclusive por meio de regulamentos, súmulas administrativas e respostas a consultas[24].

Parág. único. Os instrumentos previstos no *caput* deste artigo terão caráter vinculante em relação ao órgão ou entidade a que se destinam, até ulterior revisão.

Rio de Janeiro, 04 de setembro de 1942; 121º da Independência e 54º da República. – GETÚLIO VARGAS. *Alexandre Marcondes Filho. Osvaldo Aranha.*

---

[21] Incluído pela Lei nº 13.655, de 2018.
[22] Incluído pela Lei nº 13.655, de 2018.
[23] Incluído pela Lei nº 13.655, de 2018.
[24] Incluído pela Lei nº 13.655, de 2018.

ÍNDICE ALFABÉTICO

(Os algarismos referem-se aos números do livro.)

A

Ab-rogação tácita, 442.
Accessorium sequitur principale, 306.
Ad impossibilia nemo tenetur, 313-B.
Analogia – Conceito filosófico e jurídico; utilidade, relativa, da mesma; sua razão de ser, 236-240. *Analogia legis* e *analogia juris*, 241-242. – Regras para uso da analogia. Pertence à Aplicação do Direito; não se confunde com a Interpretação Extensiva, 249-250.
Anistia, exceção ao disposto no art. 6º da Introdução ao Código Civil Brasileiro de 1916, 291.
Antinomias nas leis – Não se presumem, 439-441.
Anulação e revogação, 457
Apaixonar-se não é argumentar, 342.
Aplicação do Direito. O que é. Razão de ser – não se confunde com interpretação, 8-12.
Argumento a contrário, 296, 297.
Argumento a pari, a majori ad minus e a minori ad majus, 298.
Argumento de autoridade – de fonte, 335-341.

B

Brocardos e outras regras de Hermenêutica e Aplicação do Direito. Vantagens e desvantagens do uso dos brocardos, 292-295. *Brocardos* que sintetizam normas ou processos de Hermenêutica, 296-322.

C

Ciência – Ciência do Direito – fator de coordenação e de exegese. Observa-se no foro a doutrina consagrada (Cód. Civ. Helvético, art. 1º). Homens de ilustração variada e sólida dão melhores juízes, 214-216.
Commodissimum est, id accipi, quo res de qua agitur, magis valeat quam pereat, 304.
Competência não se presume – na dúvida opta-se pela ordinária, 323.
Contratos – Interpretação de Atos Jurídicos – Teoria da vontade – Teoria da declaração. Conciliação entre as duas, e entre o interesse individual e o social, que tende a prevalecer, 407-412. Pontos de semelhança e de divergência entre as duas espécies de interpretação: de leis e de atos jurídicos. Poder amplo do juiz, 413-415. *Processos e regras de interpretação* aplicáveis aos atos jurídicos: processo filológico, 416: processo lógico, 417: declaração presumida, 418; espírito, índole e natureza do ato, 419; significado vulgar dos vocábulos – modo de falar regional – termos técnicos, 420; costumes e usos do país – hábitos do estipulante – circunstâncias em que se propôs, celebrou e começou a executar o pacto, 421; processo sistemático: considera o ato como um todo sem incoerência, 422; a Moral é um guia do hermeneuta, 423; entre duas exegeses, prefere-se a que se aproxima da regra fixada em norma positiva, 424; prefere-se a inteligência que torna eficazes e acordes com

366 | Hermenêutica e Aplicação do Direito • Carlos Maximiliano

o bom senso as disposições duvidosas, 425; a referência direta a um *caso* não é restrição – Inaplicável o brocardo *Inclusos unius exclusio alterius*, 426; oriente-se o intérprete pelo *fim econômico*, prático ou efetivo que as partes pretenderam atingir, 427; a conduta posterior e concorde dos estipulantes será ótimo elemento para explicar o seu intuito, 428; no caso de designação imprecisa à moeda, ao peso ou à medida, prefira-se a que seja de uso em atos de natureza igual, 429; fiança ou garantia – renúncia – cessão – transação – referência expressa – interpretação estrita dos contratos benéficos 430; conflito entre a parte *impressa* e a *escrita* – prevalece a última, 432; causa e motivos, 433. Cláusula obscura ou ambígua, 435; intenção – vontade declarada – orienta-se o magistrado pela *equidade* e pelo interesse social, 436. Contrato importa em restrição voluntária da liberdade não há lugar para a analogia, 437. *Os contratos benéficos interpretam-se estritamente*, 438.

Costume, definição – Prevalece apesar do art. 141, § 2º, da Const. de 1946 (art. 72, § 1º, da Const. de 1891) e do art. 1.807 do Código Civil. Função dupla do costume – Código Civil suíço, art. 1º: costume Direito Subsidiário, 206-208. Elemento de interpretação. Quem o invoca deve provar sua existência – *Optima est legum interpres consuetudo*, 209. Há três espécies de costumes: *secundum, praeter e contra legem*, 210. Tem o *desuso* força ab-rogatória ou pelo menos derrogatória?, 211. Nem para efeito interpretativo se admitem usos inveterados, ou práticas consuetudinárias, em antagonismo com a lei, 212. *Requisitos* do Costume e do Uso – deve ser certo e diuturno, 213.

D

Debates parlamentares – *porque* valem pouco em relação à Hermenêutica. Regras para seu aproveitamento – Declarações fora da Câmara ou depois de promulgada a lei, 152-156.

Decadência – quando ocorre – assemelham-se decadência e prescrição extintiva – Hipóteses de decadência segundo o Código Civil Brasileiro, 347-F e 347-G – Decadência – prescrição – caducidade ou prazo preclusivo – diferença entre os dois institutos em relação aos respectivos efeitos, 347-H.

Direito Comercial – Leis comerciais e leis civis – diferença verificável relativamente à Hermenêutica. Importância da tecnologia empregada – Direito Especial – Aplicam-se os vários preceitos e métodos de Hermenêutica. Interpretação do *silêncio*. Leis comerciais têm caráter dispositivo ou enunciativo – só prevalecem no silêncio das partes, 382-388.

Direito Constitucional – Como e porque a sua exegese difere da exposta para o Código Civil, 358-363. Regras peculiares à interpretação do Direito Constitucional; aplicação especial que têm nesse Direito os elementos e preceitos usados na exegese de leis civis. Interpretação autêntica, 364-381.

Direito excepcional – em que consiste; como se interpreta; brocardos referentes ao assunto – Não se confunde com o exorbitante, 270-273; Direito singular, Direito Especial, 274; Especificação das normas de Direito Excepcional, 275. *Liberdade*, 276. *Propriedade*, 277. *Privilégios*, inclusive isenções e atenuações de impostos, 278-282. Enumeração de hipóteses – linguagem taxativa, exemplificativa, 283. *Prescrição*, 284. *Dispensa*, 285. Interpretam-se restritivamente as disposições derrogatórias do Direito Comum, 286-288. Significação das palavras "que especifica" do Código Civil Brasileiro, 289. Deve-se atender mais ao resultado do que à letra – Exceções à regra da exegese estrita do art. 6º da Introdução ao Código Civil: *anistia – indulto – atos benéficos – equidade*, 290-291.

Direito Fiscal – *Leis fiscais* – *Direito de tributar* – *Impostos e taxas* – É um direito soberano o de lançar impostos e taxas, 397. No terreno tributário existe só uma soberania plena, 398. Poder federal *a regra*, estadual a exceção relativamente àquele – *idem* quanto aos municípios, 399. Regras de interpretação das leis fiscais, 400-406-B.

Direito Penal – *Leis penais. Exegese estrita*; em que sentido e por quê? Direito *Especial* – o Criminal, 387-391. – *Equidade, In dubio pro reo*, 392-393. Impropriedade, obscuridade de linguagem – erros de redação, 394. A rubrica *Leis Penais* compreende todas as normas que impõem penalidades: regulamentos policiais, posturas municipais, leis sobre impostos e taxas, 394-395.

Disposições contraditórias – Não se presumem antinomias ou incompatibilidades nos repositórios jurídicos, 140 – Regras para apli-

ÍNDICE ALFABÉTICO | 367

car os textos real ou aparentemente antinômicos, 141.

Dura lex sed lex – Fiat justitia, pereat mundus, antigualhas substituídas por *summum jus summa injuria e jus est ars boni et aequi*, Fim social e humano do Direito – orienta a Hermenêutica – *Oertmann – Gmelin, Ballot, Beaupré*, 180-182.

E

Elemento histórico indispensável para se compreender a fundo qualquer ciência social. História Geral e do Brasil – História do Direito, 142-143. História de um instituto jurídico, dispositivos ou norma, 144-146. Nem repúdio, nem entusiasmo pelo elemento histórico, 147. Materiais legislativos ou Trabalhos Preparatórios – abusos – não devem ser colocados na primeira linha; ajudam a descobrir o *elemento causal* – Regras a observar – Decadência, 148-151. Debates parlamentares – regras para seu aproveitamento – declarações individuais de parlamentares, 152-156.

Elemento teleológico ou Ratio legis, razão do *seu* emprego – o hermeneuta sempre terá em vista o *fim da lei* – Não deve ficar aquém nem além do escopo colimado – O fim da norma jurídica não é constante, absoluto, eterno – Fim social. – A *ratio legis* é uma força viva e móvel. Objetivo *atual* das disposições – O Direito progride sem se alterarem os textos, 161-164. O hermeneuta adapta os textos aos *fins* não previstos. Constituição de Teodósio. Regras acerca do emprego do elemento *teleológico*, 165-168.

Ementa, 324-325.

Epígrafe, 324-325.

Equidade – definições de Aristóteles, Wolfio, Grócio e Paula Batista – Conceito; utilidade – Fator de progresso, 183-185. Supre lacunas e auxilia a interpretação – Quando e como se recorre a ela, 186, 187. Exceção à regra do art. 6º da Introdução do Código Civil de 1916, 291. Não auxilia a exegese de textos em que se cominam penas. *In dubio pro reo*, 392-393. *Intenção* – vontade declarada – quando se orienta o magistrado pela equidade, 436.

F

Falsa demonstratio non nocet, 313-A.

Fatores sociais – Propulsores do progresso – seu valor no passado – maior no presente – precauções necessárias, 169-171.

Fiat justitia pereat mundus – antigualha substituída por *summum jus summa injuria* e *jus est ars boni et aequi* – Fim social e humano do Direito, 180-182.

H

Hermeneuta – qualidades de hermeneuta. *Causas de interpretação viciosa e incorreta aplicação do Direito* – a justiça depende daqueles que a distribuem: magistrado inteligente, estudioso, livre de preconceitos, etc. Critério de seleção dos magistrados, 104-106. Causas de interpretação viciosa: apegar-se à letra; forçar a exegese; simpatia, ou antipatia; tendências pessoais, preferência pelas ideias *absolutas*, facilidades em generalizar; posição do intérprete, na sociedade, ou em relação ao fato ou à tese em debate; *sessões públicas dos tribunais*, 107-110, Desconfiar de si: é dever do intérprete, 111.

Hermenêutica – não se confunde com interpretação, 1-7. Sistemas de Hermenêutica e Aplicação do Direito – Escolástica – Dogmática – Escola Tradicionalista – Pandectologia, 48, 49. Método Exegético ou analítico e Método Sistemático ou sintético, 50. Sistema evolutivo – Sistema Histórico-Evolutivo, 51.

I

Imprescritibilidade da defesa, 347-A, 347-E.

In claris cessat interpretatio, origem do brocardo. Tudo se interpreta. Surgiu o brocardo como remédio contra abusos; e resultou o abuso oposto, 38-47.

In dubio pro libertate, 313-L.

In dubio pro reo – equidade, 392.

In eo quod plus est semper inest et minus, 298.

In his quae contra rationem juris constituta sunt non possumus sequi regula juris, 313-D.

Inclusione unius fit exclusio alterius – Argumento a contrario – A exceção confirma a regra, 296, 297.

Influi o lugar em que um trecho está colocado – argumento *pro subjecta materia* – Prefira-se aquilo que concerne diretamente à espécie em apreço, 326-329.

Intenção, vontade do legislador – doutrina filosófica adversa – Quando influi na elaboração da lei a vontade individual. Dificuldade, e às vezes impossibilidade, de determinar a *intenção*, 23-27. Substituem a vontade efetiva por uma ficção e embaraçam o progresso jurídico, 28-37.

Interpretação – teoria – prática – em que consiste – que abrange – Teoria e prática; análise e síntese. Dificuldades do seu emprego; a lei concisa e a realidade proteiforme. Papel sociológico da Interpretação. Teoria da Projeção, de Wurzel. Sentido e alcance na norma. Interpretação do Direito, e não das leis, 13-22.

Interpretação autêntica e doutrinal – como se obtém e aplica a Interpretação Autêntica, 90-92. A Autêntica, outrora prestigiosa, é rara e malvista hoje, 93-98. Só a doutrinal merece o nome de interpretação, 99, 99-A – *Disposições legislativas sobre interpretação* – vantagens e desvantagens; efeito das regras de Hermenêutica intercaladas nos Códigos, 100-103. Causas de *interpretação viciosa* e incorreta. Aplicação do Direito, 107-110 – Intérprete deve desconfiar de si, 111.

Interpretação e construção – exegese e crítica – Comentar e criticar. Autenticidade e constitucionalidade da lei, 45-47.

Interpretação – *Processos de interpretação* – Elementos filológicos; importância decrescente – Requisitos que pressupõe. Dificuldades: modo de falar local, transplantação de disposições de leis estrangeiras, 112-115. Preceitos para o uso do processo filológico, 116. Exemplos de decisões contrárias à letra da lei, 116-A. A palavra é mau veículo do pensamento. Leis em geral defeituosamente elaboradas, 117-119. Processo *filológico*, e método *sociológico* e *equidade*, raramente compatíveis, 120-121. Exegese verbal; a mais antiga e menos progressiva, 122-124. *Processo lógico*, tem mais valor do que o verbal – Os propugnadores do processo lógico caíram no exagero oposto, pretendendo reduzir tudo a precisão matemática – Processo abstrato tira ao direito sua característica de ciência social, destinada a adaptar-se à vida da coletividade, 125-128. Os vários processos completam-se, 129. *Processo sistemático*. Em que consiste? Fundamento. Utilidade, evolução e amplitude moderna, 130-133.

Interpretação extensiva e estrita – conceito antigo e moderno. Interpretação *declarativa* e *restritiva*, 217-222. Interpretação *extensiva* por força de compreensão, 223. Valor prático da distinção entre Interpretação *extensi-va e estrita*. *Regras* para o uso de uma e de outra, 224-235. Analogia não se equipara à *interpretação extensiva*, 249-250 – Interpretam-se estritamente as disposições derrogatórias do Direito Comum, 286-288.

Interpretação das disposições de *ordem pública*, 266-269.

Interpretação de atos jurídicos – *Contratos e testamentos* – Teoria da vontade. Teoria da declaração. Conciliação entre as duas e entre o Interesse individual e o social, que tende a prevalecer, 407-412 – Pontos de semelhança e de divergência entre as duas espécies de *interpretação* – das leis e de atos jurídicos. Poder amplo do Juiz, 413-415 – Processos e regras – gerais e especiais, 416 a 438.

Interpretação – regras diversas de aplicação fácil, 314-322.

Interpretação, varia conforme o ramo do Direito, 357.

J

Juiz – *na exegese dos atos jurídicos*, seu alvedrio é condicionado pelo interesse social, 415.

Juiz inglês – Ilustrado, bem pago, independente; como o Pretor de Roma, prefere o Direito à letra da lei, 70.

Jurisprudência – seu conceito, extensão, e autoridade entre os romanos, na Idade Média e na época atual. É elemento de Hermenêutica. Serve ao progresso jurídico, porém menos do que a doutrina, 188-193. Prestígio exagerado no foro. Porque o uso convém e o abuso é condenável, 194, 195. *Regras* para sua utilização, 196-202. Decisões de 1ª instância – Decisões de Câmaras legislativas. Causas da formação de costumes jurídicos, 203-205.

Jurisprudência sentimental – O bom Juiz Magnaud não constituiu escola, 87, 88.

O Juiz e a aplicação do Direito. Código Civil: *Introdução*, de 1916, art. 5º. Obrigação peremptória de julgar: como se entende. *Denegação de justiça*, 55-56. *Edito* do Pretor. *Intérprete e comentadores*. O Pretor em Roma julgava e legislava. Justiniano e Napoleão contra intérpretes e comentadores, 57-61. *Amplas atribuições do Juiz moderno* – Leis concisas; poder de interpretar – amplo, embora só – *em espécie*. Orientação do mesmo. Washington e Marshall. Frase de Portalis. Vantagens da interpretação evolutiva, 62-67. Os códigos explicitamente

ÍNDICE ALFABÉTICO | 369

confiam muita coisa ao arbítrio do aplicador do Direito, 68.

O Juiz e a evolução do Direito. O sistema Histórico-Evolutivo e a Divisão dos Poderes. Escola Teleológica; Escola Sociológica, 52-54.

L

Lei – Reforma da Lei sem alterar o texto – intérprete concilia os dizeres da norma com as exigências sociais – Até no campo do Direito Constitucional a Hermenêutica e o costume exercem seu papel modificador – exemplos. Maior liberdade do hermeneuta no Direito Privado, 116-A, 343-347.

Lei – reforma, 343-347.

Leis de ordem pública – Imperativas ou proibitivas. Conceito antigo e moderno de leis de ordem pública. Disposições que abrange. Leis imperativas, proibitivas, permissivas, punitivas; interpretativas e supletivas, 251-255. Postergação da lei de ordem pública: consequências variáveis conforme a espécie de norma, 256-257. *– Nulidade – Regras* para conhecer quando da preterição da norma resulta, ou não, a nulidade do ato, ou processo, 258-265. Interpretação das disposições de ordem pública, 266-269.

Leis fiscais – Direito de tributar. Impostos e taxas. Exegese das leis de impostos – relativamente à competência do poder que as decretou. União, Estado, Município, 397-399. Alcance e incidência das leis sobre impostos: como se deduzem e interpretam, 235. 400-406-A.

Leis penais. De exegese estrita: em que sentido e por quê? Direito *Especial –* o Criminal, 387-391.

Leis – Antinomias nas leis e incompatibilidades entre estas – não se presumem, Ab-rogação, derrogação, revogação. Revogação expressa ou tácita. Revogam-se as disposições em contrário: inutilidade, 439-441 – Decide-se, na dúvida, contra a ab-rogação tácita e prefere-se admitir a derrogação, 442. Preceitos aplicáveis à revogação tácita. Esta não resulta de desaparecerem o fim e os motivos da lei. Efeito da sentença referente à inconstitucionalidade. Data em que se considera revogada a lei, 443-454. Revogada a lei revogatória, volta esta ao seu antigo vigor?, 445. Sentido e alcance do último artigo do Código Civil Brasileiro, 456 – Diferença entre revogação e anulação, 457.

Leis próvidas – remedial statutes, 230.

Livre-indagação – Direito justo – Livre-pesquisa do Direito – Geny, Ehrlich, Stammler – Vitória no Código Civil suíço, art. 1º – Não se distancia muito da Escola Histórico-Evolutiva, Favorece a hipertrofia do judiciarismo, 71-75 – Interpretação *praeter* e *contra legem*: Kantorowicz – Livre-indagação pressupõe magistratura solidamente culta, 76-78 – Montesquieu e a livre-indagação: retrocesso. Autonomia relativa do intérprete. Argumentos contra o Direito Livre. Serviço prestado ao Direito em geral, 79-86. Crítica – resultados da propaganda revolucionária, 89.

M

Materiais legislativos – ou *Trabalhos Preparatórios –* Regras para o seu aproveitamento – valor decrescente, 148-151.

Minime sunt mutanda, quae interpretationem certam habuerunt – respeito à exegese pacífica, 303.

Moral – É um dos fatores sociais – jamais prevalecerá exegese contrária à moral – Quando é elemento um guia da interpretação evolutiva, 172-175.

N

Nemo locupletari debet cum aliena injuria vel jactura – ninguém deve locupletar-se com a jactura alheia, 313-G.

Non debet cui plus licet, quod minus est non licere, 298.

Nulidade – não a implica a inobservância total ou parcial de qualquer lei – Regras para conhecer quando da preterição da norma resulta, ou não, a nulidade do ato, ou processo, 258-285.

O

Occasio legis – como e porque contribui para a interpretação – Valor decrescente com a antiguidade da norma – Conexidade com os capítulos referentes ao Elemento Histórico e ao Elemento Teleológico, 157-160.

Odiosa restringenda, favorabilia amplianda: "Restrinja-se o odioso, amplie-se o favorável", 301-302.

Ordem Pública – Leis de ordem pública – vide: Leis de ordem pública, 251-289.

P

Pode e Deve: em Direito nem sempre exprimem coisas diferentes, 331-334.

Posteriores leges ad priores pertinent: "As leis posteriores constituem prolongamento das anteriores, se entre elas antagonismo não há", 313-F.

Prazos – contagem, 231.

Preâmbulo – põe em evidência as causas da iniciativa parlamentar, 325.

Prescrição – exegese estrita das normas que introduzem casos de prescrição, 284 – Estremas entre prescrição e decadência, 347-H.

Princípios gerais de Direito – vide *Direito*, 248-356.

Prior in tempore, potior in jure – quem antecede em tempo, avantaja-se em direito, 313-C.

Privilégios – consideram-se excepcionais as disposições que asseguram privilégio – significados da palavra – matéria indivisível e comum, 278-282.

Processo criminal – aplicam-se as regras comuns de Hermenêutica, 396.

Pronuntiatio sermonis in sexu masculino, ad utrumque sexum plerumque porrigitur: "Enunciado um preceito no masculino, estende-se, as mais das vezes, a um e outro sexo", 313-I.

Q

Qui de uno dicit, de altero negat. Qui de uno negat, de altero dicit. – base do argumento *a contrario*, 296-297.

Qui sentit onus, sentire debet commodum, et contra: "Quem suporta ônus, deve gozar as vantagens respectivas", 305.

Quod raro fit, non observant legislatores: "Legisladores não têm em vista aquilo que acontece raramente", 313-E.

R

Regime – Índole do regime é um dos Fatores Sociais, 176, 177.

Res inter alios acta vel judicata aliis non nocet nec prodest: "O assunto ocorrido ou decidido entre alguns aos outros não prejudica nem aproveita", 313-J.

Resultado – Apreciação do resultado – Preocupa-se a Hermenêutica com o resultado de cada interpretação – O Direito deve ser interpretado inteligentemente – A exegese não pode conduzir a um absurdo, nem chegar a conclusão impossível, 178, 179.

S

Specialia generalibus insunt: "O que é especial acha-se incluído no geral" – Gênero – espécie; masculino – feminino, 299.

T

Testamentos – vide *Interpretação de atos jurídicos*, 407-438.

Testis unus, testis nullus: "Uma testemunha não faz prova; duas constituem prova plena." Regra de Direito Canônico e do Muçulmano – inaceitável hoje, sobretudo no foro civil: pesam-se os depoimentos; não se contam, 309-313.

Título – não faz parte da norma escrita – muitas vezes o Congresso mantém o título, mas restringe ou amplia as disposições primitivas, 324.

U

Ubi eadem ratio, ibi eadem legis dispositivo – argumento *a pari*, 298.

Ubi lex non distinguit nec nos distinguere debemus, 300.

Uso – uso contrário à lei, 206-213.

Utile per inutile non vitiatur: "O útil não é viciado pelo inútil", 313-H.

V

Verba cum effectu sunt accipienda: "Não se presumem na lei palavras inúteis", 307, 308.

Vontade – ou Intenção do legislador – Quando inclui na elaboração da lei a vontade individual. Dificuldade, e às vezes impossibilidade de determinar a intenção. Substituem a vontade efetiva por uma ficção. Porque surgiu e se manteve a doutrina da vontade do legislador, 23-37.